Andreas von
Die CIA und

PIPER

Zu diesem Buch

Andreas von Bülow, früherer Bundesminister und als Geheimdienstexperte ausgewiesen, zweifelt die offizielle Version der Ereignisse um den 11. September 2001 vehement an.
Penibel zählt er alle Ungereimtheiten des offiziellen Tathergangs auf – von der unglaublichen Präzision der von Flugschülern geflogenen Maschine über die auffällige Inaktivität der Abwehr bis zum Verschwinden von Beweismitteln. Kann es nicht vielmehr sein, dass der 11. September der Regierung Bush in Wahrheit gelegen kam? Ohne Geheimdienste, so Bülow, war eine derartige Operation nicht möglich – und die Spuren führen zu deren Netzwerk und nicht zuletzt zur CIA.
Zehn Jahre nach dem Ereignis jetzt mit neuen Erkenntnissen, die seine These stützen.

Der promovierte Jurist *Andreas von Bülow* war Bundesminister unter Helmut Schmidt und ist Autor mehrerer erfolgreicher Sachbücher. Die Erstveröffentlichung von »Die CIA und der 11. September« gilt als eine der erfolgreichsten Veröffentlichungen zum Komplex des 11. Septembers.

Andreas von Bülow

DIE CIA UND DER 11. SEPTEMBER

Internationaler Terror und die Rolle der Geheimdienste

Mit 15 Abbildungen

Erweiterte Neuausgabe

Piper München Zürich

Mehr über unsere Autoren und Bücher:
www.piper.de

Alle Photos und Zeichnungen dieses Buches stammen aus der Broschüre »Painful Questions – An Analysis of the September 11th Attack« von Eric Hufschmid, die 2002 veröffentlicht wurde. Der Autor dankt Eric Hufschmid für die Bereitstellung von Bilddaten und für die Erlaubnis, dessen Zeichnungen abdrucken zu dürfen. Das Copyright für die Photos auf den Seiten 144 und 147 liegt bei AP/Wide World Photo. Das Photo auf Seite 153 stammt von James R. Tourtellotte. Die Photographen der übrigen Photos sind nicht bekannt.

MIX
Papier aus verantwortungsvollen Quellen
FSC® C083411
FSC
www.fsc.org

Aktualisierte und erweiterte Taschenbuchneuausgabe
Oktober 2004 (TB 4242)
1. Auflage August 2011
2. Auflage September 2011

Umschlag: semper smile, München, nach einem Entwurf
von Jorge Schmidt, München
Satz: EDV-Fotosatz Huber/Verlagsservice G. Pfeifer, Germering
Papier: Munken Print von Arctic Paper Munkedals AB, Schweden
Druck und Bindung: CPI – Clausen & Bosse, Leck
Printed in Germany ISBN 978-3-492-27251-3

INHALT

EINLEITUNG

Die Terroranschläge des 11. 9. 2001 schockten die Welt. Der Angriff war feige, er war grausam und tötete fast 3000 Menschen, die im Begriff waren, friedlich ihrer Arbeit nachzugehen. Die Völker der Erde scharten sich in Entsetzen und tiefer Anteilnahme um das amerikanische Volk und dessen Regierung. Und die Regierungen der Welt erklärten ihre Solidarität im Kampf gegen den internationalen Terrorismus.

Aber auch die Schlußfolgerungen, die die amerikanische Regierung aus den Anschlägen zog, schockten die Welt. So wenig sie über das Heraufziehen der Terrorgefahren vor dem 11. 9. zu wissen vorgab, so schnell war sie bei der Hand, die Namen der Täter zu veröffentlichen und die Staaten zu benennen, die sie entsandt hatten. Blitzschnell wurden als verantwortlicher Organisator der Anschläge Osama bin Laden in Afghanistan und seine globale Terrortruppe Al Kaida benannt, dazu der Diktator des Irak, Saddam Hussein, der zum Förderer von Al Kaida ernannt wurde. An eindeutigen Beweisen mangelte es zwar, gleichwohl wurde binnen weniger Tage ein »Weltkrieg«, der Jahre dauern würde, gegen bis zu 60 dem Terror Vorschub leistende Staaten verkündet.[1]

Schon bald stellte sich heraus, daß die Administration in Washington sehr wohl sehr viel früher sehr viel mehr gewußt hatte als behauptet. Vor allem aber wurde schnell klar, daß die Kriege sowohl gegen Afghanistan als auch gegen den Irak lange vor dem 11. 9. 2001 geplant und ins Auge gefaßt worden waren. Inzwischen ist von einer gewaltsamen Neuordnung der Nahostregion die Rede. Mit Feuer und Schwert soll der muslimischen Welt die Demokratie beigebracht werden. Doch die Pläne, lange vor dem 11. 9. 2001 von maßgeblichen Vertretern der derzeitigen amerikanischen Administration diskutiert und schriftlich niedergelegt, handeln weniger von den Sorgen über mangelnde Demokratie in Nahost. Sie zielen auf die Sicherung eines Jahrhunderts globaler amerikanischer Weltherrschaft, die Eindämmung der Milliardenvölker Chinas und Indiens, die Verhinderung des Aufstiegs konkurrierender Gegenmächte auf dem eurasischen Kontinent und schließlich den Zugriff auf die Lagerstätten des Öls, den knapper werdenden Rohstoff von strategischer Bedeutung, und die damit verbundene Finanzmacht. Die Bush-Administration nutzte die Ereignisse des 11. 9., ohne auch nur einen Moment zu zögern, um diese schon vorab formulierte Politik im Zuge des Kampfes gegen den internationalen Terror durchsetzen und rechtfertigen zu können.

Die Täter des 11. 9. waren in der Lage, die zivile und militärische Überwachung des amerikanischen Kontinents scheinbar mühelos zu überlisten und Gegenmaßnahmen für volle zwei Stunden auszuschalten. Vier riesige Verkehrsflugzeuge binnen einer Stunde in die Gewalt zu bekommen und mit nur mangelhaften fliegerischen Fähigkeiten bei hohen Geschwindigkeiten exakt in die Ziele zu lenken grenzt an Hexerei. Die Beobachter trauten ihren Augen nicht, als sie das Geschehen live auf den Bildschirmen verfolgten. Die Skepsis, die anfangs gegenüber den amtlichen Erklärungen laut wurde, wich im Laufe der Wochen und Monate der täglich wiederholten Botschaft von den 19 muslimischen, meist saudiarabischen Tätern und deren Verbindung zu der weltumspannenden Terror-Basis Al Kaida unter der Führung des Cheforganisators Osama bin Laden im von den Taliban beherrschten Afghanistan. Inzwischen scheint eine den Globus umspannende Kette neuer, schrecklicher Taten und Verschwörungen das Bild zu bestätigen.

Die eigentliche Tat des 11. 9. ist jedoch nach wie vor nicht aufgeklärt. Es liegt kein amtliches Untersuchungsergebnis der amerikanischen Regierung vor, noch nicht einmal ein vorläufiges. Unendlich viele Einzelheiten stehen nicht fest, sind nicht hinreichend recherchiert oder können nur schwer eingeordnet werden. Die Einsetzung eines parlamentarischen Untersuchungsausschusses scheiterte am Widerstand der amerikanischen Regierung. Lediglich die Geheimdienstausschüsse des amerikanischen Kongresses durften sich mit der Angelegenheit beschäftigen. Abgeordnete, die im Verdacht standen, Nachrichten aus der Arbeit dieser Ausschüsse an die Öffentlichkeit weitergegeben zu haben, wurden von der Administration zur Überprüfung ihrer Dementis mit dem Einsatz von Lügendetektoren bedroht. Die amtliche Kommission zur Untersuchung der Vorgänge, die zunächst vorgesehen war, scheiterte an der Befangenheit des beauftragten Vorsitzenden und ehemaligen Sicherheitsberaters Präsident Nixons, Henry Kissinger. Er zählt saudische Milliardäre zu seinen Beratungskunden, die zugleich als Finanziers des muslimischen Fundamentalismus Gegenstand der Untersuchung hätten werden können. Ähnliches galt für den vorgesehenen Stellvertreter.

Daß Henry Kissinger als Sicherheitsberater Präsident Nixons für den Aufgabenbereich der CIA verantwortlich war, kam dabei kaum zur Sprache. Dies ist insofern von Bedeutung, als es zu den Hauptaufgaben des amerikanischen Geheimdienstes zählt, die nationale wie internationale Öffentlichkeit möglichst perfekt über die kriminellen Seiten seiner Tätigkeit zu täuschen. Wer Information und nicht Desinformation über den 11. 9. 2001 schaffen will, darf folglich nicht Persönlichkeiten dieses Hintergrunds mit der Aufklärung beauftragen.

Immer mehr traten die Ungereimtheiten der amtlichen amerikanischen Verschwörungstheorie zutage, aber die amerikanische Regierung sorgt bis zum heutigen Tag nicht für umfassende Aufklärung. Die in den USA in den Händen weniger Großkonzerne liegenden Medien wirken wie gleichgeschaltet und scheinen wenig Interesse zu haben, brisante Fragen zu stellen.

Ein Großteil der Beweismittel, die eine sachverständige Aufklärung hätten ermöglichen können, ist zudem inzwischen beseitigt worden. Die im folgenden zusammengetragene und keineswegs vollständige Auflistung der Unstimmigkeiten legt nahe, die amtliche Darstellung einer muslimischen Verschwörung in Zweifel zu ziehen.

Wer das Treiben der amerikanischen, aber auch israelischen Geheimdienste seit Ende des Zweiten Weltkriegs, also über mehr als sechs Jahrzehnte, verfolgt, der wird auch an verdeckte Geheimdienstoperationen als Mittel der psychologischen Kriegführung zur Beeinflussung der Massen denken müssen. Betrachtet man den ganzen Komplex unter diesem Blickwinkel, zeigt sich, daß viele der Puzzlesteine, die nicht in das von der Bush-Regierung beschworene Bild eines muslimischen Selbstmordattentats passen, plötzlich doch »passen«, wenn man sich zwei Bilder vorstellt – das Bild einer Haupttat und das einer zur Ablenkung in Szene gesetzten »getürkten« Tat. Die Spuren der eigentlichen Täter werden durch kunstvoll gelegte Fehlspuren verdeckt.

Es wäre vermessen, Vorgeschichte und Tat des 11. 9. in allen Einzelheiten ohne Hilfe aus den Riesenapparaten des FBI, der CIA, der NSA oder des Mossad aufklären zu wollen. Doch die Zweifel an der offiziellen Version reichen aus, um der amerikanischen Regierung bei ihrer Darstellung des Geschehens und der daraus abgeleiteten politischen wie militärischen Strategie eines »Weltkriegs« schlicht die Gefolgschaft zu verweigern. Diese Strategie gefährdet das Überleben von Demokratie, Rechtsstaat und globalem Frieden. Schließlich drohen nicht nur »Präventivkriege« des extrem aufgeblasenen amerikanischen Militärapparats, sondern auch die Beseitigung der Vereinten Nationen als ausgleichendem Faktor zwischen den Nationen, es droht die Zerstörung des über Jahrzehnte, ja über Jahrhunderte entwickelten Völkerrechts.

Am 11. 9. 2001 brach in Sekundenschnelle eine Hölle über wehrlose, von ihrem Staat nicht geschützte Menschen herein. Die hinterhältige Tat wird muslimischen Terroristen angelastet, deren Führung, ob Al Kaida, Taliban oder Osama bin Laden, im verdeckten Kampf der CIA gegen die sowjetischen Truppen in Afghanistan angeworben, ausgebildet und eingesetzt wurde. Die Geldquelle des geduldeten Drogenhandels half bei der Finanzierung. Ob die CIA sich je vollständig von diesen Mannschaften getrennt hat oder sie gar weiter für ihre weltweiten Einsätze nutzt, bleibt ungewiß. Der 11. 9. ist daher auch ein Anlaß, die hochkriminellen Aktivitäten insbesondere der CIA in allen wichtigen Ländern der Welt, nicht zuletzt die schamlose Nutzung der Drogenkriminalität zu geheimdienstlichen Zwecken in allen Erdteilen, zum Thema zu machen. Die Gründer hatten der CIA zur Vorgabe gemacht, besser als der KGB sein zu müssen. Die damit verbundenen verdeckten geheimdienstlichen Operationen, mit den Grundsätzen einer rechtsstaatlichen Demokratie unvereinbar, müssen aufgegeben werden, wenn nicht stets aufs neue von außen geschürter Haß und Chaos das Zusammenleben der Völker unmöglich machen sollen.

Es gibt sie, die beherzten Demokraten in den Vereinigten Staaten wie in Europa und anderswo, die gemeinsam auf eine Änderung hinarbeiten können und müssen. Nirgendwo sonst ist die Kritik an den Operationen der geheimen Außenpolitik der USA so massiv, so erbittert, so minutiös wie in den USA selbst. Da aber die amerikanischen Medien das Thema ausklammern und sich für die Taktik der amtlichen Desinformation einspannen lassen, hat sich eine die Politik in die Schranken fordernde Protestbewegung noch nicht bilden können.

Dieses Buch wäre nicht ohne die vielen Amerikaner zustande gekommen, denen der Rausch des Patriotismus nicht den kritischen Blick und vor allem die kämpferische Bereitschaft nehmen konnte, die Werte der amerikanischen Verfassung gegen die Manipulation durch Politik und Medien hochzuhalten. Es ist eine starke, kluge und mutige Minderheit, deren Hartnäckigkeit und Hingabe dazu geeignet erscheinen, eine neue Mehrheit zu schaffen, die die drohende Erosion der amerikanischen Demokratie aufhalten und die Republik in friedlichere Fahrwasser zurücksteuern könnte. Den Beiträgen dieser Minderheit im Internet hat die Regierung bislang nichts entgegenzusetzen als die leicht zu durchschauende, täglich zelebrierte Propaganda.

Dieses Buch baut auf Erkenntnissen auf, die ich in meinem Buch *Im Namen des Staates* systematischer dargestellt habe. Auch die dort benutzten Quellen sind nahezu ausschließlich amerikanische. Es war die moralische Empörung über den Vietnamkrieg in den Vereinigten Staaten selbst, die die vielen Geheimoperationen der CIA ans Licht zerrte, die Liste der ermordeten Führer der Befreiungsbewegungen, die Liste der verdeckt geförderten Militärputsche in Ländern der Dritten Welt, der Drogenhandel als unerschöpfliche Finanzierungsquelle, die Desinformationskampagne gegenüber den Nachrichtenagenturen, Zeitungsredaktionen, der Kultur- und Hochschulszene. Doch schnell wurde der Vorhang wieder zugezogen. Die Mehrheit der heute lebenden Menschen hat keine Ahnung von der kriminellen Welt hinter den vornehmen Fassaden der Fahnen und Ehrenzeichen. Es war ein Selbstreinigungsakt der Amerikaner, der dies möglich gemacht hatte. Und so kann man hoffen, daß ein ähnlicher Prozeß im Zuge des »Weltkriegs«, den der amerikanische Präsident verkündet hat, noch einmal stattfinden wird, und sei es nur, weil den Menschen Amerikas von einer kleinen Machtclique Lasten auferlegt werden, die zu tragen sie sich vernünftigerweise verweigern.

Die Menschheit braucht das alte ideale Amerika, das Land der Freiheit, der Verheißung für Milliarden von Menschen, das Land, dem Frankreich die Freiheitsstatue zum Dank dafür errichtete, daß es der Welt noch vor der Französischen Revolution zeigte, wie Menschen selbstbewußt und stolz in einer

Demokratie leben, gesichert durch Bürgerrechte wie Meinungsfreiheit und Gewaltenteilung ohne Feudal- und Kolonialordnungen. Wir Europäer sind nach dem Sturz von Nationalsozialismus und Faschismus auch heute noch dankbar für diese Botschaft. Doch könnte heute nicht auch Amerika von Europa lernen, dessen Völker in blutigen Kriegen auf schmaler Basis Weltreiche errichten wollten und letztlich alle, auch Großbritannien, gescheitert sind? Die einzig verbliebene Weltmacht geht stärker als je eine Nation in den Kampf um das amerikanisch zu beherrschende Jahrhundert. Die Ausgangsbedingungen sind günstiger als die der Europäer. Doch auch die USA werden an den Opfern scheitern, die diese Politik dem Volk abverlangt.

Bonn, im Juni 2003 Andreas von Bülow

ERSTES KAPITEL

Der Angriff auf die Nervenzentren der USA

Die vierfache Attacke am Morgen des 11. 9. 2001

American Airlines, Flug Nr. 11:
World Trade Center Nordturm

Das Herz drohte stillzustehen, als auf dem Fernsehschirm wieder und wieder das Bild des sich zielgenau in den Nordturm des World Trade Centers bohrenden Jumbojets zu sehen war. Die Boeing 767 der American Airlines, Flug Nr. 11, war mit 92 Personen an Bord um 8 Uhr Ortszeit in Boston mit Ziel Los Angeles gestartet. Um 8 Uhr 46 schlug sie in leichter Linksneigung zwischen dem 94. und 98. Stockwerk in den Turm.[2] In Windeseile versammelte sich die Weltgemeinde um Fernseher und Radioapparate, die Arbeit ruhte. Fassungslos wurden die Menschen Zeugen eines der größten Verbrechen der Neuzeit. Das Wahrzeichen des amerikanischen Finanzzentrums in Manhattan war getroffen und brannte, die Feuerwehren rasten zum Einsatzort. Menschen sprangen in höchster Not aus den Fenstern in den sicheren Tod.

United Airlines, Flug Nr. 175:
World Trade Center Südturm

Noch im Bann der Bilder des ersten Anschlags, konnten 17 Minuten später inzwischen Milliarden Menschen nahezu live den Anflug eines zweiten Großraumflugzeugs auf das World

Trade Center miterleben. Es handelte sich um eine Boeing 767 der United Airlines, Flug Nr. 175, die gegen 8 Uhr 14 mit 65 Personen ebenfalls von Boston nach Los Angeles gestartet war. Um 9 Uhr 03 raste sie unmittelbar nach einer kurzen Kurskorrektur zwischen dem 78. und 84. Stockwerk in den südlichen Zwillingsturm – diesen allerdings eher streifend.

American Airlines, Flug Nr. 77: Pentagon-Südwestflügel

Etwa 40 Minuten später donnerte nach Darstellung der Medien ein weiterer Jumbo, eine Boeing 757 der American Airlines, Flug Nr. 77, mit 64 Personen in den äußeren Ring des Pentagons, des fünfeckigen Riesengebäudes des amerikanischen Verteidigungsministeriums. Diese Maschine war um 8 Uhr 20 auf dem Dulles Airport etwa 40 km westlich von Washington D.C. zum Flug nach Los Angeles gestartet. Über Ohio drehte das Flugzeug ab und nahm zunächst Kurs auf das Weiße Haus, den Amtssitz des amerikanischen Präsidenten. Kurz vor dem Ziel wurde das Flugzeug in eine Kehre von 270 Grad gezwungen und in acht Minuten aus einer Höhe von 10 000 Metern auf nahezu Bodenhöhe gedrückt. Im Tiefstflug mähte es Telefon- und Elektrizitätsleitungen nieder und prallte in die gerade erst gegen Terroranschläge verstärkte Fassade des Pentagons. Es war inzwischen 9 Uhr 40, knapp eine Stunde nach dem ersten Anschlag in New York.[3] Auch hier wilde Flammen, Rauch, fassungslose Passanten, Feuerwehr, Polizei, Beamte, Reporter.

United Airlines, Flug Nr. 93: Absturz bei Shanksville

Kaum war auch diese Nachricht verbreitet, kam der Hinweis auf ein in Pennsylvania abgestürztes Flugzeug. Es war die Boeing 757 der United Airlines, Flug Nr. 93, die von dem Flughafen Newark vor den Toren New Yorks um 8 Uhr 42 nach dem Ausstieg zweier Passagiere mit vierzig Minuten Verspätung gestartet war[4] und je nach Angaben zwischen 10 Uhr 03 und 10 Uhr 10 bei Shanksville, südöstlich von Pittsburg, in einem alten Kohlerevier des Staates Pennsylvania abstürzte.[5] Nach ersten Nachrichten war die Maschine abgeschossen worden oder in der Luft explodiert. Später kamen Hinweise auf einen heroischen Kampf an Bord, den die Passagiere mit den Entführern geführt hätten. Kurz darauf habe sie sich dann in den Boden gebohrt.

Im Laufe des Tages

Die Brände in den beiden Türmen

Der Aufprall der beiden Großraumflugzeuge gegen den Nord- und 20 Minuten später gegen den Südturm entfachte riesige Feuer und dann vor allem Rauch. Um den zuletzt getroffenen Südturm entstand sofort ein gigantischer Feuerball, da das Kerosin aus den zerrissenen Flugzeugtanks in Verbindung mit dem Luftsauerstoff ein hochexplosives Gemisch ergab.

In den Nordturm war das Flugzeug frontal hineingerast und hatte seinen Treibstoffvorrat über große Flächen der vier oder fünf Stockwerke mit deren Großraumbüros verteilt.

Das World Trade Center war in Stahlskelettbauweise errichtet worden. Es war etwa 400 Meter hoch, die Statik ruhte auf massiven Stahlträgern im inneren Kern des Gebäudes, an der Basis 12 cm stark aus einem in Japan gefertigten Spezialstahl, der in Richtung der oberen Stockwerke schlanker wurde. Die Statik wurde ergänzt durch 256 an der Außenfront im Abstand von je 100 cm montierten Stahlträgern, die untereinander wieder mit Quersprossen verschraubt und mit feuerfestem Material ummantelt waren. Zwischen den Trägern befanden sich jeweils die Fensterflächen. Die im Abstand von 3,70 Metern angeordneten Geschoßflächen ruhten auf Stahl- und Betonkonstruktionen, die wiederum sowohl an den Stahlträgern im Kern als auch an den Außenträgern befestigt waren.

Die New Yorker Feuerwehren begaben sich in den größten Einsatz ihrer Geschichte. Polizei und Feuerwehr stürmten in die Etagen, um die Brandherde zu löschen und den Menschen Rettung zu bringen. Sie waren vermutlich zuversichtlich, hatte es bis dahin doch noch nirgendwo auf der Welt den Einsturz eines Stahlskelettbaus gegeben, der auf das Schmelzen, Weich- oder Sprödewerden durch noch so große Feuersbrünste zurückzuführen gewesen wäre.

Doch das Undenkbare geschah, der nur tangential getroffene Südturm stürzte zuerst in sich zusammen. Die Türme waren zwar statisch gegen den Aufprall von Großraumflugzeugen ausgelegt, sie waren gegen die viel gefährlicheren Winterstürme gesichert, doch hier geschah etwas Unfaßbares: Bildaufnahmen zeigen, wie oberhalb der 75. Etage eine Baumasse von 30 Stockwerken, insgesamt 100 Meter hoch, zunächst bis zu 22 Grad zur Seite kippt, um dann zusammen mit den darunterliegenden 72 Etagen im freien Fall in sich zusammenzusacken. Der Vorgang wird von einer riesigen Staubwolke verhüllt, aus der sich allenfalls vereinzelt schwerere vorwegfliegende Teile wie Stahltrossen erkennen lassen.

20 Minuten später folgt der Nordturm, der in den vom Flugzeug getroffenen Etagen wenig Feuer, dafür um so mehr schwarzen Rauch erkennen ließ. Beide Türme stürzen in einer

Kettenreaktion wie Schichttorten in sich zusammen, indem sie Stockwerk für Stockwerk mit sich reißen und Mobiliar wie Menschen unter sich begraben.

Freudestrahlende Palästinenser im TV-Verschnitt

In den ersten Stunden galt die Berichterstattung der Fernseh- und Rundfunkanstalten dem eigentlichen Geschehen vor Ort, der Reaktion der Bevölkerung, den Überlebenden, den Rettungsmannschaften, der Angst und Trauer der Angehörigen, aber natürlich auch dem Echo, das das Geschehen in aller Herren Länder hervorrief. Daß die vier Flugzeuge von Terroristen entführt worden seien, stand von Beginn an in den Regierungsdarstellungen wie in den Medienberichten außer Frage. Die Richtung, in die sich die Phantasien über Hintergründe und Zusammenhänge entwickeln konnten oder auch sollten, wurde vorgegeben durch die TV-Bilder einer angeblich vor Schadenfreude lachenden Palästinenserin inmitten ebenfalls lachender Kinder. Auf den Bildschirmen sieht man dem sicheren Tod geweihte Menschen aus dem Turm springen, kurz darauf die Live-Aufnahmen aus Palästina. Wieder und wieder werden sie in die aktuelle Berichterstattung eingespielt und setzen sich in den Köpfen der Betrachter fest. Erst Tage später stellte sich heraus, daß die Aufnahmen Menschen ohne jede Ahnung von den Ereignissen in New York zeigten, denen großzügig Süßigkeiten spendiert worden waren, worüber sie sich freuten. Die groß ins Bild gebrachte Palästinenserin erkannte sich entsetzt auf dem Bildschirm mit der ihr unterstellten feindseligen Gesinnung wieder. Die Vermutung liegt nahe, daß diese Aufnahmen von interessierter Seite zielgerichtet *just in time* in die Redaktionen der Fernsehgesellschaften und Nachrichtenagenturen lanciert wurden, um die Stimmung und Grundeinstellung der Massen zu beeinflussen.[6] Die Richtigstellung des ersten Eindrucks fand sich erst sehr viel später und wie üblich allenfalls an untergeordneter Stelle in den Medien wieder. Deutsche Medien druckten auf Titelbildern die einstürzenden Türme im Verschnitt mit den jubelnden Palästinensern ab.

Brand und Einsturz der Nachbargebäude

Zumindest in Europa weit weniger beachtet, griffen die Flammen in der Folge von Brand und Einsturz der Türme des World Trade Centers auf weitere Gebäude des Areals über, die zwar nicht ganz so hoch waren, aber doch Hochhauscharakter hatten. So fing das Gebäude Nr. 7 nach dem Einsturz des Nordturms um 10 Uhr 30 Feuer und stürzte am Nachmittag gegen 17 Uhr 25 ein. Die weiteren Gebäude 4, 5 und 6 brannten über Stunden zum Teil lichterloh, hielten jedoch mit ihren Stahlskelettstrukturen dem Feuer und den herabstürzenden Trümmern der benachbarten Türme ganz im Gegensatz zu Gebäude 7 stand.

Der Präsident in der Grundschule

Der amerikanische Präsident George W. Bush war bereits beim Verlassen seines Hotels in Florida, kurz vor dem Besuch einer Schule in Sarasota, Florida, vom Einschlag eines Flugzeugs in den Nordturm des World Trade Centers unterrichtet worden.[7] Dennoch wickelte er mit seinen die Verbindung zur Außenwelt haltenden Mitarbeitern sein Tagesprogramm ab und ließ sich von Zweitkläßlern Geschichten vorlesen. Er fuhr darin sogar weitere 25 Minuten fort, nachdem er von dem zweiten Anschlag auf den Südturm erfahren hatte. Daß ganz offenbar Terroristen der einzig verbliebenen Supermacht einen Krieg erklärt, die USA im eigenen Land angegriffen hatten und dementsprechend gehandelt werden mußte, schien dem Präsidenten kein hinreichender Grund, den geplanten Tagesablauf zu unterbrechen und sofort zu stoppen. Immerhin meldete er sich mit einer ersten Stellungnahme noch aus Florida mit dem Hinweis, das Land sei offensichtlich von einem Terroranschlag überrascht worden.[8] Um 9 Uhr 57 bricht der Präsident mit einer Militärmaschine, nicht mit seiner Air Force One, von Florida auf. Um 13 Uhr 04 meldet er sich von einer Air Force Base in Louisiana mit der Bitte um ein Gebet für die Getöteten und Verwundeten. Zugleich kündigt er Verfolgung und unerbittliche Bestrafung der feigen Attentäter an. Von Louisiana wurde Bush auf eine Air Force Base im Mittleren Westen in Nebraska geflogen, wo er am Nachmittag dann doch seine Air Force One bestieg, um nach Washington zurückzukehren. Das Umherirren des Präsidenten in Militärmaschinen von Luftwaffenstützpunkt zu Luftwaffenstützpunkt kommentierte das Weiße Haus zunächst mit dem Hinweis, es seien beim Secret Service anonyme Anrufe eingegangen, aus denen sich ergeben habe, daß die Terroristen im Besitz »cosmic top secret« eingestufter Geheimcodes des Präsidenten sowie der jeweiligen Koordinaten der Präsidentenmaschine seien. Deshalb habe er nicht mit der eigenen Maschine fliegen können und habe auch einen direkten Flug zurück in die Machtzentrale in Washington meiden müssen. Diese Meldung, intensiv verbreitet, verstärkte die Verunsicherung der Menschen in den USA. Einige Tage später dementierte das Weiße Haus die Nachricht von den Geheimcodes.[9] Die Medien übergingen die Korrektur, allenfalls auf den letzten Seiten fanden sich minimale Hinweise.

Am Abend sprach Bush dann über die Fernseh- und Radiostationen zum amerikanischen Volk mit der entschlossenen Botschaft, die Regierung werde nicht unterscheiden zwischen Terroristen, die die Anschläge verübt hätten, und denen, die ihnen Hilfe und Unterschlupf zuteil werden ließen. Vor dem Kongreß redete er von einer langen Kriegskampagne, die jetzt erforderlich sei. Er forderte die Welt auf, sich an dem anstehenden Kampf zu beteiligen. Wer nicht mit uns ist, ist mit den Terroristen, war die Botschaft an die Welt.

ZWEITES KAPITEL

Ein Blick zurück – zur Vorgeschichte des 11. 9. 2001

Die Spur des Terrors

1993: Anschlag von der CIA unterstützter Muslime auf das World Trade Center

Nur wenige Jahre nach dem Zusammenbruch der Sowjetunion gelingt es fundamentalistisch-muslimischen Terroristen, meist Veteranen des Kampfes gegen die sowjetischen Truppen in Afghanistan, die Vereinigten Staaten im eigenen Lande fortwährend mit Terrortaten zu überziehen. So waren die amerikanischen Geheimdienste bereits seit dem ersten Bombenanschlag auf das World Trade Center im Jahre 1993 vor weiteren Angriffen muslimischer Terrorgruppen auf herausragende und symbolträchtige Ziele der Vereinigten Staaten gewarnt. Schon damals schreibt die amerikanische Presse einem geheimnisvollen Osama bin Laden immer wieder die Urheberschaft terroristischer Anschläge mit muslimischem Hintergrund zu. So auch bei dem ersten Anschlag auf das World Trade Center. Allerdings fällt es bei näherem Hinsehen schwer, den Geheimdiensten der USA nicht ein Großteil der Verantwortung für das Tatgeschehen zuzuschreiben. Bei diesem ersten Anschlag auf das World Trade Center bastelte eine Gruppe muslimischer Afghanistan-Veteranen, die sich in New Jersey vor den Toren New Yorks niedergelassen hatte und dort unter der geistlichen Betreuung eines blinden Mullahs aus Kairo stand, unter Anleitung eines ehemaligen ägyptischen Geheimdienstoffiziers die damals so gefürchtete

»Agrarbombe«, ein Gemisch aus bestimmten Düngemitteln und Dieselöl. Die muslimischen Täter waren entgegen der Anordnung des State Departments und des FBI durch Vermittlung der CIA ins Land geschleust worden.[10] Der ägyptische Bombenbauer hatte sich sehr frühzeitig dem FBI als Informant zur Verfügung gestellt. Dabei hatte er die Verhandlungen mit dem Führungsoffizier des FBI sorgfältig auf Band festgehalten. Darunter auch die feste Zusage des FBI-Beamten, die gefährliche Sprengladung spätestens 24 Stunden vor dem geplanten Anschlag durch ein harmloses Material auszutauschen. Als die Muslime seinerzeit mit ihrer Bombenladung in einem Pick-up zum World Trade Center aufbrachen, konnte der ägyptische Informant des FBI daher davon ausgehen, daß es zu keiner Explosion kommen würde. Die Täter hätten verhaftet werden können, das FBI hätte sich die erfolgreiche Bekämpfung des muslimischen oder auch internationalen Terrorismus an die Amtsfahne heften können.[11] Doch es kam anders. Über Nacht war der ägyptische Agent als unglaubwürdig angesehen worden. Das Pulvergemisch wurde nicht ausgetauscht. Die Bombe wurde gezündet und verletzte 1000 Menschen, sechs kamen bei der letztlich vom Geheimdienst gesponserten Terroraktion ums Leben. Ein New Yorker Strafgericht verurteilte den von Ägypten ausgelieferten Mullah aus Kairo und einige Nebenfiguren. Im Prozeß verwiesen die Kriminellen zu ihrer Verteidigung auf die Erfahrung, die sie in den Kampfverbänden des afghanischen Freiheitskämpfers, Drogenbosses und CIA-Partners Hekmatyar gewonnen hätten.[12] Hekmatyar ist derzeit erneut Partner der CIA und der amerikanischen Verbände im Kampf um Afghanistan. Das Attentat war entgegen den Behauptungen des FBI ganz offensichtlich Osama bin Laden nicht zuzurechnen. Im FBI kam es zu einer Auseinandersetzung mit dem Leiter eines chemischen Labors, dem von der Behördenleitung nahegelegt worden war, Laborergebnisse zu Lasten der Angeklagten im World-Trade-Center-Strafprozeß zu verfälschen.[13]

Oklahoma Federal Building

Das nächste Großattentat, das sofort nach Bekanntwerden der Tat wiederum muslimischen Fundamentalisten in die Schuhe geschoben wurde, war der Anschlag mit einer Agrarbombe auf das Bundesverwaltungsgebäude in Oklahoma im Jahr 1995. 168 Tote, darunter 60 Kinder eines Kindergartens, sowie unzählige Verletzte waren die Opfer.[14] Bei der Aufarbeitung der Straftat durch das FBI, die örtliche Kriminalpolizei und die Staatsanwaltschaft stellte sich sehr schnell heraus, daß islamische Fundamentalisten als Täter wohl nicht in Betracht kamen. Die Behörden hatten einen gewissen Timothy McVeigh gefaßt, einen ehemaligen Soldaten der US-Army, der einen Pick-up-Truck beladen mit einer Agrarbombe vor dem Bundesgebäude geparkt und zur Explosion gebracht haben mußte. McVeigh hatte den Wagen bei einem Mietwagenunternehmen gemietet, war darüber identifiziert worden und bekannte sich letztlich zu dem Anschlag. Er habe aus Haß gegen die Bundesregierung gehandelt, mit der er sich im Krieg befinde. Die 168 Toten und vielen Verletzten seien Kollateralschäden, ein Begriff, den er vermutlich beim Militär kennengelernt hatte.

McVeigh hatte im Vorfeld intensiven Kontakt mit den Mitgliedern einer »White Aryan Resistance«-Gemeinde gepflegt. Zwanzigmal hatte er die Gemeinde besucht, außerdem u. a. unzählige Telefonate mit einem früheren Zeitsoldaten des Militärischen Abschirmdienstes (MAD) der Bundeswehr geführt, der in der Siedlung des Weißen Arischen Widerstands Elohim für Fragen der Sicherheit zuständig war. Dort wurde ihm für Gruppen der Weißen Überlegenheitsarier (»White Aryan Supremacists«) das amerikaweite Waffentraining anvertraut. Im kleinen Kreis stiftete der Deutsche, ohne daß ein Motiv erkennbar gewesen wäre, wiederholt zum Angriff auf Einrichtungen des Bundes, darunter auch etwa des Federal Building in Oklahoma, an. Der Bürgermeister der 200-Einwohner-Siedlung war ein Agent des FBI. Eine weitere Agentin des Geheimdienstes des Büros für Alkohol, Tabak und Feuerwaffen (BATF) hatte den ehemaligen MAD-Mann mit seinen Kollegen u. a. in 70 Berichten als rechtsradikal und gefährlich bei der Erörterung terroristischer Pläne bezeichnet und gefilmt. Doch kurz vor der Tat wurde die Agentin entlassen. In ihrem Arbeitsgerichtsprozeß kamen die erwähnten Hintergründe zur Sprache. Im Prozeß gegen Timothy McVeigh jedoch wurde die Agentin der BATF nicht als Zeugin zugelassen.

Welchem Geheimdienst der Deutsche zugearbeitet haben könnte, läßt sich nicht leicht ausmachen. Die Vermittlung durch einen CIA-nahen amerikanischen Obristen aus Berlin läßt Eingeweihte auf einen Zusammenhang mit der Drug Enforcement Agency (DEA) schließen. Die Hintergründe sind von Bedeutung, da das Federal Building mit an Sicherheit grenzender Wahrscheinlichkeit nicht dem Anschlag des ehemaligen Soldaten der US-Army Timothy McVeigh zum Opfer gefallen sein kann. Die Agrarbombe wurde zwar gezündet, und sie verursachte auch Schäden, nur müssen die entscheidenden und alles zerstörenden Sprengladungen gezielt an mindestens sechs der tragenden Stahlsäulen des Gebäudes angebracht und zeitlich abgestimmt mit der Agrarbombe gezündet worden sein. Dies war das Ergebnis eines Gutachtens, das ein pensionierter General der US-Luftwaffe angefertigt hatte, der zehn Jahre lang ein wissenschaftliches Institut für Sprengmittel und Munition geleitet hatte.[15] Die Sprengkraft der aus Dieselöl und Düngemittel zusammengerührten Bombenfüllung könne nicht Ursache für Art und Umfang der am Gebäude zu erkennenden Schäden sowie die Charakteristik des tiefen Kraters gewesen sein. Dazu hätten an den tragenden Stahlsäulen des Gebäudes gezielt Sprengladungen einer viel höheren Brisanz angebracht werden müssen.

Der Bitte des Generals ebenso wie vieler Angehöriger der Opfer, die Gebäudebestandteile einschließlich des Stahlskeletts sorgfältig auf Spuren zu untersuchen und das Material Sachverständigen zur weiteren Begutachtung vorzulegen, wurde nicht gefolgt. Die Trümmer wurden von der Firma Controlled Demolition aus Baltimore, die später auch für die Trümmerbeseitigung beim World Trade Center zuständig war, so schnell als möglich auf eine Deponie gefahren und mit Erdreich bedeckt. Die Deponie wurde umzäunt und mit Wachhunden vor unerwünschten Spurensuchern geschützt.

Statt der anfänglich in allen amerikanischen Medien verdächtigten Muslime waren es nun zwei amerikanische Täter, Timothy McVeigh und Terry Nichols, auf die das Gerichtsverfahren zugeschnitten wurde. Die alternative Spur wurde nicht verfolgt, obgleich Zeugen nicht nur mehrere Explosionen vor Ort gehört hatten, sondern in der Nacht vor der Tat in dem großen Bürogebäude auch ungewöhnliches Servicepersonal gesichtet hatten.

Die sofortige Verengung der kriminalpolizeilichen Ermittlungen auf die Spur der beiden Täter ließ viele Menschen nach überzeugenderen Erklärungen des Geschehens suchen. Doch die überregionale Presse, die zunächst mit wilden Schlagzeilen die Muslimspur verbreitet hatte, übernahm ohne viel Federlesen die staatlich angebotene Verschwörungstheorie der beiden Einzeltäter. Bis heute ist nicht geklärt, wie es dazu hat kommen können, daß die Bundesbehörden über die Beziehungen McVeighs zu den Weißen Überlegenheitsariern bestens informiert waren und wußten, daß dort unter aktiver Beteiligung eines früheren Angehörigen des MAD, Offiziers der Bundeswehr und Sohn eines hochrangigen deutschen Politikers Überlegungen für Bombenanschläge auf Bundeseinrichtungen diskutiert wurden. Wobei es so aussieht, als wäre das schließlich durchgeführte Attentat fast sekundengenau überdeckt worden von einem ganz anderen, raffinierteren, mörderischen Anschlag. Die Täter und Hintermänner der eigentlichen Mordtat konnten durch das Verhalten der Bundesbehörden bei der Aufklärung im Dunkel bleiben.[16]

Nachzutragen bleibt, daß Präsident Clinton das Attentat von Oklahoma als das seine Wiederwahl bestimmende wichtigste Ereignis bezeichnete. Die amerikanische Öffentlichkeit war schon seit Jahren durch Nachrichten über immer wilder auch mit Anschlägen und Schießereien auftrumpfende rechtsradikale und fanatische Milizen beunruhigt worden. Die Republikaner hatten sich im Wahlkampf schützend vor die Milizen und deren Vorstellung von einer übermächtig die Freiheit des einzelnen erdrückenden Zentralgewalt in Washington gestellt. Der in den Medien genau diesen Kreisen zugeschriebene Anschlag in Oklahoma gab dem demokratischen Amtsinhaber den nötigen politischen Rückenwind zu seiner Wiederwahl.

Die Bombenanschläge Osama bin Ladens auf US-Botschaften in Afrika

Im Jahre 1996 verübten zunächst unbekannte Täter Autobombenanschläge auf die amerikanischen Botschaften in Kenia und Tansania. Obgleich überzeugende Beweismittel fehlten, wurde Osama bin Laden von der Clinton-Regierung die Urheberschaft zugeschrieben. Er hielt sich damals im Sudan auf, wo er als Bauunternehmer vornehmlich mit dem Bau einer 1000 km langen Fernstraße beschäftigt war.

US-Präsident Clinton ließ als Anwort auf die Anschläge 74 unbemannte Flugkörper mit schwerer Bombenlast von Schiffen der US-Navy auf Afghanistan abfeuern, die nur unbeteiligte Zivilopfer trafen oder im menschenleeren Wüstengelände einschlugen. Auch der Sudan wurde mit Bomben bedacht, da er Osama bin Laden und seinen Terroristen angeblich Unterschlupf gewährt hatte. Das Angriffsziel war eine Fabrik, die den Sudan mit Arzneimitteln versorgte. Die CIA hatte behauptet, dort würden chemische Kampfmittel hergestellt. Daran war offensichtlich kein wahres Wort. Dem diplomatischen

Corps war kurz zuvor eine Besichtigungstour angeboten worden, an der der örtliche CIA-Resident offensichtlich nicht teilgenommen hatte. Der deutsche Botschafter wies auf die Unhaltbarkeit der amerikanischen Vorwürfe hin. Die amerikanische Regierung blieb jedoch bei ihrer Behauptung und bombte. Merkwürdig ist auch das Zusammenspiel der israelischen und amerikanischen Dienste bei der Aufklärung der Attentate. Der israelische Mossad sandte noch vor den Amerikanern eine »Aufklärungsmannschaft« an die Orte des Geschehens, was als Hilfe aus der Region deklariert wurde, jedoch möglicherweise die Unvoreingenommenheit der Aufklärung vor Ort beeinträchtigte.

Der Sudan bietet die Auslieferung Osama bin Ladens an – vergeblich

Die Vereinigten Staaten hätten ihren Unhold bereits im Jahre 1996 vom Sudan übernehmen und wegen vielfältiger Verbrechen anklagen können. Die Regierung des im südlichen, ölhaltigen Teil des Landes gegen eine Unabhängigkeitsbewegung kämpfenden Sudans wäre Osama bin Laden gern an die USA losgeworden, um aus der jährlich vom amerikanischen Außenministerium veröffentlichten Liste der terrorfördernden und die Menschenrechte verletzenden Staaten gestrichen zu werden. Doch die Amerikaner wollten den Saudi jemenitischer Abstammung nicht, obgleich sie ihn ein Jahr zuvor bereits öffentlich beschuldigt hatten, den ersten Anschlag muslimischer Terroristen auf das World Trade Center im Jahre 1993 gesteuert zu haben.[17] Die US-Regierung war der Meinung, die Beweismittel reichten nicht aus, um eine amerikanische Jury zu einer Verurteilung zu veranlassen.[18]

Ein FBI-Abteilungsleiter auf der Spur bin Ladens wird von oben gestoppt

Inzwischen wurde bekannt, daß die Administration vor dem 11. 9. 2001 Beamten des FBI untersagt hatte, die Terrorverbindungen der Bin-Laden-Familie näher zu untersuchen. Es war der New Yorker Abteilungsleiter des FBI für den Antiterrorkampf, John O'Neill, der im Jemen mit seinen Untersuchungen vor Ort den bin Ladens so nachhaltig auf den Leib rückte, daß er von der amerikanischen Botschafterin gestoppt und seine erneute Einreise unterbunden wurde.

Dabei war O'Neill der große Kenner und Spezialist in Sachen Osama bin Laden.[19] Er war es, der den ersten Anschlag auf das World Trade Center 1993 untersucht hatte. Es folgte die Bearbeitung der Anschläge auf eine US-Kaserne in Saudi-Arabien 1996, auf die US-Botschaften in Nairobi und Daressalam 1998 und schließlich im Jahre 2000 auf den Zerstörer der US Marine »Cole« im Hafen von Aden. Der Zerstörer war trotz Sicherheitsbedenken auf Fürsprache der amerikanischen Botschafterin in den Hafen eingelaufen und dort von einer Basis-Al-Kaida-Selbstmordgruppe attackiert worden. Der Spezialist für muslimischen Fundamentalismus, für Al Kaida und Osama bin Laden sollte die Tat mit seiner Mannschaft aufklären. Die Botschafterin hinderte ihn daran, indem sie beim Justizministerium und der Spitze des FBI in Washington intervenierte und sich über den Arbeitsstil des FBI-Manns beschwerte.

Wenn Osama bin Laden die Anschläge auf das World Trade Center und das Pentagon tatsächlich organisiert haben sollte, dann wäre O'Neill mit Sicherheit der Mann gewesen, der die Tat des 11. 9. aufgrund seiner Kenntnisse hätte verhindern können. Hätte die Botschafterin Barbara Bodine O'Neill mit seiner FBI-Sondertruppe nicht die Wiedereinreise zur Forsetzung seiner Arbeit im Jemen verweigert, hätte Osama bin Laden möglicherweise rechtzeitig gefaßt werden können.

O'Neill selbst meinte verbittert, es seien Ölinteressen, die die Aufklärung der Taten Osama bin Ladens und seiner Basis Al Kaida behinderten.

Barbara Bodine, eine ehemalige Schülerin Henry Kissingers und im Außenamt zuvor mit der Koordinierung des Kampfs gegen den Terror beschäftigt, verließ zwei Wochen vor dem 11. 9. 2001 ihren Posten im Jemen. Zur gleichen Zeit kehrte der jemenitische Botschafter in Washington in den Jemen zurück. Der saudische Geheimdienstchef, mit Osama bin Laden befreundet, wurde seines Amtes enthoben.

Ein böser Zufall wollte es, daß O'Neill in Tampa/Florida wenige Monate vor den Anschlägen bei einer streng geheimen FBI-Tagung im Kollegenkreis eine Aktentasche mit geheimstem Material für kurze Zeit abhanden gekommen war, weshalb gegen ihn sofort disziplinarisch ermittelt und er daraufhin aus der weiteren Untersuchung der Bin-Laden-Struktur herausgelöst wurde. Der normalerweise behördenintern zu haltende Vorgang fand wie zufällig einige Wochen vor dem 11. 9. seinen Weg in die Spalten der *New York Times* und der *Washington Post*.[20] Die Tasche war in 30 Minuten wiedergefunden worden, doch O'Neill quittierte nach drei Jahrzehnten aus Protest den Dienst beim FBI und heuerte als Sicherheitschef des World Trade Centers an, ein Job, den er erst am Tag vor dem Attentat antrat.

Sein Vertrag mit dem Eigentümer des World Trade Centers sah eine Verdreifachung seines bisherigen Gehalts beim FBI vor. Ob diese verlockende Entlohnung auch seinem Vorgänger bereits zuteil geworden war, ist bislang unbekannt.

Nach dem Einschlag des Jumbojets in den Südturm telefonierte O'Neill noch mit seinem Sohn und einem Mitarbeiter. Dann begab er sich in eine der drei Etagen, in denen das FBI seine New Yorker Zentrale mit den Akten über weltweite Wirtschaftskriminalität untergebracht hatte. Dort stieß er noch vor dem Einsturz des Gebäudes auf Zeichen der Verwüstung der dreigeschossigen FBI-Zentrale, die mit dem Aufprall des

Flugzeugs 73 Stockwerke darüber und dem anschließenden Feuer nichts zu tun haben konnten. O'Neill rettete einen in nahezu mannshohen Trümmern verschütteten Mitarbeiter des Gebäudemanagements. Es gelang ihm noch, das Gebäude zu verlassen. Seine Leiche wurde erst eine Woche später inmitten der schwelenden Trümmer gefunden. Die Massen des einstürzenden Südturms sollen ihn erschlagen haben.

Bleibt nur noch nachzutragen, daß die Bush-Administration die für die Behinderung der Bin-Laden-Aufklärung verantwortliche Botschafterin Bodine für einen wichtigen Posten in der Verwaltung des inzwischen durch amerikanische Truppen eroberten Irak vorgesehen hatte. Zeitweilig amtierte sie als eine Art De-facto-Bürgermeisterin von Bagdad, wurde aber schon bald wohl im Streit zwischen Pentagon und State Department wieder abberufen und bezog einen neuen Posten im US-Außenministerium.

Alte Kameraden

Osama bin Laden, Al Kaida, Taliban:
Instrumente der CIA im Kampf gegen die Sowjetunion

Der den weltweiten Terrorismus befehlende, für die Anschläge des 11.9. und deren Vorläufer verantwortlich gemachte Osama bin Laden war bis zum Zusammenbruch der Sowjetunion eine nicht unwichtige Figur im verdeckten Kampf der USA gegen die sowjetischen Interventionstruppen in Afghanistan. Er ist eines von 20 Kindern eines mit mehreren Frauen verheirateten saudiarabischen Scheichs jemenitischer Herkunft, der in Saudi-Arabien selbst, aber auch für die amerikanischen Streitkräfte im arabischen Raum große Bauprojekte verwirklicht und daran kräftig verdient hat. Zum Terroristen in amerikanischen Augen wurde Osama bin Laden erst, als er sich mit der königlichen Familie der Saudis in der

Frage überwarf, im Gefolge des ersten Golfkriegs US-Truppen die Stationierung auf saudischem Boden zu gestatten. Als dann nach Ende der kriegerischen Auseinandersetzungen Tausende von US-Soldaten in Saudi-Arabien zurückblieben, soll sich bin Ladens Ärger in handfeste Opposition verwandelt haben. Er erklärte Saudi-Arabien und andere Regime wie Ägypten zu Marionetten der Vereinigten Staaten, wie das frühere Regime in Afghanistan eine Marionette in den Händen der Sowjetunion gewesen sei. Er rief zum Umsturz dieser Vasallenregime auf und erklärte es zur Pflicht aller Muslime, die Vereinigten Staaten aus den Golfstaaten zu vertreiben. Daraufhin wurde ihm 1994 die saudiarabische Staatsangehörigkeit entzogen, und er wurde des Landes verwiesen. Seine Guthaben wurden beschlagnahmt.[21]

So nachhaltig kann die Trennung zwischen CIA und Osama bin Laden vor dem 11. 9. nicht gewesen sein, wenn zutrifft, was aus französischen Quellen verlautet. Danach hielt die CIA zu ihrem ehemaligen Mitarbeiter noch im Juli vor der Tat Kontakt. Der ließ sich im amerikanischen Krankenhaus in Dubai (Vereinigte Arabische Emirate) wegen eines schweren Nierenleidens mehr als eine Woche lang behandeln. Am 12. Juli 2001 besuchte ihn der dortige CIA-Resident Larry Mitchell, dem Vernehmen nach in Begleitung eines saudischen Prinzen, zugleich Chef des saudischen Geheimdienstes,[22] am Krankenbett. Im Freundes- und Bekanntenkreis soll der CIA-Mann sich mit dem hochrangigen Kontakt gebrüstet haben und zur Berichterstattung in die Zentrale beordert worden sein.

Der Besuch des CIA-Residenten am Krankenbett des Osama bin Laden spricht dafür, daß zumindest Teile der CIA die alten Instrumente weiter nutzen wollten.

Das Drehbuch von Zbigniew Brzezinski gegen die Sowjetunion

Doch die hohe Zeit der Zusammenarbeit zwischen der CIA und den Hilfstruppen des Osama bin Laden, seiner Basis, und später der Taliban war die nach außen nicht als solche erkennbare verdeckte Auseinandersetzung der USA mit der Sowjetunion über Afghanistan. Ihr lag ein Plan zugrunde, den Zbigniew Brzezinski, der die Geheimdienste der USA steuernde Sicherheitsberater Präsident Carters ausgeheckt und bereits in den siebziger Jahren des vergangenen Jahrhunderts umzusetzen begonnen hatte. Danach sollte die Sowjetunion mit einem Gürtel muslimisch-fundamentalistischer Staaten umgeben werden, um dann mit Hilfe dieser Bewegung das muslimische Hinterland der Sowjetunion destabilisieren zu können.

Von daher war es nicht verwunderlich, daß der von den amerikanischen Diensten installierte, dann jahrzehntelang geschützte hochkorrupte Schah von Persien nun von seinem bisherigen Beschützer fallengelassen und zum Freiwild einer religiös-fundamentalistischen Bewegung mit Staatspräsident Khomeini an der Spitze hat werden können.[23] Der Schah selbst wiederum war 1951 in einer gemeinsamen Aktion englischer und amerikanischer Geheimdienste im Zusammenspiel mit den einer weltlichen Demokratie feindlich gesinnten Mullahs an die Stelle des amtierenden Ministerpräsidenten Mossadegh geputscht worden, der es gewagt hatte, eine Erhöhung des Staatsanteils an den Öleinnahmen der internationalen Ölgesellschaften oder gar deren Verstaatlichung zu fordern. Nach jahrzehntelanger Schah-Herrschaft kamen nun die Ajatollahs zum Zuge, Khomeini konnte als neuer klerikaler Führer aus seinem Exil in Paris ins Land geholt werden.

Kaum war dies bewerkstelligt, setzte die amerikanische Administration auf Saddam Hussein, den Diktator des Irak, der 1979 als Staats- und Regierungschef mit Hilfe der CIA die alleinige Macht an sich gerissen hatte. Die CIA gab ihm damals auch gleich noch eine Liste der zu beseitigenden Personen des öffentlichen Lebens an die Hand, rund 5000 an der Zahl, die der neuen, auf die Interessen der Ölgesellschaften mehr Rücksicht nehmenden Politik langfristig hätten gefährlich werden können.[24] Sie wurden samt und sonders liquidiert. Das Vorgehen entsprach dem der amerikanischen Dienste in zahlreichen Ländern der Dritten Welt, wo Politiker der Befreiungsbewegungen als potentielle Kommunisten ermordet oder durch Militärputsche beseitigt worden waren.

Die amerikanische Politik der achtziger Jahre nutzte nun den von ihr installierten Diktator Saddam Hussein, um ihn gegen den vermeintlich durch den Regimewechsel geschwächten Iran militärisch vorgehen zu lassen. Als Begründung hieß es, der Irak müsse im Interesse der Ölversorgung der westlichen Welt die Aufgabe übernehmen, die gemäßigten Regime des Nahen Ostens vor dem Funkenflug des Fundamentalismus aus dem Iran zu schützen. Als Preis winkten die iranischen Ölgebiete im Zweistromland, die dem Irak zufallen sollten.

Die Operation der USA paßte in die Gesamtstrategie, war es doch die Sowjetunion, die fundamentalistisch eingekreist und unterwandert werden sollte, nicht jedoch die dem Westen mehr oder weniger gefügigen Ölstaaten am persischen Golf und auf der arabischen Halbinsel. Die dortigen Regime wurden daher veranlaßt, sich auch finanziell am Kampf der irakischen Streitkräfte gegen den Fundamentalismus iranischer Prägung zu beteiligen.

Man sieht die menschheitsalte Machttechnik des *divide et impera* – teile und herrsche – der amerikanischen Supermacht, die damals noch von der Sowjetunion als Gegenmacht ausbalanciert wurde. In dieser Zeit lasen im übrigen die westlichen Staatsführer, allen voran die der Vereinigten Staaten, aber auch die Europas, Saddam Hussein jeden Herzenswunsch gegen Bezahlung von den Lippen ab. Vor allem aber verkauften sie ihm Waffen. Die amerikanische Politik brachte es sogar fertig, Milliarden Dollar aus einem der Stützung landwirtschaftlicher Erzeugnisse dienenden Exportförderungsprogramm am Kongreß vorbei zur Finanzierung riesiger Waffengeschäfte freizumachen. Der Irak war ein regelrechtes Eldorado des internationalen, geheimdienstdurchsetzten Waffenhandels. Die USA lieferten ohne Rücksicht auf internationale Verträge die Produktionsmittel und Ausgangsmaterialien zur Herstellung chemischer Waffen – und zwar über genau den Mittelsmann Barbouti, der auch in der Bundesrepublik über Hongkong eine zivil wie militärisch nutzbare Maschine bestellt hatte, die für die irakische Chemiewaffenproduktion eingesetzt werden sollte. Interessanterweise war es genau dieser deutsch-irakische Deal, der durch gezielte Indiskretion zum weltweiten Skandal aufgebauscht wurde. Die Bundesrepublik stand wieder einmal im Scheinwerferlicht einer hochempörten Öffentlichkeit, nicht zuletzt in den USA, während die britisch-amerikanischen Verbindungen im dunklen blieben. Die internationale wie nationale Presse zog über die Bundesrepublik und deren schamlose, gewinnversessene Unternehmen her und malte die Gefährdung Israels durch Chemiewaffen aus deutscher Hand an die Wand, ohne die später sichtbar werdenden Hintergründe einer von Geheimdiensten begleiteten westlichen Operation überhaupt zu durchschauen. Der Hersteller der Maschine wurde nach mehrmonatiger Prozeßdauer vom Vorwurf des illegalen Waffenhandels freigesprochen. Die amerikanischen und britischen Exporteure blieben unbehelligt. Das so produzierte Giftgas wurde gegen die persischen Truppen eingesetzt. Der heutige Verteidigungsminister der USA, Donald Rumsfeld, besuchte seinerzeit im Auftrag Präsident Reagans Hussein, den heute so verhaßten Diktator. Er wußte schon damals von den Gasangriffen auf die iranischen Truppen. In dieser Zeit gelangten auch die später von den Inspektoren der UNO so verzweifelt gesuchten biologischen Kampfmittel aus amerikanischen Beständen in den Besitz des Irak, darunter auch Anthrax.

Im Krieg gegen den Iran halfen die amerikanischen Geheimdienste der irakischen Militärführung mit Satellitenaufnahmen, die Aufmarsch, Stärke und Aufteilung der gegnerischen Kräfte erkennen ließen. Um jedoch die irakischen Kräfte am entscheidenden Durchbruch zu hindern, bedienten die amerikanischen Geheimdienstexperten, zum Teil auch im Zusammenspiel mit dem israelischen Mossad, die iranische Gegenseite ebenfalls mit Satellitenaufnahmen zur gefälligen Verwendung.

Während die westlichen Waffenexporteure mit staatlicher Billigung die Arsenale des Saddam Hussein zum Krieg gegen den Iran füllten, sorgte Israel dafür, daß auch der Iran nicht ohne amerikanische Waffen und Ersatzteile blieb. Israel, das einen erstarkenden Irak im nahöstlichen Machtspiel verhindern wollte, lieferte aus seinen Beständen Waffen an den Iran und füllte die entstehenden Lücken im Zuge des Militärabkommens mit den USA aus amerikanischen Lieferungen wieder auf. Auf die Israel begünstigenden Bezugspreise schlugen die geheimdienstgestützten Exporteure 300 Prozent auf. Die Füllung der Geheimkassen der großen israelischen Parteien spielte eine nicht unbeachtliche Rolle.[25]

Vor dem Hintergrund dieser Eindämmung und Schwächung des Iran verfolgten die amerikanischen Geheimdienste nun unbeirrt den Plan, die Sowjetunion in die muslimische Falle laufen zu lassen. Brzezinski sprach und spricht heute noch von einem Vietnam, das man der Sowjetunion habe bereiten wollen. In den Bergen und Wüsten Afghanistans sollten ihre Truppen ausgeblutet werden. Die Falle wurde so konstruiert, daß zunächst den gemäßigten Kräften in der damaligen afghanischen Allparteienregierung, an der auch Kommunisten beteiligt waren, der Rückzug aus der Regierungsverantwortung nahegelegt und vermutlich auch honoriert wurde. Die CIA nutzte nun die kleinen und größeren Stammesfürsten des in weiten Teilen unwegsamen Landes, die Mujaheddin, zur Destabilisierung des Landes. Der Zentralregierung in Kabul wurde von den örtlichen Warlords die Herrschaft über das Land streitig gemacht. Die Versorgung der Stammeskrieger wiederum mit Geld und Waffen wurde von der CIA im Zusammenspiel mit dem pakistanischen Geheimdienst ISI so organisiert, daß nur Verschwörungstheoretiker, sogenannte *conspiracy nuts,* auf den Gedanken kommen konnten, die USA stünden hinter den Machenschaften.

Die Warlords, die Krieger, die Waffen und das Rauschgift

Es wurde eine groß angelegte verdeckte Operation, die Spezialität des Geheimdienstes CIA, inszeniert. Dazu gehörte als wichtigstes Element die verdeckte Finanzierung, die weder über Personen noch über Kontenbewegungen zwischen Banken zu verfolgen sein darf. Über diese wird öffentlich weder gesprochen noch in den Medien berichtet. Deshalb ist es auch so schwer, bei scheinbar lokalen Konflikten im Kaukasus, in Afghanistan, auf den Philippinen oder in den französischen Kolonialgebieten Afrikas herauszufinden, wer Freund, wer Feind ist und welche Macht hinter welchen Söldnergruppierungen und Aufständischen steht.

Schon die ehemaligen Kolonialmächte sorgten ebenso wie heute die CIA dafür, daß die von ihnen genutzten Kräfte ihr Entgelt durch die Duldung krimineller Geschäfte selbst verdienen. Aus dem Erlös der für die Täter risikofrei gehaltenen kriminellen Handlungen können Entlohnung und Kauf von Waffen dann aus eigener Kraft beglichen werden, ohne daß sich der steuernde Geheimdienst selbst die Hände schmutzig machen muß. Als Haupteinnahmequelle hat sich die seit Jahrzehnten bewährte Praxis der von den offiziellen Stellen geduldeten Teilhabe am Drogenhandel durchgesetzt.[26]

Die zur Destabilisierung Afghanistans verwendeten Warlords konnten von der Drogenfahndung in den Industriestaaten unbehelligt auf den Anbau von Mohn in den Hochtälern Afghanistans in den dafür geeigneten Gebieten setzen, der in dieser Zeit jede andere Kulturpflanze verdrängte. Lastwagen des mit der CIA zusammenarbeitenden pakistanischen Geheimdiensts (ISI) konnten die Polizeikontrollen ungehindert passieren und brachten in den achtziger Jahren auf der Hinfahrt in den Hindukusch den Nachschub an Waffen, Munition und Verpflegung, um auf dem Rückweg die Drogenrohmasse der Warlords zu den Heroinraffinerien Pakistans zu transportieren, an denen wiederum die regierenden Militärs und Geheimdienstleute des ISI finanziell beteiligt waren. Aus den Raffinerien wanderte das Rauschgift über zunächst militärische, dann kriminelle Kanäle in die Industrieländer zum Verkauf an die Drogenabhängigen.

Nun ist der Vertrieb des Rauschgifts zwar in allen modernen Ländern mit strengen Strafen belegt, doch Geheimdienste und von Geheimdiensten gesteuerte Kriminalpolizeien sorgen dafür, daß die Lieferungen, die die Finanzierung der globalen Hilfstruppen sichern, von Kontrollen ausgenommen werden. Die Technik wird immer einfacher. Die Geheimdienste sind neuerdings in den meisten Ländern der westlichen Welt auch mit dem Kampf gegen Drogenhandel und Organisierte Kriminalität beauftragt. Das macht den Bock zum Gärtner, während Parlamente und Regierungen mit wenigen Ausnahmen im Zustand der Unschuld verharren. Um dem geheimdienstlich privilegierten Drogenhandel die Kriminalpolizei vom Hals zu halten, wird dieser nahegelegt, mit Dealern eine Vereinbarung zu treffen. Danach lassen die Drogenfahnder sogenannte kontrollierte Lieferungen unbehelligt, um im Verlauf des ungestörten Drogenhandels die Verteilung des Rauschgifts bis zur unteren Ebene angeblich aufzuklären. In Wirklichkeit werden so geheimdienstlich genutzten Zielgruppen die Einnahmen aus einem nur scheinbar riskanten, in Wirklichkeit strafverfolgungsfreien und daher risikolosen Drogenschmuggel zugeschanzt.

Die Bedeutung der Duldung des Drogenhandels als Lohnersatz für die weltweit operierenden Hilfstruppen der CIA ergibt sich aus der Aussage Dennis Dayles, des ehemaligen Leiters der strategischen Drogenbekämpfungseinheit der Drug Enforcement Agency, wonach ihm in seiner dreißigjährigen Amtszeit kein größerer Drogenfall untergekommen sei, bei dem er nicht auf die lenkenden und abwehrenden Machenschaften der CIA gestoßen sei, die seine Arbeit zunichte gemacht hätten.[27] Wie zur Bestätigung hat denn auch die Drug Enforcement Agency während des CIA-Einsatzes in Afghanistan, als bis zu 80 Prozent des Heroinangebots in der Welt aus diesem Gebiet kam, ihre Vertretung in Pakistan schlicht geschlossen. Seinerzeit wurde die CIA-Station in Islamabad zur größten der Welt ausgebaut.

Seit ihrer Gründung im Jahre 1946 nutzt die CIA den internationalen Drogenhandel, die damit eng verbundene Organisierte Kriminalität und die Wäsche der entsprechenden Drogengelder über raffinierte Finanz- und Banktransaktionen, um auf allen Kontinenten die Finanzierung ihrer verdeckten Operationen zu sichern.[28] Dieser geheimdienstlich privilegierte Drogenhandel dürfte hinter nahezu allen länger anhaltenden Bürgerkriegen, Unruheherden und Autonomiebewegungen stecken, die die Weltöffentlichkeit im Laufe der letzten Jahrzehnte beschäftigt haben.

Afghanistan im Chaos der Warlords, Putsch der Kommunisten, das sowjetische Vietnam

Doch zurück zu Afghanistan und der einstmals weltpolitischen Rolle des Osama bin Laden. Das durch die drogenfinanzierten Warlords destabilisierte Afghanistan wurde unregierbar. In Kabul übernahmen die Kommunisten gegen den dringenden Rat des Politbüros in Moskau die Regierungsverantwortung. Sie zeigten sich als unfähig, der von außen gesteuerten Unordnung Herr zu werden, und riefen daher nach Unterstützung durch sowjetische Truppen. Dieser Bitte kam man in Moskau mit einer Stimme Mehrheit im Politbüro nach. Damit hatte der amerikanische Sicherheitsberater sein Ziel erreicht: Die Sowjetunion sollte mit ihren Truppen in eine Falle gelockt werden und dort ihr sowjetisches Vietnam erleben. Sie sollte verbluten, wie Brzezinski formulierte.

Noch heute beruft sich Zbigniew Brzezinski darauf, die Sowjetunion letztlich über diese von ihm früh angelegte Politik in die Knie gezwungen zu haben. Dies mag zwar durchaus als eine Übertreibung erscheinen, doch seine Selbsteinschätzung gibt Einblick in das Kalkül der amerikanischen Geheimdienstpolitik, die heute mit neuen Zielen fortgesetzt wird.

Die sowjetischen Truppen in Afghanistan wurden nun in der zwischen 1980 und 1990 verdeckt ablaufenden gemeinsamen Operation dreier Geheimdienste – der CIA in der führenden Rolle, des saudischen und pakistanischen Geheimdienstes – durch mindestens 30 000 Söldner aufgerieben und letztlich außer Landes gejagt. Bin Ladens Aufgabe war es, Söldner aus der gesamten muslimischen Welt anzuheuern, auszubilden und in den Kampf gegen die Sowjetunion zu vermitteln.

Osama bin Laden wirbt für die CIA fundamentalistische muslimische Söldner aus 46 Ländern an

Beim Aufbau der muslimischen Söldnertruppe zum Kampf gegen die sowjetischen Truppen in Afghanistan spielt nun Osama bin Laden, unterstützt mit Milliarden Dollar aus saudischen wie amerikanischen Geldtöpfen, seine Rolle als Werber und Vermittler besonders fundamentalistischer und in aller Regel nicht nur antisowjetisch, sondern auch antiwestlich eingestellter Kämpfer. Es waren die von Präsident Reagan und der gesamten westlichen Medienlandschaft als Freiheitskämpfer gefeierten Männer muslimischen Glaubens.[29] Osama bin

Laden war eng befreundet mit dem saudischen Geheimdienstchef, der zwangsläufig daran interessiert war, die Unruhegeister der muslimischen Welt von seinem Land fernzuhalten und sie sich anderweitig abreagieren zu lassen. Tendenziell könnte die Truppe allerdings künftig wieder von Nutzen sein, wenn anstehende Diadochenkämpfe oder Unruhen in Saudi-Arabien mit Hilfe von Söldnertruppen ausgelöst und ausgefochten werden müssen. Einige Geheimdienste dürften schon heute darauf bauen, sich dieser Mannschaften zu versichern.

Bin Laden hat rund 10 000 der insgesamt mindestens 30 000 Geheimdienstkämpfer aus über 40 islamischen Staaten des Mittleren Ostens, aus Nord- und Ostafrika sowie aus Zentralasien und dem Fernen Osten angeworben und zur Ausbildung in Lager des pakistanischen Geheimdienstes, der CIA, aber auch in Militäreinrichtungen der USA vermittelt.[30] Nach Aussage des früheren Stationschefs der CIA in Pakistan gelang es bin Laden in den Jahren 1986 bis 1989, monatlich 20 bis 25 Millionen Dollar aus Saudi-Arabien und den arabischen Golfstaaten zur Finanzierung des Kriegs zu beschaffen. Das waren immerhin zusätzliche Mittel von jährlich 200 bis 300 Millionen Dollar.[31] 1993 sollen die Zahlungen Saudi-Arabiens auf Drängen Washingtons eingestellt worden sein.[32]

Die Ausbildung der Söldner wurde in speziellen Lagern vorgenommen. Kommandozentralen, Lagerräume für Waffen und Munition sowie Rückzugsräume für die Kämpfer in den Bergen waren in unterirdischen Höhlensystemen angelegt, die von Osama bin Ladens Bauunternehmen mit Hilfe der CIA hergerichtet worden waren. Es ist die gleiche Infrastruktur, die jetzt noch von der Basis Al Kaida genutzt wird. Heute werden die Lager in der Propaganda der Bush-Administration als »terrorist universities«, Terroristen-Unis, bezeichnet, damals jedenfalls waren sie in Zusammenarbeit von ISI und CIA errichtet und betrieben worden. Man hätte sie seinerzeit als »freedom fighter universities« kennzeichnen können.

Die »Afghanis«, wie die in afghanischen Lagern ausgebildeten muslimischen Söldner genannt wurden, wurden verdeckt von der CIA bewaffnet. Pakistan, die USA sowie Großbritannien lieferten die Ausbildungskräfte. Es waren die USA, die darauf drängten, den »Afghanis« die Technik der Stadtguerilla unter Zuhilfenahme von Autobomben und ähnlichen Waffen für den Hinterhalt beizubringen. Das Fernziel war der Einsatz der Terroristen in größeren russischen Städten. Dementsprechend vereinbarten der britische Auslandsgeheimdienst MI6, der pakistanische Geheimdienst ISI und die CIA im Jahre 1985, Guerillaaktionen in den damals noch sowjetischen Teilstaaten Tadschikistan and Usbekistan zu lancieren. Es war der Drogenlord Gulbuddin Hekmatyar, mit dem diese Operationen koordiniert wurden.[33] Hekmatyar war nach dem 11. 9. 2001 dann wiederum einer der entscheidenden Partner der USA im Kampf gegen die Talibanherrschaft. In seiner Jugend war er als Studentenführer im Kampf um den rechten Glauben bereits dadurch aufgefallen, daß er dazu aufforderte, allen Studentinnen, die nicht bereit seien, sich nach islamischem Brauch zu verhüllen, Säure ins Gesicht zu schütten.

Wenn heute in den Medien die Rede davon ist, ein Al-Kaida-Sympathisant habe sich in Lagern Afghanistans aufgehalten oder sei dort gar ausgebildet worden, so handelt es sich um die ehemaligen Liegenschaften der amerikanischen Geheimdienstoperation.

In der Regel waren es die Taugenichtse der arabisch-muslimischen Welt, die zu den Waffen am Hindukusch liefen oder zum Laufen gedrängt wurden. So mancher Bürgermeister oder Kazike der muslimischen Welt war froh, entsprechende Schwerenöter loszuwerden. Das galt wohl auch für einige Familien. Als jedoch die Eltern der jungen, angeblich muslimisch-fundamentalistisch orientierten Kämpfer monatelang ohne Nachricht von ihren Söhnen blieben, wandten sie sich an den für die Organisation hauptverantwortlichen Führer Osama bin Laden, der nun begann, Listen der Soldaten, ihrer Einheiten und ihrer Einsatzorte anzulegen, mit anderen Worten, die Feldpost zu organisieren.

Zwangsläufig war dann die kämpfende Basis nach dem Rückzug der sowjetischen Interventionstruppen aus Afghanistan und dem Zusammenbruch der Sowjetunion zunächst ohne Arbeit. Doch nun tauchte sie in neuer Verwendung bis zum Jahr 2000 immer wieder an allen Krisenherden des arabisch-asiatisch-muslimischen Raums auf. Wer sie neuerdings besoldet, wissen allenfalls die Geheimdienste. Die »Afghanis« zeigten sich in Algerien, im Kosovo, in Bosnien-Herzegowina, in Albanien, aber auch in Tschetschenien.[34] In jedem dieser Unruheherde haben es die lokalen Behörden mit plötzlich hochschießendem Drogenhandel, massiver international vernetzter Kriminalität und staatliche Instanzen mühelos überspielenden Machenschaften zu tun. Nimmt man die CIA-Praxis der verdeckten Operationen der Jahre seit 1946 zum Muster, dann müßten geradezu Wunder geschehen sein, wenn die »Firma« nicht auch in diesen Fällen die Hände im Spiel hätte.

Die Taliban als Geheimdienstgewächs zur Schaffung einer neuen Ordnung in Afghanistan

Zur Zeit der Anschläge in den USA herrschten inzwischen die sogenannten Taliban über Afghanistan. Das Wort »Taliban« stammt aus dem Persischen. Taliban ist der Plural des arabischen Wortes »talib« und bedeutet »Schüler«. Es sind afghanische Schüler, die Ende der achtziger Jahre aus den afghanischen Flüchtlingslagern in Pakistans strenggläubige Koranschulen vermittelt worden waren. Dank der gemeinsamen Geheimdienstfinanzierung gelang es, in über 8000 der wie Pilze aus dem Boden schießenden Schulen eine Kadertruppe strenggläubiger, Pakistan dankbar verbundener Moslems zu schaffen. Obgleich stets geleugnet, hat die pakistanische

Regierung unter Benazir Bhutto die Taliban als Organisation geschaffen, ausgebildet und bewaffnet durch den Geheimdienst ISI und Sondereinheiten des pakistanischen Innenministeriums. Die Taliban wurden sicherlich in Absprache mit der CIA im wesentlichen aus saudischen Geldern finanziert.[35]

Die Herrschaft über Afghanistan konnten sich die Taliban wiederum mit Unterstützung des amerikanisch-saudisch-pakistanischen Geheimdienstdreiecks erobern, als die siegreichen, durch die Gelder des Drogengeschäfts allzu unabhängig gewordenen Warlords der Mujaheddin das Land ins Chaos stürzten und sich plündernd und vergewaltigend über die Bevölkerung hermachten. Um Ordnung im Lande zu schaffen, vertrieben die Taliban sogar den größten Warlord Afghanistans, den Liebling von CIA und ISI im Kampf gegen die Sowjets, Hekmatyar, von der Macht. Sie eroberten als erstes Herat, die westlichste Stadt Afghanistans, um dann die Hauptstadt Kabul einzunehmen. Bei der Eroberung wurden die Taliban von der Zivilbevölkerung unterstützt, die vom Krieg, dem Nachkriegschaos, der hochschießenden Korruption und den Plünderungen der Mujaheddintruppen mehr als genug hatte.[36] Die CIA-Mannschaft betrachtete das Geschehen auch insofern mit einem gewissen Wohlgefallen, als die Taliban doch als religiös verfeindete Nachbarn des fundamentalistischen Iran galten. Dem »Teile und herrsche«-Prinzip konnte dies nur nützlich sein. Außerdem sollten die Taliban noch bei der fundamentalistischen Durchdringung der muslimischen Republiken der früheren Sowjetunion, insbesondere in Tadschikistan, Turkmenistan und Usbekistan, eingesetzt werden.[37]

Doch mit der Zeit zeigten sich die Grenzen der Bewegung. Wie in Afghanistan waren auch die Frauen der muslimischen Teilstaaten der früheren Sowjetunion nicht bereit, sich freiwillig dem puritanischen Diktat der Taliban zu unterwerfen.

Nach der Einnahme Kabuls schlossen die Taliban binnen weniger Tage die bis dahin bestehenden Schulen für Mädchen. Die weibliche Ausbildung legten sie in die Hände engstirniger

Mullahs. Frauen, die eine Beschäftigung hatten, wurden angewiesen, zu Hause zu bleiben und beim Ausgang von Kopf bis Fuß verschleiert zu gehen. Zuwiderhandelnde wurden auf den Straßen von Patrouillen geschlagen, angeklagt und vor Gericht gestellt.[38]

Die Taliban verboten Musik, das Fernsehen, ja sogar die Nutzung von Papierprodukten, weil darin recycelte Seiten aus dem Koran hätten enthalten sein können. Kurzum, die Menschenrechts- und Frauenorganisationen der westlichen Welt hatten allen Anlaß, sich protestierend an die eigenen Regierungen zu wenden mit dem Ersuchen, in Afghanistan einzuschreiten, auf jeden Fall aber den Taliban keine Steuergelder mehr zugute kommen zu lassen.[39]

Es geht um den Verkauf milliardenschwerer Öl- und Gasvorkommen

Nach dem Fall von Kabul begrüßte die amerikanische Ölgesellschaft Unocal die Taliban-Machtübernahme als positiv für sich und für Afghanistan. Unocal hatte noch vor dem Fall Kabuls in Verhandlungen mit den Taliban über eine Gasfernleitung gestanden, deren Trasse das westliche Afghanistan queren und Gas aus Turkmenistan nach Pakistan liefern sollte. Chris Taggart, stellvertretender Präsident von Unocal und zuständig für das Pipelineprojekt, hatte bereits vor dem Aufflammen der Kämpfe zu erkennen gegeben, daß er den Taliban Unterstützung zukommen lasse als Gegenleistung für deren Hilfe bei der Verwirklichung des zwei Milliarden Dollar schweren Projekts. Partner des Pipelinebaus war die saudiarabische Delta Oil Company, die ebenfalls Kontakte zu den Taliban hielt.[40]

Die geplante Pipeline soll täglich rund zwei Milliarden Kubikmeter Gas über Pakistan auf den Weltmarkt transportieren. Turkmenistan hofft auf entsprechende Einnahmen und eine geringere Abhängigkeit vom benachbarten Rußland. Ein früher bereits geplantes Pipelineprojekt hätte über den Iran und die Türkei verlaufen sollen, scheiterte jedoch am amerikanischen Embargo gegen den Iran, der nach US-Auffassung zu den Schurkenstaaten zu rechnen ist. Unter Druck mußte Turkmenistan die in Washington aus geopolitischen Gründen gewünschte Trassenführung über Afghanistan akzeptieren, zumal es auf sich allein gestellt nicht in der Lage gewesen wäre, das Iran-Türkei-Projekt zu finanzieren und technisch durchzusetzen.[41]

Die CIA setzte wohl im Gegensatz zum State Department bis wenige Tage vor den Attentaten noch auf die Taliban als die das Pipelineprojekt sichernde Ordnungsmacht in Afghanistan. So konnte eine Delegation der Taliban noch im August 2001 in Florida Verhandlungen mit hochrangigen Vertretern von Unocal führen. Auch mit der Administration in Washington wurden in dieser Zeit noch Gespräche geführt.

Die Vertretung, aber auch die vehemente Verteidigung der Taliban in den USA hatte bis dahin die Nichte des ehemaligen CIA-Direktors Helms übernommen, eine Entscheidung, die noch dem tiefsten Einvernehmen zwischen Taliban und der verdeckten amerikanischen Außenpolitik in der Region entsprochen haben muß.[42]

19 Attentäter bei der geheimen Vorbereitung

Das FBI und die Flugschulen

Vor diesem inzwischen historisch gewordenen Vorgang des Einsatzes muslimischer Söldner im Kampf gegen die Sowjetunion und des anschließenden Auftretens unter der Bezeichnung Al Kaida im Bereich des internationalen Terrorismus entwickelt sich nun die Suche nach den Tätern des 11. 9. 2001. Noch am Tag der Anschläge berichtete der Generalbundesanwalt in Washington von dreimal fünf und einmal vier muslimischen Hijackern, die man inzwischen als Entführer der vier Maschinen habe ausmachen können. Die 19 angeblichen Attentäter, so berichteten alle Medien schon kurze Zeit später, hatten versucht, an amerikanischen Flugschulen fliegen zu lernen.

Doch bei näherem Hinschauen zeigt sich, daß die späteren Selbstmordflieger den Fluglehrern sehr schnell durch ihre Inkompetenz im allgemeinen und ihre mangelnde Beherrschung der zum Fliegen nicht nur in den USA unerläßlichen englischen Sprache im besonderen auffielen. Hani Hanjour, einer der Piloten, der die Maschine AA Flug Nr. 77 in das Pentagon gesteuert haben soll, war nach 600 Flugstunden immer noch nicht in der Lage, seine Pilotenprüfung abzulegen.[43]

Im Fall des Mohammed Atta, der sehr schnell zu einem der führenden Köpfe der Attentäter erklärt wird, gaben die Fluglehrer zu Protokoll, sie hätten ihn nicht einmal zum Starten einer Cessna zugelassen, so wenig Zutrauen hätten sie in die Fertigkeiten ihres Schülers gehabt. Bei einigen reichten die Sprachkenntnisse nicht aus, eine Unterhaltung mit der Bodenstation zu führen.[44]

FBI-Spitze behindert Aufklärung auf Arbeitsebene

Nach Bekanntgabe der Täter kommt heraus, daß die oberen Etagen der Riesenbehörde FBI sehr wohl von ihren Agenten im Feld über das Treiben der späteren Selbstmordattentäter informiert worden waren. Dies ergibt sich zum Beispiel aus dem Fall des zwanzigsten Mannes, der es nach den Vermutungen der Ermittler nicht mehr geschafft hat, sich an der Selbstmordaktion zu beteiligen, weil er bereits am 16. August, also etwa vier Wochen vor der Tat, in Haft genommen worden war. Es war jener Muslim namens Zacarias Moussaoui, der bei seinen Fluglehrern Jumbos nicht starten und landen, sondern angeblich nur durch die Luft fliegen lernen wollte. Später gab der Verkehrsminister bei einer Anhörung des US-Senats zu, daß diese aufsehenerregende Forderung weder von diesem noch von anderen Flugschülern je gestellt worden war.[45] Die Meldung in den Medien beruhte folglich auf Desinformation.

Der Behauptung des FBI, im voraus nichts von den Umtrieben der Selbstmordflieger gewußt zu haben, widersprach öffentlich wie intern vor allem die in einer FBI-Zweigstelle tätige Coleen Rowley, eine altgediente Kriminalbeamtin. In ihrer Gegendarstellung, die wie eine Bombe im offiziellen Washington einschlug, führte sie aus:

> »Auf der frühen Suche nach den Hintergründen des 11. September, als ich Kollegen in anderen Abteilungen, auch in der Zentrale, über die Eigentümlichkeiten bei der Aufklärung des Falles Moussaoui berichtete, war die erste Frage fast immer: ›Warum? Warum sollen ein oder mehrere Beamte des FBI wissentlich die Aufklärung eines Falles hintertreiben?‹ (Ich weiß, ich sollte mich zurückhalten, doch es tauchten sofort Witze auf, wonach es sich bei unserem Spitzenpersonal um Spione oder Maulwürfe handeln müsse, die in Wahrheit für Osama bin Laden arbeiteten, um so die Ermittlungen der FBI-Zweigstelle in Minneapolis abwürgen zu können.)«[46]

Das FBI-Büro Minneapolis habe Moussaoui schon sehr früh als »terroristische Gefahr« ausgemacht mit dem Ziel, eine Boeing 747 zu entführen und diese bei einem Selbstmordanschlag einzusetzen. Moussaoui sei am 16. August 2001 wegen eines Paßvergehens verhaftet worden. Der französische Geheimdienst habe bereits nach wenigen Tagen die Verbindung des Verhafteten zu islamischen radikal-fundamentalistischen Gruppen bestätigt. Die FBI-Agenten in Minneapolis seien daher wild entschlossen gewesen, den beschlagnahmten Laptop des verdächtigen Muslims untersuchen zu lassen.

Unmittelbar nach der Festnahme habe sich ein arabischer Student auf ihrer Dienststelle gemeldet, der Moussaoui von Oklahoma zu einer Flugschule in Minnesota gefahren hatte. Während der Fahrt habe Moussaoui erklärt, es sei durchaus in Ordnung, Zivilisten zu töten, die Muslimen Unrecht täten, und es sei nicht zu beanstanden, wenn Muslime als »Märtyrer« bei solchen Anschlägen den Tod fänden.[47]

In dem dreizehnseitigen Memorandum an den FBI-Chef Robert Mueller beklagt sich die Beamtin darüber, daß der in der Zentrale für die Terrorbekämpfung zuständige Abteilungsleiter geradezu »Straßensperren« gegen die anstehenden Ermittlungen errichtet und den verzweifelten Kampf der Dienststelle vor Ort um die Genehmigung eines Durchsuchungsbefehls auch noch nach Eingang der französischen Erkenntnisse durchkreuzt habe, die die Bedeutung des Falls und seine Dringlichkeit unterstrichen hätten.[48]

Die FBI-Agenten in Minneapolis begingen aus Verzweiflung über die Blockadehaltung ihrer Vorgesetzten eine unter Bürokraten als Todsünde geltende Überschreitung ihrer Befugnisse. Sie umgingen den Abteilungsleiter in der Zentrale, wandten sich direkt an das konkurrierende Antiterrorzentrum der CIA und machten Mitteilung von ihrem Fall. Die bürokratische Folge war zu erwarten: Der Abteilungsleiter Terrorbekämpfung des FBI und dessen Vorgesetzte rügten die Agenten in der Provinz, sich ohne Genehmigung der Vorgesetzten mit der CIA kurzgeschlossen zu haben.[49]

Die Agentin wiederum wirft ihren Vorgesetzten und speziell dem Abteilungsleiter vor, die Ausstellung eines richterlichen Durchsuchungsbefehls dadurch vereitelt zu haben, daß er es absprachewidrig unterlassen habe, die Erkenntnisse des ausländischen Dienstes über die terroristischen Verbindungen Moussaouis dem Antrag an das Gericht beizufügen. Auch habe er den Antrag in der Formulierung derart verwässert, daß die Chancen einer Genehmigung durch das Gericht nahezu auf null gesunken seien.

Nach den Anschlägen des 11. 9. sei sie erneut bei der Zentrale vorstellig geworden, ob nicht wenigstens jetzt der Antrag auf Sicherstellung und Durchsuchung des Laptops und der sonstigen Besitztümer Moussaouis durchgesetzt werden müsse. Doch erneut sei sie abschlägig beschieden worden. Die Zentrale belehrte die Agenten, die mitgeteilten Beobachtungen in Minnesota seien vermutlich rein zufälliger Natur. Die Polizeibeamtin wurde angewiesen, nichts zu unternehmen, »weil wir sonst noch ganz andere Dinge im Lande lostreten könnten« (»we might screw up something else going on elsewhere in the country«).[50]

FBI-Beauftragter für muslimischen Fundamentalismus blockt ab

Die Beamtin aus Minnesota hat in ihrem Bericht den Namen des verantwortlichen Abteilungsleiters des FBI nicht preisgegeben. Jedoch haben ein Mitglied der demokratischen Partei aus Vermont, Patrick J. Leahy, der später Ziel eines Anthrax-Anschlags wurde, sowie die Mitglieder der Republikaner aus Iowa, Charles E. Grussley, und aus Pennsylvania, Arlen Specter, den Namen Dave Frasca öffentlich genannt und diesen leitenden Beamten als den entscheidenden Faktor für das Unterlassen jeglicher Aktivitäten gegen die Al-Kaida-Terroristen in der Zeit vor dem 11. September 2001 bezeichnet.[51]

Dave Frasca war und ist in der FBI-Zentrale der Sonderbeauftrage für die Beobachtung und Bekämpfung radikaler muslimischer Fundamentalisten. Ihm unterstand die hierfür geschaffene FBI-Sondereinheit. Frasca war auch der für den Fall Moussaoui zuständige Agent.

Ihm war am 10. Juli 2001 auch der Bericht des FBI-Agenten Kenneth Williams vorgelegt worden, in dem vor den Fußsoldaten des Osama bin Laden gewarnt worden war, die derzeit in amerikanischen Flugschulen eingeschrieben waren. Kenneth

Williams gehörte als dienstältester Kriminalist einer gemeinsamen Ermittlungsgruppe Terrorismus an und war nach dem Urteil von Kollegen ein ungewöhnlich tüchtiger Ermittler. Wer eine Analyse dieses Agenten nicht ernst nehme, sei schlicht ein Narr, so das Urteil. Williams hatte die bundesweite Erfassung arabisch-amerikanischer Flugschüler vorgeschlagen. Doch die Zentrale unterließ weitere Ermittlungen an den Flugschulen, ganz im Gegensatz zu ihrem Verhalten im Jahr 1995, wo ebenfalls schon Indizien zu entsprechenden Umtrieben arabischer Terroristen angefallen waren.

Die FBI-Spitze griff auch nicht die Vorschläge der Arbeitsebene auf, Erkenntnisse und Anregungen der FBI-Agenten vor Ort doch bitte amtsintern weiterzuleiten. Zur Begründung hieß es, der Zentrale stünden im Gegensatz zu 1995 nicht die erforderlichen Ermittlungsbeamten zur Verfügung, um alle Flugschulen zu überprüfen.

So blieb auch die drei Wochen vor den Anschlägen in der FBI-Zweigstelle Phoenix angefallene Warnung liegen, Al-Kaida-Terroristen versuchten derzeit Flugunterricht mit dem Ziel terroristischer Anschläge zu erhalten. Die Beamtin aus Minnesota meinte in ihrem Bericht, es sei schwer vorstellbar, daß Dave Frasca sich als oberster Antiterrorchef des FBI ohne Weisung von oben so habe verhalten können. Doch über dem Abteilungsleiter gab es nur noch einen Hauptabteilungsleiter, darüber den Chef des FBI, Robert Mueller, darüber den Justizminister Ashcroft und als letzte Instanz den Präsidenten.

Frasca habe auch die Geheimdienstberichte aus Frankreich für »wertlos« erachtet mit dem Hinweis, Zacarias Moussaoui sei doch lediglich vom Namen her bekannt, und niemand wisse, wie viele Personen dieses Namens es in Frankreich gebe. Der örtliche Kriminalbeamte in Minneapolis habe auf diesen Einwand hin wiederum unter Umgehung der Zentrale den FBI-Attaché an der US-Botschaft in Frankreich angerufen, um sogleich herauszufinden, daß im Telefonbuch der

Stadt Paris nur ein einziger Eintrag dieses Namens enthalten war.[52] Selbst am Tag der Anschläge auf World Trade Center und Pentagon sei nochmals der Vorstoß gemacht worden, Moussaoui sofort zu befragen. Doch vergeblich, der Vorschlag sei erneut abgeblockt worden, obwohl wichtige Informationen über die Gruppe der Verschwörer möglicherweise schnell hätten ermittelt werden können.[53]

Einige Monate nach dem 11. September wurde Moussaouis Computer dann doch untersucht. Auf der Festplatte wurden Informationen über das Versprühen von Dünge- und Schädlingsbekämpfungsmitteln aus Flugzeugen gefunden, ebenso Angaben über Großraumflugzeuge sowie die Telefonnummer des Zimmerkameraden des angeblichen Chef-Hijackers Mohammed Atta.[54] Nachdem eine Überprüfung der Festplatte vor den Anschlägen des 11. 9. verhindert wurde, erscheint es jedoch fraglich, ob diese Informationen von einem Gericht noch als beweistauglich akzeptiert werden, da eine nachträgliche Veränderung der Aufzeichnungen nicht auszuschließen ist.

Es bleibt anzumerken, daß die gleiche Abteilung des FBI, die für radikale Fundamentalisten zuständig war, auch für die Al Kaida und deren Führer Osama bin Laden verantwortlich zeichnete.[55] Der die rechtzeitige Aufklärung verhindernde Chef der Antiterrorabteilung des FBI wurde wenige Wochen nach der Tat befördert und sogar mit einer Geldprämie belohnt. Seine unmittelbaren Vorgesetzten wurden mit der Aufarbeitung des 11. 9. in FBI und Bundesverwaltung beauftragt.

Die Äußerungen des FBI-Chefs unmittelbar nach den Selbstmordanschlägen bleiben vor diesem Hintergrund mehr als eigentümlich. Robert S. Mueller, auf die Frage, ob das FBI vor dem 11. September Hinweise auf die Attacken hatte, sagte am 14. 9. 2001:

> »Es ist klar, die Tragödien erstaunen und schockieren mich wie das Land. Die Tatsache, daß da eine Anzahl

> von Individuen Unterricht in Flugschulen hier im Land erhalten konnte, ist ganz offensichtlich neu für mich. Wenn wir das gewußt hätten, hätten wir dies ..., vielleicht hätte man dies dann verhindern können. Doch jenseits dessen bin ich, wie wohl jedermann, erstaunt über das Ausmaß der Tragödie.«

Drei Tage später, am 17. 9. 2001, erklärte Mueller:

> »Es gab da keine warnenden Hinweise, von denen ich Kenntnis hatte, die eine derartige Operation in diesem Land hätten erwarten lassen.«[56]

Dies äußert der Chef einer Behörde, die spätestens seit 1993, seit dem ersten Anschlag auf das World Trade Center, mit muslimischen Selbstmordterroranschlägen gerade auch mit entführten Passagiermaschinen auf Symbole der USA rechnete.

Die Flugschulen und ihre Cessna-Hobbyflieger[57]

Am Tag nach den Anschlägen berief sich die *Washington Post* auf Stellungnahmen aus der Luftfahrt und stellte fest, das in das Pentagon gesteuerte Flugzeug müsse mit außerordentlicher Könnerschaft geflogen worden sein. Daher müsse mit hoher Wahrscheinlichkeit ein erfahrener Pilot den Steuerknüppel bedient haben. Der Betreffende müsse sogar gewußt haben, wie der Transponder abzustellen sei, eine Information, die ein Hobbyflieger wohl nicht so ohne weiteres habe.[58] Auch die Flugbewegungen im New Yorker Luftraum, die beiden Jumbojets aus entgegengesetzten Richtungen gegen Nord- und Südturm des World Trade Centers genau ins Ziel zu steuern, erforderten nach dem Urteil von Kampfjetpiloten aus aller Welt eine hohe professionelle Ausbildung und langjährige Übung. Doch die Ausbildung der Selbstmord-Hobbyflieger scheint, wie bereits angedeutet, alles andere als besonders erfolgreich verlaufen zu sein.

Dies gilt zum Beispiel für Hani Hanjour, den angeblichen Entführer des Flugs 77 der American Airlines. Der hatte nach Presseberichten auf dem Flughafen Bowie's Maryland Freeway Airport seit Mitte August dreimal vergeblich versucht, die Erlaubnis zum Fliegen eines der Flugzeuge am Flughafen zu erhalten.[59]

Marcel Bernard, der Chef der Flugschule am dortigen Flughafen, erklärte, Hani Hanjour sei in der zweiten August-Hälfte dreimal mit einer Cessna 172 in Begleitung von Fluglehrern des Flughafens in die Luft gegangen und habe wohl gehofft, ein Flugzeug mieten zu können. Hanjour habe zwar die Pilotenlizenz besessen, meinte Bernard, doch er habe noch ein Abschlußzeugnis des Flughafens benötigt, bevor er ein Flugzeug am Freeway Airport hätte mieten dürfen. Die Fluglehrer hätten ihm, Bernard, nach drei Flügen mit dem Flugschüler mitgeteilt, er sei zum Fliegen ohne Begleitung nicht fähig.

Nach den veröffentlichten Unterlagen habe Hanjour im April 1999 eine Fluglizenz erhalten, die jedoch sechs Monate später verfallen sei, da er die erforderlichen medizinischen Tests nicht abgeschlossen habe. Er habe einige Monate im Jahre 1996 die private Flugschule in Scottsdale, Arizona, besucht, habe den Kurs jedoch nicht beendet, da die Fluglehrer ihn als unfähig eingeschätzt hätten.

In Hanjours Logbuch seien 600 Flugstunden eingetragen gewesen, die Fluglehrer seien überrascht gewesen, daß er mit dieser Erfahrung nicht besser habe fliegen können. Sprecher des FBI und der Spezialagent Pete Goulatta, der hierzu befragt wurde, wiesen in ihrer Stellungnahme auf die laufenden kriminalistischen Ermittlungen hin; man könne deshalb zu den Äußerungen der Flugschule keine Erklärung abgeben.

Die *Washington Post* berichtete eine Woche nach den Anschlägen, Mohammed Atta, der angebliche Entführer des

Flugs AA 11, und Marwan-Al-Shehhi, der angebliche Entführer des Flugs UA 175, hätten bei Huffman Aviation, einer Flugschule in Venice, Florida, Hunderte von Flugstunden absolviert.[60] Beide hätten zudem am Internationalen Flughafen Sarasota Bradenton bei der Flugschule Jones Aviation Flying Service Inc. Stunden genommen. Beide Versuche seien erfolglos verlaufen.

Ein Fluglehrer von Jones, der anonym bleiben wollte, berichtete, Atta und Al-Shehhi seien im September oder Oktober 2000 gekommen, um bei ihm Flugstunden zu buchen. Atta sei besonders schwierig gewesen. Er habe ihm nicht ins Gesicht, geschweige in die Augen sehen können. Seine Aufmerksamkeitsspanne sei sehr begrenzt gewesen.

Keiner der beiden Männer sei fähig gewesen, den Eingangstest »Verfolgung und Abfangen« zu bestehen. Nachdem man mit den beiden Klartext gesprochen habe, hätten sie sich aus dem Staub gemacht. Man habe sie nicht hinausgeworfen, sie seien einfach den Anforderungen der Schule nicht gewachsen gewesen.[61]

Die *Washington Post* berichtet ferner, die angeblichen Entführer des Flugs AA 77, Nawaq Alhamzi, Khalid Al-Midhar und Hani Hanjour, hätten alle einige Zeit in San Diego verbracht. Alhamzi und Al-Midhar hätten zudem kurzfristig eine lokale Flugschule besucht, seien jedoch wegen ihrer geringen Englischkenntnisse und ihrer in der Prüfung gezeigten Unfähigkeit aus dem Kurs geflogen.

Im vergangenen Frühjahr hätten zwei der Männer Montgomery Field, einen kommunalen Flugplatz, besucht, um Flugunterricht zu erhalten. Sie hätten mit den Fluglehrern bei Sorbi's Flying Club gesprochen und zwei Flugstunden erhalten, was den Fluglehrern jedoch gereicht hätte, um den beiden den Abbruch des Flugunterrichts nahezulegen.

»Ihr Englisch war schrecklich, und ihre mechanischen Fähigkeiten waren noch schlimmer«, sagte einer der Fluglehrer. »Sie machten den Eindruck, als hätten sie kaum jemals einen

PKW gesteuert. Sie schienen mir nette Kerle zu sein, doch im Flugzeug waren sie dumm und dümmer.«[62]

Täter in Militäreinrichtungen geschult

Drei Tage nach den Terroranschlägen brachten *Newsweek* und die *Washington Post* eine Meldung über fünf der Entführer, die in den neunziger Jahren auf für die Öffentlichkeit gesperrten amerikanischen Militärbasen ausgebildet worden seien.[63] Nach anfänglichem Leugnen räumte ein Sprecher des Pentagons dies auch ein. Die Berichte sprachen von drei Terroristen, die als Adresse in den USA den Marineflieger-Stützpunkt Pensacola, Florida, angegeben und dort an militärischen Programmen für ausländische Offiziere teilgenommen hätten.

Auf die Frage eines Journalisten, was denn die Stellungnahme des Pentagons vom 16. 9. 2001 zu besagen habe, wenn es dort heiße, die Übereinstimmung von Namen würde »nicht zwangsläufig« bedeuten, daß die Offiziersschüler gleichen Namens auch die verdächtigten Entführer gewesen sein müßten und daß Unstimmigkeiten im Lebenslauf darauf hinwiesen, daß es sich »wahrscheinlich« nicht um die gleichen Personen handle, verschanzte sich der Sprecher des Pentagons hinter der Formel, er sei nicht ermächtigt mitzuteilen, wer welche Schulen besucht habe.

Die früheren Dementis sind durch diese Erklärung gegenstandslos geworden. Es scheint einigermaßen sicher zu sein, daß es eine Liste des Verteidigungsministeriums gibt, auf der Personen gleichen Namens wie die Terroristen des 11. September aufgeführt sind, die in Einrichtungen des US-Militärs Ausbildungen erhalten haben. Das Pentagon sah sich nicht veranlaßt, diese Liste zu veröffentlichen.

Ausländern wird der Zugang zu Ausbildungseinrichtungen der Streitkräfte jedweden Staates auf der Welt in aller Regel nur gewährt, wenn sie aus befreundeten Staaten kommen und von diesen Staaten eigens dazu vorgeschlagen wurden.

Nun soll der Kopf der ganzen Verschwörung, Mohammed Atta, angeblich die Zulassung zum Studium an der International Officer's School auf der Maxwell Air Force Base in Montgomery gehabt haben. Dann müßte er Verbindung gehalten haben zu einer mit den USA befreundeten arabischen Regierung. Der Sprecher des Verteidigungsministerium erklärte gegenüber der Presse, der Mohammed Atta, der die International Officer's School besucht habe, sei nicht der gleiche Mohammed Atta, der das Passagierflugzeug in das WTC gesteuert habe, lehnte jedoch Antworten auf die wiederholten Nachfragen nach biographischen Einzelheiten über den zweiten arabischen Piloten gleichen Namens ab. Um so unklarer müssen jedoch die den verschiedenen Personen zugeschriebenen Eigenschaften und Verhaltensweisen bleiben. Einem Bäumchen-wechsle-dich-Spiel sind damit Tür und Tor geöffnet. Nur eine amtliche Untersuchung könnte die Frage der Identität klären.

Die Einreisevisa für die Attentäter

Die *Washington Post* wiederum berichtet, ein Teil der verdächtigen Araber habe bei amerikanischen Konsulaten im Ausland Visa zur Einreise in die USA beantragt, die jedoch nicht rechtzeitig erteilt und in die Pässe gestempelt worden seien. Dies hätte normalerweise zur Zurückweisung an Flughäfen und Grenzübergangsstellen führen müssen. Doch die Herren konnten unbehelligt einreisen, möglicherweise aufgrund vorläufiger Visa, die die Flugschulen vergeben durften. So wurden die Visa für Mohammed Atta und Marwan Al-Shehhi von der Einwanderungsbehörde noch Monate nach dem 11. 9. an die Adressen der Täter in Florida geschickt, obwohl diese nach Darstellung des FBI längst durch den Selbstmordterrorakt ihr Leben gelassen hatten.[64]

Flugschule für Araber wird beobachtet von Zirkusdirektor und Kunststudenten

Es gibt in Florida mehr als 200 Flugschulen. Doch alle angeblichen Terroristen waren bei lediglich zwei Schulen eingeschrieben, und die lagen beide in Venice, Florida. Rudi Dekkers' Huffman Aviation war besonders attraktiv, weil gerade sie im Gegensatz zu vielen anderen Flugschulen von der Einreisebehörde ermächtigt war, ausländischen Studenten das heißbegehrte I-20-Formular für die Einreise zum Zwecke beruflicher Ausbildung auszuhändigen. Atta war Nutznießer dieser Sonderregelung. Er erhielt sein vorläufiges Visum von Huffman Aviation. Wenn es sich um den gleichen Atta gehandelt hat, dann muß er allerdings bereits im Frühjahr 2000 ein Visum von der US-Botschaft in Berlin erhalten haben, möglicherweise ein Touristenvisum und nicht das erforderliche Visum zu Ausbildungszwecken.

Die Frage nach den Gründen für die Berechtigung der Flugschule Venice zur Erteilung vorläufiger Visa bleibt bis heute unbeantwortet. Atta war nur einer von neun bis elf weiteren Entführern, die dort zur Ausbildung weilten. Die Unternehmer und niederländischen Staatsbürger Rudi Dekkers und Arne Kruithof hatten die Schule erst zwei Jahre zuvor erworben. Letztlich soll Dekkers im Auftrag eines 70-jährigen Multimillionärs an mehreren Orten der USA Flugschulen aufgekauft haben, die dann von arabischen Flugschülern regelrecht überflutet wurden.[65] Ein weiterer Entführer lernte in der benachbarten Flugschule Florida Flight Training Center, die ebenfalls im zumindest formalen Eigentum eines Holländers stand.

Am Rande des Platzes in Venice, Florida, hatte sich ein Wanderzirkus niedergelassen, der das Geschehen auf dem Flugplatz zwangsläufig beobachten konnte und der immer wieder für wichtigere Recherchen hochrangige ehemalige Angehörige der CIA beschäftigte.[66]

In unmittelbarer Nähe der Unterkünfte der Terror-Flugschüler hatte sich zudem eine Reihe israelischer Kunststudenten eingemietet, die später jedoch aufgrund von Ermittlungen der Drug Enforcement Agency und des lokalen FBI-Büros als Angehörige einer Nachrichteneinheit der israelischen Armee enttarnt wurden.[67] Innerhalb von Stunden nach dem 11. 9. wurden die Unterlagen beider Flugschulen beschlagnahmt und im Regierungsflugzeug des Gouverneurs von Florida, Jeb Bush – des Präsidentenbruders –, weggeschafft, sehr zur Verwunderung des örtlichen Sheriffs. Doch der war merkwürdige Bewegungen auf dem Flugplatz gewohnt, sowohl CIA als auch Drug Enforcement Agency hätten von hier aus Operationen gestartet. Die Venice-Airport-Story wird angereichert durch Flugunfälle der beiden Fluglehrer am 5. Juli 2002 und 24. Januar 2003.[68] Beide Fluglehrer der angeblichen Attentäter verunglückten nach dem 11. 9. 2001 in Florida. Der eine stürzt mit seinem Hubschrauber in einen eiskalten See, wird jedoch gerettet. Der andere liefert eine Bruchlandung auf dem Venice Airport und überlebt ebenfalls.

Es bleibt festzuhalten: Waren die 19 jungen Muslime tatsächlich die Attentäter, dann hatten die Geheimdienste und die Antiterrorabteilung genaue und belastbare Hinweise auf das Treiben auf den Flugplätzen und hätten eingreifen können und müssen. Waren sie nur Anlernpiloten, denen man später die Anschläge des 11. 9. hat in die Schuhe schieben wollen, dann ist das eigentümliche Versagen eher zu verstehen. Die extrem raffinierten Taten des 11. 9. sind aus der Sicht vieler Kampfjetpiloten aus aller Welt von schlecht ausgebildeten Hobbyfliegern nicht zu vollbringen.

Spekulationen vor den Anschlägen

Insider spekulieren in der Woche zuvor auf den 11. 9. 2001, und das FBI findet sie nicht

Ein starker Hinweis darauf, daß Insider von den bevorstehenden Anschlägen gewußt haben müssen, sind die Börsenspekulationen in der Woche vor den Attentaten.[69] So wurde in der Woche vor der Tat auf den Kursverfall der Aktien von Unternehmen spekuliert, die durch den Anschlag des 11. 9. Schaden erleiden mußten. Dazu gehörten Aktien der beiden Fluggesellschaften United Airlines und American Airlines, der Investmentfirmen, die je 20 Stockwerke mit Büros in den Türmen des World Trade Centers belegt hatten wie Merryll Lynch und Goldman Sachs, aber auch der Rückversicherungsgesellschaften, die für den ungeheuren Schaden letztlich aufkommen müssen. Die Anteile wurden vor der Tat »short« verkauft. Der Spekulant verkauft Aktien, die er noch nicht besitzt, auf die er jedoch eine Kaufoption zu einem späteren Zeitpunkt hat. Der Käufer zahlt den Kaufpreis zum derzeit noch hohen Kurswert. Die Vereinbarung sieht die Lieferung der Aktien jedoch erst binnen einer Frist vor, die nach dem erwarteten Schadensereignis liegt. Daher kann der Spekulant unter diesen Bedingungen die Anteile jetzt teuer verkaufen, sie zum vereinbarten späteren Termin billig kaufen und somit seiner Verpflichtung zur Übereignung der zum ersten Termin bereits verkauften Aktien nachkommen.

Insiderbeobachtung aus Israel

Bereits zehn Tage nach den Anschlägen hatte das Israeli Herzliya International Policy Institute for Counterterrorism folgende Insidergeschäfte in bezug auf den 11. September zusammengestellt: United Airlines 4744 Aktien zum Verkauf im

Vergleich zu sonst durchschnittlich üblichen 396; American Airlines 4515 Anteile gegenüber 748. Beide Transaktionen waren folglich elf- bzw. sechsmal größer im Umfang als üblich. Anteile von Morgan Stanley Dean Witter, die 22 Stockwerke im World Trade Center belegt hatten, wurden in der Größenordnung von 2157 in drei Tagen vor dem Anschlag verkauft gegenüber 27 vor dem 6. 9.; von Merrill Lynch, die ebenfalls 22 Stockwerke angemietet hatten, wurden 12 215 Aktien in vier Tagen vor dem Anschlag gegenüber 252 vorher pro Tag verkauft.[70]

Obgleich die Transaktionen im Umfang sofort feststellbar waren, sind bis heute die Namen der Insider nicht bekanntgemacht worden. Auch die Liste der 38 Unternehmen, die mit Aktien und Optionen der durch die Anschläge des 11. 9. zu Schaden gekommenen Gesellschaften gehandelt haben, ist bislang nicht veröffentlicht. Die Bundesbank in Frankfurt/M. geht bei der Überprüfung ihrer Unterlagen ebenfalls von einem massiven Insiderhandel aus.[71] In einigen Berichten findet sich der Hinweis, es seien hohe Mitarbeiter der Bush-Administration gewesen, die entsprechende Aufträge erteilt hätten. Doch bis zur Stunde wartet die Öffentlichkeit auf die Ergebnisse der Recherchen von FBI und FinCEN (Financial Crimes Enforcement Network, ein Sondergeheimdienst der Bundesfinanzverwaltung).

Im Internet wird darüber berichtet, daß eines der Brokerbüros, das Insideraufträge zum Verkauf von United-Airlines-Aktien abgewickelt hatte, zwei Jahre zuvor noch unter der Leitung eines Managers gestanden habe, der später zum Verwaltungsdirektor der CIA ernannt worden war. Es handelt sich um A. B. »Buzzy« Krongard, der zuvor die Alex Brown Investment Division geleitet hatte. Diese Investmentbank hatte sich auf den anonymen An- und Verkauf von Wertpapieren an Privatkunden spezialisiert.[72] A. B. Brown wiederum gehörte dem Investmentunternehmen Banker's Trust, das Krongard als stellvertretender Vorsitzender mit Anteilen im Wert von 70 Millionen Dollar geleitet und zwei Jahre zuvor der Deutschen Bank verkauft hatte. Senator Carl Levin hatte das Krongardsche A.-B.-Brown-Unternehmen als eine von 20 größeren amerikanischen Banken der Geldwäsche verdächtigt. Unter Krongards Leitung war Banker's Trust zuvor der New Yorker Bankenaufsicht wegen undurchsichtiger, die Wäsche von Drogengeldern nahelegender Operationen aufgefallen. Krongard war es auch, der als Geschäftsführer von Banker's Trust die Übertragung an die Deutsche Bank zum Kaufpreis von 2 Mrd. Dollar einfädelte. Mit der Übernahme konnte sich das Unternehmen der Aufsicht der etwas kritischeren New Yorker Behörde entziehen. 1998 wechselte Krongard zur CIA als Berater des Direktors. 2001 wurde er zum Verwaltungschef der CIA ernannt.

Aufsehen erregt allerdings, daß der Versuch, die Hintergründe aufzuklären, unter anderem daran scheitert, daß die Telefonmitschnitte der National Security Agency (NSA), die sich auf die Aktivitäten der Insiderhändler beziehen, gegen lautstarken Protest auf Anweisung der Rechtsabteilung der NSA gelöscht wurden. Die Begründung lautete, es seien nicht nur ausländische Bürger, sondern auch amerikanische Staatsangehörige abgehört worden, und letzteres sei nicht zulässig. Der frühere Chef der Antiterrorabteilung der CIA, Vincent Cannistraro, betont hingegen, sofern amerikanische Staatsbürger in einen ausländischen Terrorakt verwickelt seien, könnten die Bänder sehr wohl aufbewahrt und in Gerichtsverfahren als Beweismittel verwendet werden.[73]

Wie einfühlsam die amerikanische Börsenaufsicht SEC mit dem Thema umgeht, ergibt sich aus ihrem Schreiben an die infrage kommenden Unternehmen, doch bitte einen erfahrenen Mitarbeiter als Ansprechpartner für die anstehenden Insideruntersuchungen zu benennen, der angesichts der sensitiven Natur des Falles auch imstande sein solle, in angemessener Weise von seinem Ermessen Gebrauch zu machen.[74]

Nachzutragen bleibt, daß genau in der Woche vor den Attentaten für viele Milliarden Dollar Staatsanleihen gekauft wurden, eine Operation, bei der Spekulanten davon ausgehen, daß Krisenstimmung aufkommt und die Aktien abstürzen.

Gerissene Spekulanten mit Insiderwissen aus der kriminellen oder Geheimdienstszene werden ihre Put-Optionen kaum je im eigenen Namen in Auftrag geben, sondern sich vielmehr eines Strohmanns bedienen. Gleichwohl müßte es möglich sein, die Aufträge an die Brokerbüros über die Strohmänner bis zu den eigentlichen Verantwortlichen zurückverfolgen. Zumal FinCEN[75] schon vor Jahren ein eigenes Indizienwarnsystem gegen Terroranschläge aufgebaut hatte, exakt auf der Grundlage dessen, was in der Woche vor dem 11. 9. 2001 geschehen ist, daß nämlich Spekulanten aus ihrer Nähe zu den Akteuren der Terrortat heraus auf das Ereignis spekulieren. Geht der Umsatz bestimmter Aktien an einem oder mehreren Börsentagen hintereinander steil in die Höhe, beginnen die Terrorampeln der amerikanischen Spekulationsüberwachung zu blinken. Diese Ampeln scheinen am 11. 9. außer Betrieb gewesen zu sein.

Es ist nicht auszuschließen, daß die Offenlegung dieser Zusammenhänge zugleich eine verdeckte Botschaft an die Bush-Administration enthält. Der Informant zeigt ein Wissen über Zusammenhänge an, das zur Erpressung genutzt werden könnte. Üblicherweise sollte man davon ausgehen, daß Personen, die von derart umstürzenden Ereignissen, wie es die Terrorakte des 11. 9. sind, im voraus wissen – und zwar sowohl die, die die Taten geplant haben, als auch die, deren Aufgabe es gewesen wäre, geplante Terrorakte zu verhindern –, sich hüten werden, durch Insidergeschäfte auf sich aufmerksam zu machen und damit letztlich den Vorwurf des Mordes und Landesverrats auf sich zu ziehen. Möglicherweise wurden daher Insider aus dem amerikanischen Apparat gezielt in eine Falle gelockt, um das Interesse der Öffentlichkeit wie der Strafverfolgungsbehörden etwa auf die Verantwortlichen an der Spitze der CIA zu lenken und dadurch die eigentliche Spur hin zur Täterschaft zu verdecken.

Die finanziellen Interessen der Bush- und der Bin-Laden-Familie

Die Bin-Laden-Familie in Saudi Arabien und die Bush-Familie in den USA waren sich so fremd nicht. Die bin Ladens waren noch zur Zeit der Terroranschläge auf New York und Washington eng mit den Finanzinteressen der Bush-Familie verbunden. Der frühere Präsident und Vater des derzeitigen Präsidenten George W. Bush trat international nach seiner Zeit als US-Präsident für die sogenannte Carlyle-Gruppe auf, die weltweite Geldanlagen vornehmlich im Öl-, Gas- und Waffengeschäft vermittelt. Hieran hatte sich die Bin-Laden-Familie mit einigen Millionen Dollar beteiligt. Die Carlyle-Gruppe baut ihre Geldanlagen ganz offensichtlich auf einem umsichtig ausgebauten Insider-Know-how auf. Um die Trends der politischen, wirtschaftlichen und militärischen Veränderungen rechtzeitig ermitteln zu können, nimmt die Investmentgesellschaft ehemalige Geheimdienstchefs, Verteidigungsminister, Außenminister, Sicherheitsberater des Präsidenten, Vorsitzende der Börsenaufsicht oder Stabschefs der Streitkräfte in ihre Reihen auf, die sich nach einer in den USA üblicherweise kurzen Verweildauer in höchsten Staatsämtern erneut ihren privaten Geschäften widmen und sich nun zur Förderung ihrer Interessen des alten Beziehungsgeflechts der bekannten Geheimnis- und Entscheidungsträger bedienen können.[76]

Die Bin-Laden-Beteiligung am Carlyle-Geschäft wurde nach dem 11. 9. 2001 diskret ausgezahlt, obgleich nur der Sproß Osama das schwarze Schaf zu sein scheint. Sieben seiner in Boston zur Ausbildung befindlichen Geschwister wurden nach dem 11. 9. heimlich außer Landes gebracht.

DRITTES KAPITEL

Das Kaninchen aus dem Zylinder – Osama bin Laden und die muslimische Spur

Wer sucht, der findet

Bereits am Nachmittag des 11. 9. 2001 um 16 Uhr berichtete CNN unter Berufung auf offizielle Quellen, daß nach den Anschlägen am Vormittag neue und genaue Informationen eingegangen seien, die verläßliche Hinweise auf die Verwicklung des militanten Saudis Osama bin Laden ergäben, der ja auch für die Koordination der Anschläge auf die amerikanischen Botschaften in Kenia und Tansania im Jahr 1998 sowie das Schlachtschiff »MSS Cole« im Jahr 2000 verantwortlich gemacht werde.[77] Die Medienberichte des nächsten Tages greifen das Thema bin Laden auf, verweisen nicht nur auf ihn, sondern auch auf dessen Al Kaida, was auf arabisch nichts anderes als »Basis« bedeutet, als ein Netzwerk internationaler muslimischer Terroristen. Die Berichte erinnern daran, daß auch der erste Anschlag auf das World Trade Center im Jahre 1993 bereits bin Laden zur Last gelegt worden war.

Die Bush-Regierung im »Dritten Weltkrieg« gegen bis zu 60 Staaten

Das Justizministerium veröffentlicht am dritten Tag nach dem Anschlag die Liste der 19 Entführer mit Namen, Alibinamen und Lebensläufen, alle 19 samt und sonders arabischer Herkunft.[78] Mit dem Präsidenten der Vereinigten Staaten beteten vier ehemalige Präsidenten in der National Cathedral in

Washington. Am nächsten Tag bekräftigt Bush erneut die Notwendigkeit eines langanhaltenden, unerbittlichen Kriegs, der den Terroristen das Handwerk legen werde. Das State Department droht allen Staaten und Regierungen, die Terroristen beherbergen oder unterstützen, die internationale Isolierung an.

Zwei Tage nach dem Attentat erklärt Präsident Bush, es handele sich um den ersten Krieg des neuen Jahrhunderts, in dem er die USA zum Sieg führen werde. Vizepräsident Cheney und Verteidigungsminister Rumsfeld sprechen wiederholt von mindestens 60 Staaten, die Zellen des Terrors beherbergten und gegen die nun in einem langen Kampf vorgegangen werden müsse. Außenminister Colin Powell hält Osama bin Laden für den Hauptverdächtigten. Schließlich hatte der noch am Tag vor der Tat unvorsichtigerweise über Handy aus Afghanistan nicht mit seiner Mutter, wie zunächst angenommen, sondern mit einer seiner Stiefmütter telefoniert, was wiederum, wie zu erwarten, abgehört worden war.[79] An Afghanistan als Aufenthaltsort des Terrorführers schien daher kein Zweifel zu bestehen. Der stellvertretende Verteidigungsminister Wolfowitz spricht von einer nachhaltigen militärischen Kampagne, die nun erforderlich sei.

Die Taliban in Afghanistan wiederum drohen den USA mit Rache, falls das Land mit Krieg überzogen werde. Die pakistanische Regierung akzeptiert vier Tage nach der Tat die Forderungen der USA nach Unterstützung für den Fall eines Krieges gegen das benachbarte Afghanistan. In Kabul übergeben pakistanische Unterhändler die Forderung der USA nach Auslieferung bin Ladens, verbunden mit der Drohung, daß das Land anderenfalls angegriffen werde. Die Talibanführung verweist auf den Rat der religiösen Weisen, der über die Forderung der USA befinden werde. Der Rat bittet am Ende seiner Tagung Osama bin Laden, das Land freiwillig zu verlassen.

Das Dementi Osama bin Ladens, er trage für die Anschläge keine Verantwortung, wird von Präsident Bush brüsk zurückgewiesen.[80] Nahezu alle Staaten der Welt erklären sich solidarisch im Kampf gegen den Terrorismus. Am 19. September werden zusätzliche amerikanische Flugzeuge auf Stützpunkte am persischen Golf verlegt. Die Zahl der Kampfschiffe in der Region wird erhöht.

Am 21. September melden deutsche Behörden, daß sich von den 19 von FBI und Justizministerium genannten mutmaßlichen Entführern etliche längere Zeit in Deutschland aufgehalten hätten. Die CIA wiederum hatte Mohammed Atta und andere Muslime monatelang in Deutschland überwacht, den deutschen Dienststellen davon jedoch keine Mitteilung gemacht.[81] Trotz der Überwachung hatte die US-Botschaft in Berlin offenbar keinen Anlaß gesehen, Atta im Frühjahr 2000 ein Visum für die Einreise in die USA zu verweigern.

Der Außenminister der Vereinigten Staaten verspricht, die Beweise für die Täterschaft Osama bin Ladens und seiner 19 mutmaßlichen Täter öffentlich vorzulegen. Diese Zusage zieht er später mit dem Hinweis zurück, durch die Offenlegung würden Staatsinteressen berührt, die der Geheimhaltung bedürften. Die vorzulegenden Beweise seien für ein amerikanisches Strafgericht mit Sicherheit auch nicht ausreichend.

Die Taliban erklären, sie seien in Kontakt mit bin Laden und hätten ihm die Aufforderung des geistlichen Rates übermittelt. Tony Blair, der sich sofort nach der Tat für eine umfassende Bekämpfung des internationalen Terrorismus ausspricht, fliegt nach Washington, erhält dort Einblick in die Unterlagen, die die Täterschaft Osama bin Ladens und der 19 Entführer beweisen sollen, und erklärt vor der Öffentlichkeit, es gebe keinen Zweifel an den von der amerikanischen Regierung geäußerten Verdachtsmomenten und den Beweismitteln. Auch Bundeskanzler Schröder darf eine halbe Stunde lang Einblick in die Unterlagen nehmen, sich jedoch keine Notizen machen. Er erklärt die uneingeschränkte Solidarität Deutschlands mit den USA in Sachen Terrorbekämpfung. Die NATO erklärt auf Antrag der Vereinigten Staaten den Bündnisfall.

Der israelische Ministerpräsident erklärt die Palästinenser im allgemeinen und deren Präsidenten Arafat im besonderen zu Spießgesellen Osama bin Ladens und zum Terrorfeind Nummer 1 des Nahen Ostens. Beweise hierfür bleibt er schuldig. Unter den Tisch gekehrt blieb die Politik Scharons, die allein in den drei Monaten vor dem 11. September fanatischen Siedlern erlaubt hatte, weitere zehn neue Siedlungen in den von Israel besetzten, den Palästinensern zustehenden Gebieten zu gründen. Das brutale Vorgehen der Siedler gegen die dort lebenden Palästinenser wurde nicht unterbunden, vielmehr wurde die Armee zum Schutz der gewaltsamen Landnahme eingesetzt. Eine kleine Zahl israelischer Offiziere und Mannschaften, vor allem Reservisten, verweigerte deshalb den Dienst an der Waffe und wanderte in die Haftanstalten.

Scheuklappen engen Ermittlungen ein

Wenige Tage nach den Anschlägen häuften sich also auf der einen Seite die Nachrichten über die Hintergründe der Attentäter und deren Verbindung zu Osama bin Laden, den geheimnisvollen Drahtzieher in den Bergen und Höhlen Afghanistans. Auf der anderen Seite liefen jedoch Meldungen auf, die erhebliche Zweifel an der amtlich verkündeten Verschwörungstheorie der amerikanischen Regierung aufwarfen. Allerdings sah sich weder die amerikanische noch die europäische Presse in der Lage, gleichermaßen über beide Vermutungen zu berichten. So kamen lediglich die immer stärker und systematischer werdenden Verdachtsmomente gegen die arabischen Täter zur Sprache, jedoch kaum die Zweifel. Immerhin mußte der Chef des State Departments verkünden, daß die Administration im Gegensatz zu früheren Ankündigungen nun doch nicht über Beweise verfüge, die sie der Öffentlichkeit oder einem Gericht mit dem Ziel einer Verurteilung vorlegen könne.

Osama bin Laden auf einem Videoband: Bekenntnis oder Dementi?

Dennoch wurde die Täterschaft der 19 Entführer nach Auffassung der amerikanischen Regierung anhand der FBI-Liste und der zahlreichen Spuren, die die Täter auf ihrem Weg zum Anschlag in den USA und vielen Ländern der Welt hinterlassen hatten, als bewiesen hingestellt. Daß Osama bin Laden als Drahtzieher aus Afghanistan hinter den Taten stand, wurde zwar sehr schnell von den amerikanischen Geheimdienst- und Terrorismusexperten angenommen, konnte jedoch zunächst nicht überzeugend bewiesen werden. Seit Anfang der neunziger Jahre war Osama bin Laden hinter jedem größeren Terroranschlag gegen amerikanische Ziele in der Welt vermutet worden. So – wie schon erwähnt – bei den Bombenanschlägen auf die amerikanischen Botschaften in Afrika oder die auf das amerikanische Kriegsschiff »MSS Cole« in den Gewässern des Jemen, aber auch bei der auf einen Lieferwagen in Riad gepackten Autobombe, die ein Gebäude der saudischen Nationalgarde zerstörte und sechs Personen tötete sowie 60 verletzte, darunter die Mehrzahl Amerikaner.

Ganz im Gegensatz zu der späteren Darstellung in den meisten Medien hatte der in Afghanistan lebende Osama bin Laden in einem Interview mit einer pakistanischen Zeitung[82] die Terrortat allerdings verurteilt und jede eigene Beteiligung geleugnet. Er habe keinerlei Kenntnis von den Anschlägen gehabt und habe noch nie das Töten unschuldiger Frauen, Kinder und anderer Menschen gebilligt. Der Islam verbiete sogar im Zuge einer kriegerischen Auseinandersetzung strikt ein derartiges Handeln. Vielmehr seien es doch die Vereinigten Staaten selbst, die in vielen Ländern menschenverachtend mit den Anhängern des Islams umgingen. Bin Laden verwies in dem Interview auf das Vorgehen gegen die unschuldigen Völker des Irak, Tschetscheniens und Bosniens. Amerika dulde keine gleichberechtigten Staaten neben sich. Es gebe unter den Staaten nur Vasallen oder Untergebene. Wer auch immer die Taten des 11. September zu verantworten habe, sei kein Freund des amerikanischen Volkes. Er selbst habe etwas gegen das System, jedoch nichts gegen das amerikanische Volk.[83] Die Anschläge hätten einfache Amerikaner getötet. Bin Laden forderte die Vereinigten Staaten auf, die Täter in den eigenen Reihen zu suchen, es handele sich um Leute, die Teil des amerikanischen Systems seien, das im neuen Jahrhundert nun auf einen Konflikt zwischen Islam und Christentum dränge mit dem Ziel, die eigene Zivilisation, das eigene Land, die eigene Nation oder Ideologie zum Sieg zu führen.

Dieses Dementi der Urheberschaft für die Anschläge des 11. 9. wurde in zahlreichen deutschen Provinzzeitungen wiedergegeben, während die überregionale Presse im Gleichklang mit den europäischen und amerikanischen Massenmedien eine Version verbreitete, die besagte, daß Osama bin Laden stolz auf die Anschläge in New York und Washington sei, sie billige und haßerfüllt weitere Akte des Terrors der Welt im allgemeinen und den Amerikanern und deren Helfern in der westlichen Welt im besonderen androhe.

Forscht man nach der Quelle der letzteren Version, so stößt man auf einen in Afghanistan lebenden Palästinenser, der per Telefon einer Nachrichtenagentur mitgeteilt hatte, er habe einen Bekannten in der nächsten Umgebung von Osama bin Laden, der dessen haßerfüllte Äußerungen selbst gehört und ihm davon Mitteilung gemacht habe. Eine wenig überzeugende Quelle von Hörensagen.

Doch dann kamen die ersten Videos auf den Markt, die den bärtigen Führer mit Äußerungen voller Haß gegenüber Amerika in Bild und Ton zeigten. Eine besondere Rolle spielt dabei der aus einer lokalen BBC-Station in Quatar entstandene arabische Sender Al-Dschasira, der den Videos eine gewisse arabisch-muslimische Echtheit zu verleihen scheint.

Dort heißt es nun:

> »Gott der Allmächtige hat die Vereinigten Staaten an ihrer verwundbarsten Stelle getroffen. Er zerstörte ihre größten Gebäude. Dank sei Gott. Hier sind die Vereinigten Staaten. Sie waren von Nord nach Süd und Ost nach West voller Terror. Gepriesen sei Gott ...
>
> Doch wenn nun das Schwert nach 80 Jahren auf die Vereinigten Staaten fällt, kommt Heuchelei auf, den Tod dieser Mörder zu bedauern, die das Blut, die Ehre und die heiligen Stätten der Muslime befleckten ...
>
> Als der Allmächtige Gott den Auftrag einer Gruppe von Muslimen, den Rächern des Islam, gelingen ließ, erlaubte er ihnen, die Vereinigten Staaten zu zerstören. Ich bitte Gott, den Allmächtigen, sie zu erhöhen und sie des Paradieses teilhaftig werden zu lassen.«[84]

Inzwischen sind mehr als 50 Videobotschaften des angeblichen Terrorpaten in Kabul und Umgebung gefunden und dem Pentagon und den amerikanischen Geheimdiensten übergeben worden. Es scheint, daß die aus den Koranschulen hervorgegangenen Taliban ebenso wie die Al-Kaida-Kämpfer nichts für vertraulich halten, vielmehr per Video nahezu täglich zu ihren Anhängern zu sprechen und sie zum Terrorkampf gegen Amerika anzufeuern pflegen. Und in Kabul werden diese Videos nahezu wöchentlich in verlassenen Häusern aufgefunden und bieten den Fernsehgesellschaften des Westens die Möglichkeit, damit scheinbar hinter die Al-Kaida-Fassade zu schauen. Wieder und wieder sieht und hört man Osama bin Laden zum Kampf gegen den verhaßten Westen aufrufen. Die Bänder sind meist schwer verständlich und bringen nach Meinung von Arabisten in Arabisch oft nicht das zum Ausdruck, was in westlicher, meist englischer Übersetzung dem Publikum dargeboten wird.

Sachverständige haben längst geäußert, daß die Videos mit hoher Wahrscheinlichkeit gefälscht sind und keinerlei Beweiswert besitzen.[85] In Hollywood mehren sich die Stimmen, daß es in der kommerziellen Filmsynchronisation Stand der Technik sei, Mundstellungen in einem Film mit entsprechend angepaßten Worten und Satzfolgen so in Übereinstimmung zu bringen, daß ein Laie dies nicht als Fälschung wahrnehme.[86] Die CIA hat insgesamt mehr als zehn Menschen ausfindig gemacht, die bin Laden zum Verwechseln ähnlich sehen. In den Propagandasendungen der USA in Richtung Irak trat ein Stimmenimitator auf, der imstande ist, die Stimme des Diktators Saddam Hussein mit höchster Perfektion nachzuahmen. Die neu und enger geknüpfte Verbindung des Pentagons zur Filmtechnik Hollywoods macht es zweifellos möglich, gewünschte Videos, die dann aufgefunden und in die USA reimportiert werden, zu den jeweils geeigneten Zeitpunkten fertigzustellen.

Ähnliches gilt zum Beispiel auch für das Video, das nachweisen sollte, Al Kaida experimentiere mit chemischen Kampfmitteln an Hunden. Dummerweise treten in dem Video Golden Retriever auf, eine Rasse, die in den Bergen und den heruntergekommenen Straßen des total verarmten Afghanistans kaum verbreitet sein dürfte.[87]

Der gebrauchte Laptop und die Festplatte mit den Terrorplänen

Ein weiterer angeblicher Beweis für die Täterschaft des Osama bin Laden und seiner Basistruppe ist dem Kauf eines gebrauchten Laptops durch einen Journalisten des *Wall Street Journal* in einem Elektroladen in Kabul zu verdanken. Der Händler verkaufte dem Journalisten eine neue Festplatte, da dessen alte unbrauchbar geworden war. Darüber hinaus vermittelte er den Verkauf eines gebrauchten Laptops, der angeblich aus einem Haus mit Verbindung zur Basis (Al Kaida) stammte. Die Festplatte des Laptops war vor dem Verkauf gelöscht worden.[88]

Doch die Redaktion des *Wall Street Journal* schöpfte Verdacht, ließ den Inhalt der Festplatte rekonstruieren – und siehe da, das Speichermedium spuckte unendliche Details über geplante und bereits ausgeführte Terroranschläge sowie Finanzverbindungen des globalen Al-Kaida-Netzwerks mit Namen und Telefonnummern aus.[89] Die Redaktion überließ dem Pentagon und der CIA den Vortritt bei der Auswertung des Festplatteninhalts. Erst danach veröffentlichte das Blatt in zwei Beiträgen unter anderem die aufsehenerregene Nachricht, wonach der pakistanische Geheimdienstchef über einen Mittelsmann aus dem Terrormilieu, Ahmad Umar Sheik, einem engen Freund Osama bin Ladens, Mohammed Atta wenige Tage vor dem 11. 9. 100 000 Dollar nach Florida überwiesen habe.

Der indische Geheimdienst wiederum hatte Handy-Telefonate gerade dieses Mittelsmanns mitgeschnitten, aus denen sich die enge, freundschaftliche Verbindung zu bin Laden ableiten läßt. Das bislang fehlende Glied in der Beweiskette für die Verbindung Osama bin Ladens mit den Attentätern von New York und Washington lag somit vor.[90] Weshalb allerdings Osama bin Laden als angeblicher Planer der Terrortaten von New York und Washington am Vorabend des Selbstmordattentats noch eine derart hohe Summe an jemanden geschickt haben soll, der kurz darauf tot sein wird, bleibt einigermaßen unerfindlich.

Daniel Pearl, ein ebenfalls beim *Wall Street Journal* beschäftigter Journalist, versuchte einige Wochen darauf in Pakistan die Hintergründe der Transaktion zu ergründen, wurde jedoch bei einem Treff mit einem Gewährsmann grausam ermordet.[91] Die Tortur wurde per Video aufgenommen. Erst hinterher stellte sich heraus, daß Daniel Pearl israelischer Staatsbürger war und sich bemühte, eine Verbindung zwischen Osama bin Laden über den terroristischen Mittelsmann zu den Attentätern um Mohammed Atta bestätigt zu finden, also den »rauchenden Colt« des 11. 9. zu entdecken. Die Darstellungen in der Presse, die sich auf mehr oder weniger gezielte Indiskretionen der Ermittler, Geheimdienstoperateure und Vertreter des Pentagons beziehen, haben bis zur Stunde die dunkle und tragische Geschichte wenig erhellen können. Die Angelegenheit schmeckt nach Desinformation, Fabrikation, Manipulation und dem Spiel mit dem Tod eines Journalisten und dessen Familie.[92]

Eine ähnlich dramatische Laptop-Erkenntnis, wie sie dem *Wall Street Journal* in Kabul widerfahren war, ergab sich bereits 1995. Bei den Tätern des ersten Anschlags auf das World Trade Center war ein Laptop gefunden worden mit Aufzeichnungen auf der Festplatte, die schon damals die Entführung amerikanischer Linienflugzeuge zum Gegenstand hatten und wichtige Ziele wie das Hauptgebäude der CIA in Langley, Virginia, mit Linienflugzeugen als Bombenersatz attackieren sollten. Die Erkenntnisse spielten in dem Prozeß in New York eine wichtige Rolle. Schon damals sprach man von der Ausbildung zu Selbstmordmissionen. Der Laptop-Besitzer wurde zusammen mit dem angeblichen Haupttäter des Attentats wegen Beihilfe verurteilt.[93]

Festzuhalten bleibt, daß die angebliche Terrorgruppe des Osama bin Laden und seiner Al Kaida in auffälliger Dichte an allen denkbaren Lokalitäten der Welt elektronische Spuren hinterläßt, die von Geheimdiensten aufgelesen und als Beweis für Existenz und Arbeitsweise der Terrornetze gewertet werden. Die Inhalte sind in sich zuweilen nicht stimmig und legen den Verdacht auf Verfälschung nahe. Die Fähigkeit hierzu, ob Video, Festplatte oder Tonband, ist bei Geheimdiensten in Perfektion gegeben. Der kritischen Überprüfung halten derartige Beweise sehr häufig nicht stand.

VIERTES KAPITEL

Die offizielle Darstellung des 11. 9. 2001 – und ihre Lücken

Wer war in den Flugzeugen?

Die FBI-Liste der 19 arabischen Selbstmordattentäter

Die zwei Tage nach dem 11. 9. 2001 veröffentlichte Liste des FBI beschreibt die mutmaßlichen Täter je Flugzeug wie folgt (hier die Originalfassung):

American Airlines #77 Boeing 757
8:10 am departed Washington Dulles for Los Angeles 9:39 am crashed into the Pentagon

1) **Khalid Al-Midhar** – Possible residence (s): San Diego, California and New York, New York; Visa Status: B-1 Visa, but B-2 Visa had expired.
2) **Majed Moqed** – No information available.
3) **Nawaq Alhamzi** – Possible residence (s): Fort Lee, New Jersey and Wayne, New Jersey and San Diego, California.
4) **Salem Alhamzi** – Possible residence (s): Fort Lee, New Jersey, and Wayne, New Jersey.
5) **Hani Hanjour** – Possible residence (s): Phoenix, Arizona and San Diego, California. Believed to be a pilot.

American Airlines #11 Boeing 767
7:45 am departed Boston for Los Angeles 8:45 am crashed into North Tower of the World Trade Center

1) **Satam Al Suqami** – Date of birth used: June 28, 1976; Last known address: United Arab Emirates.
2) **Waleed M. Alshehri** – Dates of birth used: September 13, 1974/January 1, 1976/ March 3, 1976/ July 8, 1977/December

20, 1978/ May 11, 1979/ November 5, 1979; Possible residence (s): Hollywood, Florida/ Orlando, Florida/ Daytona Beach, Florida; Believed to be a pilot.

3) **Wail Alshehri** – Date of birth used: July 31, 1973; Possible residence (s): Hollywood, Florida, and Newton, Massachusetts; Believed to be a pilot.
4) **Mohamed Atta** – Date of birth used: September 1, 1968; Possible residence (s): Hollywood, Florida/ Coral Springs, Florida/ Hamburg, Germany; Believed to be a pilot.
5) **Abdulaziz Alomari** – Date of birth used: December 24, 1972 and May 28, 1979; Possible residence: Hollywood, Florida; Believed to be a pilot.

United Airlines #175 Boeing 767
7:58 am departed Boston for Los Angeles 9:05 am crashed into South Tower of the World Trade Center

1) **Marwan Al-Shehhi** – Date of birth used: May 9, 1978; Possible residence: Hollywood, Florida; Visa Status: B-2 Visa; Believed to be a pilot.
2) **Fayez Ahmed** – Possible residence: Delray Beach, Florida.
3) **Ahmed Alghamdi** – Possible residence: Delray Beach, Florida.
4) **Hamza Alghamdi** – Possible residence: Delray Beach, Florida.
5) **Mohald Alshehri** – Possible residence: Delray Beach, Florida.

United Airlines #93 Boeing 757
8:01 am departed Newark, New Jersey, for San Francisco 10:10 am crashed in Stony Creek Township, Pennsylvania

1) **Saeed Alghamdi** – Possible residence: Delray Beach, Florida.
2) **Ahmed Alhaznawi** – Date of birth used: October 11, 1980; Possible residence: Delray Beach, Florida.
3) **Ahmed Alnami** – Possible residence: Delray Beach, Florida.
4) **Ziad Jarrahi** – Believed to be a pilot.

Diese Liste, wenige Tage darauf ergänzt mit den Lichtbildern der 19 Muslime, wird von den Medien in der ganzen Welt verbreitet.[94] Alle deutschen Zeitungen druckten sie ab. Die Liste ist auch heute noch unverändert im Internet abzurufen.

Die Passagierlisten der vier Maschinen

Bereits am Tag der Anschläge hatte CNN die Listen der Passagiere und Flugzeugbesatzungen der vier zur Bombenwaffe umfunktionierten Flugzeuge veröffentlicht und im Internet zugänglich gemacht. Die Namenslisten sind von Bedeutung, weil sich nirgendwo auch nur ein einziger arabischer oder arabisch anmutender Name findet. Hier die Listen in der Originalfassung:

AMERICAN AIRLINES FLIGHT 11
American Airlines Flight 11, from Boston, Massachusetts, to Los Angeles, California, crashed into the north tower of the World Trade Center with 92 people on board.[95]

CREW

John Ogonowski, 52, of Dracut, Massachusetts, was the pilot of Flight 11. He lived on a 150-acre farm north of Boston. He is survived by his wife, Margaret, and three daughters, Laura, 16; Caroline, 14; and Mary, 11. A lifelong aviation buff, he joined the Air Force after graduating from college and flew planes at the close of the Vietnam War. He joined American Airlines in 1979.
First Officer Thomas McGuinness, 42, of Portsmouth, New Hampshire, was Flight 11's co-pilot. He is survived by his wife, Cheryl, and a 14-year-old son and 16-year-old daughter. He was active in Bethany Church in Greenland, New Hampshire, friends and neighbors told The Boston Globe. Rick DeKoven, a church administrator, described him as »a devoted family man.«
Barbara Arestegui, 38, was a flight attendant from Marstons Mills, Massachusetts.
Jeffrey Collman was a flight attendant.
Sara Low, 28, was a flight attendant from Batesville, Arkansas.
Karen Martin was a flight attendant.
Kathleen Nicosia was a flight attendant.
Betty Ong, 45, was a flight attendant from Andover, Massachusetts.
Jean Roger, 24, was a flight attendant from Longmeadow, Massachusetts.
Dianne Snyder, 42, was a flight attendant from Westport, Massachusetts.
Madeline Sweeney, 35, was a flight attendant from Acton, Massachusetts.

PASSENGERS

Anna Williams Allison, 48, of Stoneham, Massachusetts, was the founder of A2 Software Solutions, a firm that assists companies in software development. Allison had more than 19 years' experience in the software development industry and was a frequent speaker and trainer at national and local conferences.

David Angell, 54, of Pasadena, California, was the creator and executive producer of the hit NBC sitcom »Frasier.« A native of West Barrington, Rhode Island, Angell entered the Army after graduating from college and served at the Pentagon until 1972. He worked in insurance and engineering before selling a script for a TV series in 1977. In 1983, he joined the TV series »Cheers« as a staff writer and began working with co-supervising producers Peter Casey and David Lee. This team formed a production company, creating and producing »Wings« in 1990 and »Frasier« in 1993. The trio won 24 Emmys.

Lynn Angell, 45, of Pasadena, California, was the wife of »Frasier« creator and executive producer David Angell. The Angells were returning from a wedding on the East Coast to attend the Emmy Awards.

Seima Aoyama

Myra Aronson, 52, of Charlestown, Massachusetts, was a press and analyst relations manager for Compuware Corp.

Christine Barbuto, 32, of Brookline, Massachusetts, was a buyer for TJX Cos., the off-price retailer of apparel and home fashions. She was on her way to California on a buying trip. Barbuto is survived her father and two sisters. She had worked for TJX for five years.

Berry Berenson, 53, of Los Angeles, California, was an actress and photographer. She was the widow of actor Anthony Perkins, who died in 1992, and sister of actress and model Marisa Berenson. She is survived by two sons, Osgood, an actor, and Elvis. Born into an aristocratic family, Berenson appeared in the movies »Cat People« (1982), »Winter Kills« (1979) and »Remember My Name« (1978).

Carolyn Beug, 48, of Los Angeles, California, was traveling with her mother, Mary Wahlstrom. They had gone to Boston to drop off relatives at a nearby college and were returning home.

Carol Bouchard, 43, of Warwick, Rhode Island, was a Kent County Hospital emergency room secretary.

Robin Caplin was from Natick, Massachusetts.

Neilie Casey, 32, of Wellesley, Massachusetts, was a merchandise planning manager for TJX Cos., the off-price retailer of apparel and home fashions. She worked for TJX for eight years. Casey is survived by her husband and a 7-month-old daughter.

Jeffrey Coombs, 42, of Abington, Massachusetts, was a security analyst for Compaq Computer. He is survived by his wife, Christie, and three children, Meagan, 10; Julia, 7; and Matt, 12.
Tara Creamer, 30, of Worcester, Massachusetts, was a merchandise planning manager for TJX Cos., the off-price retailer of apparel and home fashions. She had worked for TJX for eight years. Creamer is survived by her husband, John, and two children, Colin, 4, and Nora, 1.
Thelma Cuccinello, 71, was a Wilmot, New Hampshire, resident with 10 grandchildren. She was on her way to visit a sister in California. Daughter Cheryl O'Brien gave her mom a ride to catch a bus to Logan International Airport in Boston. »I was the last one to see her,« O'Brien said. »I got to kiss her and say ›I love you‹ and ›Have a nice trip.‹«
Patrick Currivan
Andrew Curry Green was from Chelmsford, Massachusetts.
Brian Dale, 43, of Warren, New Jersey, was an accountant and attorney with Blue Capital Management. He was married and the father of three.
David DiMeglio was from Wakefield, Massachusetts.
Donald Ditullio, 49, was from Peabody, Massachusetts.
Albert Dominguez, 66, was a baggage handler for Qantas Airways in Sydney, Australia. He was traveling on holiday at the time of his death. He was married with four children.
Alex Filipov, 70, was an electrical engineer from Concord, Massachusetts.
Carol Flyzik, 40, was from Plaistow, New Hampshire.
Paul Friedman, 45, from Belmont, Massachusetts, was a consultant for Emergence Consulting.
Karleton D. B. Fyfe, 31, of Brookline, Massachusetts, was a senior investment analyst for John Hancock.
Peter Gay, 54, of Tewksbury, Massachusetts, was a Raytheon Co. vice president of operations for electronic systems based in Andover, Massachusetts. He had worked for Raytheon for more than 28 years.
Linda George, 27, of Westboro, Massachusetts, was a buyer for TJX Cos., the off-price retailer of apparel and home fashions. She was on her way to California on a buying trip. George is survived by her father, mother, sister and brother. She was engaged to be married.
Edmund Glazer, 41, of Los Angeles, California, was the chief financial officer and vice president of finance and administration of MRV Communications, a Chatsworth, California, firm that focuses on optical components and network infrastructure systems. Glazer was survived by his wife, Candy, and son, Nathan.

Lisa Fenn Gordenstein, 41, of Needham, Massachusetts, was an assistant vice president, merchandise manager, for TJX Cos., the off-price retailer of apparel and home fashions. She was on her way to California on a buying trip. Gordenstein is survived by her husband and two children.
Paige Farley Hackel, 46, was a spiritual adviser from Newton, Massachusetts.
Peter Hashem, 40, was an engineer from Tewksbury, Massachusetts.
Robert Hayes, 37, from Amesbury, Massachusetts was a sales engineer with Netstal.
Ted Hennessy, 35, was a consultant for Emergence Consulting in Belmont, Massachusetts.
John Hofer
Cora Holland, 52, of Sudbury, Massachusetts, was with Sudbury Food Pantry, an interdenominational program that assisted needy families, at Our Lady of Fatima Church.
Nicholas Humber, 60, of Newton, Massachusetts, was the owner of Brae Burn Management.
John Jenkins
Charles Jones, 48, was a computer programmer from Bedford, Massachusetts.
Robin Kaplan, 33, of Westboro, Massachusetts, was a senior store equipment specialist for TJX Cos., the off-price retailer of apparel and home fashions. She was on her way to California to help prepare for a new T. J. Maxx store opening. Kaplan had returned to work this year after battling Crohn's disease, a life-threatening inflammatory illness of the gastrointestinal tract. She is survived by her father, Edward Kaplan, and mother, Francine.
Barbara Keating, 72, was from Palm Springs, California.
David Kovalcin, 42, of Hudson, New Hampshire, was a Raytheon Co. senior mechanical engineer for electronic systems in Tewksbury, Massachusetts. He had worked for Raytheon for 15 years.
Judy Larocque, 50, of Framingham, Massachusetts, was the founder and CEO of Market Perspectives, a research firm that offers online and on-site surveys. Before founding the company in 1993, she was the principal of Emergent Marketing, an executive marketing consulting firm.
Jude Larson, 31, was from Los Angeles, California.
Natalie Larson was from Los Angeles, California.
N. Janis Lasden, 46, of General Electric was from Peabody, Massachusetts.
Daniel John Lee, 34, was from Los Angeles, California.

Daniel C. Lewin, 31, was the co-founder and chief technology officer at Akamai Technologies Inc., a Cambridge, Massachusetts, company that produces technology equipment to facilitate online content delivery. He is survived by his wife and two sons. He founded Akamai in 1998 with scientist Tom Leighton and a group of Massachusetts Institute of Technology scientists and business professionals. Lewin was responsible for the company's research and development strategy.
Susan MacKay, 44, of Westford, Massachusetts, was an employee of TJX Cos., the off-price retailer of apparel and home fashions.
Chris Mello, 25, was a financial analyst with Alta Communications from Boston. He graduated from Princeton University with a degree in psychology. He is survived by his parents, Douglas and Ellen Mello of Rye, New York; a brother, John Douglas Mello of New York City; and his paternal grandmother, Alice Mello, of Barefoot Bay, Florida.
Jeff Mladenik, 43, of Hinsdale, Illinois, was the interim president at E-Logic.
Antonio Montoya
Carlos Montoya
Laura Lee Morabito, 34, was the Qantas Airways area sales manager in Boston. She lived in Framingham, Massachusetts, with her husband. She was traveling on company business at the time of her death.
Mildred Naiman was from Andover, Massachusetts.
Laurie Neira
Renee Newell, 37, of Cranston, Rhode Island, was a customer service agent with American Airlines.
Jacqueline Norton, 60, was a retiree from Lubec, Maine. She was traveling with her husband, Robert Norton.
Robert Norton, 82, was a retiree from Lubec, Maine. He was traveling with his wife, Jacqueline Norton.
Jane Orth, 49, of Haverhill, Massachusetts, was retired from Lucent Technology.
Thomas Pecorelli, 31, of Los Angeles, California, was a cameraman for Fox Sports and E! Entertainment Television.
Sonia Morales Puopolo, 58, of Dover, Massachusetts, was a retired ballet dancer.
David Retik was from Needham, Massachusetts. He was a general partner and founding member of Alta Communications, a Boston-based investment firm specializing in communication industries. Retik graduated from Colgate University and received a master's in accounting from New York University. He is survived by his wife, Susan and their two children, Ben and Molly.

Philip Rosenzweig of Acton, Massachusetts, was an executive with Sun Microsystems.
Richard Ross, 58, of Newton, Massachusetts, headed his own management consulting company, the Ross Group.
Jessica Sachs, 22, of Billerica, Massachusetts, was an accountant with PricewaterhouseCoopers.
Rahma Salie, 28, was from Boston.
Heather Smith, 30, of Beacon Capital Partners was from Boston.
Douglas Stone, 54, was from Dover, New Hampshire.
Xavier Suarez
Michael Theodoridis, 32, was a consultant from Boston.
James Trentini, 65, was a retired teacher and assistant principal from Everett, Massachusetts.
Mary Trentini, 67, was a retired secretary from Everett, Massachusetts.
Mary Wahlstrom, 75, of Kaysville, Utah, was traveling with her daughter, Carolyn Beug. They had gone to Boston to drop off relatives at a nearby college and were returning home.
Kenneth Waldie, 46, of Methuen, Massachusetts, was a Raytheon Co. senior quality control engineer for electronic systems in Tewksbury, Massachusetts. He had worked for Raytheon for 17 years.
John Wenckus, 46, was a tax consultant from Torrance, California.
Candace Lee Williams, 20, was a student from Danbury, Connecticut.
Christopher Zarba, 47, of Hopkinton, Massachusetts, was a software engineer at Concord Communications. He leaves behind a wife and family. He would have been 48 on September 15.
The Associated Press contributed to this report.

AMERICAN AIRLINES FLIGHT 77

American Airlines Flight 77, from Washington to Los Angeles, crashed into the Pentagon with 64 people aboard.[96]

CREW

Charles Burlingame of Herndon, Virginia, was the plane's captain. He is survived by a wife, a daughter and a grandson. He had more than 20 years of experience flying with American Airlines and was a former U. S. Navy pilot.
David Charlebois, who lived in Washington's Dupont Circle neighborhood, was the first officer on the flight. »He was handsome and happy and very centered,« his neighbor Travis White, told The Washington Post. »His life was the kind of life I wanted to have some day.«

Michele Heidenberger of Chevy Chase, Maryland, was a flight attendant for 30 years. She left behind a husband, a pilot, and a daughter and son.

Flight attendant **Jennifer Lewis,** 38, of Culpeper, Virginia, was the wife of flight attendant Kenneth Lewis.

Flight attendant **Kenneth Lewis,** 49, of Culpeper, Virginia, was the husband of flight attendant Jennifer Lewis.

Renee May, 39, of Baltimore, Maryland, was a flight attendant.

PASSENGERS

Paul Ambrose, 32, of Washington, was a physician who worked with the U. S. Department of Health and Human Services and the surgeon general to address racial and ethnic disparities in health. A 1995 graduate of Marshall University School of Medicine, Ambrose last year was named the Luther Terry Fellow of the Association of Teachers of Preventative Medicine.

Yeneneh Betru, 35, was from Burbank, California.

M. J. Booth

Bernard Brown, 11, was a student at Leckie Elementary School in Washington. He was embarking on an educational trip to the Channel Islands National Marine Sanctuary near Santa Barbara, California, as part of a program funded by the National Geographic Society.

Suzanne Calley, 42, of San Martin, California, was an employee of Cisco Systems Inc.

William Caswell

Sarah Clark, 65, of Columbia, Maryland, was a sixth-grade teacher at Backus Middle School in Washington. She was accompanying a student on an educational trip to the Channel Islands National Marine Sanctuary near Santa Barbara, California, as part of a program funded by the National Geographic Society.

Asia Cottom, 11, was a student at Backus Middle School in Washington. Asia was embarking on an educational trip to the Channel Islands National Marine Sanctuary near Santa Barbara, California, as part of a program funded by the National Geographic Society.

James Debeuneure, 58, of Upper Marlboro, Maryland, was a fifth-grade teacher at Ketcham Elementary School in Washington. He was accompanying a student on an educational trip to the Channel Islands National Marine Sanctuary near Santa Barbara, California, as part of a program funded by the National Geographic Society.

Rodney Dickens, 11, was a student at Leckie Elementary School in Washington. He was embarking on an educational trip to the

Channel Islands National Marine Sanctuary near Santa Barbara, California, as part of a program funded by the National Geographic Society.

Eddie Dillard

Charles Droz

Barbara Edwards, 58, of Las Vegas, Nevada, was a teacher at Palo Verde High School in Las Vegas.

Charles S. Falkenberg, 45, of University Park, Maryland, was the director of research at ECOlogic Corp., a software engineering firm. He worked on data systems for NASA and also developed data systems for the study of global and regional environmental issues. Falkenburg was traveling with his wife, Leslie Whittingham, and their two daughters, Zoe, 8, and Dana, 3.

Zoe Falkenberg, 8, of University Park, Maryland, was the daughter of Charles Falkenberg and Leslie Whittingham.

Dana Falkenberg, 3, of University Park, Maryland, was the daughter of Charles Falkenberg and Leslie Whittingham.

Joe Ferguson was the director of the National Geographic Society's geography education outreach program in Washington. He was accompanying a group of students and teachers on an educational trip to the Channel Islands in California. A Mississippi native, he joined the society in 1987. »Joe Feguson's final hours at the Geographic reveal the depth of his commitment to one of the things he really loved,« said John Fahey Jr., the society's president. »Joe was here at the office until late Monday evening preparing for this trip. It was his goal to make this trip perfect in every way.«

Wilson »Bud« Flagg of Millwood, Virginia, was a retired Navy admiral and retired American Airlines pilot.

Dee Flagg

Richard Gabriel

Ian Gray, 55, of Washington was the president of a health-care consulting firm.

Stanley Hall, 68, was from Rancho Palos Verdes, California.

Bryan Jack, 48, of Alexandria, Virginia, was a senior executive at the Defense Department.

Steven D. »Jake« Jacoby, 43, of Alexandria, Virginia, was the chief operating officer of Metrocall Inc., a wireless data and messaging company.

Ann Judge, 49, of Virginia was the travel office manager for the National Geographic Society. She was accompanying a group of students and teachers on an educational trip to the Channel Islands in California. Society President John Fahey Jr. said one of his fondest memories of Judge is a voice mail she and a colleague once left him while they were rafting the Monkey River in Belize. »This was quintessential Ann – living life to the fullest and wanting to share it with others,« he said.

Chandler Keller, 29, was a Boeing propulsion engineer from El Segundo, California.

Yvonne Kennedy

Norma Khan, 45, from Reston, Virginia was a nonprofit organization manager.

Karen A. Kincaid, 40, was a lawyer with the Washington firm of Wiley Rein & Fielding. She joined the firm in 1993 and was part of the its telecommunications practice. She was married to Peter Batacan.

Norma Langsteuerle

Dong Lee

Dora Menchaca, 45, of Santa Monica, California, was the associate director of clinical research for a biotech firm.

Christopher Newton, 38, of Anaheim, California, was president and chief executive officer of Work-Life Benefits, a consultation and referral service. He was married and had two children. Newton was on his way back to Orange County to retrieve his family's yellow Labrador, who had been left behind until they could settle into their new home in Arlington, Virginia.

Barbara Olson, 45, was a conservative commentator who often appeared on CNN and was married to U. S. Solicitor General Theodore Olson. She twice called her husband as the plane was being hijacked and described some details, including that the attackers were armed with knives. She had planned to take a different flight, but she changed it at the last minute so that she could be with her husband on his birthday. She worked as an investigator for the House Government Reform Committee in the mid-1990s and later worked on the staff of Senate Minority Whip Don Nickles.

Ruben Ornedo, 39, of Los Angeles, California, was a Boeing propulsion engineer.

Robert Penniger, 63, of Poway, California, was an electrical engineer with BAE Systems.

Lisa Raines, 42, was senior vice president for government relations at the Washington office of Genzyme, a biotechnology firm. She was from Great Falls, Virginia, and was married to Stephen Push. She worked with the U. S. Food and Drug Administration on developing a new policy governing cellular therapies, announced in 1997. She also worked on other major health-care legislation.

Todd Reuben, 40, of Potomac, Maryland, was a tax and business lawyer.
John Sammartino
Diane Simmons
George Simmons
Mari-Rae Sopper of Santa Barbara, California, was a women's gymnastics coach at the University of California at Santa Barbara. She had just gotten the post August 31 and was making the trip to California to start work.
Bob Speisman, 47, was from Irvington, New York.
Hilda Taylor was a sixth-grade teacher at Leckie Elementary School in Washington. She was accompanying a student on an educational trip to the Channel Islands National Marine Sanctuary near Santa Barbara, California, as part of a program funded by the National Geographic Society.
Leonard Taylor was from Reston, Virginia.
Leslie A. Whittington, 45, was from University Park, Maryland. The professor of public policy at Georgetown University in Washington was traveling with her husband, Charles Falkenberg, 45, and their two daughters, Zoe, 8, and Dana, 3. They were traveling to Los Angeles to catch a connection to Australia. Whittington had been named a visiting fellow at Australian National University in Canberra.
John Yamnicky, 71, was from Waldorf, Maryland.
Vicki Yancey
Shuyin Yang
Yuguag Zheng
The Associated Press contributed to this report

UNITED AIRLINES FLIGHT 175

United Airlines Flight 175, from Boston, Massachusetts, to Los Angeles, California, was the second hijacked plane to strike the World Trade Center, plowing into the south tower. Two pilots, seven flight attendants and 56 passengers were on board.[97]

CREW

Capt. Victor Saracini, 51, of Lower Makefield Township, Pennsylvania, was a Navy veteran. He is survived by his wife and two children.
Michael Horrocks was first officer.
Robert J. Fangman was a flight attendant.

Amy N. Jarret, 28, of North Smithfield, Rhode Island, was a flight attendant.
Amy R. King was a flight attendant.
Kathryn L. Laborie was a flight attendant.
Alfred G. Marchand of Alamogordo, New Mexico, was a flight attendant.
Michael C. Tarrou was a flight attendant.
Alicia N. Titus was a flight atteandant.

PASSENGERS

Alona Avraham, 30, was from Ashdot, Israel.
Garnet »Ace« Bailey, 53, of Lynnfield, Massachusetts, was director of pro scouting for the Los Angeles Kings hockey team. Bailey was entering his 33rd season as a player or scout in the National Hockey League and his eighth with the Kings. Before joining the Kings, he spent 13 years as a scout for the Edmonton Oilers, a team that won five Stanley Cups during that time. As a player, Bailey spent five years with the Boston Bruins and was a member of Stanley Cup championship teams in 1969-70 and 1971-72. Bailey also spent parts of two seasons each with the Detroit Red Wings and St. Louis Blues, and three years with the Washington Capitals. He is survived by his wife, Katherine, and son, Todd.
Mark Bavis, 31, of West Newton, Massachusetts, was entering his second season as an amateur scout for the Los Angeles Kings. A Boston native, he played four years on Boston University's hockey team, where his twin brother, Michael, is an assistant coach. In addition to his twin brother, Bavis is survived by his mother, Mary; two other brothers, Pat and Johnny; and three sisters, Kelly, Mary Ellen and Kathy. The Bavis family lost a brother 15 years ago, and Bavis' father died 10 years ago.
Graham Berkeley, 37, of Xerox Corp. was from Wellesley, Massachusetts.
Touri Bolourchi, 69, was from Beverly Hills, California.
Klaus Bothe, 31, of Germany was on a business trip with BCT Technology AG's chief executive officer and another executive. Bothe joined the company in 1994 and was its director of development. He is survived by his wife and one child.
Daniel Brandhorst, of Los Angeles, California, was a lawyer for PriceWaterhouse.
David Brandhorst, 3, was from Los Angeles.
John Cahill was from Wellesley, Massachusetts.
Christoffer Carstanjen, 33, of Turner Falls, Massachusetts, was staff

assistant in the office of information technology at the University of Massachusetts-Amherst.

John Corcoran »Jay« Corcoran, 44, of Norwell, Massachusetts, was a merchant marine.

Dorothy Dearaujo, 82, was from Long Beach, California.

Gloria Debarrera

Lisa Frost, 22, of Rancho Santa Margarita, California, graduated from Boston University this year, with degrees in communications and business hospitality. She is survived by her father, mother and brother.

Ronald Gamboa, 33, of Los Angeles, California, was a Gap store manager.

Lynn Goodchild, 25, was from Attleboro, Massachusetts.

The Rev. Francis E. Grogan, 76, of Easton, Massachusetts, was a priest at Holy Cross Church in Easton. A veteran of World War II, Grogan served as a parish priest, a chaplain and teacher at Holy Cross schools.

Carl Hammond, 37, was from Boston, Massachusetts.

Peter Hanson, 32, of Groton, Massachusetts, was a software salesman.

Susan Hanson, 35, of Groton, Massachusetts, was a student.

Christine Hanson, 3, was from Groton, Massachusetts.

Gerald Hardacre

Eric Hartono

James E. Hayden, 47, of Westford, Massachusetts, was the chief financial officer of Netegrity Inc. Hayden is survived by his wife, Gail, and their two children.

Herbert Homer, 48, of Milford, Massachusetts, worked for Raytheon Co.

Robert Jalbert, 61, of Swampscott, Massachusetts, was a salesman.

Ralph Kershaw, 52, of Manchester-by-the-Sea, Massachusetts, was a marine surveyor.

Heinrich Kimmig, 43, chairman and chief executive officer of BCT Technology Ag, of Germany was on a business trip involving contract negotiations with U. S. partners along with two other BCT execs, the company said in a statement. Kimmig studied mechanical engineering in college. After an internship, he became the design manager at Badische Stahl Engineering, and shortly after, he founded BSE Computer-Technologie GmbH, originally a locally operating software company. In 1999, this company became BCT Technology AG. Kimmig is survived by his wife and two children.

Brian Kinney, 29, of Lowell, Massachusetts, was an auditor for Price-Waterhouse Cooper.

Robert LeBlanc, 70, of Lee, New Hampshire, was a professor emeritus of geography at the University of New Hampshire. After earning his doctorate at the University of Minnesota, LeBlanc joined the University of New Hampshire's faculty in 1963 as a cultural geographer. With a specialty in Canadian studies, he looked at the Franco-American communities in New England's mill towns. He was acting chair and chair of the geography department for nearly 10 years, retiring in 1999.
Maclovio »Joe« Lopez Jr., 41, was from Norwalk, California.
Marianne MacFarlane
Louis Neil Mariani, 59, was from Derry, New Hampshire.
Juliana Valentine McCourt, 4, was from New London, Connecticut.
Ruth McCourt, 24, was from Westford, Massachusetts.
Wolfgang Menzel, 60, of Germany joined BCT Technology AG in 2000 as director of human resources. He is survived by his wife and one child. Menzel had planned to retire in six months.
Shawn Nassaney, 25, was from Pawtucket, Rhode Island.
Patrick Quigley, 40, of Wellesley, Massachusetts, was a partner at PriceWaterhouse Cooper.
Frederick Rimmele was a physician from Marblehead, Massachusetts.
James M. Roux, 42, was from Portland, Maine.
Jesus Sanchez, 45, was an off-duty flight attendant from Hudson, Massachusetts.
Kathleen Shearer was from Dover, New Hampshire.
Robert Shearer was from Dover, New Hampshire.
Jane Simpkin, 35, was from Wayland, Massachusetts.
Brian D. Sweeney, 38, was from Barnstable, Massachusetts.
Timothy Ward, 38, of San Diego, California, worked at the Carlsbad, California-based Rubio's Restaurants Inc. A 14-year veteran of the company, he opened its second restaurant in San Diego and most recently worked in the information technology department.
William Weems of Marblehead, Massachusetts, was a commercial producer.
The Associated Press contributed to this report.

UNITED AIRLINES FLIGHT 93
United Airlines Flight 93, from Newark, New Jersey, to San Francisco, California, crashed in rural southwest Pennsylvania, with 45 people on board.[98]

CREW
Jason Dahl, 43, from Denver, Colorado, was the plane's captain. He had a wife and son. Dahl had a lifelong interest in flying, said his aunt, Maxine Atkinson, of Waterloo, Iowa.
Leroy Homer, 36, from Marlton, New Jersey, was the first officer on board. He was married and had a daughter.
Lorraine Bay was a flight attendant.
Sandra Bradshaw, 38, of Greensboro, North Carolina, was a flight attendant.
Wanda Green was a flight attendant.
CeeCee Lyles of Fort Myers, Florida, was a flight attendant. She reached her husband, Lorne, by cell phone to tell him that she loved him and their children before the plane went down. The couple between them had four children.
Deborah Welsh was a flight attendant.

PASSENGERS
Christian Adams
Todd Beamer, 32, was from Cranbury, New Jersey.
Alan Beaven, 48, of Oakland, California, was an environmental lawyer.
Mark Bingham, 31, of San Francisco owned a public relations firm, the Bingham Group. He called his mother, Alice Hoglan, 15 minutes before the plane crashed and told her that the plane had been taken over by three men who claimed to have a bomb. Hoglan said her son told her that some passengers planned to try to regain control of the plane. »He said, ›I love you very, very much,‹« Hoglan said.
Deora Bodley, 20, of Santa Clara, California, was a university student.
Marion Britton
Thomas E. Burnett Jr., 38, of San Ramon, California, was a senior vice president and chief operating officer of Thoratec Corp., a medical research and development company, and the father of three. He made four calls to his wife, Deena, from the plane. Deena Burnett said that her husband told her that one passenger had been stabbed and that »a group of us are going to do something.« He also told her that the people on board knew about the attack on the World Trade Center, apparently through other phone calls.

William Cashman
Georgine Corrigan
Joseph Deluca
Patrick Driscoll
Edward Felt, 41, was from Matawan, New Jersey.
Colleen Fraser
Andrew Garcia
Jeremy Glick, 31, from West Milford, New Jersey, called his wife, Liz, and in-laws in New York on a cell phone to tell them the plane had been hijacked, Joanne Makely, Glick's mother-in-law, told CNN. Glick said that one of the hijackers »had a red box he said was a bomb, and one had a knife of some nature,« Makely said. Glick asked Makely if the reports about the attacks on the World Trade Center were true, and she told him they were. He left the phone for a while, returning to say, »The men voted to attack the terrorists,« Makely said.
Lauren Grandcolas of San Rafael, California, was a sales worker at Good Housekeeping magazine.
Donald F. Green, 52, was from Greenwich, Connecticut.
Linda Gronlund
Richard Guadagno, 38, of Eureka, California, was the manager of the U. S. Fish and Wildlife Service's Humboldt Bay National Wildlife Refuge.
Toshiya Kuge
Waleska Martinez
Nicole Miller
Mark Rothenberg
Christine Snyder, 32, was from Kailua, Hawaii. She was an arborist for the Outdoor Circle and was returning from a conference in Washington. She had been married less than a year.
John Talignani
Honor Wainio
The Associated Press contributed to this report.

Die Listen sind, wie man sieht, detailliert, enthalten Namen und Anschrift der Opfer, ihre berufliche Tätigkeit und häufig einen Hinweis auf die engsten Angehörigen. Doch die vom FBI steckbrieflich gesuchten 19 angeblichen Hijacker findet man ebensowenig wie auch nur einen einzigen arabischen

Namen. Bis heute gibt es keine Erklärung dafür. Natürlich könnten sich Attentäter auch unter falschen, etwa schwedisch, britisch, deutsch, spanisch oder japanisch klingenden Namen mit entsprechend gefälschten Ausweisen an Bord geschmuggelt haben. Doch dann wären die Personen, deren Namen die Attentäter benutzt hätten, noch am Leben und hätten sich in aller Regel umgehend bei der Polizei gemeldet, um auf die Verwechslung aufmerksam zu machen. Oder aber es hätte sich um Phantasienamen gehandelt, was die Ermittlungsbehörden aber hätten herausfinden müssen. Und vor allem wäre dann sicher die Information gekommen, daß der Attentäter X unter dem Alibinamen Y eingecheckt hätte.

Mindestens sieben der vom FBI genannten Entführer melden sich als lebend!

Nachdem bereits in den ersten Stunden nach der Tat feststand, daß zumindest die Fluggesellschaften bei ihren Fluglisten blieben, wonach keiner der 19 Flugzeugentführer ein Check-In-Verfahren durchlaufen haben konnte, stellte sich aufgrund von Nachforschungen zahlreicher, meist englischer Journalisten heraus, daß sieben der genannten 19 Selbstmordmuslime sich auch nach der Tat noch ihres Lebens erfreuten.[99] Es waren die BBC, der englische *Independent*, der *Daily Mirror*, oft in Zusammenarbeit mit arabischen Zeitungen, die vor Ort die Betroffenen aufsuchen und interviewen konnten. Die Bilder stehen im Internet. Doch weder das FBI noch die ihm folgenden amerikanischen und europäischen Medien sahen und sehen sich veranlaßt, sich mit der Frage nach der Glaubwürdigkeit der binnen Stunden aus dem Hut gezauberten Täterliste auseinanderzusetzen.[100] Immerhin läge, wenn es tatsächlich die sieben überlebenden Araber gibt, die Fehlerquote mit rund 37 Prozent zu hoch, um den Rest als gesicherte Erkenntnis werten zu können. Die Diskussion müßte sich zwangsläufig auch auf die Frage erstrecken, aus welcher Quelle die Namensliste geschöpft wurde, wer die im Verlauf der Attentate abgehörten Gespräche aufgezeichnet, wer sie übersetzt hat und ob durch Einvernahme von Verwandten, Freunden und Bekannten die Identität der Stimmen festgestellt werden konnte.

Der saudische Innenminister Prinz Saud al Faisal machte kurz nach der Veröffentlichung der Liste einen Besuch bei Präsident Bush und erklärte danach in einer Pressekonferenz, die Personalienüberprüfung habe ergeben, daß fünf der in der FBI-Liste aufgeführten saudischen Personen nichts mit den Terrorereignissen zu tun gehabt hätten. Im weiteren Verlauf beschwerten sich die saudischen Behörden über die mangelnde Bereitschaft der amerikanischen Justiz- und Polizeibehörden, Unterlagen zur Überprüfung der Personalien zu liefern. Dem mag man nun Glauben schenken oder auch nicht. Wichtig ist, daß verschiedene Journalisten des englischsprachigen Raums über Personen auf der FBI-Liste berichten, die sich an die Behörden gewandt hätten, um dagegen zu protestieren, daß ihre Namen auf der Liste der mutmaßlichen Attentäter erschienen. Hierbei handelt es sich um die folgenden angeblich bei den Anschlägen zerfetzten Täter[101]:

Saeed Alghamdi,
Mohand Alshehri,
Abdul Aziz Alomari,
Salem Alhamzi

The Orlando Sentinel, eine Zeitung aus Florida, berichtet nach einem Gespräch mit der saudischen Botschaft in Washington, daß diese vier Personen weder tot seien noch mit den Angriffen in New York und Washington etwas zu tun hätten.

Khalid Al-Mihdhar (AA Flug Nr. 77). Den fünften verdächtigten Entführer saudischer Nationalität Khalid Al-Mihdhar, haben die saudischen Behörden nicht ausfindig machen können.[102] BBC London berichtet über Hinweise, wonach der Betreffende schon vor dem 11. 9. nicht mehr am Leben gewesen sein könne.[103] Arabische Zeitungen hingegen berichten, er sei noch am Leben.

Waleed Alshehri (AA Flug Nr. 11, Pilot). Der tatverdächtige Saudi Waleed Alshehri lebt nach Auskunft der Fluggesellschaft Royal Air Moroc in Casablanca und wird als Pilot eingesetzt. Auch die Agentur Associated Press (AP) berichtet am 22. September 2001, daß Alshehri in der amerikanischen Botschaft in Marokko vorgesprochen habe. Der Verdächtigte hatte Monate vor dem Anschlag in Florida an einem Flugkurs der Embry-Riddle Aeronautical University teilgenommen und ist danach nach Marokko zurückgekehrt. Berichte hierüber finden sich im englischen *Daily Trust*, dem *Daily Telegraph* und bei der BBC.

Abdul Aziz Alomari. Es folgen zwei Personen, die auf den Namen Abdul Aziz Al-Omari hören könnten. Der eine Al-Omari, ein Pilot der Saudi Air, protestierte in der amerikanischen Botschaft in Jeddah und bat um eine Erklärung, warum er auf die Liste des FBI gesetzt wurde. Der Bericht hierüber findet sich im *Independent* vom 17. 9. 2001. Ein zweiter Omari stellte sich den Behörden als der richtige Abdulaziz Alomari vor, dessen Paß 1995 in Denver gestohlen worden sei, als er sich an der dortigen Universität als Elektroingenieur habe ausbilden lassen. Er habe seinerzeit die Polizei von dem Diebstahl benachrichtigt. Er habe keine Ahnung, wie man ein Flugzeug fliege, und habe mit der Angelegenheit nichts zu tun. Die *New York Times* berichtet, Al-Omari sei in Saudi-Arabien aufgefunden worden und der Tat nicht mehr verdächtig. Gleichlautende Berichte finden sich am 23. 9. 2001 bei der BBC.

Saeed Alghamdi (UA Flug Nr. 93) ist ein ausgebildeter Pilot und findet sich auf der Liste des FBI. Nach Angaben des *Tele-*

graph zeigte sich der Verdächtigte schockiert über die Vorwürfe. In den zehn Monaten vor dem Anschlag war er in Tunis stationiert, zusammen mit 22 anderen Piloten, die auf das Fliegen eines Airbus 320 vorbereitet wurden. Das FBI konnte keinerlei Beweise für seine Mittäterschaft vorlegen.

Salem Alhamzi (AA Flug Nr. 77) kam nach einem Bericht des *Telegraph* vom 23. 9. 2001 gerade aus dem Urlaub zur Arbeit an einer petrochemischen Anlage zurück, als die Attentate in den USA die Welt erschütterten. Auch er ist nach den Selbstmordattentaten noch am Leben. Er habe seine Papiere weder verloren, noch seien sie ihm gestohlen worden. Um so verwunderter sei er, sich auf der Liste des FBI ohne jede Überprüfung wiederzufinden.

Das Telefonat des Selbstmörders Atta nach dem 11. 9.

Als achter möglicherweise Überlebender käme noch der angebliche Anführer und Selbstmordflieger in den Nordturm des World Trade Centers hinzu, wenn zuträfe, was der Vater von Mohammed Atta berichtet.[104] Vater Atta ist Rechtsanwalt in Kairo. Er verurteilte den Anschlag in den Vereinigten Staaten auf das schärfste und erklärte, sein Sohn sei ein Massenmörder, wenn er für die Tat Verantwortung trage. Doch dies könne nicht sein, sein Sohn habe ihn noch drei Tage nach der Tat von Hamburg aus angerufen. Der Sohn studiere in Deutschland und sei überhaupt nicht in die Vereinigten Staaten gereist. Das in den amerikanischen Zeitungen veröffentlichte Foto seines Sohnes zusammen mit dem angeblichen Selbstmordattentäter Abdel-Aziz El-Emari, auf dem Flughafen Portland von einer Überwachungskamera aufgenommen, sei eine Fälschung. Von dort soll Atta nach Boston geflogen sein, wobei seine beiden Koffer stehenblieben. Die Einlassung des Vaters findet eine gewisse Bestätigung in der Tatsache, daß es sich bei der mit

Atta aufgenommenen Person nach Angaben des FBI um jemanden handelte, der sich mit dem Paß des oben in der Schreibweise Al-Omari abgehandelten ehemaligen Studenten der Universität Denver auswies, der in Riad als lebend identifiziert wurde und daher für den Anschlag nicht infrage kommen kann.

Allerdings gibt es Hinweise auf das Leben Attas in Florida und seinen Besuch einer amerikanischen militärischen Ausbildungseinrichtung. Auch die Einwanderungsbehörde führt verschiedene Mohammed Attas unter diversen Aktenzeichen. Es besteht ein beachtlicher Aufklärungsbedarf über die Identitäten und Hintergründe mehrerer Attas, was eine vordringliche Aufgabe des FBI wäre.

Merkwürdige Spuren

Viermal Schlamperei beim Einchecken?

Sämtliche Passagiere der vier Linienflugzeuge mußten das Check-In-Verfahren der beiden Fluggesellschaften durchlaufen. Die Passagiere melden sich beim Abfertigungsschalter ihres Flugs, zeigen den auf ihren Namen lautenden Flugschein vor, weisen sich durch Ausweis mit Lichtbild aus, in den USA in der Regel der Führerschein, erhalten eine Bordkarte mit Platznummer, zeigen der Stewardeß an der Eingangstür des Flugzeugs die Bordkarte und setzen sich dann auf den für sie gebuchten Platz. Wenn keiner dieser 19 angeblichen Attentäter namentlich in den Listen aufgeführt wurde, dann kann er normalerweise auch keines der Check-In-Verfahren durchlaufen haben.

Die Fluggesellschaften lassen hier auch nicht mit sich spaßen. Denn hätten sie einen der Täter unter einer falschen Identität und trotz mehr oder weniger auffälligem Verhalten in eine der Maschinen gelassen, so wären sie Gefahr gelaufen, von den Angehörigen der bei den Attentaten ums Leben gekommenen Opfer, auch der in den Türmen umgekommenen, auf Schadensersatz und Schmerzensgeld in Höhe von Milliarden Dollar verklagt zu werden. Die einzige Konzession, die die Airlines dem FBI möglicherweise gemacht haben könnten, besteht darin, daß sie schon bei der allerersten Veröffentlichung – also noch am 11. oder 12. 9. 2001 – der Namenslisten alle arabischen Namen daraus gestrichen hätten. Doch selbst bei dieser Annahme bleiben heftige Zweifel. Warum hätten sie die Namen nicht veröffentlichen sollen, wo doch CIA, FBI und US-Regierung ein großes Interesse daran hatten zu beweisen, daß diese Männer tatsächlich in den Flugzeugen waren? Und müßte nicht zwischen der von den Fluggesellschaften selbst als auch von CNN am 12. 9. 2001 genannten jeweiligen Gesamtzahl der Personen an Bord und der Gesamtzahl auf den Namenslisten bei den Flügen American Airlines 11 und 77 sowie United Airlines 175 eine Differenz von jeweils fünf bestehen und beim Flug United Airlines 93 eine Differenz von vier, da in den ersten drei Flugzeugen angeblich je fünf Attentäter saßen und im letztgenannten vier?

Diese Rechnung geht aber nur bei American Airlines Flug Nr. 11 auf. Hier waren 92 Personen an Bord gemeldet, die Namensliste weist 87 Personen auf – also genau die richtige Differenz von fünf. Bei United Airlines Flug Nr. 175 wurden 65 Personen an Bord gemeldet, die Namensliste enthält 56 Namen. Plus fünf mutmaßliche Attentäter ergibt 61: Wer sind die restlichen vier? Bei American Airlines Flug Nr. 77 wurden 64 Personen an Bord gemeldet, die Namensliste enthält 56 Namen. Plus fünf mutmaßliche Attentäter ergibt 61: Wer sind die restlichen drei? Bei United Airlines Flug Nr. 93 wurden 45 Personen an Bord gemeldet, die Namensliste weist 33 Namen aus. Plus vier mutmaßliche Attentäter ergibt 37: Wer sind die restlichen acht?

Auch wenn man sich die später überarbeiteten und heute noch als »memorial sites« im Internet abrufbaren Namenslisten anschaut, wird das Rätsel nicht gelöst. American Airlines Flug Nr. 77 weist jetzt in der Namensliste 58 Personen auf; bleibt eine Differenz von einer Person. United Airlines Flug Nr. 175 hat jetzt 57 Personen; bleibt eine Differenz von drei. Und United Airlines Flug Nr. 93 nennt jetzt 38 Personen; bleibt ebenfalls eine Differenz von drei. Irgend etwas kann an dem gesamten Vorgang nicht stimmen und bleibt erklärungsbedürftig. Doch keine Zeitung, keine Fernsehanstalt berichtet über die Unstimmigkeit. Und das FBI ebenso wie die Regierung in Washington schweigen sich hierüber aus. Die Fluggesellschaften verweisen auf das FBI.

Alles wird zu Staub, nur der Paß nicht

Noch vor der Veröffentlichung der FBI-Liste aller der Selbstmordattentate Verdächtigten wird etwa acht Straßenblocks vom Wolkenkratzerensemble des World Trade Centers entfernt der unversehrte Paß des Mohammed Atta gefunden – ein Beleg dafür, daß dieser Muslim in der Maschine American Airlines Flug Nr. 11 gewesen sein muß. Merkwürdig ist allerdings, daß der Einsturz der beiden Türme den gesamten Beton in Pulver und Staub verwandelte, nahezu kein Möbelstück oder Computerteil aus den beiden Türmen wiederzufinden war, dann aber gerade ein so wichtiges Beweismittel wie der Paß aus dem Flugzeug herauskatapultiert werden und unversehrt in die Hände der Ermittler hat fallen können. Die Ermittlungsrichtung war damit vorgegeben. Über den Finder ist nichts bekannt.[105]

Briefe, Videoaufnahmen, Testamente, Leihwagen, Jumbo-Fluganleitung

Einige der Attentäter, darunter angeblich auch Atta, waren mit dem Leihwagen zum Flughafen Boston-Logan gefahren. Sie hatten den Wagen in einer Parkverbotszone abgestellt und mit einem Passanten hierüber zu streiten begonnen. Der Passant meldete sich nach dem WTC-Anschlag als Zeuge, woraufhin der Leihwagen schnell aufgefunden und durchsucht werden konnte. Auf dem Rücksitz befanden sich Fluganleitungen in arabischer Sprache zum Fliegen der entführten Jumbos. Es fand sich ferner einer der Briefe, die Atta an seine Mitverschwörer geschrieben hatte und in denen er für die Nacht vor der Flugzeugentführung und den Morgen des Tattages detaillierte Hinweise gibt, was zu tun und zu lassen sei.[106] Er stellt darin fest, daß die Zeit der Freude und Verschwendung nun vorbei sei, und fordert seine Kameraden auf:

> »Sei optimistisch! Überprüfe Deine Ausrüstung, Dein Reisegepäck, Deine Kleider, Deine Messer, Dein Testament, Deine Ausweise, Deinen Paß. Versuche in der Frühe das Morgengebet mit offenem Herzen zu sprechen.«

Unter der Überschrift »Die letzte Nacht«, womit offensichtlich die Nacht vom 10. zum 11. September gemeint ist, fordert Atta seine Mittäter auf, sich darauf vorzubereiten, daß

> »Du in dieser Nacht zahlreichen Anfechtungen begegnen wirst. Doch Du mußt ihnen ins Auge sehen und sie zu hundert Prozent verstehen. Gehorche Gott, seinem Propheten. Falls Ihr schwach werden solltet, streitet nicht untereinander, Jedermann verabscheut und fürchtet den Tod ...«

Das vierseitige Dokument beginnt mit den Worten: »Im Namen Gottes, des barmherzigen, des mitleidenden ...« und enthält einen Aufruf »Im Namen Gottes, in meinem eigenen Namen und dem meiner Familie ...«

Robert Fisk wies im britischen *Independent* darauf hin, daß ein noch so mangelhaft gebildeter Moslem nie seine Familie in ein derartiges Gebet einbeziehen würde. Er würde den Propheten unmittelbar nach dem zuoberst angesprochenen Gott erwähnen. Niemals hätten libanesische oder palästinensische Selbstmordattentäter sich auf eine Zeit der Freude und des Zeitvertreibs bezogen. Ein Muslim-Selbstmordbomber würde sich die Zeit nicht »vertreiben«, sondern an die Wohltaten eines Lebens nach dem Tod als Belohnung für die Tat denken. Auch Begriffe wie »hundert Prozent« und »optimistisch« paßten kaum in einen muslimisch-religiös angelegten Text höchster Ernsthaftigkeit. Allerdings weigere sich das FBI, den Originaltext in arabischer Sprache der Öffentlichkeit zu übergeben.[107] Eine weitere Kopie dieses Briefes wurde nach Aussagen des FBI an der Absturzstelle des Flugzeugs in Pennsylvania gefunden. Doch auch dieser Text wurde im Original nicht für die Öffentlichkeit freigegeben.[108]

Der Zubringerflug des Mohammed Atta

Neben der Fassung, wonach Mohammed Atta den Weg zum Flughafen Boston mit einem auf seinen Namen gemieteten Leihwagen zurückgelegt habe, wurde auch noch eine zweite Version lanciert. Danach habe Atta, der angebliche Anführer der 19 Hijacker, die zu entführende Maschine in Boston-Logan über einen Zubringerflug aus Portland in Vermont erreicht. Er sei dort in eine kleinere Passagiermaschine eingestiegen und beim Laufen über eines der Transportbänder von einer Videokamera erfaßt worden. Obgleich sein Vater, ein Rechtsanwalt in Kairo, die Aufnahme für eine Fälschung hält, die nicht seinen Sohn zeige, gilt dieses Video als wichtigster Beweis für die These von Attas Täterschaft. Der Vater verwies auf die Berichte des FBI, wonach im Mietwagen Attas am Flughafen Boston eine Fluganleitung für Boeing-Flugzeuge in arabischer Sprache und ein Paß auf den Namen seines Sohnes gefunden worden seien. Die Spuren in Portland und in Boston könne sein Sohn schlecht gleichzeitig hinterlassen haben, zumal sein Paß doch auch noch in New York gefunden wurde.

Es erscheint im übrigen merkwürdig, daß ein Selbstmordattentäter auf dem Weg zur Tat einen zeitlich so knapp bemessenen Zubringerflug von dem an der Ostküste gelegenen Portland nimmt, um in das in Boston zu entführende Großraumflugzeug umzusteigen. Ein Profi würde sich auf einen derart waghalsigen Zeitplan wohl kaum eingelassen haben. Zu diesen Ungereimtheiten gibt es keinerlei Stellungnahme aus den USA.

Da die Eltern Atta, wenn nicht schon vor, dann doch mit Sicherheit spätestens nach dem Attentat telefonisch überwacht worden sind, müßte der Wahrheitsgehalt der Aussage des Rechtsanwalts in Kairo an Hand der Telefonaufzeichnungen nachprüfbar sein. Hatte er doch, wie er behauptete, drei Tage nach dem 11. 9. noch mit seinem Sohn Mohammed telefoniert. Ob die Telefongespäche des Vaters nach dem 11. 9. lückenlos abgehört wurden, ist nicht zu erfahren. Doch selbst wenn dies der Fall sein sollte, würden sich die Behörden hinter dem Gebot der Geheimhaltung verschanzen, wonach die Preisgabe des Originalbandes Einblick in Methoden und Arbeitsmittel der Geheimdienste geben könne. Vater Atta geht inzwischen davon aus, daß sein Sohn entführt und ermordet worden ist.[109]

Selbstmord mit zwei Koffern und Testament als Reisegepäck

Atta reiste zur Entführung des Flugzeugs in Boston-Logan mit zwei Koffern an, die, aus welchen Gründen auch immer, in Portland stehenblieben. Daß Selbstmörder auf dem Weg zur Selbstentleibung größeres Reisegepäck mit sich führen, ist verwunderlich. Doch durch dieses merkwürdige Verhalten Attas wurde das FBI in die Lage versetzt, nach der Tat den Inhalt der Koffer zu inspizieren. Und in den Koffern fanden sich dann auch weitere Beweise für die Täterschaft Attas und seiner Gruppe. So hatte Atta in einen der Koffer sein 1996 verfaßtes Testament gepackt, in dem im Namen Gottes, des Allmächtigen, genau festgelegt wird, wie der Attentäter bestattet zu werden wünscht. Die Leiche solle nur von guten Muslimen zur Bestattung hergerichtet werden, die Augen sollten geschlossen werden, niemand solle weinen oder sich die Kleider vom Leib reißen oder sich ins Gesicht schlagen, keine schwangere Frau und kein unsauberer Mensch dürfe ihm die letzte Ehre erweisen, keine Frauen sollten in sein Haus kommen und sich für seinen Tod entschuldigen wollen, beim Reinigen der Genitalien seien Handschuhe zu benutzen, die Totenkleidung solle aus drei Teilen bestehen und nicht aus Seide oder wertvollem Material gefertigt sein, keine Frau solle sein Grab besuchen oder bei der Beerdigung anwesend sein, die Trauerfeier müsse still verlaufen, er möge mit dem Gesicht nach Osten in Richtung Mekka bestattet werden und auf der rechten Seite liegen, jeder Trauergast solle sich auf Gottes Namen berufen und dann bestätigen, daß er als Muslim gestorben sei. Außerdem solle der Trauernde um Vergebung bitten für das, was Atta in der Vergangenheit getan habe, mit Ausnahme »dieser Aktion«. Eine Stunde solle die Trauerversammlung am Grab verharren, die Sitte des Vierzig-Tage- oder des Einjahresgedächtnisses solle nicht eingehalten werden, weil dies nicht islamischer Brauch sei.

Warum ein Selbstmörder sein aus dem Jahre 1996 stammendes Testament nicht an einem sicheren Ort in Hamburg oder Kairo verwahrt, es vielmehr in das Gepäckabteil eines Flugzeugs meint mitnehmen zu müssen, das er in wenigen Stunden gegen einen Wolkenkratzer in New York zu steuern beabsichtigt, bleibt unverständlich. Das gilt auch für das Video »Wie man Flugzeuge fliegt« und die Durchschrift des Briefes an die Kameraden zur Vorbereitung auf die Tat, die ebenfalls im Koffer aufgefunden wurden.[110]

Der falsch adressierte Abschiedsbrief an die Freundin

Schließlich hatte das FBI bei der Aufklärung auch insofern erstaunliches Glück, als der Abschiedsbrief des Mitattentäters Ziad Jarrahi an dessen langjährige türkische Lebensgefährtin, eine Medizinstudentin in Bochum, falsch adressiert war, daher als unzustellbar in die USA zurückging und so den Ermittlern direkt in die Hände fiel. Der Brief ist datiert auf den 10. September, den Vorabend der Tat. Der Lebensgefährte führt darin aus, er habe getan, was er habe tun müssen. »Du solltest sehr stolz sein, da dies eine Ehre ist, die am Ende Glück für jedermann mit sich bringen wird.« Die gleiche Zeugin sagte aus, ihr Freund habe sie kurz vor der Tat angerufen. Er habe nur kurz gesprochen und sie seiner Liebe versichert. Sie habe gefragt, was denn los sei, doch er habe kurz darauf aufgelegt.

Fundamentalismus und verwestlichte Lebensart

Atta hatte mit vier weiteren angeblichen Entführern seinen Studienwohnsitz in Hamburg, wo sie in Hamburg-Harburg die Technische Universität besuchten. Die Briefe Attas an seine Kameraden in allen drei Flugzeugen gaben zu der Vermutung Anlaß, daß alle Empfänger nicht nur mit der Flugzeugentführung, sondern auch mit dem damit verbundenen Ausscheiden aus dem Leben vertraut waren, sich darauf vorbereiten und damit fertigwerden mußten. Dies wiederum ist ein Umstand, der zu der Professionalität des Vorgehens in Widerspruch steht. Konnten tatsächlich Osama bin Laden oder dessen Mitarbeiter, die den Anschlag geplant und umgesetzt haben sollen, davon ausgehen, daß 19, in Wirklichkeit 20 junge Studenten unangefochten ihrem Tod in wenigen Stunden entgegensehen und dabei auch nicht einer sich im letzten Augenblick anders entscheiden oder gar die Wahnsinnstat zu verhindern suchen würde? So verläßlich muslimisch-fundamentalistisch scheinen die Herren kaum gewesen zu sein. Sie waren bei all den frommen Sprüchen in Briefen und Testamenten alles andere als Kostverächter.[111] Atta war nach Aussagen seiner Wirtin in Florida dem Alkohol kräftig zugeneigt. Ein Teil der Truppe vergnügte sich am Vorabend der Tat in einem Stripteaselokal.[112]

Zweifel bei Freunden, Lehrern, Verwandten

Die akademischen Lehrer in Hamburg, die Büros, in denen die Entführer beschäftigt waren, und auch die Vermieter sagen übereinstimmend bei den Vernehmungen und in öffentlichen Erklärungen aus, daß sie von radikalen Gedanken bei den Betroffenen nichts hätten ausmachen können; im Gegenteil, sie trauten sie ihnen von ihrem ganzen Wesen und ihrer Persönlichkeit her letztlich nicht zu. Aus dem Chor der geheimdienstnahen Vernehmer schallt den Leumundszeugen zurück, das könne ein Laie nicht beurteilen, schließlich gebe es die geheimdienstliche Figur des »Schläfers«, der oft Jahre, wenn nicht Jahrzehnte ein durchschnittliches und möglichst unauffälliges Leben führe, um für den Fall des Einsatzes gerufen zu werden und entsprechend vorbereitet zu sein. Das Argument versucht jede noch so geschulte Menschenkenntnis sprachlos zu machen. Doch die engeren Freunde und Verwandten bemerken zu den eingegangenen Abschiedsbriefen, sie stimmten in Ausdrucksweise und Stil nicht mit dem überein, was sie bislang hätten beobachten können.

Ein in Wentorf im Landkreis Lauenburg an der früheren innerdeutschen Grenze angesiedeltes Unternehmen für Computerservice hatte zwischen 1997 und 1999 durch Vermittlung der Hochschule drei der Hauptmitglieder der angeblichen Terrorgruppe, nämlich Mohammed Atta, Marwan Al-Shehhi und Ramzi Binalshibh, beschäftigt. Dazu noch weitere vier ihrer Bekannten und angeblichen Unterstützer. Der Arbeitsplatz der Studenten für 15 DM die Stunde liegt weit vom Studienort Hamburg-Harburg entfernt. Es soll anonyme Hinweise aus Geheimdienstkreisen geben, wonach es sich bei dem Unternehmen um eine Deckadresse gehandelt haben könnte.[113]

Spuren wie von einer trampelnden Elefantenherde

Nach und nach werden die Spuren der angeblichen Attentäter sowohl in den Vereinigten Staaten als auch in Europa und in ihren Heimatländern aufgeklärt. Dabei fällt auf, daß die Täter sich offensichtlich nicht die geringste Mühe gaben, ihre Tatvorbereitungen abzuschirmen und geheimzuhalten. Sie telefonierten offen miteinander, sie verbreiteten ihre Vorstellungen im Internet unter ihren Klarnamen, sie zahlten allenthalben mit Kreditkarten unter ihrem Namen.[114] Ihr alltäglicher Lebenswandel läßt sich über die zentralen Rechner der Kreditkartenorganisationen mühelos nachrecherchieren. Die Herren gingen aus, erfreuten sich ihres Lebens, wurden bei Geschwindigkeitskontrollen auf den amerikanischen Highways aufgenommen oder aus Anlaß von Flügen innerhalb und außerhalb der USA. Dicker kann eine Spur auf eine Verdächtigengruppe nicht gelegt werden als im Falle der 19 Entführer. Und daß man bei einer derartigen Tat auch noch die Beweisstücke in Koffern mitschleppt und den Zubringerflug so knapp wählt, daß die Koffer im Unterschied zum Besitzer den Anschluß verpassen, ist insgesamt mehr als erstaunlich.[115]

Atta, so die Erkenntnisse, habe zusammen mit Marwan Al-Shehhi und Ziad Jarrahi in den neunziger Jahren in Hamburg studiert und nach Angaben der deutschen Behörden mit diesen Partnern Anfang 2001 einer Zelle angehört, die sich den Angriff auf Ziele in den Vereinigten Staaten vorgenommen habe. Zwei weitere Mitglieder der Zelle würden von den deutschen Behörden gesucht. Der Selbstmordattentäter, der die Maschine in den Südturm steuerte, Marwan Al-Shehhi, soll ein Vetter oder Neffe von Atta sein.

Zeugen wollen Atta in einem Motel in der Umgebung von Washington gesehen haben, wo fünf Männer von Ende August bis zum 10. September Quartier genommen hätten. Das Motel wiederum sei weniger als eine Meile von einem anderen Motel entfernt, wo sich Ziad Jarrahi und Nawaq Alhamzi zu verschiedenen Nächten Ende August und Anfang September einquartiert gehabt hätten. Nawaq Alhamzi soll in dem Flugzeug gesessen haben, das in das Pentagon geflogen worden sei.

Im Unterschied zu einigen anderen verdächtigen Hijackern, die zur Täuschung der Behörden gestohlene Papiere benutzt hätten, sei Atta zumeist unter seinem Klarnamen aufgetreten und habe deutliche Spuren beim Bereisen des Landes und bei seinen Ausflügen in die Welt hinterlassen.[116]

Als Atta bei einer Verkehrskontrolle am 26. April 2001 beim Fahren ohne Führerschein ertappt worden sei, habe er den Beamten Namen und Geburtsdatum angegeben, wie sie auch in der Liste des FBI über die Tatverdächtigen enthalten seien. Vor Gericht sei Atta nicht erschienen, weshalb am 4. 6. 2001 ein Haftbefehl gegen ihn ergangen sei. Im gleichen Monat reiste Atta nach Las Vegas, um dort zwei Nächte in einem Motel in unmittelbarer Nachbarschaft der FBI-Filiale zu verbringen. Die Hotelregistrierung zeigte die Vorlage eines

Führerscheins des Staates Florida, ein Geburtsdatum aus dem Jahr 1968 und eine Anschrift in Coral Springs, Florida.

Sowohl Atta als auch Al-Shehhi hätten in Florida Flugunterricht in Venice, Tampa und Miami genommen, nachdem sie bereits eine Flugschule in Norman, Oklahoma, besucht gehabt hätten. Die Flugschule in Oklahoma unterrichtete auch Zacarias Moussaoui in den Anfangsgründen des Fliegens. Moussaoui wurde schon seit Mitte August in Minnesota festgehalten, wo er durch seinen Wunsch aufgefallen war, auf dem Flugsimulator nur das Fliegen, jedoch nicht das Landen von Passagiermaschinen lernen zu wollen. Später erklärte das FBI, daß dieser Wunsch weder von Moussaoui noch von einem der anderen angeblichen Terroristen geäußert worden sei. Das Dementi erreichte allerdings kaum die Öffentlichkeit.

Im Juli versuchte Atta mit einer ungültigen Kreditkarte in der Bundesdruckerei in Washington ein Heft des regierungsamtlichen *Air Force Magazine* zu kaufen. Dabei nannte er eine Adresse in Ägypten.[117] Im gleichen Monat traf er sich nach Angaben spanischer Zeitungen mit islamischen Extremisten in einem Strandhotel in der Nähe von Barcelona.

US-Beamte gaben nach den Anschlägen zu erkennen, der tschechische Geheimdienst habe Hinweise auf ein Treffen Attas im Frühjahr 2001 in Prag mit einem Residenten des irakischen Geheimdiensts gegeben. Der Beobachtung kam und kommt erhebliche Bedeutung zu, ergäbe sie doch einen der wenigen Hinweise auf Verbindungen des Irak zu den angeblichen Terroristen des 11. 9. und damit eine Rechtfertigung für den amerikanischen Krieg gegen den Irak des Saddam Hussein.[118] Sprecher der Regierung bestätigten noch im Sommer 2002 die Darstellung. Ein hoher Justizbeamter versicherte gegenüber *Time*, das FBI habe die Unterlagen Attas nochmals minutiös überprüft. Doch höhere Ränge der amerikanischen Geheimdienste stellten später das Treffen in Abrede. Die Unterlagen hätten ergeben, daß Atta sich im fraglichen Zeitraum in Virginia Beach in den USA aufgehalten habe.[119]

In der Stadt Belle Glade im südlichen Florida wurde ermittelt, daß in den Wochen vor den Anschlägen eine Gruppe von Männern aus dem Nahen Osten, darunter Atta, mehrfach eine Düngemittelfabrik aufgesucht habe, um Möglichkeiten des Einsatzes von Flugzeugen zur Schädlingsbekämpfung zu erfahren.

Mohammed Atta war vor dem 11. September 2001 folglich ein äußerst umtriebiger Mann. Er verabschiedete sich von Flugschulen in Oklahoma und Florida, traf sich mit islamischen Extremisten in Spanien, erkundigte sich in Florida nach dem Einsatz von Spezialflugzeugen zur Schädlingsbekämpfung und verpaßte einen Termin vor einem Verkehrsstrafgericht. Die Spur, die er unter seinem Namen hinterließ, war in Verbindung mit den schriftlichen Anweisungen an seine Mittäter so übermächtig, daß die Strafverfolgungsbehörden nicht umhinkonnten, ihn als den Hauptverdächtigen und Chefplaner der Anschläge zu sehen. Aber warum gehen sie dann den Ungereimtheiten dieser Spuren nicht nach?

Kein Ende der Ungereimtheiten

Piloten geben nicht die vorgeschriebenen Signale

Die Summe der Merkwürdigkeiten nach dem 11. 9. wächst noch bei einem genaueren Überprüfen der Fakten. So stellte sich sehr früh die Frage, ob es denn sein könne, daß die Piloten aller vier Flugzeuge ebenso wie die Besatzungen das eingeübte Verfahren bei Flugzeugentführungen außer acht lassen konnten. Die Tatsache einer gewaltsamen Entführung eines Flugzeugs hat der Pilot der Flugsicherung am Boden sofort über die Eingabe eines vierstelligen Zahlencodes in den Transponder, den automatischen Datenübermittler zu den Bodenstationen der Luftraumkontrolle, zu signalisieren. Daß es in allen vier Maschinen den Hijackern gelungen sein soll,

Pilot, Kopilot und Besatzung mit Hilfe von Plastik- oder Kartonschneidemessern so schnell zu überwältigen und kampfunfähig zu machen, daß nicht eine einzige Person der vier Bordmannschaften sich in der Lage sah, die vier Zahlen einzugeben, ist nicht zu fassen. Der Vorgang erscheint kaum glaubhaft.

Daß dann schlecht ausgebildete Freizeitflieger die riesigen Passagiermaschinen mit rund 800 Stundenkilometer eigenhändig in die Türme des World Trade Centers oder in das Pentagon steuern könnten, ist nach dem Urteil vieler Piloten von Kampfflugzeugen ein Ding der Unmöglichkeit. Andererseits ist es letztlich auch nicht vorstellbar, daß die Piloten der beiden Fluggesellschaften unter der Todesdrohung der Entführer die ihnen anvertrauten Maschinen selbst mit den Passagieren auf Befehl direkt in Hochhäuser hineinfliegen. In einer derartigen Situation steht der Pilot vor dem sicheren Tod, er hat nichts zu verlieren und wird daher versuchen, doch noch auszuweichen und die Maschine in unbebautes Gelände oder über Wasser zu fliegen. Einige der überwältigten Piloten flogen früher Kampfjets der US-Air Force.

Flugschreiber und Stimmaufzeichnunggeräte sind unauffindbar, ohne Aufzeichnung oder geheim

Die Flugschreiber der beiden in die WTC-Türme in New York gerasten Maschinen sind angeblich nicht gefunden worden. Die Geräte der bei Shanksville abgestürzten und der in das Pentagon gesteuerten Maschine sind zwar gefunden worden, enthalten jedoch lediglich Teilaufzeichnungen, die geheimgehalten werden. Die Geräte sind ausgelegt gegen Absturz aus großer Höhe und gegen Brände mit Temperaturen von über 1500 Grad Celsius. Einzig die Geräte der bei Shanksville abgestürzten Maschine UA 93 sollen Aufzeichnungen enthalten, die jedoch von seiten des FBI weder den Angehörigen noch der Öffentlichkeit zur Verfügung gestellt werden. Dies ist um so verwunderlicher, als die Passagiere, nachdem sie über Handy von den Attentaten auf das World Trade Center und das Pentagon informiert worden waren, angeblich einen heroischen Kampf mit den Entführern aufgenommen haben. Die Veröffentlichung würde das Leid der Angehörigen wenigstens lindern, könnten sie doch als Erinnerung behalten, daß sich die Verstorbenen nicht kampflos ergeben, sondern mit ihrem Aufbäumen gegen den feigen und tödlichen Überfall eine weitere Katastrophe verhindert haben.

Flugleitung und Flugabwehr außer Funktion

Bei allen vier Maschinen konnten die Bodenstationen der Federal Aviation Administration (FAA) die vorgesehenen Flugrouten der Jumbojets verfolgen. So erkannte der Fluglotse für die Boeing AA 11 um 8 Uhr 14 das Abschalten der automatischen Flugkennung (Transponder), konnte dann noch mithören, wie die Entführer um 8 Uhr 23 mitteilten, sie hätten einige Flugzeuge in ihrer Gewalt und seien im Begriff, zum Flughafen Boston-Logan zurückzukehren.[120] Nach dem Ausschalten der automatischen Flugkennung blieben der Luft-Boden-Kontrolle noch 31 Minuten, nach dem Mithören des Gesprächs an Bord noch 22 Minuten, um bis zum Einschlag in den Nordturm das Heft des Handelns in die Hand zu nehmen. Sie konnte den Kurs des Flugzeugs verfolgen, hatte die Pflicht, sofort die militärische Flugsicherung zu informieren, die dann wie in allen bisherigen Fällen gehalten war, auf Flughäfen der Air Force und der Marine startbereit stehende Kampfflugzeuge zum Abfangen der entführten Maschinen aufsteigen zu lassen. Spätestens ab diesem Zeitpunkt hätte die Vielzahl der an der Ostküste zur Überwachung des Luftraums gegen feindliche Luftangriffe installierten Beobachtungs- und Kontrollstationen der NORAD die entführten Maschinen auf ihren Radarschirmen verfolgen und den anfliegenden Kampfjets die Zielkoordinaten durchgeben können.

Das Abfangen ist international geregelt. Die Militärmaschine setzt sich vor die entführte Verkehrsmaschine, fordert den Piloten durch ein kurzes Schwenken der Maschine auf, Folge zu leisten, und geleitet so das Verkehrsflugzeug zur Landung. Warum geschah dies alles hier nicht?

In einer ersten Stellungnahme vor dem Streitkräfteausschuß des Senats am 13. September 2001 erklärte General Richard B. Myers, der amtierende Vorsitzende der Vereinigten Stabschefs, Kampfflugzeuge seien erst nach dem Einschlag in das Pentagon, eine knappe Stunde nach der Attacke auf den Nordturm, aufgestiegen.[121] Diese Darstellung eines der obersten Militärs, von Mitarbeitern üblicherweise genauestens über die zu erörternden Sachverhalte unterrichtet, erstaunte die Senatoren wie die Abgeordneten. Die für die amtliche Seite gefährliche Aussage wurde kurz darauf durch eine NORAD-Version ersetzt, wonach sehr wohl Kampfflugzeuge aufgestiegen seien, diese jedoch jeweils zu spät am Einsatzort angelangt seien.

Bei der über Shanksville abgestürzten Maschine steht bis heute nicht fest, ob sie nicht doch von zwei F-16-Jets der Air Force abgeschossen wurde.[122] Die Geschichte vom Kampf an Bord mit Passagieren und Mannschaften, die das Flugzeug in den Boden gesteuert hätten, kann so nicht richtig sein. Es wurden wesentliche Teile der Maschine bis zu 13 km vom Absturzort entfernt aufgefunden, was bedeutet, daß die Maschine bereits in großer Flughöhe auseinandergebrochen oder explodiert sein muß. Die Behörden verschweigen bis heute das Ergebnis der Untersuchungen, wie sie auch die Veröffentlichung der Daten aus den Bordaufzeichnungsgeräten verweigern.[123]

Unmittelbar nach Flugunfällen wird in aller Regel die Aufzeichnung der Gespräche zwischen Piloten und den Flugkontrollzentren am Boden zumindest in Auszügen veröffentlicht. Dies ist nach dem 11. 9. nicht der Fall gewesen. Den Kontrolleuren, die den Flug UA 93 am Boden begleiteten, wurde untersagt, mit Dritten über ihre Beobachtungen zu sprechen.[124]

Die Beseitigung der Beweismittel

Nach dem 11. 9. schwoll der Strom nationaler und internationaler Ermittlungsergebnisse über die angeblichen Täter, ihre Nationalität, ihre Lebensläufe und Aufenthaltsorte samt Steuerung aus den Höhlen Afghanistans durch Osama bin Laden und dessen weltweit ihr Terrorunwesen treibende Basis (Al Kaida) ins nahezu Unermeßliche an. Umgekehrt verhielt es sich mit der Sicherung und Sichtung der Beweismittel an den Tatorten selbst. So wurden nach dem dramatischen Einsturz der beiden Türme des World Trade Centers sehr schnell Stimmen laut, die den Aufprall einer großen Passagiermaschine gegen die Stahlskelettkonstruktionen nicht für ursächlich für den Einsturz der Gebäude halten mochten. Die Statik sei selbst für derartige Belastungen ausgelegt gewesen, sie habe im übrigen seit Jahrzehnten den sehr viel gewaltigeren, gegen eine Fläche von 64 300 Quadratmeter anbrausenden Winterstürmen standgehalten.

So erklärte ein Professor der Baustatik, der Einsturz beider Türme könne unter keinen Umständen auf die angegebenen Einflußgrößen Druck und Hitze zurückzuführen sein.[125] Die in einer Zeitung und im Internet veröffentlichte Analyse zog er später wieder zurück. Böswillige stellen einen Zusammenhang her mit seinem Besuch im Pentagon, um Aufträge einzuwerben.[126]

Des weiteren meldeten sich Stimmen, die bezweifelten, daß das in Brand geratene und über einige Stockwerkflächen schießende Kerosin der vollgetankten Maschinen die ungeheuren Stahlmassen der Stahlskelettbauten an allen entscheidenden Verbindungen gleichzeitig hätte schmelzen, weich oder spröde machen können. Falls überhaupt, hätte dies nur an den Stellen des unmittelbaren Aufpralls und der umliegenden zwei bis drei Stockwerke der Fall gewesen sein können, nicht jedoch im gesamten Gebäude. Die Maximaltemperatur für verbrennendes Kerosin liegt bei 375 Grad Celsius. Stahl schmilzt bei einer Temperatur von über 1300 Grad und verliert seine Stabilität bei rund 800 Grad, Temperaturen, die von dem brennenden Kerosin nie erreicht werden. Die Frage ist an anderer Stelle weiter zu vertiefen.

Es folgte sehr schnell die auch heute noch offiziell vertretene »Pfannkuchentheorie«, wonach einige wenige Stockwerke aufeinandergefallen seien, die mit ihrem gesamten Gewicht dann nach und nach insgesamt 90 Stockwerke über und unter ihnen aus der jeweiligen Verankerung gerissen und zum Einsturz gebracht haben könnten.

Vor dem Wissenschaftsausschuß des Repräsentantenhauses in Washington D.C. berichtete der als Sachverständiger gehörte Professor Astaneh-Asl von der Universität Berkeley, es wäre wohl sachdienlicher gewesen, wenn entscheidende Stahlstrukturteile rechtzeitig zu Untersuchungszwecken sichergestellt worden wären, bevor der Stahl der beiden Türme eingeschmolzen und in neue Produkte verwandelt worden wäre.[127]

Der Ausschußbericht bemängelte, die Untersuchungen vor Ort seien behindert worden. Einige kritische Stahlteile seien entfernt worden, noch bevor der erste Sachverständige zur Stelle gewesen sei. Den Ermittlern sei nicht erlaubt worden, Stahlproben vor dem Einschmelzen sicherzustellen, was zum Verlust wichtigen Beweismaterials geführt habe.

Die *New York Times* bat zur Frage der voreiligen Beseitigung des Bauschutts die Vertreter der Stadt New York um Stellungnahme und Mitteilung, wer denn den Auftrag zum Einschmelzen des Stahls gegeben habe – vergeblich.

Der Sachverständige für Kriminalistik, Prof. Corbett vom John Jay College of Criminal Justice, kritisierte, die Untersuchungskommission sei mit einem lächerlich knappen Budget ausgestattet worden und den Gutachtern, die den Einsturz hätten untersuchen sollen, sei nachdrücklich der Zugriff auf die

Konstruktionspläne der Gebäude verwehrt worden. Auf die näheren Einzelheiten wird im Verlauf der Darstellung noch einzugehen sein.

Hier ist allein festzuhalten, daß am Tatort selbst, wo nicht zu manipulierende Beweismittel hätten festgehalten und der sachverständigen Begutachtung zugeführt werden müssen, die Spurensicherung der Strafverfolgungsbehörden sich in auffälliger Weise hat behindern und abdrängen lassen. Jede Tattheorie, die amtlich verkündete wie die sie bezweifelnden »Verschwörungstheorien«, müssen sich an den harten Beweisen abarbeiten. Werden diese nicht, nicht rechtzeitig oder nicht umfassend genug erhoben, sind der Manipulation die Tore geöffnet.

An der Einschlagstelle im Pentagon fehlen die Flugzeugteile

Auch an der Einschlagstelle im Pentagon ergeben sich Auffälligkeiten. Der amtlichen Darstellung wie den Medienberichten zufolge war es eine Boeing 757 der American Airlines, die von Terroristen in den Südwestflügel des Pentagons in Washington gesteuert wurde. Die Maschine muß nahezu auf der Grasnabe rutschend in das Gebäude eingedrungen sein.

Das Einschlagprofil im Gebäude zeigte sich bei näherer Betrachtung als wesentlich kleiner in Höhe und Breite, als dies dem Profil des aufschlagenden Flugzeugs entsprochen hätte.

Auch konnte man zwar Blechteile eines Fluggegenstands finden, jedoch nicht die Teile einer Boeing des Typs 757 mit dem charakteristischen Farbdesign von American Airlines. Der Boden, auf dem das Flugzeug nahezu ins Ziel gerutscht sein mußte, wurde noch am Tage des Unglücks mit einer 20 cm dicken Sandschicht bedeckt. Filmaufnahmen eines anfliegenden Flugzeugs, die von einer Überwachungskamera an einer Tankstelle aufgezeichnet worden waren, wurden beschlagnahmt und seither der Öffentlichkeit vorenthalten. Die angeblich gefundenen Flugschreiber waren, wie bereits erwähnt, ohne Aufzeichnungen.

Erste Muslimspur: Telefonat aus der Maschine AA 77

Die Administration Bush/Rumsfeld fühlt sich trotz aller Ungereimtheiten auf sicherem Boden mit der Behauptung von dem Einschlag einer Passagiermaschine in das Pentagon. Die scheinbar unwiderlegbaren Beweise sind die vom Flugzeug aus geführten Telefonate. Sollte der 11.9. eine verdeckte Operation von Geheimdiensten gewesen sein, so wäre es denkbar, daß diese Gespräche gefälscht wurden. Sind sie echt und über jeden Zweifel erhaben, dann spräche dies für die amtliche These von den arabischen Selbstmordfliegern. Stimmt diese These nicht oder finden sich starke Zweifel, so spricht wieder einiges für die geheimdienstlich gelegte Fehlspur, die die Öffentlichkeit über die eigentliche, verdeckt ausgeführte Tat in die Irre führen soll. Bei der Frage nach der Glaubwürdigkeit der einen wie der anderen Variante gilt es, die Auffälligkeiten festzuhalten.

Ein einziges Telefonat aus dem in das Pentagon gesteuerten Flugzeug bildet den Grundstein, auf dem bereits in der Nacht vom 11. zum 12. September 2001 das Theoriegebäude von der Verschwörung der 19 arabischen Entführer mit dem im Hintergrund die Fäden spinnenden Osama bin Laden hat aufgebaut werden können.[128] Barbara Olson, konservative Fernsehkommentatorin für den Nachrichtensender CNN und Frau des Generalbundesanwalts der Vereinigten Staaten Ted Olson, war an Bord der Maschine AA 77. Sie soll nach der Entführung der Maschine zweimal hintereinander über das an Bord der Boeing 757 eingebaute Telefon das Justizministerium angerufen haben, in dem ihr Ehemann eine der wichtigsten

Funktionen innehatte. Die Nachricht verbreitete CNN bereits kurz nach Mitternacht des Tattages, um 2 Uhr 06 Ortszeit in der Frühe des 12. September 2001. Diese Nachricht allein setzte die amerikanischen Medien und die gesamte Weltöffentlichkeit auf die Spur der arabischen Entführer und brachte damit die Terrorzentrale des Osama bin Laden und seiner »Basis« Al Kaida ins Spiel. Erst vier Tage später, am 16. September, erschienen in den Medien Angaben über weitere Telefonate aus den entführten Flugzeugen. Doch bis dahin waren bereits Osama bin Laden als Organisator des Horrors und Afghanistan als Hort der Terrororganisation ausgemacht, mit den entsprechenden Weiterungen für Palästina, Arafat und den Krieg gegen den Terror in Israel. Man sollte sich daher den Bericht über das Telefonat sehr genau anschauen, um feststellen zu können, ob es sich um Manipulation oder eine echte, aussagekräftige Behauptung handelt.

Die am 12. September 2001 vor Morgengrauen verbreitete Meldung lautete wie folgt:

> »Barbara Olson, eine konservative Kommentatorin und Rechtsanwältin, alarmierte ihren Ehemann, Generalbundesanwalt Ted Olson, daß das von ihr benutzte Flugzeug am Dienstagmorgen im Begriffe sei, entführt zu werden, teilte Ted Olson CNN mit. Kurz darauf schlug Flug 77 in das Pentagon ein … Ted Olson teilte CNN mit, seine Frau habe gesagt, alle Passagiere und Mannschaftsmitglieder einschließlich der Piloten seien von bewaffneten Entführern in den hinteren Flugzeugteil getrieben worden. Als Waffen habe sie nur Messer und Papierschneidemesser erwähnt. Sie habe den Eindruck, daß an Bord niemand die Verantwortung habe, und bat ihren Ehemann, dem Piloten doch mitzuteilen, was er tun solle.«

Der Bericht ist in mancherlei Hinsicht merkwürdig. Wer sich den obersten Chefankläger eines modernen Staates vorstellt, dem durch ein ungeheuerliches Verbrechen die Ehefrau von der Seite gerissen wurde und der über den Anruf kurz vor dem Tod der Frau über entscheidende Hinweise zur Feststellung der Täter verfügt, wird wohl vermuten, daß dieser mit finsterer Entschlossenheit und aller nur denkbaren Kraft an die umgehende Aufklärung des Verbrechens geht, um die Täter bzw. deren Hintermänner so schnell als möglich zu ermitteln und hinter Schloß und Riegel zu bringen. Die Benachrichtigung der wichtigsten über- wie untergeordneten Amtspersonen, eine Kontaktaufnahme mit den Geheimdiensten, pausenlose Besprechungen, Konferenzen, nationale und internationale Telefonate würden die Aufgaben der ersten Stunden und Tage sein. Eine derart heiße Nachricht, die Frau Olson mit ihren Telefonaten lieferte, hätte nach dem üblichen Vorgehen zunächst der Geheimhaltung bedurft. Daß sie binnen weniger Stunden zunächst der Vertretung eines internationalen Nachrichtensenders in Atlanta angedient wurde, obgleich zu gegebener Zeit ein Auftritt vor einer nationalen wie internationalen Pressekonferenz geboten gewesen wäre, wirkt an sich schon merkwürdig. Immerhin handelte es sich nach den Vorstellungen der amerikanischen Regierung in Washington um den Eröffnungsschlag des weltweiten internationalen Terrorismus, der das gesamte amerikanische Volk und mit ihm die zivilisierte Welt in einen Weltkrieg zwingen sollte. Der Generalbundesanwalt, so sollte man meinen, würde erst an dritter und vierter Stelle darüber nachdenken, was wann und in welcher Form der Presse mitgeteilt werden kann.

Auch der Duktus der Erklärung erstaunt. An keiner Stelle wird Ted Olson in direkter Rede zitiert. Ein Amtsinhaber, der einem Vertreter der Medien mitgeteilt hätte, seine Frau, die Opfer einer terroristischen Flugzeugentführung wurde, habe kurz vor ihrem Tod noch mit ihm telefonieren können, würde normalerweise nicht so zitiert: »Ted Olson teilte CNN mit, daß seine Frau ...« Es würde vielmehr heißen: »Herr Olson zu CNN: ›Meine Frau sagte, alle Passagiere und Mannschaftsmitglieder ...‹« Die Meldung vermittelt den Eindruck, als habe der Journalist sie sogar ohne vorherige unmittelbare Verbindung mit dem Generalbundesanwalt verfaßt.

Weitere Interviews zum Thema hat Theodore Olson nicht gegeben. In einem Bericht über eine Trauerfeier im Weißen Haus am 12. Dezember 2001, drei Monate nach dem Geschehen, wies der Reporter auf die Äußerung des Generalbundesanwalts Theodore Olson im Justizministerium hin, der von den Leiden gesprochen habe, »die wir alle erlitten haben«. Dabei habe er den Tod seiner Frau, die sich als Passagier an Bord der in das Pentagon gesteuerten Maschine AA 77 befand, nicht erwähnt.

In der Folge berichtete *Fox News*, der stellvertretende Generalbundesanwalt Larry Thompson habe den Anruf Barbara Olsons inmitten der schrecklichsten Gefahr und Aufregung als ein »Trompetensignal« bezeichnet, das die »Führer unserer Nation über die wahre Natur der Ereignisse des 11. September aufgeweckt« habe.

Zum sechsten Monatstag der Anschläge erschien im Londoner *Telegraph* ein Interview mit Ted Olson unter dem Titel »Sie fragte mich, wie das Flugzeug gestoppt werden könne«.[129] Das Interview fand in den USA keine Verbreitung. Der Generalbundesanwalt wurde dort wie folgt zitiert:

> »Sie [Barbara] konnte nur schwer durchkommen, weil sie nicht ihr Handy benutzte – sie benutzte das in die Passagiersitze eingebaute Telefon. Ich nehme an, daß sie ihr Portemonnaie nicht bei sich hatte, weshalb sie *collect*, auf Kosten des angerufenen Teilnehmers, anrief, und sie versuchte zum Department of Justice durchzukommen, was nie ganz einfach ist ... Sie wollte wissen: ›Was soll ich dem Piloten sagen? Was kann ich tun? Wie kann ich all dem ein Ende bereiten?‹«

Doch in dem ersten CNN-Bericht hatte es geheißen, Barbara Olson habe mitgeteilt, Passagiere und Mannschaften einschließlich des Piloten seien bereits in den rückwärtigen Teil des Flugzeugs getrieben worden. Was hätten dann noch Anweisungen an den Piloten geholfen, der sich bereits außerhalb seines Cockpits befand. Und den Entführer zu beraten wird sie sich wohl kaum überlegt haben.

Technische Zweifel

Doch die Merkwürdigkeiten sind vor allem technischer Natur. Die Boeing 757 der American Airlines ist zwar mit Einzeltelefonen an den Sitzen ausgestattet. Allerdings kann man dort nicht einfach den Hörer abheben und den Operator um Vermittlung bitten. Bei American Airlines wird die gewünschte Telefonverbindung erst nach Einlesen der Kreditkarte und Belastung des Bankkontos in Höhe von 2,50 Dollar freigeschaltet. Danach kann nach Belieben zum Tarif von 2,50 Dollar, in einigen Fällen 5,00 Dollar pro Minute telefoniert werden. Die anfallenden Gebühren werden automatisch vom Bankkonto abgebucht. Eine Möglichkeit, zu Lasten des gewünschten Gesprächsteilnehmers zu telefonieren, ist nicht gegeben.

Nun führte Frau Olson nach Aussage ihres Mannes keine Kreditkarte mit sich. Sollte sie sich der Kreditkarte eines ihrer Sitznachbarn bedient haben, dann hätte sie nach dem erfolgreichen Einlesen der Karte in das Telefongerät zeitlich ohne Einschränkung telefonieren können. Dann wiederum kann die Behauptung, sie habe *collect*, d. h. auf Kosten des angerufenen Department of Justice, telefoniert, nicht zutreffend sein. Die Behauptung über das Telefonat der Frau Olson ist mit einiger Wahrscheinlichkeit eine nicht unwichtige Manipulation. Die Wahrheit ließe sich erfahren, sofern das Justizministerium ebenso wie die Telefongesellschaft ihre Unterlagen offenlegten. Es dürfte sich in den Abrechnungen keine Belastung des Justizministeriums bzw. der Generalbundesanwaltschaft durch einen *collect*-Anruf der Barbara Olson aus dem Flug American Airlines 77 nachweisen lassen.

Die Frage nach der Glaubwürdigkeit der Telefonate ist insofern von großer Bedeutung, als die angeblich mitgeteilten Beobachtungen der Gattin des Generalbundesanwalts Grundlage und Ausgangspunkt bilden für die von der Bush-Administration bis heute hochgehaltene Verschwörungstheorie von den 19 jungen Muslimen. Im amerikanischen Fernsehen wurde der Generalbundesanwalt in Großaufnahme vor dem Hintergrund der in Leder gefaßten Entscheidungsbände des amerikanischen Höchsten Gerichts und im Vordergrund der Abbildung seiner verstorbenen Frau eindrucksvoll präsentiert. Diesem Mann nicht zu glauben ist schier ein Ding der Unmöglichkeit. Und doch wird der gleiche Mann am 21. März 2002 in der *Washington Post* in einem Artikel von Jim Hoagland mit der Überschrift »The Limits of Lying« (»Die Grenzen des Lügens«) mit dem pervers ehrlichen Satz vor dem Obersten Gericht der Vereinigten Staaten zitiert, wonach man sich »leicht eine unendliche Zahl von Situationen vorstellen könne ... in denen Vertreter der Regierung ganz legitimerweise Grund dazu haben, falsche Informationen zu verbreiten«.

Der um Wahrheit bemühte Beobachter bleibt einigermaßen verwirrt zurück. Der am Pentagon verursachte Schaden stimmt nicht mit dem Querschnitt des als Tatwerkzeug benannten Flugzeugs überein. Die Frage nach den Überresten der Maschine, der Passagiere und deren Gepäck bleibt unaufgeklärt. Die erst geleugneten, dann in Ausschnitten nachgereichten Videoaufnahmen schüren mehr das Mißtrauen gegen die amtliche Darstellung, zeigen sie doch eher die Flammen einer Explosion als die eines Kerosinbrands. Der intakte Rasen, über den das Flugzeug nahezu gerutscht sein muß, bei gleichzeitig brennenden Autos vor dem Pentagon und den aus den Fenstern des Pentagons schlagenden Flammen machen mißtrauisch. Schließlich sind die Blechteile eher einem Marschflugkörper als einem Jumbojet zuzuordnen. Sie führen zu der Erkenntnis, daß an der offiziellen Darstellung entscheidende Teile falsch sein müssen. Offen bleibt dann die Frage nach den Passagieren. Sie sind zweifelsohne nicht mehr am Leben. Doch wo und wie sie ums Leben kamen, bleibt aufzuklären, einschließlich der Frage nach den sterblichen Überresten. Daß es diese Toten gibt, ist wiederum kein Beweis dafür, daß American Airlines Flug Nr. 77 tatsächlich in das Pentagon gesteuert wurde.

Handyanrufe aus der über Pennsylvania abgestürzten Maschine UA 93

Es bleibt die Maschine, die 60 Meilen östlich von Pittsburgh abstürzte.[130] Dort wurden Flugschreiber und Stimmaufzeichnungsgerät gefunden, sie enthalten auch Daten, wurden jedoch von den Behörden lange nicht zur Veröffentlichung freigegeben. Rücksichtnahme auf die Gefühle der Angehörigen sei der Grund, ließ das FBI verlautbaren. Das ist insofern merkwürdig, als in diesem Flugzeug Passagiere angeblich von Bord aus mit ihren Handys Kontakt zur Außenwelt aufgenommen hatten. In den Gesprächen mit Bekannten, Verwandten und Freunden sollen sie über die Terrorangriffe gegen das World Trade Center und das Pentagon informiert worden sein und hätten dann durch ihr mutiges Vorgehen gegen die Entführer dafür gesorgt, daß nicht auch noch diese Maschine zu ähnlich kriminellen Handlungen hat mißbraucht werden können.

Es bestehen allerdings Zweifel, ob diese Telefonate überhaupt so geführt worden sein können. Im übrigen weisen Sachverständige darauf hin, daß in den USA allenfalls in der Startphase innerhalb von Ballungsgebieten mit dem Handy telefoniert werden könne. Sei man wie in Pennsylvania vor dem Absturz über ländlichem Gebiet, dann sei die Geschwindigkeit des Flugzeugs mit rund 800 km/h so hoch, daß das Handy mit seinen drei bis fünf Watt Leistungsstärke überhaupt nicht in der Lage sei, die Verbindung herzustellen und zu halten. Der Vorgang des Wählens, der Verbindungsaufbau zwischen der eigenen und der Telefongesellschaft des Gesprächpartners sowie des Netzes am Boden benötige mindestens 45 Sekunden. In dieser Zeit sei das Flugzeug jedoch längst wieder aus dem alten in ein neues Telefonrastergebiet gewechselt. Das Hand-Shake genannte Verfahren sei demgegenüber nicht schnell genug. Inzwischen ist wohl nachgewiesen, daß Handys nahezu aller Marken ab Flughöhen von 700 Metern keine Verbindungen mehr aufbauen, über 2000 Meter fallen handelsübliche Handys ausnahmslos aus.[131] Die Frage im einzelnen zu klären muß wiederum Sachverständigen überlassen bleiben.

Drei Tage nach dem Absturz wurde die Witwe des Passagiers Todd Beamer von der Telefongesellschaft davon in Kenntnis gesetzt, daß sich ihr Ehemann nach der Entführung in der Toilette der Maschine habe einschließen und mittels Handy den Operator der Telefongesellschaft anrufen können.[132] Mehr als 15 Minuten habe er mit der Telefonistin der Telefongesellschaft über die Entführung der Maschine gesprochen. Diese wiederum habe ihn von den Anschlägen in New York in Kenntnis gesetzt. Daraufhin habe der Anrufer sich entschlossen, zusammen mit anderen Passagieren den Entführern mit Gewalt das Handwerk zu legen. Nur so habe verhindert werden können, daß auch diese entführte Maschine in ein wichtiges Ziel etwa in Washington habe gelenkt werden können, wie dies mit den drei anderen Maschinen bereits geschehen sei. Beamer habe erklärt, siebenundzwanzig Passagiere seien im Heck der Maschine festgehalten, darunter die zwei verletzten Piloten, von denen er nicht wisse, ob sie noch lebten oder bereits tot seien. Der geschlossene Vorhang zwischen erster und zweiter Klasse trenne weitere zehn Passagiere von den übrigen ab. Die Stimme des Anrufers sei, so die Mitteilung der Telefongesellschaft, vor dem Hintergrund des Chaos und der Schreie vollkommen ruhig gewesen. Während des Gesprächs habe die Maschine plötzlich stark zu schwanken begonnen. Zuerst habe Beamer angenommen, sie stürze ab, doch dann sei das Flugzeug wieder ins Gleichgewicht gekommen und habe nach seiner Aussage einen

Schwenk nach Norden gemacht. Daraufhin und möglicherweise aufgrund weiterer Informationen durch andere Passagiere, die mit ihren Handys telefonierten, sei er sich des Ernstes der Lage und seines bevorstehenden Endes bewußt geworden. Er habe die Telefonistin gebeten, seiner Frau und den Kindern zu sagen, wie sehr er sie liebe. Dann hätten der Passagier und die Telefonistin miteinander gebetet. Kurz darauf habe Beamer ihr mitgeteilt, so der Bericht der von der Telefongesellschaft benachrichtigten Ehefrau, daß er zusammen mit einigen anderen Passagieren beabsichtige, den Entführer mit der Bombe anzugreifen und zu überwältigen. »Seid ihr bereit?« und »Laßt uns losschlagen«, seien die letzten Worte gewesen, die die Telefonistin habe mithören können und die offensichtlich an jemanden im Hintergrund gerichtet gewesen seien Danach sei die Verbindung aufrechterhalten geblieben, so daß sie den allgemeinen Tumult habe mithören können.

Ein anderer Passagier soll seine Mutter angerufen haben. Dabei habe er sich mit Vor- und Nachnamen gemeldet, eine Besonderheit, die die Mutter seiner Aufgeregtheit zugeschrieben habe. Er soll ihr über das Handy gesagt haben:

> »Mutter, dies ist Mark Bingham. Ich möchte dich wissen lassen, daß ich dich liebe. Ich bin auf dem Flug von Newark nach San Francisco. Und hier sind drei Kerle an Bord, die die Maschine übernommen haben und die behaupten, im Besitz einer Bombe zu sein.«[133]

Auch diese Mitteilungen bedürfen der minutiösen Untersuchung und Aufklärung. Schließlich ist nicht von der Hand zu weisen, daß Geheimdienste derartige Telefonate jederzeit vortäuschen können. Stimmen können imitiert werden, Störungen eingebaut, Hintergrundgeräusche hinzugefügt werden. Und es können, wie hier, Dritte angerufen und um Weitergabe von Nachrichten gebeten worden sein, die dann in den Medien als echt erscheinen. Mit der Einschaltung einer dritten Person entfällt die Identifizierung des Sprechers durch den vertrauten

Adressaten. In unserem Fall konnte die Ehefrau von Todd Beamer die Stimme ihres Mannes nicht erkennen, denn der hatte den Operator einer Telefongesellschaft angerufen. Normalerweise würde ein von Sorge und Angst geplagter Passagier, wenn es denn möglich wäre im ländlichen Raum von Pennsylvania, einen Operator anrufen mit der Absicht, ihn über die Tatsache der Entführung zu informieren, und ihn bitten, Hilfe zu mobilisieren. Doch daß die beiden ganze 15 Minuten verbunden bleiben, gar miteinander beten, bevor der entführte Passagier sich zusammen mit seinen Schicksalsgenossen in den Kampf gegen die Entführer begibt, erscheint merkwürdig.

Daß eine der Stewardessen die Zentrale der Fluglinie anruft, führt ebenfalls nicht zu einer einwandfreien Identifikation von Stimme und Person. Die Gesprächspartner kennen sich vermutlich nicht persönlich, ganz abgesehen davon, daß Hintergrundgeräusche die Tonspur massiv verfälschen können. Daß jemand seine Mutter anruft und sich bei ihr mit Nachnamen meldet, ist ein Schönheitsfehler, der die Skepsis erhöht.

Heroischer Kampf gegen die Entführer mit roten Kopf- und Bauchbinden

Einer der Anrufer teilte seinem Gesprächspartner mit, es handele sich um drei arabisch aussehende Männer, möglicherweise auch Iraner. Sie trügen rote Banderolen um den Kopf und rote Bänder um den Bauch. Der eine habe einen Sack umgebunden, in dem sich eine Bombe befinde. Der zweite Anruf aus der gleichen Maschine kam von einer Stewardeß, die ebenfalls mitteilte, die Maschine sei von drei Männern mit Messern entführt worden. Einer sitze in der ersten Klasse, sie hätten rote Bänder um den Kopf gebunden und sähen »islamisch« aus. Beide Zeugen sprechen vor dem Absturz der

Maschine von der auffällig roten Farbe der Bänder um Kopf und Gürtel, etwa wie im Piratenlook.

Daß Entführer bei einem Flug in den eigenen Tod zu derartigen Mätzchen greifen, ist schon verwunderlich an sich. Noch eigentümlicher wird die Sache, wenn man berücksichtigt, daß die rote Farbe dem Propheten angeblich nicht genehm war und daher von gläubigen Muslimen nicht getragen wird.[134] Immerhin tragen die in einem Film zur Erinnerung an den 11. 9. 2001 auftretenden Entführer-Schauspieler hoch eindrucksvoll genau die beschriebenen Farben.

Präsident Bush, Justizminister Ashcroft, der Chef des FBI Mueller und viele andere hochrangige Vertreter der Administration haben mit großem Nachdruck die Geschichte von den Helden des Flugs UA 93 verbreitet. Die Medien folgten mit den überregionalen Zeitungen und den großen Fernsehprogrammen. Die *New York Times* brachte unter Bezugnahme auf anonym bleibende offizielle Quellen die Nachricht, das Stimmaufzeichnungsgerät im Cockpit habe einen verzweifelten und wilden Kampf an Bord der Maschine festgehalten.[135] Die Aufzeichnung liefere zwar kein klares und vollständiges Bild, es erscheine jedoch sicher, daß es zu einer chaotischen Konfrontation gekommen sei, die offensichtlich den Absturz der Maschine herbeigeführt habe.

Die Zeitschrift *Vanity Fair* meinte, die Ereignisse an Bord der UA 93 könnten als eine der eindrucksvollsten Darstellungen in die Geschichte eingehen, die je erzählt worden seien. Allerdings sei man für die Beantwortung der Frage, welcher Umstand die Maschine letztlich zu Boden gezwungen habe, notwendigerweise auf schlichte Vermutungen angewiesen.

Zwei Monate darauf berief sich *Newsweek* auf den Teil einer Abschrift des Stimmaufzeichnungsgeräts, auf das die Redaktion Zugriff gehabt habe. Auf dieser Grundlage wurde die Geschichte über »Die Helden des Flugs 93« weiter geradezu filmreif ausgemalt. Die Passagiere seien »Bürgersoldaten« gewesen, die sich wie ihre Vorfahren gegen die Tyrannei zur Wehr gesetzt hätten. »In ihrem Wagemut und ihrem Tod vollendeten Passagiere und Mannschaften des Flugs 93 den Sieg für uns alle«, meinte *Newsweek*.[136]

Nicht ganz so heroisch hört sich die Geschichte in einer *Associated Press*-Meldung vom 11. September an, wonach ein spanischer Passagier die Notrufnummer 911[137] gewählt und dem Operator Glen Cramer erzählt habe, daß er sich in der Toilette eingeschlossen habe. Cramer teilte AP mit, daß der Passagier eine Minute lang gesprochen habe. »Wir wurden entführt, wir wurden entführt«, habe der Mann in sein Handy geschrien. »Wir haben uns dies mehrere Male bestätigen lassen«, habe Cramer gesagt, und ihn gebeten zu wiederholen, was er sagte. Er sei sehr bestürzt gewesen. Er meinte, das Flugzeug ginge zu Boden. Er habe eine Explosion gehört und weißen Rauch aus dem Flugzeug gesehen. Doch genaueres habe er nicht gewußt. Dann sei der Kontakt abgebrochen.

Nach allen Informationen war dies der letzte von mehreren Anrufen aus dem Flugzeug. Das FBI hat das Tonband des Gesprächs angeblich beschlagnahmt und dem Operator verboten, mit den Medien zu sprechen. Einen Kommentar des FBI zu den Telefongesprächen gibt es nicht, auch nicht zu der Behauptung einer Explosion an Bord.

Inzwischen hat das FBI den Angehörigen erlaubt, das Band des Voice Recorders abzuhören. Doch niemand hat genaueres ausmachen können. Es gibt daher bis zur Stunde entgegen den ersten Politiker- und Medienäußerungen keine Beweise für das Eindringen der widerständigen und heroischen Passagiere in das Cockpit.[138]

Israelische Gesellschaften und der Zugriff auf die US-Fernmeldetechnik

Nun könnten die Abrechnungsbögen der Telefongesellschaft, obgleich auch diese manipulierbar sind, nachweisen, welche

Personen von Bord der vier entführten Maschinen mit wem gesprochen haben. Doch diese Abrechnungen wurden bislang nicht vorgelegt. Bei der Erörterung dieser Fragen stellte sich heraus, daß 90 Prozent des inneramerikanischen, vermutlich auch große Teile des transatlantischen Telefonverkehrs zwischen den verschiedenen Telefongesellschaften und deren Netzen über eine einzige Verrechnungsgesellschaft laufen, die die Daten für die Abrechnung erfaßt und zur Verfügung stellt. Diese Gesellschaft AMDOC befindet sich in israelischem Besitz. Die Software stammt aus israelischen Softwarehäusern. Der zentrale Rechner der Gesellschaft befindet sich nicht auf amerikanischem, sondern auf israelischem Boden.[139]

So selbstverständlich es im Zuge der internationalen Arbeitsteilung sein muß, daß ein israelisches Unternehmen im Wege der Vergabe an den günstigsten Bieter den Zuschlag für die Erfassung und Abrechnung nahezu des gesamten Fernsprechverkehrs in einem Riesenland wie den USA erhält, so sehr liegt es nahe, daß geheimdienstliche Bemühungen sich exakt über diesen Kanal Zugang zu einem Großteil der nationalen und internationalen Telefonate, Faxe, E-Mails und Computerverbindungen verschaffen können. Zufällig wird die Konstruktion wohl kaum sein. Sollte dieser Weg beschritten worden sein, so kann man vor den elektronischen Lauschern des Mossad nur den Hut ziehen. Der Vorgang bedarf der Erklärung gegenüber der amerikanischen Öffentlichkeit und Politik. Doch da Politik wie Medien in den USA eisern schweigen, können auch die Verantwortlichen stumm bleiben.

Abhörtechnik gegen Kriminalität aus Israel

Eine weitere israelische Telekommunikationsgesellschaft ist die Comverse Infosys, die die Technik der automatischen Telefonüberwachung für Geheimdienste und Strafverfolgungsbehörden vertreibt, die inzwischen in sämtliche Telefonsysteme der USA eingebaut ist. Comverse ist über Service-Direktleitungen mit allen Abhöreinrichtungen des Bundes und der meisten Einzelstaaten verbunden. Dies sei ausschließlich zur Wartung der Anlagen erforderlich, lautet die Begründung. Allerdings wurde Comverse von amerikanischen Beamten bereits massiv verdächtigt, Strafermittlungsverfahren in Spionage- und Drogenangelegenheiten durch Weitergabe der abgehörten Telefongespräche vereitelt zu haben.[140]

Bleibt noch nachzutragen, daß auch das auf die Schnellstübertragungstechnik von Daten à la SMS spezialisierte Unternehmen Odigo aus Herzliya in Israel laut einem Bericht der israelischen Zeitung *H'aaretz* am 11. 9. zwei Stunden vor dem Einschlag des ersten Flugzeugs in das World Trade Center seine Angestellten in der zwei Block entfernten Niederlassung vor den anstehenden Attacken gewarnt hatte. Der Hinweis kam per E-Mail von einem Kunden. Die E-Mail-Adresse wurde dem FBI zur Verfügung gestellt. Falls die Darstellung zutreffen sollte, wären die zur Entführung vorgesehenen Flugzeuge zur Zeit des Eingangs der E-Mail noch nicht einmal in der Luft gewesen![141]

Was immer an Bord geschah – die vierte Maschine: abgestürzt, abgeschossen oder explodiert?

Die vierte Maschine des 11. 9. wurde oder konnte nicht mehr in ein Terrorziel geflogen werden. Sie stürzte bei Shanksville im Staat Pennsylvania auf das Gelände einer aufgelassenen Kohlenzeche. Wie der Absturz zustandekam, ist bis heute nicht aufgeklärt, obgleich hier die Flugaufzeichnungsgeräte gefunden, jedoch angeblich mit Rücksichtnahme auf die Angehörigen nicht veröffentlicht wurden. Selbst das FBI ging noch einige Tage nach dem Geschehen davon aus, daß die Maschine in der Luft explodiert oder von Flugzeugen abgeschossen sein könnte. Dafür spricht, daß Teile noch in einem Umkreis von 13 km von der Absturzstelle aufgefunden wurden.[142] Die Maschine kann sich folglich nicht einfach in den Boden gebohrt haben. Sie muß bereits in größerer Flughöhe entweder aufgrund einer Explosion an Bord oder einer Flugabwehrrakete zerborsten sein. Auch die Düsentriebwerke flogen über 3 km weiter als der Rumpf der Maschine. Ein Teil des Triebwerks, eine Tonne schwer, fand sich in einer Entfernung von 1800 Meter vom Aufschlagort wieder. Es war das größte überhaupt gefundene Teil der Maschine mit Ausnahme eines Rumpfteils in der Größe eines Eßzimmertischs. Der Rest des Flugzeugs zerschellte am Boden und hinterließ Teile von in der Regel nicht mehr als 5 cm Durchmesser.

Augenzeugen sagen aus, sie hätten ein oder zwei Kampfflugzeuge in unmittelbarer Nähe der abstürzenden Maschine gesehen. Die US-Air Force bzw. die Coast Guard gibt an, daß zwei Kampfjets in der Nähe des Flugzeugs geflogen seien, jedoch keine Rakete abgefeuert hätten. Die amtliche Aufklärung des Geschehens schweigt sich aus, und die Angelegenheit blieb unaufgeklärt. Auf das Versagen der militärischen Abwehr wird weiter unten einzugehen sein.

Eroberung des Cockpits mit Plastik- und Kartonschneidemessern?

Daß es arabische Hijacker gewesen sein müssen, die die Maschinen entführten, wissen wir also nur aus den Telefonaten der Passagiere. Die wiederum sind so gestaltet, daß die Person des Anrufenden in keinem der Fälle eindeutig festgestellt werden kann. Familienangehörige wie z. B. Ehefrauen wurden meist nicht unmittelbar angerufen, und dritte Personen, die angerufen wurden, waren mit den Stimmen der Anrufenden nicht vertraut. Hat man es bei den 19 arabischen Entführern mit einer geheimdienstlich gelegten Fehlspur zu tun, dann können auch Stimmimitatoren, umgeben von einer ablenkenden Geräuschkulisse, eine Rolle spielen.

Nun geht die amtliche Darstellung und ihr folgend die gesamte Medienwelt davon aus, daß 19 Hijacker in einem mit militärischer Präzision geplanten und durchgeführten Kommandounternehmen an Bord gelangten und dort, ausgerüstet mit Kartonschneidemessern, zuweilen wird auch von Plastikmessern gesprochen, die Flugbegleiter überwältigt und sich den Weg in das Cockpit erzwungen hätten. Dort müssen sie die meist bei der US-Luftwaffe ausgebildeten ehemaligen Kampfpiloten fast ohne Gegenwehr niedergerungen haben. Niemand weiß, weshalb die Entführer zu diesen nicht übermäßig wirksamen Waffen gegriffen haben, die bereits mit Akten- oder Handtaschen, Kleinkoffern, auch Decken verhältnismäßig leicht hätten bekämpft werden können.

Bei genauerem Nachfragen stellt sich heraus, daß niemand weiß, woher die Mär von den »box cuttern« überhaupt stammt. Es waren die Minister und leitenden Mitarbeiter der Bush-Regierung, die dem Publikum unaufhörlich diese Geschichte präsentierten. Justizminister John Ashcroft erzählte in »ABC News« am 15. September 2001, daß »die Ermittler glauben, daß jedes der in Beschlag genommenen Flugzeuge von einer Gruppe von drei bis sechs Männern mit Hilfe von Kartonschneidern und Plastikmessern entführt worden sei«. Donald Rumsfeld erzählte »Fox News« am 16. September, daß die Hijacker ganz ungewöhnliche Waffen, nämlich Plastikmesser, benutzt hätten. Am 9. Oktober berichtete der Verteidigungsminister gegenüber Dan Rather in der Sendung »CBS News«, mit Plastikmessern entführte Zivilflugzeuge voller amerikanischer Passagiere seien gleichsam als Raketen zur Zerstörung des World Trade Centers mißbraucht worden. Gegenüber Jim Lehrer vom Sender PBS meinte Rumsfeld am 7. November, daß Plastikmesser und Zivilmaschinen voller Passagiere als Mittel der Kriegführung zum Einsatz kommen könnten, habe das Vorstellungsvermögen der Regierung überstiegen. Sprecher der

Regierung, später danach befragt, woher sie die Geschichte von den Plastikmessern oder Kartonschneidern hätten, antworteten, sie wüßten dies auch nicht. Und die Journalisten, die die Geschichte verbreitet haben, können ebenfalls keine Quelle für ihre Berichte nennen. In den Telefonaten war die Rede von Bomben, die die Entführer angeblich an Bord gebracht hätten. Doch auch hier weiß man nichts genaues. Betty Ong, die Flugbegleiterin an Bord von Flug AA 11, hat ins Handy geschrien, vier Entführer seien aus der ersten Klasse von den Sitzen 2A, 2B, 9A und 9B aufgestanden und hätten den auf Platz 10B sitzenden Passagier getötet. Sie hätten eine Art Spray benutzt, das in den Augen gebrannt und Atembeschwerden verursacht habe. Hier ist keine Rede von Karton- und Plastikmessern.[143]

Versucht man nun die Geschichte von den 19 muslimischen Entführern, die mit Plastikmessern und Kartonschneidern bewaffnet in einer Stunde Mannschaften und Passagiere von vier Großraumflugzeugen überwältigen konnten, auf ihre Glaubwürdigkeit zu überprüfen, so ergeben sich, wie dargestellt, beachtliche Zweifel. Die von der Bush-Administration gelieferte Erklärung des Tathergangs wirkt an dieser wie an vielen anderen Stellen wenig glaubhaft. Die Lücken in der Logik müßten durch Ermittlungen des Staatsapparats geschlossen werden. Doch dies ist nicht zu erkennen. Die wieder und wieder zu beobachtende Schlampigkeit, Unvollständigkeit und Einseitigkeit der Ermittlungen führt stets aufs neue zu der Frage nach einer »getürkten« Tat mit der breitaufgetragenen Fehlspur der 19 Muslime, hinter der eine völlig andere Tat verborgen werden soll.

Plastikmesser und die Gepäckkontrolle

Die wichtigste Station zur vorbeugenden Abwehr von Flugzeugentführungen ist die Personen- und Gepäckkontrolle durch Flughafen- und Fluggesellschaft vor Betreten des Flugzeugs.

Ein Terrorist, bewaffnet mit einer Spielzeugpistole, die einer echten zum Verwechseln ähnlich sieht, kann ein Flugzeug entführen, da die Besatzung die Gefährlichkeit nicht einzuschätzen vermag. Plastikmesser und Kartonschneider können zwar verletzen, sind jedoch mit einigem Geschick abzuwehren. Wenn nun der Öffentlichkeit ohne hinreichenden Verdacht unablässig diese eher unscheinbaren Waffen als Tatwaffen angedient wurden, mag dies damit zusammenhängen, daß es sich um Gegenstände handelt, nach denen die Bodenkontrolle bislang zu suchen keinen Anlaß hatte. Hätten die Entführer allgemein bekannte, gefährliche, d. h. wirksame Waffen an Bord gebracht, hätte dies den Röntgengeräten der Gepäck- und den Detektoren der Personenkontrolle auffallen müssen. Wäre dies nicht der Fall gewesen, dann hätte folglich viermal sowohl die Gepäck- als auch die Personenkontrolle versagt. Das hätte für die Gesellschaften eine Lawine von Schadensersatzansprüchen ausgelöst, die nach amerikanischem Recht astronomische Summen erreicht hätten. Es hätten nicht nur die Ansprüche der Angehörigen erfüllt werden müssen, die Zerstörung des World Trade Centers mit den Tausenden von Toten wäre ebenfalls auf die Nachlässigkeit der Kontrolle beider Fluggesellschaften zurückgeführt worden. Es wäre zu einem viele Milliarden Dollar teuren Zivilprozeß gekommen, in dem vor Gericht beide Seiten ihre Beweise hätten vorlegen müssen. Die Fluggesellschaften hätten darauf verweisen können, daß ihre Kontrollen nicht versagt haben. Sie könnten darauf bestehen, nicht einen einzigen der angeblichen arabischen Selbstmordattentäter an Bord gelassen zu haben, wie von staatlicher Seite behauptet. Die Merkwürdigkeiten der angeblichen Telefonate hätten im Kreuzverhör hinterfragt werden können. Und nur über die Telefonate eröffnete sich die Spur zu den muslimischen Attentätern.

Doch wer nicht an Bord gegangen ist, kann auch beim Check-in keine Waffe an Bord geschmuggelt haben. Die Unerbittlichkeit einer gerichtlichen Beweisführung im Kreuzverhör läßt sich vermeiden, wenn gesichert erscheint, daß es gerade nicht kontrollpflichtige Waffen waren, die an Bord gebracht wurden: Plastikmesser und Kartonschneider. Die Mär von diesen Waffen spricht eher gegen die amtliche Verschwörungstheorie. Als Fehlspur ist sie geeignet, weil sie zwar die öffentliche Erregung über die arabischen Täter schüren hilft, ohne den Beweis antreten zu müssen, daß mit diesen Waffen in einer einzigen Stunde die Besatzungen von vier Großraumflugzeugen überwältigt werden konnten.

Das Geschehen in New York

Aufprall der Flugzeuge und brennendes Kerosin als Einsturzursache?

Das Hineinsteuern der beiden Flugzeuge in die Zwillingstürme des World Trade Centers wirft weiterc Fragen auf.[144] Die Türme waren von ihrer Statik her für den frontalen Aufprall einer Boeing 707 ausgelegt. Die riesigen Flächen von Stahlsäulen, unterbrochen von Fensterflächen aus bis zu 13 cm dickem Glas, hatten seit Jahrzehnten den ungeheuren Kräften der verheerendsten Winterstürme standgehalten. Das leichte Schwanken in der Spitze war in die Statik eingerechnet.

Der Nordturm wurde um 8 Uhr 46 frontal von der Boeing 767 der American Airlines Flug Nr. 11 getroffen. Diese Maschine unterscheidet sich von einer Boeing 707 nur geringfügig. Sie ist etwas schwerer, fliegt dafür etwas langsamer und besitzt in etwa die gleichen Ausmaße.

Der Einschlag des Flugzeugs erfolgte in einer leichten Linkskurve, die sich in der Mitte des 63 Meter breiten Gebäudes deutlich abzeichnet. Der 5,40 Meter hohe Flugzeugrumpf raste zwischen der 94. und der 98. Etage in fünf der jeweils 3,70 Meter hohen Stockwerke. Das auseinanderbrechende Flugzeug verteilte seine für einen Transkontinentalflug aufgenommenen Kerosinvorräte über die Geschoßböden, die in Brand gerieten. Das Feuer entfaltete sich kurzfristig, war jedoch bereits nach 17 Minuten nahezu erloschen und bis auf zwei kleinere Brandherde in eine riesige Ruß- und Qualmwolke übergegangen.

Der Einschlag in den Nordturm zeigt die leichte Kurvenlage der Maschine aufgrund der zuvor erfolgten Kurskorrektur.

Einsturz der Stahlskelettbauten nach der Pfannkuchentheorie

Warum Stahlskelettbauten, die ausgelegt sind gegen den Aufprall von Großraumflugzeugen und über Einrichtungen zur hermetischen Abschottung von Brandherden im Innern verfügen, so zusammenstürzen können, bedarf einer eingehenden Untersuchung und Erörterung.

Zunächst einmal zu den technischen Daten der Türme: Die Gebäude waren mit fünf Stockwerken unter der Erdoberfläche tief im felsigen Untergrund New Yorks verankert. Die Stabilität beruhte im Innern auf einem Kern von 47 Stahlträgern, die

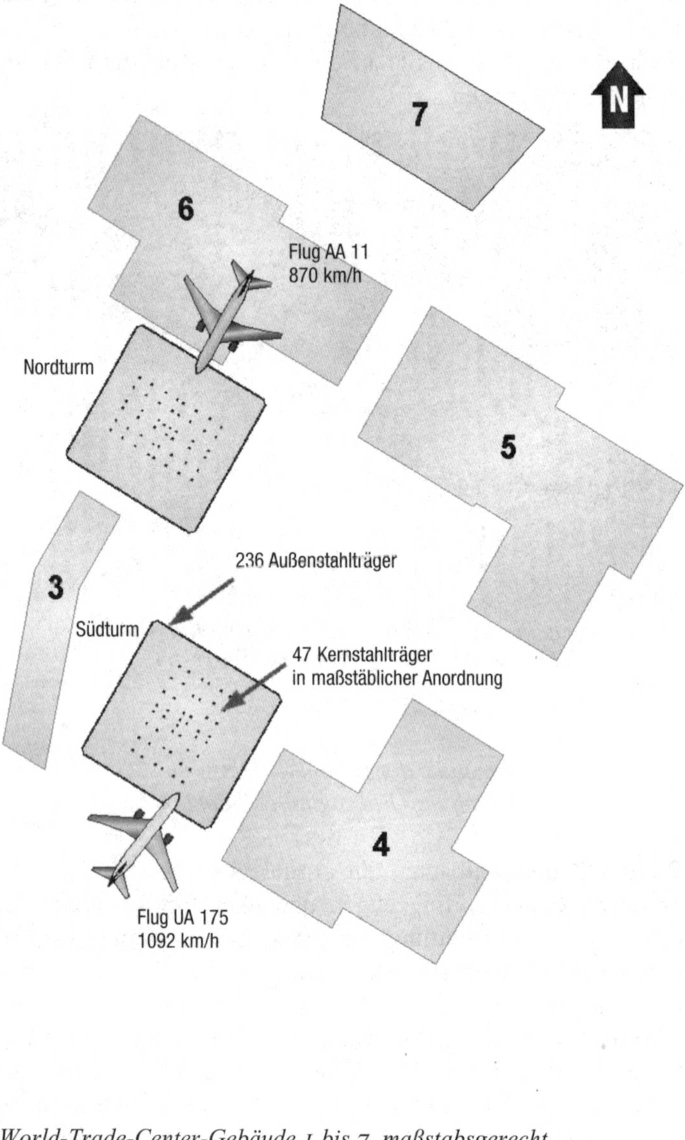

World-Trade-Center-Gebäude 1 bis 7, maßstabsgerecht.

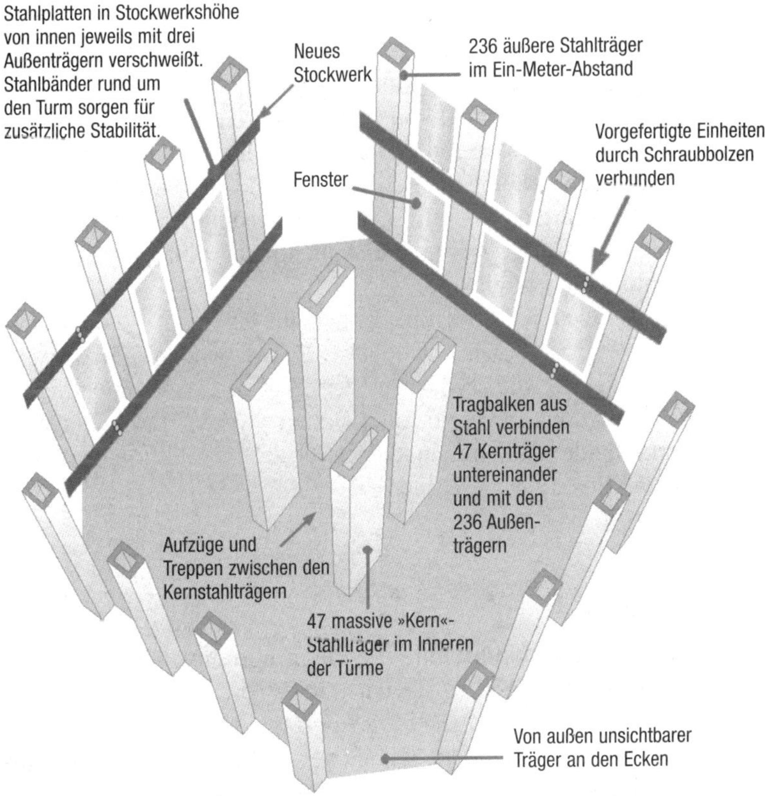

Vereinfachter Turmquerschnitt.

auf jeder Stockwerkebene verbunden waren mit 236 äußeren Stahlträgern. Die 47 im Kern eingebauten Träger bestanden aus 90 mal 36 cm starken Kästen, zusammengeschweißt aus je 10 cm starkem Edelstahl spezieller Anfertigung, dessen Stärke sich in Richtung der oberen Stockwerke auf eine Wandstärke von 6 mm verschlankte. Die Außenkonstruktion bestand aus 236 geschweißten Stahl-Kastenträgern, 40 auf 40 cm. Die Träger waren im Abstand von jeweils 100 cm montiert, mit feuerdämmendem Material und einer Aluminiumhaut ummantelt. Die Zwischenräume von jeweils 100 cm waren mit 13 cm starkem Fensterglas ausgefüllt. In Höhe jeden Stockwerks, also alle 3,70 Meter, waren die Außenträger mit querlaufenden Stahlplatten verschweißt.

Die Stockwerkböden bestanden aus einer mit Beton ausgegossenen gewellten Stahlplatte. Diese wiederum ruhte auf Stahlträgern, die zwischen den Außen- und Innenträgern gespannt und ihrerseits querversteift waren durch diagonal verlaufende Stahlstreben. Gegen diese Konstruktion rasten die beiden Passagiermaschinen.

Hitze, Stahl und Pfannkuchentheorie

Im Nordturm durchschlug der Flugzeugrumpf mit den schweren Düsentriebwerken 40 der 236 äußeren Stahlträger. Größere Trümmerteile des Flugzeugs wurden in die Mitte des Gebäudes geschleudert, wo sie vermutlich mit nicht mehr als fünf bis neun der 47 massiven Hauptstahlträger in Berührung kamen und gestoppt wurden.

Die Wucht des um 8 Uhr 46 einschlagenden Flugzeugs konnte den Nordturm zunächst nicht ins Wanken bringen. Erst anderthalb Stunden später, um 10 Uhr 28, stürzte das Gebäude in sich zusammen.

Die Bundesnotstandsbehörde FEMA (Federal Emergency Management Administration) versuchte den Geschehensab-

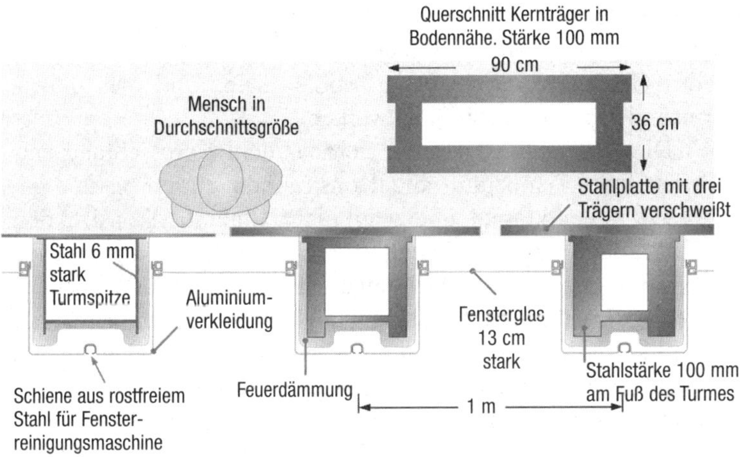

Querschnitt der Außenträger. Die Stahlstärke der drei Säulen ist unterschiedlich, links der Träger in der Nähe der Turmspitze, rechts in Bodennähe. Zum Vergleich: Querschnitt eines Kernstahlträgers in Bodennähe.

lauf bei beiden Türmen an Hand des zuerst getroffenen und zuletzt eingestürzten Nordturms zu erklären. Danach habe das aufgrund der Kerosinexplosion sich ausbreitende Feuer eine Wärmedehnung der Stahlaußenträger verursacht. Dadurch seien die Befestigungsbolzen der Stockwerkskonstruktion in einer Art Kettenreaktion weggesprengt worden. Der »Pfannkuchentheorie« folgend seien dann die Stockwerke aufeinandergefallen und hätten durch das stets schwerer werdende Gewicht die tiefergelegenen Stockwerke in Reihe mit sich gerissen.

Im Schutt der Türme sind allerdings hitzeverformte Außenträger in Masse nicht gefunden worden. Folglich können nur die Befestigungselemente selbst abgerissen sein. Um jedoch ganze Stockwerke, wie beim Nordturm zu beobachten, in einen exakt horizontalen Fall zu versetzen, müßten jeweils

Tausende von Verbindungselementen gleichzeitig und ohne Verzögerung an den 236 äußeren und den 47 inneren Trägern des Gebäudes weggesprengt worden sein. Und dies hintereinander bei rund 100 Stockwerken.

Die Vorstellung, daß die sich aus dem Kerosinbrand entwickelnde Temperatur die Konstruktion zum Einsturz gebracht haben könnte, überzeugt nicht. Eine Stahlkonstruktion leitet dank ihrer Wärmeleitfähigkeit örtliche auftretende Wärme sofort in alle Richtungen ab und senkt damit nahezu verzugslos die Temperatur am eigentlichen Brandherd. Wir dürfen folglich von einer Anfangstemperatur ausgehen, die im Bereich der Maximaltemperatur für verbrennendes Kerosin von 375 Grad Celsius liegt und die dann allenfalls noch angeheizt werden kann durch die brennbaren Materialien aus der Umgebung. Diese Maximaltemperatur muß sich dann jedoch mangels besonderer Sauerstoffzufuhr von außen schnell vermindert haben.

17 Minuten nach dem Aufprall, zum Zeitpunkt des Einschlags des zweiten Flugzeugs in den Südturm um 9 Uhr 03, hatten sich die Feuer des Nordturms bereits weitgehend in pechschwarzen Rauch verwandelt, was darauf hindeutet, daß zu dieser Zeit dem Feuer bereits der Sauerstoff auszugehen drohte.

Dementsprechend müssen auch die Temperaturen im Inneren der betroffenen Stockwerke bereits wesentlich heruntergegangen sein. Doch der Turm kippte nicht zur Seite, er brach auch nicht auseinander, er sank vielmehr um 10 Uhr 29 in sich zusammen, als ob ein Sprengmeister an den strategischen Stellen der Stahlstruktur gezielt angebrachte Sprengladungen gezündet hätte.

Stahl schmilzt im übrigen erst bei einer Temperatur von über 1300 Grad und verliert seine Stabilität bei rund 800 Grad. Das sind Temperaturen, die von brennendem Kerosin nie erreicht werden. Es ist daher bislang auch noch nie versucht worden, einen Stahlskelettbau etwa mit Hilfe von Benzin oder

Kerosin gezielt zum Einsturz zu bringen. Hierzu bedarf es des Einsatzes von Schweißbrennern und Sauerstofflanzen, die unter Zuführung flüssigen Sauerstoffs die zum Trennen von Stahl erforderlichen hohen Temperaturen erreichen.

Feuerwehr dringt bis zu den Brandherden vor

Daß dic offizielle Erklärung der Ursachen schon für den Zusammenbruch des Nordturms nicht stimmen kann, ergibt sich auch aus dem Funkverkehr der New Yorker Feuerwehr. Nach einem Bericht der *New York Times* drangen die Feuerwehrmänner Stockwerk für Stockwerk im Südturm empor, um bei der Evakuierung der Menschen behilflich zu sein. Sie gelangten sogar bis in das 78. Stockwerk – unmittelbar an den Brandherd – und forderten von dort per Funk Verstärkung durch weitere Feuerwehreinheiten an, um die zwei noch aktiven Brandherde »nach Plan« endgültig zum Erlöschen zu bringen. Diese Feuerwehrleute wurden folglich nicht durch eine Temperatur, die Edelstahl zum Schmelzen bringen kann, behindert. Es können daher auch nicht Temperaturen von 900 bis 1100 Grad Celsius vor Ort geherrscht haben, wie es der Feuerprüfungsbericht der FEMA unterstellt.[145] Der Funkverkehr der Retter wurde zwar auf Band aufgezeichnet, doch bis heute weigert sich das Justizministerium in Washington, den Inhalt vollständig zur Veröffentlichung freizugeben. Selbst den Angehörigen der beim Einsatz umgekommenen Feuerwehrmänner wird das Abhören der Bänder nur in Auszügen genehmigt.[146]

Was auch immer das Tonband über 78 Minuten Funkverkehr der New Yorker Feuerwehr an Erkenntnissen noch zu vermitteln vermag, wenn es einmal freigegeben wird, bis zum Einsturz der beiden Türme des World Trade Centers war es ganz offensichtlich der Erkenntnisstand der Feuerwehren aller Welt, wie übrigens auch der Statiker, daß Stahlskelettbauten durch Feuer nicht zum Einsturz gebracht werden können.

Im Nordturm sind kaum noch Flammen zu sehen, dagegen sehr dunkler Rauch. Die Feuer brannten nur 17 Minuten, die Flammen waren bereits nahezu verschwunden. Warum wurde das Feuer nicht stärker? Links der Kerosinfeuerball außerhalb des tangential getroffenen Südturms.

Sonst hätte die Einsatzleitung der New Yorker Feuerwehr es auch nicht verantworten können, ihre Mannschaften zur Brandbekämpfung und Rettung von Menschen in die Türme zu befehlen. Es wäre dann auch unverantwortlich, an die Errichtung weiterer Gebäude in derartiger Bauweise nur zu denken.

Der Einschlag in den Südturm

Die amtliche Erklärung für den Einsturz des Nordturms kann folglich nicht stimmen. Sie ist noch weniger plausibel in bezug auf den Zwillingsturm. 17 Minuten nach der Attacke auf den Nordturm, um 9 Uhr 03, raste die Maschine United Airlines Flug Nr. 175 nach einer kräftigen Kurskorrektur nach links in die südwestliche Ecke des Südturms des World Trade Centers in Höhe der Stockwerke 78 bis 84. Der Aufprall war im Gegensatz zum Nordturm eher tangential. Es können kaum mehr als 40 der 263 Außenstahlträger zerschnitten und allenfalls vier bis fünf der 47 Kernstahlträger mehr oder weniger heftig gerammt worden sein. Im Gegensatz zum Nordturm war der Südturm in seiner Statik daher weniger stark beeinträchtigt. Das Kerosin des Großraumjets entzündete sich zu großen Teilen im Freien neben der Stahl-/Glasfassade des Wolkenkratzers, wo es dank der unbegrenzten Sauerstoffzufuhr in einem riesigen Feuerball schnell verbrennen konnte. Die Menge des sich auf Länge und Breite der Geschosse ausbreitenden Kerosins war entsprechend geringer, das Feuer konnte nicht die Temperatur entwickeln wie im Nordturm. Und dennoch stürzte der zuletzt getroffene Südturm nahezu eine halbe Stunde vor dem Nordturm um 9 Uhr 56 in sich zusammen.

30 Stockwerke kippen weg

Die Bundesnotstandsbehörde FEMA erklärt den Einsturz des Südturms anhand des für den Nordturm entwickelten Musters.[147] Der war in der Tat ohne jedes Wanken wie ein Pfannkuchenstapel in sich zusammengefallen. Doch die Unterschiede nicht nur in der Gewalt des Aufpralls und der Temperatur der Brände erfordern für beide Türme eine andere Erklärung.

Die Stockwerke oberhalb der Einschlagstelle des Südturms kippen und brechen auseinander.

Die Bildfolgen des Einsturzes zeigen zunächst ein deutliches Zur-Seite-Kippen der oberen 30 Stockwerke des Südturms. Ein Gebäudeblock von 100 Metern Höhe beginnt sich bis zu 22 Grad zur Seite zu neigen. Nach dem Beginn des Kippens hätte man die Fortsetzung der Bewegung in die begonnene Richtung erwartet mit Schuttmassen auf Nachbargebäuden und Straßenschluchten. Doch das Geschehen folgt nun

anderen physikalischen Gesetzen. Die 30 oberen Stockwerke und die darunterliegenden 70 Stockwerke brechen in einer riesigen Staubwolke um 9 Uhr 59, ganze 56 Minuten nach dem Aufprall, in sich zusammen.
Die Pfannkuchentheorie mit der Annahme eines gleichzeitigen Abrisses zunächst zweier an Kern- wie Außenträgern aufgehängten Stockwerkkonstruktionen und deren Fall auf das darunterliegende dritte Stockwerk, wobei dann diese die Stockwerkstatik überfordernde Gewichtsmasse alle weiteren immer horizontal ohne jede Verzögerung mit sich reißt, kann folglich für das Geschehen des Südturms nicht als einzige Erklärung des unfaßbaren Geschehens herangezogen werden. Die sich zur Seite neigenden 30 intakt miteinander verbunden bleibenden Stockwerke finden keinerlei Berücksichtigung.

Kippende Stockwerke fallen in sich zusammen

Bei dem zuletzt getroffenen und zuerst eingestürzten Südturm zeigen die Bilder eine erste kurze Phase, in der der gesamte obere Teil des Wolkenkratzers, insgesamt 30 Stockwerke, sich vom unteren Teil des Gebäudes trennt und in Richtung des Flugzeugaufpralls ins Kippen gerät. Nach den Regeln der Statik hätte die riesige Stahlstruktur dann über die an der Aufprallstelle zerstörten äußeren Stahlpfeiler in die Tiefe, also auf die benachbarten weniger hohen Gebäude und in die Zwischenräume kippen müssen. Doch genau dies geschah nicht oder nur zum Teil. Vielmehr fiel das Gebäude nun doch, entsprechend der Pfannkuchentheorie, Stockwerk für Stockwerk in sich zusammen.

Überdruck zwingt Rauch durch die Fenster

Dabei fällt auf vielen Bildern auf, daß Rauch nicht etwa nur aus den aufgerissenen Teilen der Gebäudehaut oder der geplatzten Fenster tritt, sondern in den meisten oberen Stockwerken aus den ansonsten hermetisch geschlossenen Fenstern in alle Himmelsrichtungen geradezu herausgepreßt wird. Der Überdruck im Inneren kann nicht mit Feuer allein erklärt werden. Auch der Nordturm zeigt die gleichen Überdruckerscheinung. Der eigentliche Einsturz des Südturms und später des Nordturms ist begleitet von einer Wolke, die das dreifache Volumen der Gebäude erreicht. Das ganze wirkt wie die Eruption eines Vulkans.

Trümmermassen im freien Fall

Da Fotoaufnahmen und Videobilder sekundengenau die exakte Zeit der Aufnahme einblenden, wird der zeitliche Ablauf der Ereignisse berechenbar. Somit kann die Geschwindigkeit gemessen werden, mit der die Türme einstürzten. Es ist exakt die Fallgeschwindigkeit der Erdanziehung, bei der sich die Geschwindigkeit der herabstürzenden Massen von 9,81 Metern in der ersten Sekunde je weitere Sekunde um nochmals 9,81 Meter erhöht. Der Luftwiderstand vermindert diese Geschwindigkeit insbesondere bei leichteren und breitflächigeren Gegenständen, während schwere Stahlträger, wie sie im World Trade Center Verwendung fanden, nahezu ungebremst ihre Fallgeschwindigkeit entfalten. Das hätte dazu führen müssen, daß die schweren Stahlträger aus der aus leichteren Teilen bestehenden Staubwolke deutlich sichtbar vorwegfallen.

Doch die Bilder deuten auf ein anderes Geschehen hin. Der Vorgang der zusammenstürzenden Turmmassen zeigt eine einzige Staub- und Rauchwolke mit einigen wenigen, gesondert zu sehenden Partikeln, jedoch nicht das Bild vorwegschießender Stahlträger. Es ist auch unerfindlich, wie das Herabstürzen von über 100 Stockwerken in Fallgeschwindigkeit ohne Nachhilfe von innen möglich gewesen sein soll. Stockwerk für Stockwerk mußte das Gewicht der herabfallenden Massen immer wieder von neuem Tausende von Verankerungen mit den 47 Innenträgern und 236 Außenträgern wegdrücken, wobei Träger und Verankerungen im unteren Bereich massiv stärker dimensioniert waren. Da hätte es bei den einzelnen Stockwerken auch zu Verhakelungen kommen müssen. Die Geschwindigkeit der Trümmermassen ist daher ohne Nachhilfe kaum erklärbar.

Der Nordturm 30 Sekunden vor dem Einsturz. Deutlich begrenztes Feuer ist weit oberhalb der Einschlagstelle zu sehen. Auffällig ist der Überdruck, der Rauch aus den hermetisch schließenden Fenstern drückt.

Und so ist es nicht verwunderlich, daß bei Beobachtern, die Regierungsverlautbarungen nicht sofort für bare Münze zu nehmen pflegen, die Fragen in andere Richtungen gingen. Es werden Fragen über Fragen gestellt, die von der Regierung in Washington schlicht nicht gehört, geschweige denn beantwortet werden. Und es sind nicht nur die Verschwörungstheoretiker, die nach anderen als den amtlichen Erklärungsmustern suchen. Es sind die Hinterbliebenen der Feuerwehrmänner, der Polizisten, der Beschäftigten im World Trade Center, die im Internet, auf Demonstrationen und inzwischen auch in milliardenschweren Schadensersatzklagen ihrer Wut und Verzweiflung Ausdruck verleihen. Es sind unendlich viele Details aufzuarbeiten und die Puzzles eines möglicherweise ganz anderen Bildes sachgerecht und ohne Vorurteile einzuordnen.

Beton und Glas werden zu Staub – nur der Paß bleibt unversehrt

Da fällt zum Beispiel auf, daß aus einem der Flugzeuge zwar der Paß des Mohammed Atta einige Straßenschluchten weiter hat gefunden werden können, daß jedoch aus den je 110 Stockwerken der beiden Türme weder Betonbrocken noch Glasscheiben, noch Möbel, noch Computertastaturen oder sonstige Gebrauchsgegenstände gefunden worden sind. Schließlich hat doch nicht das ganze Gebäude gebrannt, sondern nur drei bis vier Etagen. Der Rest muß nach der offiziellen Theorie in sich zusammengestürzt sein. Man würde die Betonbrocken der Fußböden im Umkreis der Türme vermuten. Doch der Beton hat sich ebenso wie das 13 cm starke Glas der Außenfront restlos in feinstes Pulver verwandelt, welches das World Trade Center und die umliegenden Häuser und Grundstücke mit einer dicken Staubschicht bedeckte.

Der Turm ist 63 Meter breit. Rechts im Bild sieht man Trümmerteile, die mindestens 70 Meter weit nach außen geschleudert wurden. Weshalb folgten sie nicht einfach der Schwerkraft? Welche Gewalt brachte sie in diese Absturzbahn?

Explosionen und seismische Messungen

Zeugen wollen nach dem Aufprall der Flugzeuge und vor dem Einsturz der rund 400 Meter hohen Gebäude mehrere Explosionen wahrgenommen haben.

Der Zusammenbruch der beiden Türme war begleitet von erdbebenartigen Erschütterungen mit Ausschlägen von 2,2 und 2,1 auf der Richterskala, die die Arbeitsgruppe Seismologie des 34 km entfernten Lamont-Doherty Earth Observatory der Columbia Universität in New York zusammen mit vier

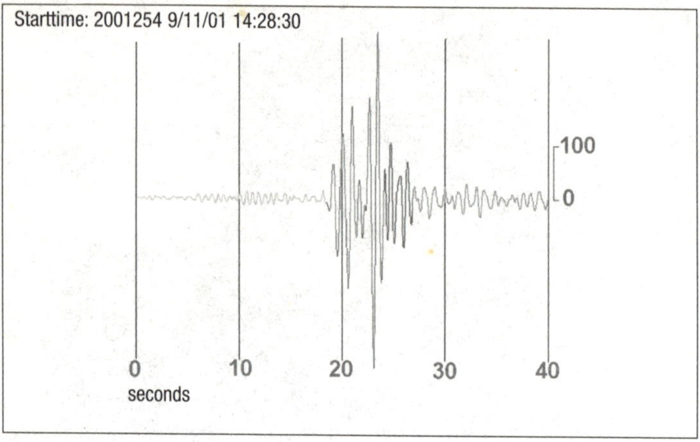

Ohrenzeugen berichten von Explosionen. Die erdbebenähnlichen Ausschläge auf der Richterskala von 2,2, hier beim Einsturz des Südturms, scheinen dies zu bestätigen.

weiteren Erdbebenstationen in mehreren Bundesstaaten aufgezeichnet hat. Von Sachverständigen wird bezweifelt, daß allein der Zusammenfall der Trümmermassen die Ausschläge habe bewirken können. Hier habe der Widerstand der zusammenbrechenden Stahlstruktur die Energien im wesentlichen auffangen können. Es müsse tief im Untergrund des Gebäudes Explosionen gegeben haben, so wie von Ohrenzeugen behauptet, die sich in der Art von Erdbebenwellen hätten ausbreiten können.[148] Andere Sachverständige bestreiten dies. Allerdings hat man in der Felsgründung der Türme Stahl gefunden, der mit sehr hohen Temperaturen geschmolzen, in seiner Kristallstruktur verändert wurde und zum Teil Löcher in der Art des Schweizer Käses aufwies.[149] Wäre der Einsturz durch eine gezielte Sprengladung nach dem Muster einer Abrißsprengung herbeigeführt worden, dann hätten an einer Reihe von strategischen Stellen des Stahlskelettbaus exakt berechnete Sprengladungen angebracht werden müssen. Die Sprengfolge hätte über einen Computer gesteuert werden müssen. Die elektronischen Befehle hätten programmiert und in jeweils Bruchteilen von Sekunden hintereinander per Fernzündung übermittelt werden müssen.

Sachverständiges Schwanken

Unter den Bauexperten herrscht Uneinigkeit. Mark Loizeaux, Präsident des Unternehmens Controlled Demolition, Inc. aus Phoenix in Maryland, meinte, nachdem er den Einsturz beider Türme im Fernsehen beobachtet hatte, der etwas über 400 Meter hohe Südturm, getroffen in Höhe etwa des 60. Stockwerks, sei keineswegs wie etwa ein Baum gefallen, der gefällt werde und zur Seite kippe. Die oberen Stockwerke seien vielmehr als Einheit in die Tiefe gebraust. Der Nordturm, ganz ähnlich getroffen, wurde zunächst teleskopartig in Höhe des 90. Stockwerks angehoben und fiel dann in sich zusammen. Er fiel senkrecht statt vornüber, meinte Loizeaux. Er habe für den teleskopartigen Einsturz keine Erklärung.[150]

Der Professor des Ingenieurwesens Romero aus New Mexico meinte, der Einsturz könne nur mit Hilfe eigens für den Abbruch bestimmter Sprengstoffe bewirkt worden sein. Diese Einschätzung äußerte er in einem Zeitungsinterview und im Internet.[151] Romero ist Direktor des Energetic Materials Research and Testing Center am Technikum New Mexico, das Sprengstoffe und deren Einwirken auf Gebäude, Flugzeuge und andere Strukturen untersucht. Romero gab an, sich seine Meinung anhand von Videoaufnahmen gebildet zu haben, die über die nationalen Fernsehanstalten ausgestrahlt worden seien. Danach habe der Einsturz der Stahlskelettstrukturen denen von Gebäuden geglichen, die mittels einer kontrolliert ablaufenden Implosion zum Einsturz gebracht wurden. Es sei schwierig, durch einen Flugzeugcrash einen ähnlich verlaufenden Einsturz zu bewirken, meinte Romero in einem Tele-

Die benachbarten Gebäude 5 und 6 des WTC brannten lichterloh. Es waren herkömmliche Feuer, riesige Flammen sind selbst durch den dunklen Rauch zu erkennen. Die Fenster sind zerbrochen.

foninterview aus Washington D.C. Wenn Explosionen den Einsturz der Türme verursacht hätten, dann hätten hierzu verhältnismäßig kleine Mengen von Sprengstoff gereicht, die an strategischen Punkten hätten angebracht werden müssen, vermutlich an mehr als zwei Punkten in jedem der beiden Türme.[152] Romero befand sich am 11. 9. zur Zeit der Attacke auf das Pentagon zusammen mit einem Geschäftsführer des Technikums in der U-Bahn in Washington auf dem Weg zu einem Verwaltungsgebäude in der Nähe des Pentagons, um dort Forschungsprojekte zu erörtern, die aus dem Militärhaushalt finanziert werden sollten.

Zehn Tage später zog Romero seinen Beitrag zurück und vertrat nun die Auffassung, daß bei dem Einsturz alles völlig natürlich und unauffällig abgelaufen sei. Skeptische Beobachter fragen zwangsläufig, was denn in diesen zehn Tagen vor-

Das Gebäude 6 des WTC überstand das intensive Feuer, ohne einzustürzen. Der Schutt des Turms drückte einen Teil des Gebäudes ein; das Feuer verursachte den hier sichtbaren Schaden nicht.

gefallen sein mag, das den Sachverständigen so geschmeidig auf die amtliche Auffassung des Geschehensablaufs habe einschwenken lassen.

Als Beweis dafür, daß ein Einsturz aufgrund der Hitzeeinwirkung eines Kerosinbrands auf den Stahlbau durchaus vorkommen könne, führte er nun das Beispiel der Gebäude 6 und 7 des World Trade Centers an. Die anderen Gebäude, auch das 47-stöckige Salomon Brothers Building (WTC), seien später eingestürzt, geschwächt durch den vorherigen Einsturz der Türme. Der Einsturz weiterer Gebäude in der Nachbarschaft sei nicht auszuschließen gewesen.

Die WTC-Gebäude 5, 6 und 7

Es sind in der Tat, was häufig übersehen wird, nicht nur die beiden Türme des World Trade Centers eingestürzt, auf dem Areal befanden sich auch noch andere Gebäude von beachtlicher Höhe. Die Gebäude 5, 6 und 7 brannten zum Teil über Stunden lichterloh, ohne daß ein Flugzeug in sie gerast wäre. Die Hitze muß größer als in den Türmen gewesen sein und hat wesentlich länger angehalten. Gleichwohl sind hier die Stahlskelettkonstruktionen nicht eingestürzt, sondern haben den Belastungen standgehalten. Dafür jedoch finden sich auf Bildern der zerstörten Gebäude 5 und 6 nach dem Einsturz erklärungsbedürftig tiefe Krater inmitten einer stehengebliebenen Stahlstruktur.[153]

Nun müßten die Auseinandersetzungen um den eigentlichen Ablauf des Einsturzes aller Gebäude längst geklärt, die Beweismittel gesichert, die international anerkannten Sachverständigen an der Arbeit sein. Erste gründliche Gutachten müßten vorliegen. Vielbändige Abschlußberichte wären zu erwarten. Letztlich muß auch dringend geklärt werden, ob Stahlskelettbauten mit 400 Meter Höhe und 63 Metern Breite weltweit noch einmal so wie die Türme des World Trade Centers gebaut werden können und dürfen. Die Baugenehmigungsbehörden ebenso wie die Versicherungsgesellschaften sind an der Antwort der Sachverständigen gleichermaßen interessiert.

Das Forträumen der Beweise und die Behinderung der Sachverständigen

Weitere Zweifel, ob wir es bei den 19 Selbstmordmuslimen mit den eigentlichen Tätern zu tun haben oder nur mit Leuten, denen die Tat in die Schuhe geschoben wurde, um von der eigentlichen mörderischen Aktion abzulenken, ergeben sich aus dem Verhalten der amtlichen Stellen der Stadt New York und der Bush-Regierung bei der Aufklärung der Taten. Der Eifer, mit dem die Spur der Muslime nach anfänglich behaupteter Ahnungslosigkeit aus dem Hut gezaubert und dann gegen jede andere mögliche Version nachdrücklich verteidigt wurde, kontrastiert offensichtlich nachhaltig mit dem Ablauf der Ermittlungen am Tatort selbst.

Der Wissenschaftsausschuß des Repräsentantenhauses veranstaltete am 6. März 2002 eine Anhörung von Sachverständigen zum Geschehen des 11. 9. 2001. Vor den Abgeordneten beklagte Professor Astaneh-Asl von der Universität Berkeley, er hätte sich mehr Zeit zur Untersuchung der Stahlstruktur selbst und die Beweissicherung von mehr Stahlteilen gewünscht, bevor diese zur Wiederverwertung eingeschmolzen worden seien.[154] Der Ausschuß kommt in seinem Bericht zu dem Ergebnis daß die Untersuchungen vor Ort behindert worden seien,

Der Kernstahlträger in der Mitte scheint durch Schweißbrenner getrennt zu sein. Die Arbeit ging so schnell vonstatten, daß die Feststellung der Schadensursache schwerfällt.

daß »einige der kritischen Stahlteile abtransportiert waren, noch bevor der erste Ermittlungsbeamte am Tatort aufgetaucht war«, daß »die Ermittler nicht einmal die Befugnis hatten, Stahlteile vor dem Abtransport in die Wiederverwertung zu beschlagnahmen, so daß wichtige Beweisstücke verlorengegangen sind«.

Die *New York Times* versuchte vergeblich die für die Beseitigung des Schutts Verantwortlichen der Stadt New York zu befragen.[155] »Der Stab im Büro des Oberbürgermeisters weigerte sich drei Tage lang, die schriftlichen wie mündlichen Fragen zu beantworten, wer denn die Entscheidung getroffen habe, den Stahl der Wiederverwertung zuzuführen, und was zu der Besorgnis zu sagen sei, daß dadurch die Untersuchung der Ursachen behindert werden könnte.« Die Entscheidung der New Yorker Behörden, den Schrott der beiden Türme sofort von Recycling-Unternehmen fortschaffen zu lassen, hat auch bei den Opferfamilien und einigen Ingenieuren zu Ärger geführt, die meinten, die massiven Stahlträger hätten weiter untersucht werden müssen, um feststellen zu können, was denn nun tatsächlich den Einsturz verursacht habe. Doch Michael Bloomberg, der republikanische Oberbürgermeister von New York, entgegnete, es gebe bessere Wege, die Tragödie des 11. September zu untersuchen. »Wenn Sie sich Einblick in die Methoden der Konstruktion und des Designs verschaffen wollen, dann ist das heutzutage und in unserem Zeitalter die Aufgabe von Computern«, meinte Bloomberg, früher selbst technischer Direktor. »Nur auf ein Stück Metall zu schauen bringt allgemein keinerlei Erkenntnis.«[156]

Nach der Aussage des Abgeordneten Boehlert war die laufende Untersuchung von aberwitziger Geheimhaltung umgeben. Auch habe es keine klaren Linien der Verantwortung gegeben, niemand sei zuständig gewesen. Wertvolle Beweismittel seien unwiederbringlich verloren gegangen, die Baupläne des Gebäudes seien monatelang den Sachverständigen vorenthalten worden.[157]

Professor Corbett vom John Jay College of Criminal Justice beklagte sich vor dem Ausschuß, die Untersuchung habe mit Teilzeitingenieuren zu Hungertarifen durchgeführt werden müssen. Die Begutachtung des statischen Verhaltens der Gebäude beim Einsturz des World Trade Centers sei nur als erste Bewertung, nicht jedoch als Untersuchung anzusehen. Der Gutachtergruppe zur Untersuchung des Einsturzes sei der Zugriff auf die Bauunterlagen ganz offensichtlich erschwert worden.

WTC und die Untersuchung des Sexskandals von Clinton im Vergleich

Die Kritiker vergleichen die für die Aufklärung bereitgestellten Mittel von zunächst nicht mehr als 600 000 Dollar mit den 40 Millionen Dollar, die der republikanisch beherrschte Kongreß seinerzeit zur Untersuchung der Monica-Lewinsky-Affäre gegen Präsident Clinton zur Verfügung gestellt hatte. Das Geld zur Aufklärung des Geschehens am World Trade Center sei so knapp bemessen gewesen, daß die Wissenschaftler ohne Gehalt an ihren freien Wochenenden hätten arbeiten müssen. In der Lewinsky-Affäre habe die Hälfte der Bevölkerung keinerlei Interesse an der Untersuchung der sexuellen Aktivitäten des amerikanischen Präsidenten gehabt. Beim 11. 9. jedoch habe Präsident Bush sehr schnell darauf gedrängt, die Untersuchungen zu »begrenzen«.

Das FBI-Labor habe die Hinterlassenschaften des Präsidenten auf dem Kleid Monica Lewinskys einer Untersuchung unterzogen. Im Vergleich hierzu habe das National Institute of Standards and Technology (NIST) noch nicht einmal die Reste des Gebäudes 7 des World Trade Centers untersuchen wollen, das am Nachmittag des 11. 9. noch eingestürzt sei.[158]

Der Chefredakteur des Magazins *Fire Engineering* spricht von der rechtswidrigen Beseitigung und Vernichtung von Beweismitteln. Es gebe keine einzige Vorschrift zur Aufklärung von Feuersbrünsten, die es gestatte, bei Gebäuden über zehn Stockwerke Beweismittel zu beseitigen. Der Wissenschaftsausschuß des Kongresses ergänzt die Kritik in seinem Bericht, wonach die Eigentümer der Gebäude, die Architekten und Versicherungsgesellschaften den Zugang der unabhängigen Sachverständigen zu wichtigen Beweismitteln behindert hätten. Außerdem sei der Zugang zu den einschlägigen Unterlagen unter Berufung auf Haftungsfragen verzögert worden. Man möge damit die sorgfältigen Untersuchungen der Behörden etwa im Fall des Meridian-Plaza-Feuers in Philadelphia aus dem Jahre 1991 mit lediglich sechs Toten und einem Schaden von vier Milliarden Dollar vergleichen.[159]

Zur Frage, warum das Gebäude 7 des World Trade Centers eingestürzt sei, erklärt der Bericht der Federal Emergency Management Agency (FEMA), die Besonderheiten der Feuer im WTC 7 und auf welche Weise diese den Einsturz des Gebäudes hätten bewirken können, seien bis zur Stunde unbekannt. Weitere Untersuchungen, Forschungsarbeiten und Analysen seien zur Lösung der Frage erforderlich. Die FEMA entschuldigt die mangelnde Fähigkeit zur Aufklärung des bislang einmaligen Einsturzes eines Stahlskelettbaus mit dem Hinweis, es handle sich um ein zum ersten Mal aufgetretenes Ereignis, bei dem von Beginn an Schwierigkeiten zwischen der Gruppe der freiwillig mitarbeitenden Ingenieure und den Regierungsbehörden vor Ort aufgetreten seien. Außerdem habe es in den ersten Tagen kein System der Ausweiskontrolle gegeben, so daß die auf freiwilliger Basis mitarbeitenden Ingenieure bis zu drei Stunden hätten warten müssen, bis sie von der Außenabsperrung zur sechs Block entfernten Einsatzzentrale hätten vordringen können. Die freiwilligen Ingenieure hätten ihre Erkenntnisse zumeist über Telefon ausgetauscht, da sie während der Untersuchung ihrem normalen Broterwerb hätten nachgehen müssen. Im Vergleich hierzu seien die Ermittler im Falle Lewinsky/Clinton vollberuflich und nur mit der einen Aufgabe befaßt gewesen.

In einem Beitrag von *American Press* im Januar 2002 heißt es über die Ingenieure bei der Untersuchung des Schutts, die Beweisstücke seien nach dem Zufallsprinzip wie auf einem Hof für Altmaterial behandelt worden, bevor sie hätten dokumentiert werden können.[160] Einige Sachverständige durchsuchten Schrottplätze in der Hoffnung, Stahlträger zu finden, die Aufschluß über die Ursachen des Einsturzes hätten geben können. Sie kennzeichneten die zur Untersuchung bestimmten Träger mit Farbe. Später zeigte sich, daß einige »aus Versehen« zerstört worden waren. Es sei zu vermuten, daß die Bundesnotstandsbehörde FEMA sehr wohl gewußt habe, daß die Beseitigung des Schrottes rechtswidrig und verantwortungslos gewesen sei.

Wochen vor der Tat: Versicherung des WTC gegen Terror

Nun war das World Trade Center wenige Wochen zuvor erst von der New Yorker Hafenbehörde, der New York Port Authority, in die Hände des New Yorker Investors Silverstein übergegangen, der es für 99 Jahre geleast und dafür 100 Millionen Dollar pro Jahr als Leasingrate zu zahlen hatte.[161]

Silverstein war im zurückliegenden Präsidentenwahlkampf für die Wahlkampfkasse der Republikaner zuständig gewesen und hatte von daher einen nicht unbeachtlichen Einfluß auf das republikanisch regierte New York und die nationale politische Szene in Washington. Die Verträge der Port Authority of New York and New Jersey mit der von Silverstein geführten Westfield America waren am 26. April 2001 unterzeichnet worden. Westfield America leaste den Geschäftsteil des World Trade Centers und Silverstein den Teil mit den Bürogebäuden. Das Geschäft wurde am 23. Juli 2001 rechtskräftig und entsprechend gefeiert. Genau sieben Wochen vor der totalen Zerstörung der gesamten World-Trade-Center-Anlage erhielten Silverstein und seine Westfield America den gigantischen Schlüsselbund für die Gebäude.

Als hätte er das bevorstehende Ereignis geahnt, schloß Silverstein Versicherungspolicen in Höhe von 3,2 Milliarden Dollar für den gesamten Komplex des World Trade Centers ab. Erstmals deckte der Versicherungsschutz auch Terroranschläge ab. In dem ersten Prozeß gegen die Versicherungs- bzw. Rückversicherungsgesellschaften, darunter die deutsche Allianz, klagte Silverstein auf Zahlung von zweimal 3,2 Milliarden Dollar, habe es sich doch nicht um einen, sondern um zwei Terroranschläge gehandelt. Dieser etwas dreisten Rechtsauffassung ist das New Yorker Distriktgericht allerdings nicht gefolgt.

Silverstein trug sich schon seit längerer Zeit mit dem Gedanken, die nicht optimal ausgelasteten und inzwischen auch mehr als 30 Jahre alten Gebäude durch vier neue Wolkenkratzer zu ersetzen. Mit der Entschädigung in zweifacher Höhe des Schadens hätte sich die Investition gut rechnen lassen.[162]

Das WTC-Gebäude 7

Silverstein gehörten nicht nur die beiden geleasten Türme, sondern bereits seit längerer Zeit auch das Hochhaus Nr. 7. Dieses Gebäude beherbergte einen über fünf Stockwerke sich erstreckenden großen Hohlraum, in dem zwei Umspannwerke mit zehn Transformatoren untergebracht waren, jeweils über zehn Meter hoch und über zwölf Meter breit. Die Transformatoren senken für Manhattan die Spannung der Überlandleitung von 13 800 Volt auf die ortsübliche Stromstärke herab. Das 60 Stockwerke hohe Gebäude wurde einfach über den vorhandenen Transformatoren errichtet, weil anderweitig kein Platz für deren Verlagerung gefunden werden konnte, folglich das Überbauen die einfachste Lösung zu sein schien.

Dazu kamen im Gebäude 7 Tanks für Dieselöl zum Betreiben der Notstromaggregate bei Ausfall des überregional bezogenen Stroms. Doch dies waren nicht die einzigen Dieseltanks im Hause. American Express verfügte über einen eigenen Tank für seinen Stromerzeuger. Die Stadt New York verfügte über einen Tank mit einem Fassungsvermögen von mehr als 22 700 Litern zur Speisung dreier Notstromaggregate von je 500 Kilowatt Leistung für die Notstands-Ausweich-Kommandozentrale des Bürgermeisters im Hause. Das Investmentunternehmen Salomon Smith Barney hatte zwei Tanks mit je 22 700 Litern Dieselöl untergebracht. Folgt man dem offiziellen FEMA-Bericht, dann lagerten im Gebäude 7 des World Trade Centers rund 159 000 Liter Dieselöl. Die Kapazität der Notstromgeneratoren lag insgesamt bei rund 20 Megawatt. Für die New Yorker Feuerwehr war dies eine riskante Ausgangslage. Große Tanks waren in der Nähe des Erdgeschosses untergebracht. Die Notstromgeneratoren befanden sich im fünften, siebten und neunten Stock darüber. Es stellt sich natürlich die Frage, wer denn soviel Notstromkapazität meint vorrätig halten zu müssen. Die FEMA beschreibt Nr. 7 als ein normales Bürogebäude. Doch es gibt kein anderes Bürogebäude, in dem verschiedene Rohrleitungen 159 000 Liter Dieselöl zu 15 oder mehr Generatoren mit einer Leistung von zusammen 20 Megawatt pumpen.

Gibt es etwa in Gebäude 7 eine Besonderheit, die niemand offenlegen möchte, so fragt Eric Hufschmid in seinem Buch mit dem Titel *Painful Questions*.[163] Und in der Tat, die CIA, das Verteidigungsministerium und die New Yorker Börsenaufsicht (Security and Exchange Commission) hatten Büros in dem Gebäude. Hier lagerten Millionen von Akten über laufende Kriminaluntersuchungen gegen die Mafia, Banken, den internationalen Drogenhandel, Geldwäsche und Terrorismus. Die amerikanische Zollverwaltung hatte dort die Akten über Fälle gelagert, in denen der Zoll bei der »kontrollierten Einfuhr« der letzten zehn Jahre aufgefordert worden war, beide Augen zuzudrücken, d. h. Heroindeals etwa mit radikalen Islamistengruppen wie Al Kaida in Pakistan und die Beförderung von Heroin über kommerzielle Fluglinien wie im Fall der über Lockerbie abgestürzten PanAm-Maschine. Dort lagen auch die Akten der Börsenaufsicht über die Untersuchungen des Fehlverhaltens von Großunternehmen in den neunziger Jahren, mit einiger Sicherheit Schriftstücke, die die politische Einflußnahme auf Verfahren der Börsenaufsicht gegen die Luftbuchungen des Enron-Konzerns der letzten zehn Jahre betrafen. Es gibt daher keinen sachlichen Grund, die Untersuchung des Einsturzes des gesamten Komplexes des World Trade Centers auf den Nord- und Südturm zu beschränken.

Die Hochhäuser um die Türme waren ebenfalls Stahlskelettbauten, brannten viel länger als diese und sind gleichwohl nicht eingestürzt. Auch das Gebäude 7 brannte lange, wenn auch offenbar nicht so heftig wie die benachbarten großen Gebäude, fiel dann aber nach sieben Stunden Brand in sich zusammen. Doch auch hier wurde sehr schnell mit der feuerpolizeilich nicht berechtigten Beseitigung des Schutts und damit der auskunftgebenden Beweismittel begonnen.

Gebäude 7 brannte am Nachmittag des Tattages um 15 Uhr von außen sichtbar nur noch auf dem siebten und dem zwölften Stock.[164] Vergleicht man die Feuer im Gebäude 7 mit denen in den die Türme umgebenden, glutrot über viele Etagen brennenden anderen Gebäuden, dann müßte der Satz gelten: Je kleiner das Feuer, desto sicherer der Einsturz.

Evakuierung und Einsturz des WTC-Gebäudes 7

Doch irgendjemand scheint im vorhinein gewußt zu haben, daß auch das Gebäude 7 einstürzen würde. So sagte der zufällig anwesende Fotograf Tom Franklin, die Feuerwehr habe den Einsatzort geräumt, als bereitete sie sich auf den Einsturz des Gebäudes 7 vor. Zwischen 16 und 17 Uhr habe er aus einer Entfernung von etwa 140 Meter die Feuerwehrleute Fahnen schwenken sehen. Irgendjemand habe die Leute aufgefordert, sich zu entfernen, weil Nr. 7 dabei sei einzustürzen.

Die Aufnahmen, die nach Angabe der FEMA das Gebäude 7 zu Beginn des Einsturzes zeigen, lassen – ganz anders als bei Süd- und Nordturm – eher das Bild einer gezielten konventionellen Abrißsprengung erkennen.[165] Das Gebäude bricht vom Erdgeschoß her in sich zusammen. Daher entstand auch der Großteil der Staubwolken im Gegensatz zu Nord- und Südturm eher am Boden als in Höhe der obersten Stockwerke. Das Gebäude sackte von innen her in sich zusammen, die Außenkonstruktion fiel nach innen, wie von einem Sog gezogen.[166] Es findet sich ein sehr kleiner Schutthaufen, auf den das Äußere des Gebäudes, die Stahlskelettkonstruktion, gefallen ist. Darunter befinden sich die zehn riesigen Transformatoren. Doch wo ist das Feuer, das das Gebäude hätte zu Fall bringen können? Weder der Aufschlag eines Jumbojets noch herabfallende Trümmer der Türme kommen als Ursache in Betracht.

Feuer und Explosion in WTC-Gebäude 6

Zum Vergleich zeigt eine Abbildung die Gebäude Nr. 5 und 6, die beide von riesigen Bränden heimgesucht wurden. Es waren »konventionelle« Feuer, bei denen die Flammen sogar durch starken Rauch hindurch zu sehen waren. Die Stahlstruktur des Gebäudes 6 überlebt das intensive, über Stunden anhaltende Feuer, ohne einzustürzen. Das Feuer ging auf eine Explosion zurück, die Millionen Zuschauer bei CNN sehen konnten. Um 9 Uhr 04, höchstens 60 Sekunden nach dem Aufprall der Maschine in den Südturm, schoß eine gewaltige Explosionswolke etwa 170 Meter hoch aus dem Gebäude WTC 6 in den Himmel und verband sich mit den herabfallenden Trümmermassen des Südturms. Der Vorgang blieb mangels begleitender Kommentierung der Bilder völlig im Schatten der dramatischen Ereignisse um die Zwillingstürme und geriet in

Vergessenheit. Doch CNN bestätigt den Vorgang und die Uhrzeit.[167] Die staatliche Aufklärung vernachlässigt den Fall. Auf späteren Luftaufnahmen war der extrem tiefe Explosionskrater im aufrechtstehenden Stahl-Schrottgerippe zu erkennen. Die eingerissenen Teile des Stahlskeletts auf der rechten Seite sind auf die herabstürzenden Trümmer des Nordturms zurückzuführen. Diesen Schaden hat nicht das Feuer verursacht.

Gebäude 6 beherbergte die amerikanische Zollverwaltung sowie die staatliche Export-Import Bank. Nachdem 800 Beschäftigte aus dem Gebäude geleitet worden waren, muß das Gebäude um 9 Uhr 04 explodiert sein. Und was könnte von Bedeutung in der Ex-Im Bank sein? Es lagerten dort Akten über äußerst zweifelhafte Waffengeschäfte der Administration des früheren Präsidenten George Bush (Senior), Akten, die es schwer gemacht hätten, Saddam Hussein öffentlich zu dem Teufel zu stempeln, wie es dann später als Vorwand für einen Präventivkrieg unter Bush Junior geschah.

Im weiträumig abgesperrten Gebiet um das World Trade Center herrschte nach dem 11. 9. ein polizeiliches Fotografierverbot. Keine Fotos, oder Sie werden verhaftet, war die Losung. Aufnahmen, die Fotografen bereits mit ihren Digitalkameras gemacht hatten, wurden zerstört bzw. gelöscht. Allerdings gelang es Computerspezialisten, die Aufzeichnungen doch wieder zugänglich zu machen. So konnten sie ins Internet gelangen.

FÜNFTES KAPITEL

Der amerikanische Regierungsapparat – blind, beschränkt oder mitwissend?

Die Häufung der Ungereimtheiten macht mißtrauisch

Warnungen ausländischer Dienste

Zwangsläufig tauchte die Frage auf, warum die amerikanischen Geheimdienste mit ihrem ungeheuren Personal-, Geld- und Technikaufwand nicht in der Lage waren, von dem Plan eines derart umfassenden, raffinierten, symbolträchtigen Anschlags rechtzeitig zu erfahren und ihn zu verhindern. Das Weltall ist gespickt mit Satelliten, die jedes nur denkbare Signal rund um die Uhr aufzeichnen können. Die Technik ist in der Lage, fast alle Telefongespräche gezielt abzuhören und auf Band zu speichern. Stimmcharakteristika der überwachten Personen ebenso wie bestimmte Stichworte lassen die Computer automatisch mitschneiden zur späteren Auswertung durch Einrichtungen, die Zehntausende von Menschen beschäftigen. Die Computer können verdeckt veranlaßt werden, in regelmäßigen Abständen die aufgenommenen oder ausgetauschten Datenbestände an Satelliten abzustrahlen, die sie den Analysten in den Diensten zur Auswertung zurückspielen. Dazu gehört, daß die Kreditkartennutzung beobachtet und ausgewertet werden kann, die Banktransaktionen zum Teil mitgelesen werden, daß der Anstieg von Spekulationen an den Wertpapierbörsen der Welt auf hochschnellende oder abstürzende Kurse überwacht wird, um daraus Hinweise für anstehende Terroranschläge abzuleiten.

Zwar versprach die Regierung Bush im Zuge des Aufbaus einer weltweiten Allianz gegen den Terror zunächst, die

Beweise für Tat und Täter öffentlich und für jedermann nachvollziehbar und nachprüfbar vorzulegen und die Hintermänner vor Gericht zu stellen. Doch davon war bald keine Rede mehr. Die Administration scheute sich möglicherweise vor dem Offenbarungseid. Denn entweder hatte man im vorhinein Kenntnis von den anstehenden Anschlägen, wie dies die zahlreichen Hinweise aus Europa, Israel und Asien nahelegen, und tat nichts zur Abwehr und zum Schutz der eigenen Bevölkerung, oder man war tatsächlich ahnungslos, liefe dann jedoch Gefahr, wegen einer chaotisch geführten, unfähigen, möglicherweise bösartigen Bürokratie an den Pranger gestellt zu werden. So verschanzte man sich lieber hinter dem üblichen Argument, daß man den Gegnern nicht Einblick in Methoden, Quellen und Verbindungen geben dürfe. Immerhin legten fast alle ausländischen Geheimdienste, ob israelische, französische, deutsche, pakistanische, russische oder ägyptische Dienste, Wert auf die Feststellung, die Partnerdienste in den USA rechtzeitig vor einem kurz bevorstehenden großen Anschlag auf die Symbole amerikanischer Macht und Finanzkraft gewarnt zu haben.[168]

Die Ahnungslosigkeit der Regierung und ihrer Geheimdienste

Inzwischen hat die Administration zugeben müssen, daß sie vor den Terrorangriffen im Besitz von Hinweisen auf geplante große Anschläge gewesen sei; sie habe diese jedoch angeblich nicht auf die Ereignisse in New York und Washington beziehen können. Noch im Frühjahr 2002 erklärte der FBI-Chef, man habe bei der nachträglichen Untersuchung nicht eine einzige Information gefunden – sowohl in den USA als auch in der Fülle von Nachrichten, die in Afghanistan oder an anderer Stelle aufgetaucht seien –, die irgendeinen Hinweis auf die Verschwörung des 11. September hätte erkennen lassen.[169]

Die Frage, wie ein solch raffinierter Anschlag von derart hoher Perfektion mit hochkomplizierten Abläufen durchgeführt werden konnte, ohne daß die Regierung in Washington vorgewarnt war, setzte die ganze Welt in Erstaunen. FBI, CIA und die Vertreter der Administration schworen heilige Eide, außer unklaren, allgemeingehaltenen Hinweisen nichts im voraus gewußt zu haben.

Am 11. 9. Antiterrorübung bei der NRO und im Pentagon

Inzwischen hat sich herausgestellt, daß sowohl im Pentagon als auch bei der National Reconnaissance Organization (NRO) ausgerechnet am 11. 9. 2001 eine Übung angesetzt war, die als Ausgangslage den Aufprall eines Flugzeugs auf den jeweiligen Amtssitz annahm. Die NRO betreibt das satellitengestützte Aufklärungssystem der USA, das die politische wie militärische Führung der USA rechtzeitig warnen und ihr die für anstehende Entscheidungen erforderlichen Erkenntnisse unterbreiten soll. Die Behörde, nur sechs Meilen vom Dulles Airport vor den Toren Washingtons entfernt angesiedelt, blies die Übung, die angeblich bereits Monate im voraus geplant worden war, wenige Minuten vor dem Einschlag in das Pentagon ab.[170] Die Leitung ordnete die sofortige Räumung der Behörde an, so daß sich das Personal, das für die Satellitenaufklärung am 11. 9. zuständig gewesen wäre, mit wenigen Ausnahmen auf den Highways Washingtons nach Hause begab. Die Aufklärung der Ereignisse des 11. 9. wurde durch diese Anordnung möglicherweise ebenso grundlegend behindert wie durch das Vernichten der Bänder, die bei der Beobachtung der Insideraktienverkäufe an der Börse bei CIA/FinCen angefallen waren. So blieb der ganze Elan kriminalistischer Aufklärung der Verantwortlichen unbeirrt auf die vorgegebene Spur der fundamentalistischen Muslime des Osama bin Laden und dessen Basis (Al Kaida) ausgerichtet.

Enron und Anthrax lähmen Ermittlungen und blenden die Öffentlichkeit

Inzwischen sorgten Skandale und neue Terroranschläge für eine Ablenkung nicht nur der Öffentlichkeit, sondern auch der landesweiten Ermittlungen und der politischen Szene in Washington. Eines der Flaggschiffe der New Economy, der Handelskonzern Enron, der als Vermittler von Elektrizitäts- und Gaslieferungen in wenigen Jahren traumhafte Wertsteigerungen nicht zuletzt durch betrügerische Luftbuchungen über Hunderte von in Steuer- und Geldwaschparadiesen angesiedelte Scheinfirmen an der Börse erzielt hatte und von den angesehensten Wirtschaftsprüfern stets für gesund befunden worden war, lief auf Grund und verursachte kurz nach dem 11. 9. die größte Pleite der amerikanischen Wirtschaftsgeschichte. Es war dies der Konzern, der den zeitweiligen Zusammenbruch der Elektrizitätsversorgung in Kalifornien auf dem amerikanischen Elektrizitätsmarkt herbeidirigiert hatte, um dann mit Strom zu Spitzenpreisen aushelfen und daran gewaltig verdienen zu können. Kurz vor Bekanntwerden der Krise verkauften die Enron-Manager ihre als Entlohnung gedachten Aktien mit Gewinn, verboten jedoch gleichzeitig ihren Mitarbeitern ebenso wie deren Pensionskasse den rechtzeitigen Verkauf der dem Absturz geweihten Anteilscheine.

Für die Aufarbeitung der Terrorszene des 11. 9. war dies insofern von Bedeutung, als in den Enron-Skandal große Teile der Regierung Bush involviert waren, aber auch rund 70 Prozent der Mitglieder des Kongresses. Es gab eine zwangsläufige Gemeinsamkeit der politischen Klasse – ob Regierung, Republikaner oder Demokraten – der USA, die Angst davor haben mußte, durch den Skandal in den Abgrund gerissen zu werden.[171]

Inzwischen hat sich herausgestellt, daß der betrügerische Enron-Konzern in den acht Jahren vor dem Zusammenbruch mindestens 20 CIA- sowie einige FBI-Mitarbeiter beschäftigt hatte. Diese waren unter Wegfall der Amtsbezüge beurlaubt und zur Arbeit bei Enron ausgeliehen worden. Sie konnten daher kurz vor der Pleite unversehens wieder unter die Fittiche ihrer staatlichen Verleihfirmen CIA und FBI zurückschlüpfen. Die Herren waren für das von Enron betriebene Wirtschaftsspionageprogramm tätig. Hier sollen vor dem 11. 9. auch Hinweise auf die anstehenden Angriffe eingegangen und an Interessenten weitervermittelt worden sein, die mit diesem Insiderwissen an der Börse auf die Folgen des 11. 9. spekulierten. Auf die Hintergründe wies eine hochrangige Persönlichkeit hin, die zuvor mit geheimen Untersuchungen zum Enron-Komplex beschäftigt gewesen war. Die für die Dienste bei Enron beurlaubten CIA-Mitarbeiter hätten Zugriff auf die Abhörergebnisse des erdumspannenden Abhörsystems Echelon gehabt, eines Programms zum Belauschen des weltweiten Daten- und Sprechverkehrs durch die Geheimdienste der USA, Großbritanniens und Australiens. Die Geheimdienstagenten in den Diensten Enrons hätten schlicht private Industrie- und Finanzspionage betrieben.[172]

Auf Enron folgt Anthrax

Auf den 11. 9. folgte nach dem Enron- der Anthrax-Skandal. Die nicht enden wollende Schockserie bewirkte eine nachdrückliche Lähmung der politischen Landschaft. Das ganze Land stand vor der Bedrohung, von einem oder mehreren Wissenschaftlern oder auch anderen denkbaren Täterkombinationen mit einem tödlich wirkenden biologischen Massenvernichtungsmittel attackiert zu werden.[173] Genügend Briefe erreichten ihr Ziel, um den gesamten amerikanischen Kontinent unter Anthrax-Warnung zu stellen. Der kriminalistische Apparat der USA war schwerpunktmäßig nicht mehr so sehr auf die Aufklärung der Ereignisse des 11. 9., sondern auf die Abwehr der neuen Gefahr ausgerichtet. Die Beschaffung von

Impfstoffen bekam oberste Priorität. Die Medienberichterstattung schoß sich auf das neue Thema ein. Auf der anderen Seite verringerten die nun – wie bestellt – nach und nach auftauchenden Videobänder mit den Botschaften Osama bin Ladens die anfängliche Beweisnot der Regierung.

Bis zum heutigen Tag sind die Skandale im Kern ungeklärt geblieben. Das hängt mit der zum Teil massiven Einflußnahme politischer Kreise auf die Börsenaufsicht in Sachen Enron zusammen. Im Fall der Anthrax-Bedrohung führen die Spuren mal zur CIA, mal zur US-Army – und dort zu Entwicklungen, die besser nicht das Licht der Öffentlichkeit erblicken. Zuweilen vermitteln die oft anonymen Hinweise auf Hintergründe den Verdacht, es handele sich in der Nachfolge des 11. 9. um Fingerzeige an die Verantwortlichen, bestimmten Sachverhalten nicht weiter nachzugehen, da andernfalls äußerst unangenehme Details zum Gegenstand der öffentlichen Diskussion gemacht werden könnten. Eine mögliche Form der politischen Erpressung.

Die Regierung verspricht Aufklärung und liefert Geheimhaltung

Die durch die beispiellosen Anschläge des 11. 9. aufgewühlte Öffentlichkeit forderte nicht nur Rache, sondern vor allem auch Aufklärung. Wie konnte Amerika derart ahnungslos im Herzen seiner Macht von jugendlichen muslimischen Tätern überfallen werden? Das Ereignis wurde sofort mit dem japanischen Überfall auf den tief im Frieden verharrenden, arglosen Pearl-Harbor-Stützpunkt der amerikanischen Marine im Jahre 1941 verglichen und auch gleichgesetzt. Vergleichbar der Bush-Regierung am 11. 9. war seinerzeit die Roosevelt-Regierung in Washington angeblich ohne militärische oder geheimdienstliche Vorwarnung von dem japanischen Vernichtungsschlag gegen die pazifische US-Flotte überrascht worden. Die

Empörung in Politik und Öffentlichkeit verscheuchte über Nacht die bislang pazifistische Einstellung und scharte das amerikanische Volk hinter Präsident Roosevelts Politik eines Eintritts der Vereinigten Staaten in den Krieg gegen Japan und Hitler-Deutschland. Wie damals sollte auch nach dem 11. 9. das nicht mehr zu überbietende Versagen der Geheimdienste aufgedeckt und analysiert werden. Die Dienste mußten künftig so umgebaut werden, daß sich ähnliches nach menschlichem Ermessen nicht wiederholen konnte.

Doch Präsident Bush und Vizepräsident Cheney suchten nun mit Nachdruck die von der Öffentlichkeit, nicht zuletzt den Hinterbliebenen der Opfer der Anschläge in New York, geforderte Untersuchung durch den Kongreß nach Möglichkeit einzuschränken. Es war bereits mehr als ein Vierteljahr ins Land gegangen, als Vizepräsident Cheney den Oppositionsführer der Demokraten, Senator Daschle, anrief und ihn bat, Reichweite und Umfang der Untersuchung dessen, was vorgefallen war, zu begrenzen. Daschle erklärte gegenüber CNN, der Vizepräsident habe von seiner Sorge gesprochen, eine genaue Rekonstruktion des Ablaufs würde Mittel und Personal binden, die dringend für den Einsatz im Krieg gegen den Terrorismus benötigt würden. Daschle war von der Argumentation zunächst nicht überzeugt. Doch vier Tage später rief Präsident Bush den Oppositionsführer persönlich an und forderte im Interesse der Sicherheit des Landes auch seinerseits eine Eingrenzung der Untersuchungen.[174]

Unkritische Medien als Mitläufer der Administration

So sehr sich Amerikaner in Briefen, privat, vor allem aber im Internet kritisch mit der Bush-Regierung auseinandersetzen, in der Öffentlichkeit verdrängt der lautstarke und regierungsgestützte Patriotismus nicht nur den Austausch der Meinungen, sondern auch die Darstellung der einschlägigen Fakten. Die Stimmungslage der Journalisten hat Dan Rather, einer der großen Nachrichtensprecher des amerikanischen Fernsehens, angedeutet: Auf die Frage, weshalb er der amerikanischen Regierung nicht die sich geradezu aufdrängenden Zweifel zum Themenkomplex des 11. 9. vorgehalten habe, meinte er selbstkritisch, Amerika befinde sich in einer Orgie amoklaufenden Patriotismus.[175] In einem Interview mit der britischen BBC erklärte er, die amerikanischen Medien hätten Angst, harte Fragen zum Krieg gegen den Terrorismus zu stellen. Dies würde sie als unpatriotisch erscheinen lassen. Ob man es nun deutlich zu sagen wage oder nicht, es handle sich um eine Art von Selbstzensur. Noch nie habe es einen von den USA geführten Krieg gegeben, bei dem der Zugang der Medien so beschränkt gewesen sei wie bei dem gegen den Terrorismus. Die Amerikaner hätten diese Beschränkungen akzeptiert.

Rather verglich die Schwierigkeiten amerikanischer Journalisten im kritischen Umgang mit dem vorherrschenden Patriotismus mit dem Preis, den Dissidenten in Südafrika zu Zeiten der Apartheid-Rassentrennung hätten zahlen müssen. Damals seien Bürgern mit abweichender Meinung brennende Autoreifen um den Hals gelegt worden. Und in gewisser Weise sei jetzt auch in den USA die Angst da, einen brennenden Reifen wegen mangelnder Vaterlandsliebe umgehängt zu bekommen. Das sei die Angst, die die Journalisten davon abhalte, die härtesten Fragen zu stellen. Und er selbst nehme sich von der Kritik nicht aus.[176]

Die britische Regierung lindert die Beweisnot

Das 70 Punkte umfassende »Beweisdokument« der britischen Regierung, das die Verantwortlichkeit Osama bin Ladens für die Attacken des 11. September beweisen sollte, bezieht sich nur in neun Punkten auf das World Trade Center und das Pentagon. Auch dort heißt es, das Dokument erhebe nicht den Anspruch, die Unterlagen für ein Strafverfahren gegen Osama bin Laden vorzulegen. Nachrichtendienstliche Erkenntnisse seien als Beweismittel oft wegen der strengen prozessualen Beweisregeln, aber auch mit Rücksicht auf die Sicherheit der verwandten Quellen nicht zur Veröffentlichung geeignet. Doch auf der Grundlage aller zugänglichen Informationen sei sich die Regierung Ihrer Majestät der Schlußfolgerungen ihres vorgelegten Berichts sicher. In der Einführung heißt es in dem britischen Dokument:

> »Die Regierung kommt zu folgenden eindeutigen Ergebnissen: Osama bin Laden und Al Kaida, das von ihm geführte Terroristennetz, haben die Greueltaten des 11. September 2001 geplant und ausgeführt. Osama bin Laden und Al Kaida haben die Absicht und die Mittel, weitere Greueltaten zu begehen. Das Vereinigte Königreich und dessen Bürger sind die möglichen Ziele; und Osama bin Laden und Al Kaida konnten diese Greueltaten nur wegen ihrer engen Verbindung mit dem Taliban-Regime begehen, das ihnen die uneingeschränkte Verfolgung ihrer terroristischen Ziele ermöglichte.«

Es handelt sich bei der Beschreibung des Sachverhalts und der Schlußfolgerungen um Annahmen ohne Vorlage der erforderlichen Beweismittel.

Jahrzehnte geübt und dann versagt: die amerikanische Luftverteidigung

Eine eigentümliche Rolle spielte in dem Geschehen vom 11. 9. die amerikanische Luftverteidigung, zusammengefaßt in der NORAD (North American Aerospace Defense Command), die mit der Flugsicherung der FAA und der US Navy Hand in

Hand arbeitet. Es gibt kaum ein gegen eindringende Flugkörper und Kampfflugzeuge besser bewachtes Gebiet als die Ostküste der Vereinigten Staaten. Wie mit vom Kurs abweichenden, auf Fluglotsenanfragen und -befehle nicht reagierenden entführten Maschinen zu verfahren ist, war seit Jahren im einzelnen festgelegt und geübt worden. Nach den gemeinsam erlassenen Vorschriften der Federal Aviation Administration (FAA) und des Vorsitzenden der Vereinigten Generalstabschefs hat im Fall einer Flugzeugentführung der Koordinator für Flugzeugentführungen der FAA im Hauptquartier in Washington auf schnellstem Weg die Nationale Militärische Kommandozentrale in Kenntnis zu setzen und einen Begleitjäger für das entführte Flugzeug anzufordern. Die Billigung des Verteidigungsministers oder seines Vertreters im Amt wird zuvor eingeholt.[177]

Doch warum versagten am 11. 9. die eingeübten und praktizierten Prozeduren für solche Notfälle? Alle vier Flugzeuge wichen stark von ihrem vorgeschriebenen Kurs ab. Innerhalb kurzer Zeit hätte geklärt werden müssen, ob die Flugzeuge entführt wurden oder außer Kontrolle geraten waren. Um 8 Uhr 20 stellt die zivile Luftraumüberwachung Boston fest, daß das Flugzeug AA 11 entführt sein müsse. Spätestens zu diesem Zeitpunkt hätte dann auch die militärische Luftraumkontrolle benachrichtigt sein müssen. Ein Angestellter von NORAD bestätigt dies auch. Doch NORAD behauptet offiziell, die Information sei vorschriftswidrig erst gegen 8 Uhr 40 erfolgt.[178] Wie dem auch sei, erst um 8 Uhr 43 starteten zwei F-15-Kampfflugzeuge von der 130 Kilometer von den Türmen des World Trade Centers entfernten Otis Airbase. Bei einer Reisegeschwindigkeit von 577 Seemeilen oder 1069 km/h hätten die Kampfflugzeuge in etwas mehr als sieben Minuten vor Ort sein können. Die Maschine gab zwar keine Signale über den Transponder ab, war jedoch ständig von militärischen wie zivilen Radarstationen erfaßt und hätte daher nach festgelegtem Verfahren abgefangen werden können und müssen. Dies heißt noch nicht, daß sie hätte abgeschossen werden müssen. Die international üblichen Verfahren sehen vor, daß der militärische Abfangjäger sich vor das Verkehrsflugzeug setzt und dem Piloten durch Schwenkbewegungen zu erkennen gibt, daß er dem Kampfflugzeug zu folgen habe. Erst wenn dieses Verfahren erfolglos bleibt, weil der Pilot nicht reagieren will oder kann, stellt sich die weitergehende, zweifellos schreckliche Frage nach einem Abschuß.

Die in den Südturm rasende Maschine startete 15 Minuten später um 8 Uhr 14 vom gleichen Flughafen Boston-Logan und prallte ganze 49 Minuten später um 9 Uhr 03 gegen den Wolkenkratzer. Hier setzte der Transponder mit seinen Signalen an die Bodenstation um 8 Uhr 43 aus. Die militärische Abwehr war zeitgleich mit der zivilen Flugführung informiert. Die beiden F-15-Kampfflugzeuge starteten zu dieser Zeit. Es blieben bis zum Aufprall des Jumbos gegen den Südturm noch 20 Minuten. Was die Kampfflieger in dieser Zeit veranstaltet haben, ist bis heute nicht geklärt. Sie waren in der Nähe, hatten sie doch den Auftrag, nach der ersten Maschine Ausschau zu halten, die bereits zwei Minuten nach Aufstieg der F 15 um 8 Uhr 45 in den Nordturm gerast war.

Beim Anschlag auf das Pentagon sind die Fakten noch unbegreiflicher. Der Flug American Airlines Nr. 77 startete 8 Uhr 20 vom Dulles-Flughafen bei Washington in Richtung Los Angeles. 8 Uhr 56 fiel der Transponder mit seinen automatischen Signalen an die Bodenstationen der Luftverkehrskontrolle aus. Eine Minute später kam es zu der Kehrtwende und zum Rückflug in Richtung Washington, wo die Maschine um 9 Uhr 38 knapp über dem Grund nach offiziellem Bericht ins Erdgeschoß des Pentagons raste. Zum Abfangen dieses Flugzeugs stiegen vom Flughafen Langley in Virginia um 9 Uhr 30 zwei F-16-Kampfflugzeuge auf, die jedoch ihr 100 Meilen oder 185 km entferntes Ziel nicht mehr erreichten. Die Geschwindigkeit dieser Flugzeuge liegt bei 577 nautischen Meilen oder 1069 km/h. Die Maschinen können Überschallgeschwindigkeit fliegen, d. h. sie könnten bei 2780 km/h theoretisch ihr Ziel in vier bis sechs Minuten erreichen. Zur Zeit des Aufstiegs der Jäger um 9 Uhr 30 war der Nordturm bereits seit 45 Minuten, der Südturm seit 27 Minuten getroffen.[179] Außerdem bleibt unerfindlich, weshalb gerade bei dieser Sachlage nicht die zur Verteidigung des Luftraums über dem Regierungssitz Washington D.C. vorgesehenen Kampfflugzeuge auf dem nur zehn Meilen oder 18 km entfernten Flughafen Andrews Airbase herangezogen wurden.

Zu den Merkwürdigkeiten um das Versagen der amerikanischen Luftabwehr in allen vier Fällen schreibt ein ehemaliger Flugkontrolleur der Luftwaffe, in all den Jahren, in denen er im Pentagon gearbeitet habe, sei ein solcher Vorfall undenkbar gewesen. Das Fluggeschehen werde heute wie auch früher schon auf Radarschirmen in den unterirdischen Etagen des Pentagons abgebildet. Jedes Flugzeug einer kommerziellen Fluglinie, das innerhalb eines Radius von 500 km um den District of Columbia eine abrupte Kursabweichung Richtung Washington nehme, das seinen Transponder abschalte oder sich weigere, mit der Flugsicherung am Boden zu sprechen, werde mit Überschallgeschwindigkeit in höchstens neun Minuten von einem in Andrews Airbase aufsteigenden Jagdflugzeug erreicht und abgefangen. Warum das mit den vier Maschinen vom 11. 9. nicht geschehen sei, wundere ihn sehr. »Wenn wir damals in der Lage waren, Abfangjäger binnen zwei Minuten in die Luft zu bekommen, dann können wir das heute auch noch«, war seine Schlußfolgerung.[180]

Als 1972 die Olympischen Spiele in München stattfanden, gab es einen dramatischen Vorfall: Eine Maschine der jugoslawischen Fluglinie nahm genau zum Zeitpunkt der Eröffnung der Sommerspiele Kurs auf das für den Überflug weiträumig gesperrte Olympiastadion, in dem gerade die Eröffnungszeremonie ablief. Der damalige Verteidigungsminister Georg Leber berichtete seinerzeit kreidebleich in der Vorhalle des Bundestags, daß Kampfflugzeuge der Bundeswehr aufgestiegen seien und versucht hätten, das Flugzeug ausfindig zu machen, zunächst vergeblich. Schließlich habe wenige Minuten vor dem Überflug der Kontakt doch noch hergestellt und die Maschine zum Abdrehen veranlaßt werden können. Dem Minister war ein Stein vom Herzen gefallen, hatte er doch den Befehl zum Abschuß der Zivilmaschine zwar erwogen, aber dann doch nicht erteilen müssen.

Die Luftwaffen in Europa wie in den Vereinigten Staaten sind auf derartige Zwischenfälle vorbereitet. Aus Londoner Luftfahrtkreisen verlautet, ein in London-Heathrow entführtes Flugzeug werde noch vor Erreichen der City von London abgefangen, die Unterrichtung des Premierministers sei an jedem Ort der Welt und zu jeder Zeit gewährleistet. Gleiches berichtet der Oberbefehlshaber der russischen Luftwaffe.[181] Warum es so lange dauerte, bis die amerikanischen Abfangjäger am 11. 9. 2001 in der Luft waren, und warum sie in nahezu zwei Stunden alle vier Ziele nicht rechtzeitig erreichten, ist bis heute unfaßbar.

Nationaler Notstand: höchster Militär uninformiert

Der Vorsitzende der Vereinigten Generalstabschefs General Richard B. Myers führte zur Zeit der Attacken ein Gespräch mit einem Senator des amerikanischen Kongresses. Während des Gesprächs sehen beide im Fernsehen das Einschlagen des ersten Flugzeugs und nehmen angeblich an, es handele sich um ein kleineres Flugzeug. Es folgt der Aufprall des zweiten Jumbos mit der riesigen brennenden Kerosinwolke in und um den Südturm, doch der oberste Militär der USA bleibt angeblich weiterhin uninformiert. Ein weiteres Flugzeug trifft das Pentagon in Washington. Beim Verlassen des Kongresses auf dem Capitol Hill habe irgendjemand ihm davon Mitteilung gemacht, so Myers, daß das Pentagon getroffen sei. Jemand habe ihm ein Handy in die Hand gedrückt. Am anderen Ende der Leitung habe ihn General Ralph Eberhart, Kommandeur des US Space Command und des North American Aerospace Defense Command (NORAD), über den letzten Stand der Dinge unterrichtet.[182]

Der Vorgang ist für Kenner militärischer Verhältnisse undenkbar. Der Vorsitzende der Vereinigten Generalstabschefs ist einer der höchsten Militärs der USA. Er wird ausnahmslos von einem Adjutanten begleitet, der die Verbindungen nach außen auch bei Besprechungen im kleinsten Kreis hält, selbst wenn er sich dabei im Vorzimmer eines Senators aufhalten sollte. Das Büro des Generals kann über den Adjutanten Nachrichten sofort weitergeben. Es war der größte Angriff, der die USA je auf eigenem Boden getroffen hat. Doch der Vorsitzende der Vereinigten Stabschefs der Streitkräfte erfährt erst nach dem Einschlag in das Pentagon von den Vorgängen, obgleich er oder einer seiner Amtsvorgänger für die militärischen Vorschriften über das Abfangen entführter Passagierflugzeuge verantwortlich gezeichnet hatte.

Allerdings sitzt auch der Chef des Generals, Verteidigungsminister Rumsfeld, in dieser Stunde in seinem Büro, als ob nichts geschehen wäre.

SECHSTES KAPITEL

Das ganz andere Puzzle: Geheimdienste als Hintergrund

Gehcimdienste in verdeckter Operation

Wer versucht, die seit dem 11. 9. 2001 permanent anfallenden Nachrichten der Weltmedien über die Al Kaida, deren nicht enden wollende Machenschaften in nahezu allen wichtigen Ländern auch der westlichen Welt, deren Finanztransaktionen, Telefonverbindungen, Helferskreise und nicht zuletzt über den alles beherrschenden, mit Haß-Videos seine weltweite muslimische Anhängerschaft führenden Osama bin Laden in den Bergen Afghanistans zu verfolgen und in eine gewisse Ordnung zu bringen, landet in einem Sumpf der Undurchschaubarkeit und fehlender Plausibilität.

Es ist, als würde weder die Probe auf das Übereinstimmen mit dem gesunden Menschenverstand noch die Frage nach dcm *cui bono* – wem nützt es? – weiterhelfen. Es liegt daher nahe, nach Hintergründen zu fahnden, die im Geheimdienstbereich liegen. Geheimdienste sind ja nicht nur auf geheime Weise geheime Nachrichten sammelnde Einheiten.

Geheimdienste wie der CIA haben die Aufgabe, unterhalb der staats- wie völkerrechtlichen Kriegsschwelle mit allen nur erdenklichen Methoden verdeckte Operationen durchzuführen, die den Machtzielen der Vereinigten Staaten dienen. Was dies im einzelnen bedeutet, bestimmt letztlich der Präsident, meist jedoch dessen Berater, die wiederum auf Hinweise der eigentlichen wirtschaftlichen wie finanziellen Machtelite reagieren. Das Instrumentarium, mit dem die CIA in den vergangenen Jahrzehnten in allen wichtigen Ländern der Welt zu

Werke ging, kann hier im einzelnen nicht dargestellt werden. Sie hat sich schlicht und einfach am früheren KGB ausgerichtet, den sie an Durchsetzungsvermögen und Leistungsfähigkeit übertreffen wollte. Dem KGB war nicht zuletzt in der Phantasie des amerikanischen Gegenübers kein Mittel fremd. Und so galt dies auch für die CIA. Die Befreiungsbewegungen der Dritten Welt wurden von der amerikanischen Geheimdienstpolitik als von vornherein dem Kommunismus verfallen erklärt. Die auf Neutralität bedachten Führer, die sich nicht den westlichen Interessen unterzuordnen und in die Machtblocklogik einzuzwängen bereit waren, wurden über Staatsstreiche, Militärputsche und Bürgerkriege beseitigt oder geschwächt. Terroroperationen zur Beeinflussung der öffentlichen Meinung sind bei der CIA ein Standardmittel. Die Liste der CIA-inspirierten Morde ist lang. Die Zahl der Opfer unter der Bevölkerung geht in die Millionen.

Die eigene Bevölkerung haben CIA und FBI durch eine Jahrzehnte währende Überschätzung der militärischen Macht der Sowjetunion in Angst und Schrecken versetzt. Die Politiker hatten Angst vor dem Vorwurf, »soft on communism« zu sein, Waschlappen im Umgang mit der militärischen Herausforderung. So kam es zu einem Militärhaushalt der USA von rund 300 Milliarden Dollar, der dank des Weltkriegs gegen den Terrorismus inzwischen auf die bereits erwähnten 400 Milliarden Dollar angewachsen ist.

Dazu kommen die drogenfinanzierten Söldnerheere der CIA seit Ende des Zweiten Weltkrieges. So auch in Afghanistan. Nun wird dieser Militärapparat nicht abgerüstet, sondern anderweitig eingesetzt. Scheinbar im Kampf gegen den internationalen Terrorismus, in Wirklichkeit für das Neue Amerikanische Jahrhundert, wie noch zu zeigen sein wird. Viele Schreckensereignisse in der Welt, ob unverständliche Stammesstreitigkeiten am Hindukusch, Bürgerkriege in Afrika, Selbständigkeitsbestrebungen auf dem Balkan oder in Tschetschenien, die zunächst rein lokalen Ursprungs zu sein scheinen, erweisen sich bei näherem Hinsehen meist als Teil eines größeren, strategisch angelegten Vorgangs.[183] Es war vor hundert Jahren der britische Außenminister Lord Curzon, zuvor Vizekönig in Indien, der darauf verwies, daß Turkistan, Afghanistan, die Gebiete jenseits des kaspischen Meeres, Persien ... Steine auf einem Schachbrett seien, mit denen ein Spiel um die Weltherrschaft gespielt werde.[184] Es ging schon damals, kurz vor dem Ersten Weltkrieg, ums Öl. Und das ist heute nicht anders. Doch es schickt sich nicht, dies offen auszusprechen. Kriege sind nicht populär. Wer Krieg führen will, wer töten, wer Land besetzen und ausbeuten will, wer Weltmachtpolitik in die Praxis umsetzen will, braucht eine Rechtfertigung vor der eigenen wie der Weltbevölkerung.

Huntington und der neue muslimische Feind

Auf die antiamerikanischen muslimischen Terroranschläge der neunziger Jahre ist bereits hingewiesen worden. Sie zeichnen sich durch merkwürdige Geheimdiensthintergründe aus: die erste World-Trade-Center-Bombe 1993 mit der offensichtlich von CIA und FBI gedeckten muslimischen Terrorgruppe, bestehend aus Afghanistan-Veteranen der CIA; dann der Versuch, den widerwärtigen Oklahoma-Anschlag aus dem Jahr 1995 zunächst mit großem Medienaufwand Muslimen in die Schuhe zu schieben, schließlich die Anschläge auf Botschaften und Kriegsschiffe in Afrika und Arabien, stets dem ehemaligen CIA-Partner Osama bin Laden ohne einwandfreie Beweisführung zugerechnet. Es scheint so, als bahnte sich mit dieser Kette angeblich muslimischer Taten ein Kriegsszenario der Auseinandersetzung mit den fundamentalistisch radikalen Kräften aus der gesamten muslimischen Staatenwelt an. Unterschlagen wird dabei stets, daß es sich fast immer um Personengruppen handelt, die von der CIA direkt oder verdeckt angeworben waren.

Es fällt zunehmend schwer, von Zufall zu sprechen, wenn ein ausgewiesener Berater der CIA von der psychologisch-religiösen Seite her bereits Anfang der neunziger Jahre die Stichworte für den Kampf der christlich-jüdischen gegen die muslimische Zivilisation und umgekehrt liefert. Samuel Huntington, Professor der weltberühmten Harvard-Universität, geht in seinem Buch über den Zusammenstoß der Zivilisationen von dem genetisch angeborenen Zwang auch moderner demokratischer Gesellschaften aus, sich nur über den Haß gegen einen gemeinsamen Feind der Zugehörigkeit zur eigenen Nation, zur christlich-jüdischen Wertewelt vergewissern zu können. Nur über den Haß gegen Außenstehende sei die Führung einer Nation, einer christlich-jüdisch bestimmten Staatenwelt zu sichern.[185] Als neuer Feind komme nach dem Zusammenbruch des weltweit operierenden Kommunismus nur die muslimische Staaten- und Zivilisationswelt in Frage.

Nun sind Religionskriege noch nie aus religiösen Gründen geführt worden. Stets war die Religion Vorwand, hinter der sich brutale Fragen der Macht versteckten. Huntington hat geradezu ein Drehbuch für eine neue Epoche kämpferischer Auseinandersetzungen geschrieben, in der die Attentate des 11. 9. die Prophetie des Autors erfüllen. Prompt treten sie auf, die Figuren, die bislang auf dem Schachbrett der Weltpolitik als muslimische Freiheitskämpfer im Kampf gegen die Sowjetunion genutzt wurden und jetzt als Partie im Kampf der Zivilisationen den muslimischen Teil spielen. Hinter dem Vorhang läßt sich die Welt, auch der ölhaltige Nahe Osten und große Teile der Welt, neu ordnen.

Erstes Gebot verdeckter Operationen: die perfekt gelegte Fehlspur

Geheimdienste, die zur Ausweitung wie zur Erhaltung von Macht gegen öffentlichen Widerstand eingesetzt werden, nehmen über verdeckte Operationen auf politische Abläufe Einfluß. Sie feilen an Methoden, um zu gegebener Zeit mit gezielten Aktionen die öffentliche Meinung des eigenen oder eines fremden Landes mit einer im voraus berechneten Wirkung auf die Seite der beabsichtigten Politik zu ziehen. Die Massen werden einer sorgfältig inszenierten Gehirnwäsche unterzogen. Öffentliche Empörung soll über eine inszenierte widerwärtige Tat, gezielte Verdächtigungen und Pressemanipulation auf den vermeintlichen Feind gelenkt werden. Die eigentlichen Täter, der reale Tatablauf und die Indizienketten müssen so arrangiert werden, daß niemand auf die tatsächlichen Urheber rückschließen kann. Entsprechend sorgfältig muß die Fehlspur zu den ahnungslos oder mit falschen Vorstellungen und Motivationen handelnden Scheintätern ausgearbeitet und umgesetzt werden. Es müssen geradezu Drehbücher der überzeugenden Irreführung der Fahndung wie der öffentlichen Meinung geschrieben und realisiert werden. Die Verantwortlichen der verdeckten Tat müssen jederzeit plausibel leugnen und die Unwahrheit vertreten können. Das gilt insbesondere für die politisch und administrativ verantwortlichen Vorgesetzten.

Dabei ist es oft nicht leicht, die lästige Frage aller Kriminalisten bei der Aufklärung der Tat nach dem *cui bono* – wem nützt, wem schadet die Tat – aufzufangen und von den als über jeden Verdacht erhaben auftretenden Geheimdiensten abzulenken. Hinweise und scheinbare Belege für gestörte Persönlichkeiten, für religiösen Fanatismus, blinde Rachegefühle oder abgrundtiefe zivilisatorische Rückständigkeit sollen Taten erklären, die von der Interessenlage des Täters her zunächst ausgeschlossen erschienen.

Wenn irgend möglich, nehmen Geheimdienste bei verdeckten Operationen gern die Dienste der sogenannten Organisierten Kriminalität in Anspruch. Der Geheimdienst sorgt dafür, daß die Kriminalpolizei etwa bei der Drogenfahndung beide Augen zudrückt, und sichert so dem Ganoven einen phantastischen Gewinn, der Schwerverbrecher liefert als Gegenleistung die erwünschte Tat. Wer im späteren Leben als vom Geheimdienst Mißbrauchter auspacken will, findet sich in einem Strafverfahren zur Aufarbeitung seines bislang geduldeten kriminellen Lebenswandels wieder. Der Hinweis auf Geheimdienste zieht vor Gericht nicht. Es droht lebenslang. Der Geheimdienst hat deshalb seine verdeckten Täter stets in der Hand.

Werden hingegen die ahnungslosen oder mißbrauchten Scheintäter der geheimdienstlich getürkten Tat vor Gericht gestellt, dann untermauert der Geheimdienst seine Fehlspur, indem er aus dem kriminellen Milieu von langjährigen Freiheitsstrafen bedrohte Zeugen auftreten läßt, denen für Falschaussagen im Sinne der geheimdienstlich gelegten Fehlspur Hoffnung auf Strafmilderung, Strafverschonung oder das Fallenlassen schwerwiegender Vorwürfe gemacht wird.

Bei der Vortäuschung der Täterschaft werden nicht selten sogenannte Patsies eingesetzt, ahnungslose Personen, denen ein Bombenattentat angelastet werden kann, das sie nicht begangen haben. Psychisch gestörte Personen aus Heilanstalten brechen zu ihrem vermeintlichen Ausgang mit einer smarten Bombe im Rucksack auf, die per Zeit- oder Fernzünder ausgelöst wird. Da sie bei der Tat selbst ums Leben kommen, kann die Aufklärung des Anschlags schnell beendet werden. Es finden sich Aufzeichnungen des scheinbaren Täters. Telefonbücher führen weiter in das weltumspannende Netzwerk fundamentalistischer Täter und verweisen so auf den Hintergrund des Täters. Fingerabdrücke helfen bei der Personenfeststellung. Es tauchen Abhörgespräche auf, die die Fehlspur verdichten helfen.

Jede Fehlspur zeigt Auffälligkeiten

Doch auch die perfekt geplanten und ausgeführten verdeckten Operationen zeigen über kurz oder lang Auffälligkeiten, die stutzig machen. Das fängt mit der Cui-Bono-Frage an, die nur mit Schwierigkeiten zugunsten der Fehlspur beantwortet werden kann. Oft müssen die Agents provocateurs, die Informanten und Agenten der Geheimdienste, die zu Straftaten angestiftet haben oder beteiligt waren, in der Szene vor Strafverfolgung geschützt oder anderweitig unschädlich gemacht werden. Sie werden den Gerichten als Zeugen vorenthalten, verschwinden zuweilen mit neuer Identität und neuem Gesicht in entfernte Länder. Schwieriger wird es, wenn wie beim ersten Anschlag auf das World Trade Center im Jahre 1993 der als Agent provocateur eingesetzte Anstifter der Tat seine Unterredungen mit dem Führungsoffizier auf Band oder gar Video aufzeichnet und der Dienst nicht in der Lage ist, das Beweismittel oder den lästigen Zeugen rechtzeitig verschwinden zu lassen. Agenten pflegen daher zum Selbstschutz derartige Beweismittel zu vervielfältigen und an zahlreichen Plätzen zu deponieren, so daß bei Bedarf darauf zurückgegriffen werden kann.

Die im Zeitablauf unweigerlich auftretenden Unstimmigkeiten der die eigentliche Tat verdeckenden getürkten Tat zwingen zu Eingriffen in die Arbeit der Kriminalistik. Dadurch vervielfältigen sich die Zweifel an dem amtlich verkündeten Tathergang. Der Apparat versucht dann über ihm gefügige Spezialisten in den Medien, öffentlich geäußerte Kritik mit dem Knüppel der Verschwörungstheorie zu verscheuchen. Niemand möchte sich nachsagen lassen, Spinnern aufgesessen zu sein.

Die nun einsetzende Scheuklappenermittlung der Kriminalpolizei bei verdeckten Operationen der Geheimdienste steht hilflos oder auch konspirativ vor schnell verschwindenden Hinweisen auf die eigentliche Tat, Akten und andere Beweismittel erweisen sich als nicht ordentlich gesichert oder zwischenzeitlich sogar vernichtet. Schließlich sorgt die Aura der unerläßlichen Geheimhaltung dafür, daß Unbefugten die Überprüfung unmöglich gemacht wird. Der Gegner könnte sonst auf Mittel und Methoden geheimdienstlicher Arbeit rückschließen, lautet das gängige Argument. So werden eben nicht die Originaltonbänder eines überwachten und aufgezeichneten Telefongesprächs an die Ermittler weitergegeben, sondern allenfalls die Abschrift in der Übersetzung eines Ausländers, dessen Verläßlichkeit nur schwer einzuschätzen ist.

Aus den Aussagen des ehemaligen Mossad-Agenten Ostrovsky ergibt sich, daß die meisten westlichen Geheimdienste nicht über Abhörspezialisten verfügen, die in der Lage sind, das am Telefon schnell gesprochene Umgangsarabisch zu verstehen. Das beherrschen die in den entsprechenden Regionen aufgewachsenen und nach Israel ausgewanderten Israelis, die als »native speaker« für Abhör- und vor allem Übersetzungsaufgaben bei allen westlichen Geheimdiensten unersetzlich sind. Die Loyalität dieses Personals kann zwangsläufig vom Mossad genutzt werden. Nach Ostrovsky bedient sich der israelische Geheimdienst genau dieser Solleinbruchstelle in die Manipulierbarkeit des geheimdienstlichen Nachrichtenaufkommens.[186]

In bezug auf den 11. 9. bestätigt eine Mitarbeiterin aus dem Pool der Übersetzungskräfte des FBI die hier dargestellten Verfälschungsmöglichkeiten in einer Eingabe an die Zentrale des FBI. Ein Kollege aus ihrem FBI-Übersetzerteam habe ehemals genau für die Organisation gearbeitet, die derzeit vom FBI überwacht werde. Dieser Kollege stehe mit einem der Ausländer in der durch das FBI aufzuklärenden Zielgruppe nach wie vor in freundschaftlicher Verbindung, habe dies jedoch seinen Vorgesetzten nicht mitgeteilt. Entscheidende Erkenntnisse aus den abgehörten und von ihr übersetzten Telefongesprächen habe der Kollege in seinen Aufzeichnungen schlichtweg unterschlagen. Das FBI bestätigte die Aussage der Mitarbeiterin, führte jedoch die offensichtlichen Dienstversäumnisse auf die mangelhafte Schulung des Übersetzers zurück. Das FBI kündigte dann sogar dieser Mitarbeiterin, der Frau eines amerikanischen Luftwaffenoffiziers, nicht aber dem Fehlübersetzer.[187]

Weitere Einwände gegen das Offenlegen von Geheimdiensterkenntnissen ergeben sich aus dem Hinweis auf die Gefährdung des Informanten oder auch die Vereinbarung, Erkenntnisse eines befreundeten Dienstes nicht ohne dessen Einverständnis preiszugeben. Die Argumente sind oft nicht von der Hand zu weisen. Nur die Summe aller Widerstände, eine andere als die offiziell vorgegebene Spur zu verfolgen, macht stutzig.

Wie Geheimdienste mit Mehrfachagenten jonglieren

Zur Bekämpfung des internationalen Terrors werden seit Jahren die Prämien für das Anwerben sogenannter Informanten erhöht. Mit dem Geld gehen die Dienststellen aller Länder auf Jagd nach möglichst ergiebigen Quellen im Terrorbereich. Das macht Terror in den ärmsten Weltregionen zu einem begehrten Erwerbszweig. Die Terroristen wiederum dienen sich in der Regel mit Wissen ihres Anführers und des sie führenden Geheimdienstes weiteren Geheimdiensten als Informanten an. Das ermöglicht wiederum dem regional dominanten Geheimdienst, die Erkenntnisse anderer Geheimdienste durch Steuerung der Zwei-, Drei- oder Vielfachagenten in die gewünschte Richtung zu lenken. Die jeweiligen Führungsoffiziere der verschiedenen Geheimdienste wiederum achten allesamt zwangsläufig darauf, ihre »Quellen« nicht durch das kriminalistische Vorgehen von Kripo, Staatsanwaltschaft oder Gericht zum Versiegen zu bringen. Sollten die Agenten zudem in der Organisierten Kriminalität angesiedelt sein, fallen so oft beachtliche, weil risikolose und mit wenig Aufwand verbundene Gewinne an.

Da Terror zugleich Bestandteil der hohen Politik ist, findet ein ständiger Kampf um die geheimdienstlich erste Reihe im Terrorgeschäft statt. Der israelische Geheimdienst Mossad ist in der Region des Nahen Ostens, wenn nicht in der gesamten muslimischen Welt so vorherrschend, daß er die Agenten der anderen »befreundeten« Dienste über seine »Quellen« gezielt manipulieren kann. Das führt dann dazu, daß bei den regelmäßigen Treffs der NATO-Geheimdienste in Brüssel, zu denen auch der Mossad zugelassen ist, zuweilen ein gesteuertes und daher falsches Lagebild entstehen kann. Wenn drei oder gar vier Geheimdienste aus angeblich unterschiedlichen Quellen ähnliches oder gleiches berichten, dann kann der gemeinsam sich im Kreis drehende Zirkus von Geheimdienstleuten, Politikern und Medienvertretern auf Pferde gesetzt werden, die sie bei klarer Sicht nie bestiegen hätten.

Die professionelle Tat und die Fehlspur der 19 Selbstmordhobbyflieger

Hält man es folglich für denkbar, daß eine hochkriminelle Tat wie die des 11. 9. die verdeckte Operation eines oder mehrerer Geheimdienste sein könnte, so wird man zur Aufklärung des Gesamtvorgangs einerseits nach den Spuren der den Massenmord tatsächlich verursachenden eigentlichen Tat und andererseits nach der mit großem Aufwand gelegten und laufend unterfütterten Fehlspur der getürkten Tat suchen müssen. Statt des amtlich vorgegebenen Puzzles, in das sämtliche Teile eines Bildes einzufügen wären, wären es deren mindestens zwei. Das eine Bild gibt die Tat in ihrem tatsächlichen Ablauf wieder. Das andere enthält die mit aller Liebe zum Detail erstellte Fata Morgana, die den Ablauf der eigentlichen Tat überlagern und möglichst vollständig verdecken soll. Der Versuch soll hier gewagt werden.

Die mögliche Außensteuerung der Flugzeuge

Passagierflugzeuge elektronisch von außen gesteuert?

Die 19 Entführer sollen am 11. 9. die vier Passagierflugzeuge des Typs Boeing 757 und 767 lediglich mit Kartonschneidemessern bewaffnet im Kampf gegen Mannschaften und zum

Teil militärisch ausgebildete Jetpiloten in ihre Gewalt gebracht haben. Piloten und Mannschaften der vier Flugzeuge waren für den Fall einer Flugzeugentführung ausgebildet und vorbereitet. Nach den Vorschriften hätten sie im Cockpit wie an weiteren Stellen des Flugzeugs die Ziffernfolge 7700 in Tastaturen eingeben und so die Flugsicherung am Boden vom Geschehen an Bord benachrichtigen müssen.[188] Doch aus keiner der vier Maschinen wurde die Botschaft empfangen. Mehr als eine halbe Stunde flogen alle vier Maschinen ohne jede Verbindung mit den Bodenstationen, bevor sie in den Endanflug auf die Ziele gesteuert wurden.

Das Endlosband der automatisch mitlaufenden Stimmaufzeichnungsgeräte hält jeweils die in den letzten 30 Minuten geführten Gespräche der Piloten in der Kanzel des Flugzeugs fest. Das Band wird nach Ablauf der 30 Minuten neu überspielt, die alten Daten gelöscht. Diese Geräte wurden zwar angeblich sowohl bei der Pentagon-Maschine als auch bei der über Pennsylvania abgestürzten Maschine gefunden, sie enthalten aber angeblich keinerlei Aufzeichnungen. Es fehlt auch bis heute der normalerweise auf Band aufgezeichnete Sprechverkehr zwischen den Bodenstationen und den Piloten.[189]

Diese Merkwürdigkeiten in Verbindung mit der Ansicht erfahrener Piloten von Kampfflugzeugen, daß nur Piloten mit langjähriger Flugerfahrung in der Lage sein können, die riesigen Passagiermaschinen im dichten Flugverkehr der amerikanischen Ostküste mit einer Geschwindigkeit von 800 Stundenkilometer punktgenau in Ziele wie die Türme des World Trade Centers zu steuern, keineswegs aber schlechtausgebildete, jugendliche Hobbyflieger, brachte einen ehemaligen britischen Luftfahrtingenieur zu der Annahme, die vier Flugzeuge müßten ferngesteuert worden sein. Der amerikanische Journalist Joe Vialls veröffentlichte die anonym bleibende Stellungnahme des Ingenieurs auf seiner Homepage im Internet.[190] Danach habe die britische Luftwaffe bereits in den fünfziger Jahren die Technik entwickelt, Kampfflugzeuge ohne Piloten steuern zu können. Im Zuge der Entwicklung dieser Technik seien vier schwere Phantom-Kampfjets elektronisch gelenkt gestartet, im Verbandsflug neben- und übereinandergeflogen und dann wieder gestaffelt zur Landung gebracht worden. Die Technik sei dann in den siebziger Jahren von der Defense Advanced Projects Agency (DARPA), der zur Umsetzung von Hightech-Entwicklungen aus dem militärischen Bereich in die zivile Nutzung geschaffenen Behörde des Pentagons, weiterentwickelt worden, um Passagierflugzeuge nach einer Entführung dennoch sicher ferngesteuert landen zu können.

Diese elegante Technik ermögliche das Mithören der Gespräche im Cockpit des betroffenen Flugzeugs sowie die vollständige Übernahme des gesamten Flugmanagements von außen. Ab dieser Übernahme durch die Fernsteuerung kann das gekaperte Flugzeug ohne Rücksicht auf Entführer oder Crew automatisch auf dem gewünschten Flugplatz zur Landung gebracht werden. Das Ganze sei nicht schwieriger als das Steuern eines funkgesteuerten Modellflugzeugs. Die Entwicklungsingenieure konnten nicht ahnen, daß dreißig Jahre später der Code der supergeheimen Computer geknackt und das System mißbraucht werden könnte. Die Technik, Piloten von außen die Führung des Flugzeugs zu entwinden, sei auf vier Maschinen zur gleichen Zeit ausgelegt gewesen. Und es waren am 11. 9. vier Flugzeuge, die nach dem Start vom Boden aus kontrolliert und in die Ziele gesteuert worden seien – so die Meinung des anonymen Experten.

Wie Fernsteuerung dem Piloten die Kontrolle entzieht

Um das System zu verstehen, muß man sich vergegenwärtigen, wie Flugzeuge normalerweise vom Piloten gesteuert werden. Um das Fluggerät dreidimensional durch den Raum zu bewegen, benutzt der Pilot den Steuerknüppel, Pedale zum Bedienen der Höhen- und Seitenruder sowie eine Reihe von

Gashebeln zur Beschleunigung und Verlangsamung des Schubs der Triebwerke.

Zu Beginn der Luftfahrt gaben Steuerknüppel und Ruderpedale die Befehle des Piloten mechanisch über dünne Seile weiter. Der Pilot hatte die direkte körperliche Kontrolle über jede Bewegung des Flugzeugs. Das war für den Piloten eines kleineren Flugzeugs ohne jedes Problem. Doch mit den immer größer, schwerer und schneller werdenden Flugzeugen wuchsen die auf Steuerknüppel und Ruderpedalen ruhenden Lasten so an, daß ein Pilot allein nicht mehr in der Lage war, das Flugzeug ohne Hilfe sicher zu fliegen. Die Einführung der Hydraulik erleichterte wie beim Automobil die Kabelsteuerung. Die Operationen des Piloten wurden per Kabel an Sensoren weitergegeben, die ihrerseits die Hydraulik zur Bewegung der Steuerungsruder in Gang setzten. Zum ersten Mal waren so die Piloten von der unmittelbaren physischen Kontrolle ihres Flugzeugs ausgeschlossen. Als die DARPA nun Mitte der siebziger Jahre die Aufgabe, Flugzeuge ohne Pilot von außen zu steuern, zu lösen versuchte, hatten bereits Computer den Autopiloten an Bord ermöglicht, der wiederum die Bordhydraulik und deren Einwirken auf die Mechanik überwachte und regelte. Die neue Technik, »Flugkontrollsystem« genannt, ermöglichte in Verbindung mit einer ausgefeilten Avionik nun das automatische Landen des Flugzeugs unter Null-Sicht-Verhältnissen. Seit Mitte der siebziger Jahre waren die meisten großen Passagierflugzeuge so ausgerüstet, daß sie hunderte von Meilen verläßlich navigieren und dann auf bestimmten Flughäfen ohne Rücksicht auf Sichtweiten automatisch landen konnten. Menschliches Zutun war nicht mehr zwingend erforderlich, die überwachende und notfalls eingreifende Kontrolle durch Piloten und Mannschaft blieb allerdings vorgeschrieben.

Um die Fernsteuerung von außen möglich zu machen, mußte ein Einstieg in sämtliche Steuersysteme an Bord gefunden werden. Hierauf mußten die Flugzeuge ausgelegt werden.

Die großen Flugzeughersteller hatten bereits auf ihren Reißbrettern Vorstellungen entwickelt. Unter strengster Geheimhaltung baute die Industrie auf Veranlassung und Förderung der DARPA »Hintertüren« (back doors) in die neu entwickelten Bordcomputer ein. Hierzu diente ein Kanal zur Fernsteuerung des Flugkontrollsystems. Mit dem Aktivieren dieses Kanals konnten sämtliche Funktionen des Flugzeugs in Fernsteuerung übernommen werden. Flugzeugentführer wie Piloten konnten ohne Möglichkeit der Gegenwehr von der Kontrolle des Flugzeugs ausgeschlossen werden.

In den Nachrichten unmittelbar nach den Attacken auf New York und Washington war immer wieder von »Transpondern« die Rede. Der Transponder vereinigt technisch einen Radiosender mit einem Empfänger und arbeitet automatisch, indem er die Daten des Flugzeugs zur Bodenstation der Flugsicherung überträgt. Die charakteristischen Signale identifizieren exakt die Kennung jeweils eines Flugzeugs und helfen so im gefährlich hohen Luftverkehrsaufkommen Zusammenstöße zu vermeiden. Das Signal ist aber auch wichtig für die Kontrolleure am Boden oder in einem zur elektronischen Kampfführung geeigneten Flugzeug, die das Flugzeug fernsteuern wollen und hierzu exakt das ausersehene Flugzeug anpeilen müssen. Ist genau dieses Flugzeug ausgemacht, kann die Hintertürsteuerung sich auf die Datenübertragung des Transponderkanals aufschalten und so die Kontrolle vom Boden aus übernehmen. Daß keines der vier Flugzeuge den vereinbarten Transponder-Code für eine Flugzeugentführung ausgestrahlt hat, obgleich in allen vier Flugzeugen an verschiedenen Punkten die vier Ziffern hätten eingegeben werden können, spräche für die Aufschaltung der Steuerung von außen. Die Transponderfrequenz war bereits von der Außenkontrolle in Beschlag genommen, so daß die Übertragung des besonderen Entführungssignals unmöglich wurde. Dies wäre der erste harte Beweis dafür, daß das Zielflugzeug eher elektronisch vom Boden als von unerfahrenen Gruppen von Arabern ins Ziel gelenkt wurde.

Das Verfahren zur Steuerung von außen schaltet die Mikrophone, die im Cockpit die Geräusche kontinuierlich an das automatisch mitlaufende und gegen Absturz und Feuer gesicherte Stimmaufzeichnungsgerät übertragen, auf die Fernsteuerungseinheit um. Wenn jedoch das Steuerungsverfahren von außen eingeschaltet ist, werden weder Flugschreiber noch das Stimmaufzeichnungsgerät bespielt. Stimmen können auf dem 30 Minuten laufenden Endlosband nicht mehr aufgezeichnet werden. Wurde das Außensteuerungsverfahren länger als 30 Minuten eingeschaltet, kann es auch keine hörbaren Signale auf dem Stimmaufzeichnungsgerät geben. Bis heute sind die grell orange lackierten, »black boxes« genannten Stimmaufzeichnungsgeräte und Flugschreiber der vier Maschinen entweder nicht gefunden worden oder ohne Aufzeichnung oder diese bislang nicht veröffentlicht.

Fernsteuerung in mehr als 600 Passagierflugzeugen

Nach Schätzungen ist in mehr als 600 Flugzeugen diese Computersteuerung mit Hintertür zur Aufschaltung der Fernsteuerung eingebaut. Die amerikanische Regierung hat sich bislang zu den hier dargestellten Vermutungen ausgeschwiegen. Eine größere europäische Fluglinie soll jedoch bereits Anfang der neunziger Jahre das Bekanntwerden der Fernsteuerungsmöglichkeit von außen zum Anlaß genommen haben, die werkseitig eingebauten Flugkontrollcomputer aus ihrer Flotte zu entfernen und zu ersetzen. Der Autor der Fernsteuerungstheorie unter dem Titel »Home Run« will den Namen der europäischen Fluggesellschaft aus Angst vor Schadensersatzansprüchen nicht nennen. Doch wenn er die Wahl habe, so würde er, wie er listig hinzufügt, nach den Flugplänen des Winterhalbjahrs 2001 einen Flug von Atlanta nach Singapur über New York, Frankfurt/M. und Kuala Lumpur mit folgenden Flugzeugen zurücklegen: Von Atlanta nach John F. Kennedy I in

New York würde er vermutlich in einer Boeing 737 fliegen, von dort eine Boeing 777 nach Frankfurt/M. nehmen. Dort würde er einen Airbus A 340 nach Kuala Lumpur besteigen und den letzten Teil der Reise in einer DC 9 oder einer Fokker 100 beschließen. Aus der Wahl der Fluglinien und den von den Fluggesellschaften eingesetzten Flugzeugtypen könnte man mit einigem Aufwand erraten, welche Fluggesellschaft gemeint sein dürfte.

Auch die amerikanische Luftwaffe hat bereits größere Militärflugzeuge pilotenlos starten, fliegen und weit entfernt vollautomatisch landen lassen. So sind Maschinen vom kalifornischen Flughafen Andrew Air Force Base zum ferngesteuerten Flug nach Australien aufgebrochen und sicher wieder zurückgekehrt.[191] Die Technik ist zweifellos vorhanden. Sie könnte offensichtlich auch im Fall der Angriffe auf New York und Washington benutzt worden sein. Doch die Bush-Administration sieht sich nicht zu Stellungnahmen genötigt. Der in sich schlüssige alternative Erklärungsversuch für die Ereignisse des 11. 9. wird nur im Internet angeboten und diskutiert. In den Medien findet sich dazu kein Hinweis. Es wäre ein leichtes, dieser Spur nachzugehen, ihre Schlüssigkeit zu prüfen und die entsprechenden Beweismittel aufzuspüren oder die Theorie überzeugend zu widerlegen. Eine offizielle Stellungnahme könnte die Auseinandersetzung unter Sachverständigen weltweit vorantreiben. Das amtliche Schweigen spricht eher dafür, daß die Täter des 11. 9. sich dieser Technik bedient haben könnten.

Für den Piloten nicht zu steuernde Kurvenradien

Die angeblich in die Südwestfront des Pentagons gesteuerte Maschine der American Airlines Flug 77 flog von Dulles Washington International Airport zunächst in Richtung Ohio, verließ dort die Flugroute und kehrte Hunderte von Meilen zurück in Richtung Washington D.C. Noch über dem Bundesstaat Ohio brach der Funkkontakt mit der Maschine ab, der Transponder strahlte kein Identitätssignal mehr an das Radar der Bodenkontrolle ab. Das letzte Gespräch mit den Fluglotsen endete um 8 Uhr 50, nach der im Flugplan vorgesehenen Kurskorrektur eine Minute zuvor. Sechs Minuten danach blieb der erneute Kontaktversuch der Fluglotsen ohne Antwort. Die Bodenkontrolle versuchte wieder und wieder die Verbindung herzustellen, zumal die Fluglotsen in der Bodenstation bereits von den Anschlägen in New York unterrichtet waren, doch vergeblich. Die Maschine nahm zunächst Kurs auf das Weiße Haus in Washington und überflog dann das Pentagon, die militärische Zentrale der USA.

Nach den offiziellen Angaben über den eingeschlagenen Kurs müßte der Pilot die mit einer Geschwindigkeit von 800 Stundenkilometern fliegende Maschine aus den letzten 2100 Metern Höhe in einer Kurve von 270 Grad auf Bodenhöhe heruntergedrückt haben und, Telefonleitungen kappend, wenige Zentimeter über dem Rasen in den Südwestflügel des Pentagons gerast sein.[192] Dieses kaum von einem Kampfjetpiloten zu schaffende Flugmanöver wird dem arabischen Hobbyflieger Hani Hanjour zugeschrieben, dem wenige Wochen zuvor sein Fluglehrer am Flughafen Bowie's Maryland Freeway die Fähigkeit abgesprochen hatte, auch nur eine Cessna allein fliegen zu können.[193] Derartige Flugmanöver zu fliegen sei für nichttrainierte Piloten ein Ding der Unmöglichkeit, meinen denn auch erfahrene Luftwaffenpiloten aus aller Welt.

Doch ein anderes Element des Vorgangs ist wichtiger. Bei einem derart engen Kurvenradius und hoher Geschwindigkeit treten Fliehkräfte auf, die ohne Druckanzug das Blut aus dem Kopf in die Extremitäten drücken, so daß der Betreffende bewußtlos würde. Der Selbstmordpilot hätte für ein derartiges Manöver einen Spezialanzug für Kampfflieger tragen müssen, der diese Wirkung unterbindet oder einschränkt.

In einem Beitrag im Internet wird behauptet, in den Verkehrsmaschinen vom Typ 757 und 767 habe Boeing über den Bordcomputer das Fliegen von Kurvenradien unmöglich gemacht, die Passagiere einer Belastung von mehr als 1 1/2 g, d. h. dem Anderthalbfachen des Körpergewichts, aussetzen.[194] Diese Automatik soll vom Cockpit aus nicht ausschaltbar sein. Bei dem engen Kurvenradius der AA 77 über Potomac und National Airport im Anflug auf das Pentagon rechnen Sachverständige jedoch mit g-Werten von 5 bis 7, eine Größenordnung, die Kampfjetpiloten nur mit Hilfe ihrer Druckanzüge überleben. Werden diese Maschinen allerdings über die Hintertür des Bordcomputers ferngesteuert, kommt die Flugradieneinschränkung angeblich nicht zum Zuge.

Auch beim Endanflug der zweiten Boeing gegen den Südturm des World Trade Centers in New York dürfte die starke Flugkorrektur unmittelbar vor dem Einschlag mit einem viel höheren g-Wert verbunden gewesen sein, als es die softwarebegrenzte Pilotensteuerung zuläßt.

Was geschah mit der AA 77?

Die Größe der Einschlagstelle im Pentagon

Aus den bisherigen amtlichen Ermittlungsergebnissen lassen sich keine Antworten zu den hier aufgeworfenen Fragen finden. Dies gilt auch für weitere Merkwürdigkeiten gerade bei der in das Pentagon gesteuerten Maschine. Nach den offiziellen Angaben hat die Boeing 757 lediglich das Erdgeschoß des Pentagons getroffen. Doch von der Größe der Boeing her müßten zwei Stockwerke voll getroffen worden sein, selbst wenn die Maschine perfekt horizontal geflogen wäre. Wie eine 13,6 Meter hohe Boeing nur in das Erdgeschoß eines Bürogebäudes eindringen kann, nicht jedoch in die darüberliegenden Etagen, bleibt ein Rätsel, das die Ermittlungen klären müßten.

Im übrigen besteht eine leere Boeing 757 aus 60 Tonnen Metall, Plastik und Glas. Hinzu kommen Menschen und Gepäck. Somit ergibt sich die Frage, wo denn diese Unmenge an verformten und verstümmelten Überresten geblieben sein kann. Da auf der Grasfläche vor dem Pentagon nahezu keine Teile zu finden sind, müßte die Masse das Gebäude des Pentagons durchschlagen und dort entsprechende Spuren hinterlassen haben.

Das Pentagon besteht aus fünf, im Hinterhofabstand von einigen Metern errichteten fünfeckigen Gebäuderiegeln. Da die beiden ersten Stockwerke des zweiten Rings von außen nicht zerstört wurden, muß das Flugzeug bereits im äußeren Ring steckengeblieben sein. Doch die Boeing 757 ist knapp 50 Meter lang, viel länger als der Querschnitt des betroffenen Pentagonabschnitts. Die Wrackteile einer Boeing 757 sind auf den Bildern nirgends zu erkennen. Das Pentagon behauptet, eine garagentorbreite Öffnung, aus der Rauch entweicht, sei von der ins Ziel geflogenen Maschine verursacht worden.[195] Doch die Boeing mit ihren vier Meter hohen Triebwerken paßt nicht durch diese Öffnung. Jedes dieser Triebwerke ist nahezu zwei Stockwerke hoch.

Warum sich die Terroristen überhaupt in einer Meisterleistung von Pilotenartistik auf diese Weise dem Pentagon genähert haben sollen, bleibt unerklärlich. Das Pentagon stellt gerade aus der Luft eine riesige Zielscheibe dar, während das Gebäude selbst nicht sonderlich hoch ist. Viel einfacher hätte der Terrorpilot das als fliegende Bombe genutzte Passagierflugzeug von oben im flachen Winkel auf das spinnennetzartige Bauwerk steuern können. Doch statt die oberen dritten und vierten Stockwerke anzusteuern, wurde der Angriff Zentimeter über dem Grund geflogen, und dies mit rund 800 km/h, wobei die Nase des Flugzeugs leicht nach oben zeigen mußte, um nicht noch vor dem Ziel in Grund und Boden gebohrt zu werden. Die Militärs fanden angeblich zwar das Flugaufzeichnungsgerät, doch die zwei riesigen Triebwerke, der große Rumpf, die sterblichen Überreste der Passagiere samt deren Gepäck fehlen.

Thierry Meyssan vertritt in seinem Buch über den 11. September die Auffassung, in das Pentagon könne keine Passagiermaschine gesteuert worden sein, weil auf den Bildern keine Überreste des zerschellten Flugzeugs zu sehen seien. Es sei vielmehr anzunehmen, daß ein Cruise-Missile-Flugkörper, eine militärische Drohne, die eigentliche Zerstörung verursacht habe.[196] Doch wo blieb dann das Flugzeug?

Verfälschte und zurückgehaltene Videoaufnahmen

Das Pentagon hatte zunächst der Öffentlichkeit gegenüber geleugnet, im Besitz von Aufnahmen aus den auf dem Gelände installierten Überwachungskameras über Anflug und Einschlag des Flugzeugs zu sein. Das von der Überwachungskamera einer benachbarten Tankstelle aufgenommene Video, möglicherweise mit Aufnahmen des Anflugs, wurde sofort beschlagnahmt und bleibt unzugänglich. Als der französische Autor Meyssan Ende Februar 2002 mit seinem Bestseller »Der inszenierte Terrorismus – Auftakt zum Weltenbrand« auf den Markt kam, gab das Pentagon kurz darauf im März dann doch fünf Aufnahmen einer Überwachungskamera frei, die Anflug und Einschlag des Fluges AA 77 in das Pentagon zeigen sollten.[197] Die Zeitangaben an den Bildrändern wurden allerdings nachträglich und verfälschend eingegeben.[198]

Das nur begrenzt freigegebene militäreigene Filmmaterial zeigt, daß das Pentagon in der Tat sehr nah am Grund im untersten Stockwerk getroffen wurde. Der Bildausschnitt gibt den Blick auf ein Objekt wieder, das im Anflug weißen Rauch verursacht, jedoch in seinen Umrissen von einem Hindernis im Vordergrund verdeckt wird. Es fehlen die nicht freigegebenen Bildfolgen zwischen und nach den veröffentlichten Aufnahmen, die es ermöglichen könnten, den anfliegenden Körper genauer als Flugzeug oder Flugkörper zu bestimmen. Daß nur die Bilder mit einem das eigentliche Geschehen verdeckenden Hindernis im Vordergrund veröffentlicht wurden, wird kaum Zufall sein. Auf den Bildern ist ein heller und sauberer Feuerball zu sehen, während brennendes Kerosin oder Benzin bei einem Flugzeug- oder Autounfall einen dunkel-orangefarbigen Brand mit schwarzen Rauch- bzw. Rußfahnen hätte erwarten lassen. Das Flammenbild vor dem Pentagon zeugt von einer Verbrennung unter Zufuhr großer Mengen verfügbaren Sauerstoffs, was eher auf den Feuerball nach einer Explosion schließen läßt.[199] Was dort letztlich im einzelnen geschah, ist auf den vom Militär freigegebenen Videoaufnahmen nicht auszumachen. Es fehlen die Bildsequenzen zwischen einer kleinen Abgaswolke, die die Militärs als Kondensstreifen der anfliegenden Boeing 757 interpretieren, und dem folgenden auffallend hell-weißlichen Brand nach dem Einschlag. Aus den nicht freigegebenen oder nicht mehr vorhandenen Bildern hätte nach der Vermutung Eric Hufschmids die Geschwindigkeit der Brand- bzw. Explosionsausbreitung erschlossen werden können. Man hätte die Frage, ob es sich um den Abbrand von Flugkerosin oder um eine Explosion handelt, eindeutig beantworten können.

Würde das Video ohne jeden Zweifel, wie behauptet, den Einschlag einer Boeing 757 zeigen und beweisen können, wären die Vertreter des Pentagon geradezu Narren, die entscheidenden Bildfolgen geheimzuhalten. Das Ding sehe auf den freigegebenen Bildern aus wie eine Drohne, es verhalte sich wie eine solche und werde, so die Hufschmidsche Schlußfolgerung, deshalb vermutlich auch eine Drohne gewesen sein.[200]

Keine Überreste von Flugzeug, Passagieren, Besatzung?

Auf den vom Militär freigegebenen Videos findet sich im übrigen auch nicht die Spur eines Flugzeugs, man kann im Vordergrund Pkw und Rasen erkennen.[201] Das Pentagon veröffentlichte im Internet ein Photo mit der Überschrift: »Ein Pentagon-Arbeiter hält etwas in Händen, von dem anzunehmen ist, daß es ein Teilstück des am 11. September in das Pentagon gestürzten Flugzeugs gewesen sein könnte.« Man beachte die verklausulierte Sprache!

Ein anderes Stück verknautschten, zerrissenen, bemalten Blechs fand man auf dem Hubschrauberlandeplatz. Daß die Teile jedoch von der Außenhaut einer Boeing 757 stammen könnten, ist unwahrscheinlich, und daß sie aus dem Inneren des Flugzeugs herausgeschleudert sein könnten, ist ebenfalls nicht anzunehmen. Hingegen könnte es sich eher um das Blechteil eines unbemannten Flugkörpers handeln. Merkwürdig auch, daß abgestellte Pkw in der Nähe des Hubschrauberlandeplatzes lichterloh brannten, das Gras vor dem Pentagon hingegen makellos grün blieb.

Der Anschlag traf im übrigen exakt den bereits zum Schutz gegen Terrorangriffe umgebauten Flügel des Pentagons, der noch nicht wieder bezogen war. Der Personenschaden hielt sich damit in Grenzen.

Es gibt Zeugen, die zwei Explosionen gehört haben wollen. Dann müßte die erste Explosion als Einschlag eines Flugkörpers, die zweite als Explosion im Gebäude selbst wahrgenommen worden sein. Die zweite Explosion hätte dann den Einsturz eines Teils des Pentagonflügels verursacht.

Das Buch des Franzosen Thierry Meyssan konnte in den USA übrigens nicht vertrieben werden, weil es als antiamerikanisch gilt.

Die hier wiedergegebenen Beobachtungen beantworten nicht die Frage nach dem Verbleib des Flugzeuges AA 77. Der Start der Boeing wurde registriert, die Maschine wurde während ihres Flugs vom militärischen wie zivilen Bodenradar verfolgt, muß folglich irgendwo verblieben sein. Das Rätsel zu lösen, vernünftige Erklärungen für den Gesamtvorgang zu finden, kann nur die Aufgabe sachverständiger und einer objektiven Arbeit verpflichteter Ermittler sein.

Das Geheimnis des WTC-Gebäudes 7

CIA-Antiterrorzentrale und Führungsbunker des Oberbürgermeisters

Zur Frage, warum das Gebäude 7 des World Trade Centers ohne Aufprall eines Flugzeugs eingestürzt sei, erklärt der Bericht der Federal Emergency Management Agency (FEMA), die Besonderheiten der Feuer im WTC-Gebäude 7 und auf welche Weise diese den Einsturz des Gebäudes hätten bewirken können, seien bis zur Stunde unbekannt. Weitere Untersuchungen, Forschungsarbeiten und Analysen seien zur Lösung der Frage erforderlich. Doch die Beweismittel sind zum größten Teil auch hier beseitigt.

Das 47-stöckige Gebäude hatte einige Besonderheiten aufzuweisen. Es war von der New York Port Authority gebaut worden und gehörte seit 1987 dem bereits erwähnten Larry Silverstein. Das Gebäude war über einem fünf Stockwerke hohen Hohlraum errichtet, in dem zwei Umspannwerke mit zehn Transformatoren untergebracht waren, jeweils über zehn Meter hoch und über zwölf Meter breit. Die Transformatoren senken für Manhattan die Spannung der Überlandleitung von 13 800 Volt auf die ortsübliche Stromstärke herab. Das Gebäude wurde schlichtweg über den vorhandenen Transformatoren errichtet, weil anderweitig kein Platz für deren Verlagerung gefunden werden konnte.

Dazu kamen Notstromaggregate für 20 Megawatt sowie die Tanks für Dieselöl zum Betreiben der Aggregate bei Zusammenbruch des überregionalen Netzes. Folgt man dem offiziellen FEMA-Bericht, dann lagerten im Gebäude 7 des World Trade Centers insgesamt rund 159 000 Liter Dieselöl, die über Leitungen zu den verschiedenen Verbrauchsstellen transportiert wurden. Die FEMA beschreibt das WTC-Gebäude 7 als ein normales Bürogebäude. Doch es gibt kein anderes Bürogebäude, in dem verschiedene Rohrleitungen 159 000 Liter

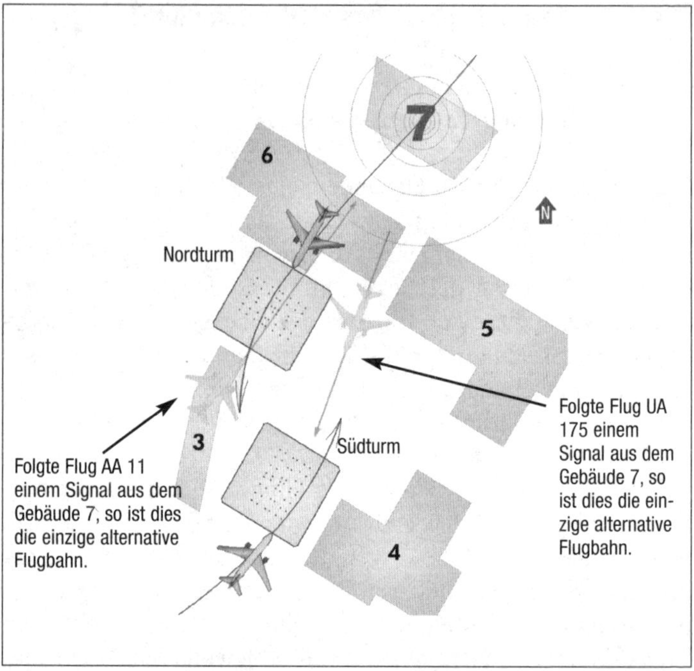

Sollten Flug AA 11 und UA 175 aus Gebäude 7 des WTC ferngesteuert worden sein, gibt es kaum Alternativen zu den tatsächlich geflogenen Flugrouten.

Dieselöl zu 15 oder mehr Generatoren mit einer Leistung von zusammen 20 Megawatt pumpen.

Über den Generatoren und den Tanks für die Notstromaggregate war im WTC-Gebäude 7 vor fremden Augen hinter Gebäudefassaden verborgen die CIA-Zentrale für den Kampf gegen den Terrorismus, aber auch die Spionageabteilung gegen New Yorker UNO-Vertretungen aller Länder untergebracht.[202] Ende der neunziger Jahre wurde auf Betreiben Jerry Hauers, Manager des World Trade Centers, im WTC-Gebäude 7 zwischen dem 23. und dem 25. Stock für den Oberbürger-

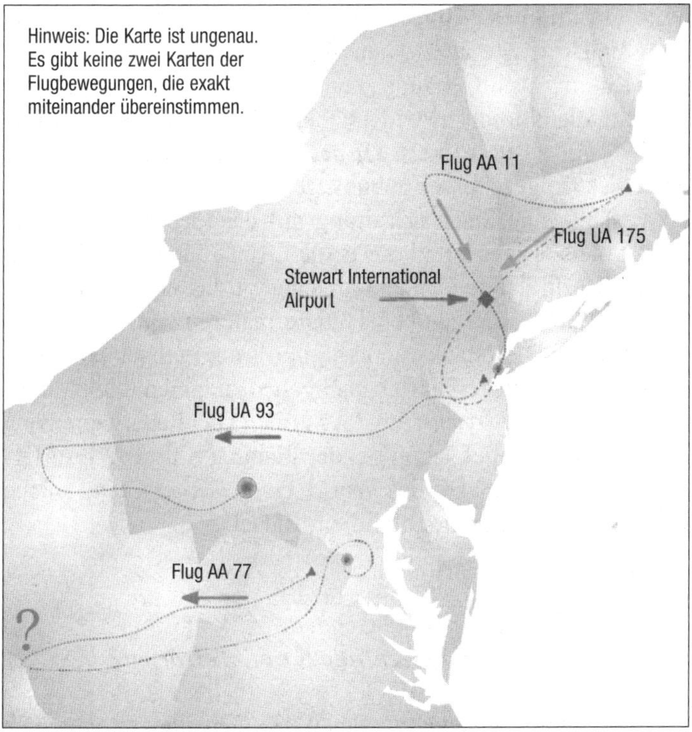

Die FAA kennt die Flugrouten, doch das Fragezeichen zeigt, wo der Kontakt mit Flug AA 77 verlorenging. Die Flugroute danach kann nur vermutet werden.

meister von New York ein verbunkertes Notstands-Ausweichquartier als Führungsbunker fertiggestellt, um bei einer Terrorattacke als Leitzentrale zur Verfügung zu stehen. Schon während der neunziger Jahre war die Angst verbreitet, Saddam Hussein könne Amerika mit der Biowaffe Anthrax angreifen. Daher wurde das Notstandsquartier gegen Angriffe nicht nur gegen konventionelle, sondern auch biologische Waffen gesichert. Die Kommandozentrale mit ihren

4640 Quadratmeter Bürofläche hatte eine eigene Luftversorgung und verfügte über einen Wasservorrat von mehr als 40 000 Litern. Das Gebäude konnte Stürmen von mehr als 260 Stundenkilometer widerstehen. Die Notstromaggregate wurden mit 22 000 Litern Öl betrieben, das ebenfalls in der Nähe des Erdgeschosses gebunkert war.

Weshalb eine Stadtverwaltung auf die Idee kommt, ihren Bürgermeister im Notfall aus seinen Amtsräumen im Rathaus in das World Trade Center umziehen zu lassen und ihn dort über fünf Stockwerke hohen Transformatoren von 13 000 Volt und riesigen Dieseltanks von 159 000 Litern Öl seinen terrorgefährdeten Amtsgeschäften nachgehen zu lassen, bleibt unerfindlich und grenzt fast ans Absurde. Die Feuerwehr New Yorks jedenfalls lief schon bei der Planung Sturm. Wieso Jerry Hauer, der Manager des World Trade Centers, eine solche Idee entwickeln konnte, bleibt ein Rätsel.

WTC-Gebäude 7:
Fernsteuerungszentrale für die Terrorjets?

Die eigentümliche Belegung des WTC-Gebäudes 7, aber auch die Dreistigkeit, mit der die staatlichen Institutionen sich der gründlichen Aufklärung widersetzen, haben die Frage aufkommen lassen, ob nicht die Fernsteuerung, mit der den Piloten die Kontrolle über ihre Maschinen genommen und diese als ferngelenkte Raketen in die Türme haben gelenkt werden können, in Gebäude 7 untergebracht war. Da Explosionen am Zusammenbruch der Türme beteiligt waren, könnten von hier aus zeitlich abgestimmt Bombenladungen ferngezündet worden sein.

Betrachtet man die Lage des Gebäudes im Umfeld der Türme etwas genauer und bedenkt man die tatsächlich vollzogenen ebenso wie die denkbaren alternativen Anflugrouten, so ergibt sich allenfalls die Möglichkeit, beide Flugzeuge in der

Anflugrichtung zu vertauschen. Doch die tatsächlich geflogenen Routen scheinen die wirksamsten gewesen zu sein. Beide Flugzeuge starteten in Boston. Die Flugwegskizze zeigt die tatsächlich geflogene Route beider Maschinen. Flug AA 11 fliegt erst fahrplangemäß Richtung Westen, ändert die Flugrichtung plötzlich nach Südost, nimmt das Signal aus Gebäude 7 auf, fliegt direkt auf dieses Gebäude zu und darüber hinweg, wodurch das Signal schwächer wird und eine Korrektur auslöst. Die automatisch ferngesteuerten Ruder zwingen den mit 720 Stundenkilometer fliegenden Jumbo zur Umkehr. Doch Zeit und Raum reichen nicht, der Aufprall ist nicht zu vermeiden. Die in den eingedrückten 40 Außenträgern des Nordturms sich deutlich widerspiegelnde Kurvenlage des Flugzeugs gibt hiervon Kunde. Die hohe Fliehkraft muß dazu geführt haben, daß Mannschaft und Passagiere schnell in Bewußtlosigkeit fielen.

War der Südturm das Ziel des ferngesteuerten Fluges UA 175, so gab es die Möglichkeit eines Anflugs aus südwestlicher Richtung. Das Flugzeug mußte von Boston kommend New York südlich umfliegen und dann auf nordöstlichen Kurs in Richtung auf Gebäude 7 gedreht werden. Dieses Flugzeug mußte dann im Anflug auf das signalgebende WTC-Gebäude 7 zwangsläufig in den Südturm rasen.

Saßen im WTC die Sprengmeister für die Türme?

Sollte vom Gebäude 7 der Signalstrahl für die aus Nord-Nord-Ost und Süd-Süd-West anfliegenden Maschinen ausgestrahlt worden sein, auf den sich die Bordcomputer automatisch aufschalteten, dann mußten die Maschinen, wie geschehen, in die Türme rasen. Dann wäre, so schließt Eric Hufschmid, das 23. Stockwerk des Gebäudes 7 in einen armierten Bunker umgebaut worden, um als Kommandozentrale zur Zerstörung des World Trade Centers zu dienen. Von dort aus ließ sich das gesamte Areal überblicken und auch die Entscheidung treffen, wie und wann Sprengstoffladungen gezündet werden müssen. Die bombensicheren Fenster und Wände schützten vor den herabfallenden Stahlträgern. Die gesicherte Luftzufuhr schützte vor eindringendem Asbest- und Betonpulver.

Als Ergebnis ergäbe sich die muslimische Selbstmord-Fliegerattacke als Fehlspur, die die eigentliche Spur der Notstands-Kommandozentrale verdecken sollte. Dann wäre vermutlich vom Tag der Bauentscheidung an dieses wesentliche Element des 11. 9. Bestandteil der eigentlichen Spur, bei deren Verfolgung die Verantwortlichen des 11. 9. 2001 aufgeklärt werden könnten.

Die kleineren Feuer, die auf den das Gebäude 7 zeigenden Bildern zu sehen sind, gehörten dann wiederum zur gelegten Fehlspur. Mit ihnen konnte der Eindruck erweckt werden, das gesamte Gebäude stehe in Brand. Das gab dann auch die scheinbare Rechtfertigung, die Rettungs- und Feuerwehrmannschaften abzuziehen, um sie bei einem Einsturz nicht zu gefährden. Allerdings durften diese Feuer nie auf den Rest des Gebäudes übergreifen, um die Kommandozentrale für die Terrorattacke nicht in Gefahr zu bringen.

Die Angestellten aus Gebäude 7 waren noch vor dem Einsturz der benachbarten Türme bereits in der Früh zwischen 9 und 10 Uhr in Sicherheit gebracht worden. Die eigentlichen Täter des 11. 9. hätten von da an das Gebäude mit der Operationszentrale für sich allein gehabt. Gegen 16 Uhr hatte sich der Staub gelegt, die Fernsteuerungsmannschaft konnte das Gebäude verlassen.

CNN berichtet gegen 16 Uhr 10, das Gebäude 7 des World Trade Centers brenne. Dann müßte eine Person aus dem Befehlsbunker des Bürgermeisters der Feuerwehrzentrale den Hinweis auf das brennende Gebäude gegeben haben, so daß diese nun eine mitgeschnittene Aussage hatte, daß das Gebäude 7 tatsächlich brenne. Zwischen 16 Uhr und 17 Uhr wird der Fotograf Tom Franklin von einer unbekannten Person aufgefordert, sich von dem Gebäude 7 zu entfernen. Die Umstehenden wurden aufgefordert, sich zu entfernen, weil das Gebäude einsturzgefährdet sei.

Stewart Airport und die sich kreuzenden Maschinen

Auch schon zwischen Boston und New York haben die Flugwege der beiden in die Türme fliegenden Maschinen ihre Besonderheiten. Eine Lokalzeitung aus New Hampshire berichtete über eine Person, die auf dem Flugkontrollposten in Nashua, New Hampshire, arbeite und bemerkt habe, daß beide Flüge AA 11 und UA 175 sich in der Nähe des Flughafens Stewart International Airport sehr nahe gekommen seien.[203] Der Informant wies zusätzlich darauf hin, daß der gleiche Fluglotse, der die Maschinen geleitet habe, seinerzeit auch für die in Höhe von Massachussetts in den Atlantik gestürzte Egypt Air Flug Nr. 990 verantwortlich gewesen sei.

Dieser Flug war am 31. 10. 1999 vom John F. Kennedy Airport gestartet. Nachdem die Reiseflughöhe von 10 000 Metern erreicht war, übergab der Pilot das Steuer an den Kopiloten und ging auf die Toilette. Als er zurückkam, war die Maschine bereits in extremer Notlage. Sie stürzte nahezu senkrecht in Richtung Atlantik. Pilot und Kopilot versuchten vergeblich, das Flugzeug aufzufangen. Alle Düsentriebwerke waren auf Vollgas geschaltet und drückten die Maschine in Richtung Meer. Die Ruder reagierten nicht. Das Abstellen der Triebwerke funktionierte nicht. Kurz vor dem Aufprall rief der Pilot seinen Gott Allah an. Danach Chaos, Zerstörung, Funkstille. Die Untersuchung der Federal Aviation Administration kam zu dem Ergebnis, daß der Pilot den Freitod gesucht habe, nur so könnten seine letzten Worte interpretiert werden. Kenner der arabischen Sprache hielten und halten dies für eine Verfälschung. Die arabische Welt war empört. Remote Control, Herbeiführung eines Absturzes durch Führung von außen, eine in die Koffer geschmuggelte Bombe? Auf die Fragen gab es keine Antworten, das Stereotyp aber blieb: Unheimliche Muslime rasen mit schutzlosen Passagieren zu Allah in den Freitod.[204]

Es ist fraglich, ob dem Lokalblättchen in New Hampshire mit der Nachricht über die sich kreuzenden und in den New Yorker Luftraum rasenden Maschinen und den sie leitenden Fluglotsen vertraut werden kann. Wer aber versteckt sich hinter dem anonym bleibenden Angestellten der Flugsicherung?

Es gibt noch weitere erstaunliche Zusammenhänge. Die Flugzeuge kreuzten sich über Stewart Airport zu einem Zeitpunkt, als sie bereits entführt waren, folglich nach der offiziellen Version des Tathergangs bereits in den Händen der Selbstmordmuslime gewesen sein müssen. Die denkbare Version einer verdeckten geheimdienstlichen Operation würde gestützt, wenn davon auszugehen wäre, daß die sich über dem Flughafen kreuzenden Maschinen auf ein vom Stewart Airport ausgehendes Signal einer dort installierten Fernlenkung automatisch reagierten. Die amerikanische Luftwaffe unterhielt auf dem Flughafengelände bis Ende der sechziger Jahre ein vierstöckiges fensterloses Gebäude zur Überwachung und Beobachtung eventuell anfliegender sowjetischer Raketen. Das Gebäude mit seinen fast 13 000 Quadratmetern Bürofläche wurde später aufgegeben. Natürlich könnten die beiden Maschinen auch über andere, z. B. fliegende Einrichtungen der elektronischen Kampfführung wie AWACS gesteuert worden sein. Eine Einrichtung auf Stewart Airport ist nicht zwingend für den Geschehensablauf notwendig.

Seismische Messungen und die Kommandozentrale in Haus 7

Auch der Einsturz des Gebäudes 7 ist von seismischen Messungen begleitet worden, die möglicherweise sogar drei Phasen des Zusammenbruchs erkennen lassen. Die Messungen zeigen drei charakteristische Ausschläge, verteilt über einen

Zeitraum von 18 Sekunden. Andererseits ergibt sich aus der Bildfolge von Videos im Internet eine Einsturzdauer von acht Sekunden, was wiederum der Geschwindigkeit des freien Falls wie bei den beiden Türmen entspricht. Die Interpretation der Meßergebnisse könnte ergeben, daß die erste Ausschlaggruppe eine Sprengung wiedergibt, die den Einsturz des Gebäudes ausgelöst haben könnte. Die zweite Gruppe liegt innerhalb des Zeitraums von acht Sekunden mit deutlichen Ausschlägen, die jedoch nur einen Bruchteil der ersten Erschütterung anzeigen. Hier könnte es sich um das Zusammenfallen der Stahl- und Betonmassen des Gebäudes 7 handeln. Dann folgt außerhalb der acht, aber innerhalb der 18 Sekunden eine sehr markante Ausschlagzone. Hier vermutet Eric Hufschmid vorbehaltlich einer exakten Untersuchung eine gezielte zusätzliche Sprengung nach dem Einsturz des Gebäudes, die der Zerstörung der verbunkerten Kommandozentrale gegolten haben könnte.[205] Sollte dort tatsächlich das Remote-Control-Gerät für die Steuerung der Flugzeuge installiert gewesen sein, so hätte die letzte Sprengung der zwingend notwendigen Beseitigung von Spuren gegolten.[206]

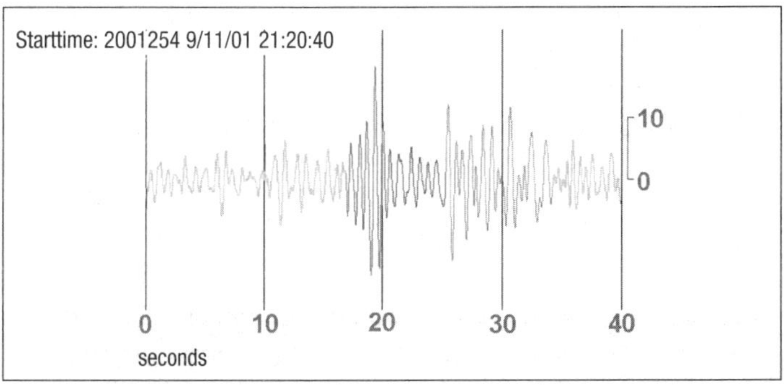

Die seismischen Daten für das Gebäude 7 des WTC zeigen drei Phasen eines stärkeren Ausschlags. Sie scheinen die Ohrenzeugenberichte von Explosionen zu bestätigen. Nur eine wissenschaftliche Untersuchung kann den Grund aufdecken.

Kein Flugzeugtreffer und doch geschmolzener Stahl

Auf einem Satellitenbild der NASA, das die Temperaturen des Bauschutts fünf Tage nach dem Anschlag anzeigt, ergeben sich für Gebäude 7 zwischen 557 und 727 Grad Celsius. Wie dort überhaupt Feuer hat entstehen können, ist bis heute ungeklärt. Im Schutt des WTC-Gebäudes 7 wurde sogar geschmolzener Stahl gefunden mit Veränderungen in der Struktur, die nicht auf ein einfaches Feuer zurückgeführt werden können.[207]

Der WTC-Sicherheitsbeauftragte – Osama-bin-Laden-Experte des FBI

Bleibt noch nachzutragen, daß der für die Sicherheit der Riesenanlage des World Trade Centers verantwortliche ehemalige Abteilungsleiter des FBI John O'Neill, der kurz vor dem 11. 9. 2001 sein Amt angetreten hatte, durch den Mann vermittelt worden war, der seit 1999 das World Trade Center managte. Es war Jerry Hauer, Mitarbeiter Silversteins und mit O'Neill befreundet, der nach einer Darstellung des *New Yorker* das Notstands-Ausweichquartier für das Anti-Terror-Management des Bürgermeisters ausgerechnet im Gebäude 7 besonders vorangetrieben hatte. O'Neill, wie bereits ausgeführt, war der FBI-Spezialist für Osama bin Laden, den muslimischen Fundamentalismus und Al Kaida. Bei seiner Arbeit für das FBI war er auf den massiven Widerstand der Bush-Administration gestoßen, im Jemen direkt gegen die Bin-Laden-Familie zur Aufklärung der angeblichen Terrorakte zu ermitteln. Sein Leichnam wurde erst Tage nach der Tat in den Trümmern gefunden und dort von Hauer identifiziert. Die scheinbar zufälligen Merkwürdigkeiten nehmen ein zuweilen beängstigendes Ausmaß an.

Vorahnungen

Die wider Erwarten geringe Zahl der Opfer

Im ersten Schrecken des Anschlags auf das World Trade Center beliefen sich die Schätzungen über die Zahl der in dem Inferno umgekommenen Menschen auf etwa 10 000. In den Gebäuden, die zu normalen Geschäftstagen rund 45 000 Menschen beherbergten, war zur Anschlagszeit ein beträchtlicher Teil von ihnen noch nicht erschienen. Eine große Zahl der Anwesenden konnte evakuiert werden. Dafür steckten Hunderte von Feuerwehrmännern zum Löschen und Retten in den Gebäuden. Die Schätzungen mußten ungenau bleiben. Die sich über Wochen hinziehenden Ermittlungen ergaben schließlich eine Zahl von knapp unter 3000 Opfern. Einer der Gründe für die geringere Zahl mag sein, daß die Organisatoren der mörderischen Tat den Anschlag auf die Zeit zwischen 8 und 9 Uhr Ostküstenzeit gelegt hatten, zu der ein Großteil der eigentlichen Köpfe des Finanzzentrums New York noch nicht an ihren Arbeitsplätzen saß. Der Anschlag traf daher im wesentlichen Dienstleister, die dafür sorgten, daß die Gebäude bestimmungsgemäß genutzt werden konnten, Pförtner, Sekretärinnen, Fensterputzer, Aufzugspersonal, Sicherheitskräfte etc. Die hohe verbrecherische Intelligenz der Planer des Anschlags muß sich dieses Umstands bewußt gewesen sein. Wenn es die Absicht der mit höchster Perfektion vorgehenden Täter gewesen sein sollte, das World Trade Center nicht nur als Symbol, sondern auch als Finanz- und Wirtschaftszentrum der amerikanischen Weltmacht zu zerstören, dann hätte es nahegelegen, auch die dort Macht ausübenden Hirne zu treffen. Doch genau dies vermieden die Täter durch die Wahl des Zeitpunktes ihres Zuschlagens.

Sollten die Planer des Anschlags die Möglichkeit gehabt haben, den Zielpunkt des Aufpralls auf die beiden Türme exakt zu wählen, so hätten sie dabei wiederum Rücksicht auf die

Höhe der Opferzahlen genommen. Die Büroräume der Türme waren nie voll ausgelastet, das Geschäft keineswegs übermäßig profitabel. Beim Nordturm lag die Hälfte der nicht mit Mietern belegten Fläche oberhalb des 70. Stockwerks und davon wiederum die Hälfte oberhalb des 90. Stockwerks. So konnte ein Einschlag zwischen dem 94. und dem 98. Stockwerk die Zahl der Opfer stark einschränken. Die meistenMenschen unterhalb dieser Zone konnten sich in Sicherheit bringen.

Im Fall des Südturms gab es nur wenig nicht belegten Büroraum mit Ausnahme der Etagen unterhalb der 30. Das Auftreffen des Flugzeugs auf die Ecke des Südturms half wiederum, die Zahl der Opfer gering zu halten. Wir erinnern uns, auch im Falle des Pentagons wurde ein Flügel getroffen, der gerade grundsaniert und gegen Anschläge von außen geschützt worden war. Die Nutzer der Büroräume waren noch nicht wieder eingezogen.[208]

Woher kam die gedrückte Stimmung vor dem Anschlag?

Eigentümlich war auch, daß in den Tagen vor dem Anschlag von einer allgemein gedrückten Stimmung berichtet wird. Es müssen die Milliarden Dollar hohen Umsätze, mit denen vor dem 11. 9. auf ein Fallen der Aktienkurse spekuliert wurde, von Leuten getätigt worden sein, die fest mit dem Anschlag gerechnet haben. Diese wiederum werden unter Umständen ihnen nahestehende Personen mit Hinweisen versorgt haben. Der kurz zuvor aus seinem Job hinausgeekelte frühere Antiterrorkämpfer des FBI und Sicherheitsbeauftragte des World Trade Centers John O'Neill soll bei seiner Einstandsfeier unter Freunden in der Nacht zum 11. 9. gemunkelt haben, es werde sich etwas Großes ereignen.[209] Hingegen hat sich der zunächst mehr als merkwürdig erscheinende Umstand des Einrückens einer Katastrophenschutzeinheit der Federal Emergency Management Administration (FEMA) bereits am Vorabend des 11.9.

entgegen der Darstellung in früheren Auflagen aufklären lassen. Der Kommandeur der »National Urban Search and Rescue« Truppe Tom Kenney hatte in einer CBS Fernsehsendung mit Dan Rather vom Eintreffen seiner Mannschaft am Montag Abend gesprochen, folglich dem Tag vor dem Terrorangriff am Dienstag, den 11.9. In Wirklichkeit war die Einheit erst nach der Tat aufgebrochen und am Abend des Tattages in New York eingetroffen. Der Kommandeur hatte in der Sendung Montag mit Dienstag verwechselt. Der nicht korrigierte schriftliche Ausdruck des Interviews half den Fehler weiter zu verbreiten. Auch der Name des Kommandeurs Tom Kenney wurde dort fälschlich mit Kennedy wiedergegeben.[210]

Ein Bankhaus mit 50 Stockwerken und keine Opfer

Es fällt auch auf, daß das Bankhaus Morgan Stanley, im World Trade Center über 50 Stockwerke verteilt, nicht einen einzigen Mitarbeiter verloren haben soll. Gleiches soll für das Unternehmen Oppenheim Stocks gelten.[211]

Eine ganze Gruppe von Spitzenbeamten des Pentagons verschob ihre für den Morgen des 11. 9. angesetzten Dienstreisen.[212] Die Zahl der Buchungen auf die vier entführten Flüge war ausgesprochen niedrig. Die Sitzverteilung in den vier Maschinen läßt ungewöhnliche Lücken erkennen. So werden in aller Regel zuerst die Fensterplätze gebucht. Dann wird seitens der Fluggesellschaft darauf geachtet, daß die Passagiere sich einigermaßen gleichmäßig zwischen Cockpit und Heck der Maschine aufteilen. Das tatsächliche Belegungsbild hingegen zeigt große Unregelmäßigkeiten.[213]

Was weiß der israelische Geheimdienst?

Vertreibung der Palästinenser und psychologische Kriegführung

Schnell wurde auch die Behauptung aufgestellt, israelische Nutzer des World Trade Centers seien gezielt gewarnt worden und daher nicht oder kaum unter den Opfern. Eine Erörterung dieser Behauptungen läuft sofort Gefahr, sich den Vorwurf des Antisemitismus einzuhandeln. Dennoch, wer der Alternative einer geheimdienstlich in Szene gesetzten verdeckten Operation unvoreingenommen nachgehen will, muß auch unangenehme oder gar als undenkbar geltende Hinweise sammeln und bewerten. Sowohl die CIA auf amerikanischer als auch der Mossad auf israelischer Seite blicken auf eine lange Geschichte verdeckter Operationen zurück, die die Manipulierung der bewußten wie unterbewußten Einstellung der Massen durch Akte der psychologischen Kriegführung zum Ziel hatten. Die ehemaligen Agenten des Mossad, Victor Ostrovsky und Ari Ben-Menashe, haben an einer Reihe von Beispielen vor Augen geführt, wie durch Terrorakte, die für die Öffentlichkeit ganz offensichtlich von arabischen Fanatikern begangen wurden, jedoch über Mittelsmänner vom Geheimdienst Mossad veranlaßt worden waren, die Weltmeinung von der Verurteilung zur Duldung der Vertreibungspolitik in den von Israel besetzten Gebieten manipuliert werden konnte.[214]

Intensiver als ihre Vorgänger betreibt die derzeitige Regierung Scharon wie ihre Vorgänger die fortwährende Entwurzelung der Palästinenser aus den israelisch besetzten Gebieten in Westbank und Gazastreifen. Monat für Monat rauben neue jüdische Siedlergemeinschaften mit Gewalt palästinensisches Land, werden dabei finanziell angelockt und mit Rat und Tat durch die israelische Regierung unterstützt. Die Übergriffe der Siedler auf die Alteingesessenen werden von der israelischen Gerichtsbarkeit nicht geahndet. Die Armee wird nicht nur zum Schutz der landnehmenden Siedler, sondern auch zur aktiven Vertreibung der palästinensischen Bevölkerung mit einer seinesgleichen suchenden Brutalität eingesetzt. In den Militärgefängnissen Israels sitzen zahlreiche israelische Soldaten und Reservisten, die den Wehrdienst aus Protest gegen ihren Einsatz bei der Vertreibung verweigern. Die jüdischen Siedlungen werden untereinander mit einem aus dem Staatshaushalt finanzierten Straßennetz verbunden, dessen Nutzung den Palästinensern untersagt ist. Allein in den letzten drei Monaten vor dem 11. 9. 2001 wurden zehn neue Siedlungen ins Land der Palästinenser gesetzt. Für die vertriebene Bevölkerung, deren Zukunft mit Panzern, Bulldozern, Granaten, Minen und Gewehrfeuer niedergewalzt wird, hat sich die Situation auf Leben und Tod zugespitzt.

Gäbe es eine funktionierende Medienlandschaft, würde der Protest der gesamten demokratischen Welt der israelischen Regierung schwer zu schaffen machen. Einige führende Rabbis in England haben auf das schreiende Unrecht aufmerksam gemacht und sich von der Politik der Scharon-Regierung ausdrücklich distanziert. Sie tun sich schwer, ihre Stimme in der laufenden Kampagne zu Gehör zu bringen.[215]

Doch um diese letztlich verbrecherische Politik fortzusetzen und gleichwohl das Wohlwollen insbesondere der Supermacht USA zu erhalten, waren die Ereignisse des 11. 9., nüchtern und objektiv betrachtet, hilfreich. Fast zeitgleich mit den Anschlägen in New York und Washington ging in Israel und später auch in den USA die Gleichsetzung des Palästinenserführers Arafat mit den muslimischen Terroristen einher. Wieder einmal wurde der Welt vor Augen geführt, daß mit dem offenbar unberechenbar fanatisch muslimischen, arabischen Lager kein Ausgleich herbeigeführt werden kann. Dabei wurde massiv auf die Berichterstattung in den Medien Einfluß genommen, die fast ausschließlich die für Israel in der Tat schrecklichen, die Bevölkerung tief belastenden Selbstmordanschläge im Inneren Israels zum Gegenstand haben, nicht jedoch die andauernden, auf ethnische Vertreibung angelegten Aktivitäten der Siedler und der israelischen Armee. Auf die geschickt in die Berichterstattung der Medien zum 11. 9. eingeschleuste Desinformation von den angeblich vor Freude über den Anschlag tanzenden Palästinensern wurde bereits hingewiesen.

Von der israelischen Bevölkerung ist bekannt, daß sie mit großer Mehrheit die Fortsetzung der Siedlungspolitik auf palästinensischem Boden verurteilt, daß sie die Rücknahme des größten Teils der illegalen Siedlungen befürworten würde, wenn dafür Frieden mit den Nachbarn einkehren würde. Doch die Regierungen Israels betreiben exakt die entgegengesetzte Politik. Anhänger einer auf Ausgleich gerichteten Politik haben in Israel mit der aktiven Gegnerschaft der auch parteipolitisch einseitig ausgerichteten Geheimdienste zu rechnen. Der aus dem Geheimdienstmilieu heraus ermordete Ministerpräsident Rabin ist eines der letzten Beispiele.

Israelische Opfer am 11. 9.

Es bleibt festzuhalten, daß in den Türmen des World Trade Centers rund 45 000 Menschen Beschäftigung fanden. Knapp 3000 wurden Opfer der Anschläge, darunter zahlreiche Feuerwehrleute, die anderen konnten sich rechtzeitig in Sicherheit bringen oder erschienen nicht, noch nicht oder nicht mehr zur Arbeit. Unter den 3000 wurden aufgrund der Suchanfragen von Angehörigen zunächst 300, dann 30 Israelis vermutet. Laut CNN (korrigierte Liste vom 9.9.2003) kam ein Israeli im Flugzeug UA 175 ums Leben, eine andere Liste nennt ein israelisches Opfer als Besucher des WTC.

Unaufgeklärte Mossad-Spuren

Es finden sich eine Reihe von Indizien, die auf eine wie auch immer geartete Verbindung des israelischen Mossad zu der Tat und den Tätern des 11. 9. weisen. So hat die in Israel ansässige Gesellschaft Odigo, die mit der Technik elektronischer Schnellstübertragung befaßt ist, angeblich zwei Stunden vor dem Anschlag ihre Mitarbeiter zum Verlassen der nahe dem World Trade Center gelegenen Arbeitsstelle aufgefordert.[216] Die israelische Schiffahrtlinie Zim zog einige Wochen vor dem Anschlag aus einem Stockwerk des World Trade Centers aus, obwohl der Mietvertrag noch bis Ende 2001 lief. Der Sitz der Vertretung wurde nach Norfolk in Virginia verlegt.[217] Die Sache muß mit dem Anschlag nichts zu tun haben, auch wenn Transportunternehmen nicht selten Tarnfirmen oder Kontaktadressen von Geheimdiensten zu sein scheinen.

Israelische Kunststudenten mit Geheimdiensthintergrund

Bereits im Frühjahr 2001 berichtete die Sicherheitsabteilung der mit der nationalen Drogenbekämpfung beauftragten Drug Enforcement Administration, daß israelische Kunststudenten versuchten, die regionalen Büros der DEA auszuspähen.[218] Sie suchten die Mitarbeiter der DEA in großer Zahl auf, um Kunstgegenstände zum Preis zwischen 50 und 200 Dollar zu verkaufen. Die Aktionen seien mindestens seit Anfang 2000 zu beobachten gewesen und dauerten zur Stunde der Berichterstattung noch an. Dabei seien auch Strafverfolgungs- und Strafvollzugseinrichtungen ebenso wie Einrichtungen des Verteidigungsministeriums einbezogen gewesen. Die Aktivitäten hätten den ganzen Kontinent der USA von Kalifornien bis Florida umspannt mit deutlichem Schwerpunkt in Florida. Seit April 2001 hätten die berichteten Vorfälle insgesamt abgenommen, seien jedoch mehr in Richtung Wisconsin, Oklahoma und Los Angeles verlagert worden. Das Auftreten der Studenten und die Kenntnis israelischer Geheimdienstaktivitäten ebenso wie früherer Vorfälle in bezug auf die israelische organisierte Kriminalität brachten den Sicherheitsdienst der DEA zu der Annahme, daß es sich um eine geheimdienstliche Ausspähung handeln könnte. Das DEA-Büro in Orlando/Florida habe die Verbindung der Gruppe zum Drogenhandel aufgezeigt. Die von einem der Studenten erhaltenen Telefonnummern zeigten Verbindungen zu Ecstasy-Untersuchungen in Florida, Kalifornien, Texas und New York auf. Die Truppe sei in Teams von acht bis zehn Studenten organisiert, wobei eine Person in der Regel als Teamführer bezeichnet werde. Die weiblichen Mitglieder würden als sehr attraktiv geschildert und seien im allgemeinen etwa Mitte zwanzig. Die Mehrzahl habe im israelischen Militär gedient, was angesichts des allgemeinen Wehrdiensts nicht verwunderlich sei. Allerdings habe die Mehrheit der Befragten angegeben, in Einheiten des Nachrichtenwesens, des Abhördienstes oder in Sondereinheiten für Sprengstoffe gedient zu haben. Einige seien mit hochrangigen Angehörigen des israelischen Militärs verbunden gewesen. Einer sei der Sohn eines Zwei-Sterne-Generals, ein anderer habe als Personenschützer für den Oberbefehlshaber der israelischen Armee, ein weiterer in einer Patriot-Raketeneinheit gedient. Reisen durch die USA zum Verkauf von verhältnismäßig minderwertiger Kunst paßten nicht so recht zu dem Hintergrund der Studenten. Die Israelis behaupteten auf Nachfrage zunächst, Studenten der Kunst entweder der Universität von Jerusalem oder der Bezalel Academy of Arts in Jerusalem zu sein. Rückfragen bei Universität und Akademie hätten ergeben, daß keiner der Studenten eingeschrieben war. Zuweilen hätten die »Studenten« auch nur behauptet, für ein neu zu eröffnendes Kunststudio in der Region werben zu wollen. Auf näheres Befragen nach dem Ort der Ausstellung oder dem Warum des Verkaufs von Kunst hätten die Studenten ausweichend geantwortet. Es gebe Hinweise, wonach die Kunstgegenstände im wesentlichen in China verfertigt worden seien.

Es mag sein, daß die von der DEA zusammengetragenen Hinweise allenfalls Indizien liefern für eine aufklärungsbedürftige Aktivität israelischer Dienste in den USA. Auffällig ist nur, daß ein erheblicher Teil der falschen Kunststudenten in

Florida seine Unterkunft in unmittelbarer Nachbarschaft der 19 späteren angeblichen Selbstmordattentäter gefunden hatte. Der Fernsehjournalist Carl Cameron hatte für die Sendung »Fox News« (Murdoch) einen vierteiligen Bericht über das israelische Vorwissen über die Ereignisse des 11. 9. 2001 gedreht, der zwar gesendet, wenige Tage danach noch im Internet zum Herunterladen angeboten, dann jedoch zurückgezogen wurde.[219] In der ersten Sendung war davon die Rede gewesen, daß in den Wochen vor den Anschlägen in den USA rund 200 Israelis als Beteiligte einer großen nachrichtendienstlichen Operation festgenommen worden seien. Cameron kam zu der Schlußfolgerung, es gebe keine Anzeichen für die Verwicklung der Israelis in die Attacken des 11. 9. Die amerikanischen Ermittler vermuteten eher, daß die Israelis im voraus Erkenntnisse über die anstehenden Anschläge gesammelt, diese jedoch nicht an die amerikanischen Dienste weitergegeben hätten. Ein sehr hochrangiger Ermittler habe jedoch gesagt, es gebe sehr wohl Verbindungen. Doch auf die Frage nach Einzelheiten habe er die Antwort brüsk mit dem Hinweis verweigert: »Beweise, die diese Israelis mit dem 11. 9. in Verbindung bringen, sind geheim.« Auf die Frage, wie sicher sich die Ermittler seien, einige Israelis könnten von den Anschlägen etwas gewußt haben, meinte Cameron: »Das sind ganz offensichtlich hochexplosive Informationen, und da gibt es eine Menge von Beweisen, von denen sie behaupten, sie gesammelt zu haben – keiner davon ist notwendigerweise zwingend. Nur wenn Sie alles zusammen nehmen, dann ergibt sich, wie die Ermittler sagen, die Frage, wie die Israelis überhaupt haben unwissend bleiben können?«[220]

So hatte das Büro der DEA in Orlando/Florida Anfang März 2001 aufgrund des durch die Invasion israelischer »Kunststudenten« ausgelösten Alarms einen Peer Segalovitz festgenommen und stundenlang verhört. In dem Bericht des Büros wird festgestellt, Segalovitz habe rund drei Stunden lang falsche Angaben über die Gründe seines Aufenthalts in den USA gemacht. Letztendlich habe er zugegeben, einer von 30 israelischen Kunststudenten zu sein, die sich gegenwärtig in Florida aufhielten. Segalovitz habe den Zweck seines Aufenthalts in Florida nicht preisgeben wollen. Immerhin habe er eingeräumt, daß sie nichtlegitime Ziele verfolgten (»they were not here for legitimate means«). Segalovitz sei 27 Jahre alt und Offizier einer israelischen Spezialeinheit, die einem auf den Golan-Höhen stationierten Bataillon zugeordnet sei. Er sei Leutnant mit der Identifizierungsnummer 5087989 und spezialisiert auf die Durchführung von Sprengungen. Nachdem er über sein Vertrautsein mit militärischen Operationen berichtet und erklärt habe, das einzige, was er nicht erlernt habe, sei das Fliegen eines Kampfflugzeugs, bat er die vernehmenden Beamten der DEA, diese Information nicht an Israel weiterzugeben, da er dort sonst mit seiner sofortigen Verhaftung zu rechnen habe.[221]

Fünf israelische Beobachter auf dem Dach eines Warenhauses

Die israelischen Dienste spionierten auf amerikanischem Boden zwangsläufig auch dem gemeinsamen Feind, den Verdächtigen aus den radikalislamischen Netzwerken, nach. In New Jersey, in unmittelbarer Nachbarschaft New Yorks, wurden kurz nach den Anschlägen auf das World Trade Center fünf Israelis verhaftet. Die fünf Männer waren acht Stunden nach den Anschlägen von der lokalen Polizei aus dem Wagen einer Umzugsfirma heraus festgenommen worden. Den Alarm hatten Passanten beim FBI ausgelöst, die gesehen hatten, wie die Israelis die Attacken auf das World Trade Center vom Dach ihres Lagerhauses und ihres Wagens aus beobachteten und mit Videokameras festhielten. »Sie waren, wie es scheint, glücklich«, meinte eine Frau, die die Israelis beobachtete. »Sie schienen mir nicht geschockt zu sein. Mir kam das sehr merkwürdig vor.«[222] Die Israelis wurden mehr als zwei Monate lang festgehalten, dem für trainierte Spione allerdings leicht zu umgehenden Test mit dem Lügendetektor unterworfen und von zahlreichen Ermittlern auch der Gegenspionageabteilung des FBI befragt,[223] die die Aktivitäten als israelische nachrichtendienstliche Operation einschätzte und an dieser Auffassung auch gegen Einwände festhielt. Die Umzugsfirma arbeitete mit auffällig wenig Betriebskapital und wurde sofort nach der Festnahme der fünf potentiellen Agenten geschlossen. Der Eigentümer flüchtete nach Israel. Von amtlicher Stelle wurden die Erkenntnisse heruntergespielt, man habe es schließlich mit einem gemeinsamen Feind zu tun, da sei es verständlich, daß israelische Kräfte auch auf amerikanischem Boden aufklärend tätig würden. Eine gewisse Spannung zwischen den Diensten sei entstanden aus der Tatsache, daß die Aktivitäten nicht miteinander abgesprochen gewesen seien. Experten meinten gar, die Bush-Administration verdanke den israelischen Beobachtungen den Hinweis auf die islamischen Wohltätigkeitsorganisationen, die verdächtigt würden, Geld an die Terroristengruppen vermittelt zu haben. Ein hochrangiger amerikanischer Geheimdienstmann sagte der Zeitschrift *Forward* unter dem Siegel der Anonymität, das FBI sei am Ende seiner Untersuchungen zu dem Ergebnis gelangt, daß die fünf in New Jersey festgenommenen Israelis einen Überwachungsauftrag ausgeführt hätten und daß das Unternehmen Urban Moving Systems aus Weehawken, N.J., als Deckadresse gedient habe.[224]

Ende November 2001 wurden die der Spionage Verdächtigten nach Israel abgeschoben, wie verlautet wegen Verletzung ihres Aufenthaltsrechts. Allerdings ergab eine Untersuchung der Spionageabwehr des FBI, daß mindestens zwei der fünf Israelis in der Tat Mossad-Agenten gewesen seien. Sie seien auf lokal ansässige Araber angesetzt gewesen, so die Bewertung des FBI, hätten jedoch nichts von den Ereignissen des 11. 9. gewußt. Folglich hätten sie freigelassen werden müssen.

Im übrigen blieb es nicht bei den fünf nach Israel abgeschobenen Beobachtern. Sieben weitere wurden in New Jersey und

Pennsylvania festgenommen, alle in Lastwagen von Umzugsfirmen und alle mit abgelaufenen Visa.[225] Vom israelischen Geheimdienst Mossad wie anderen Geheimdiensten war und ist bekannt, daß Umzugsfirmen gern zur Tarnung nachrichtendienstlicher Operationen genutzt werden.

Es bleibt noch festzuhalten, daß nach dem Bericht des französischen Nachrichtendienstes AFP arabische Terroristen und verdächtige Terrorzellen von Dezember 2000 bis April 2001 in Phoenix/Arizona, in Miami und Hollywood, Florida, in unmittelbarer Nachbarschaft zu den israelischen Kunst-Spionagezellen lebten.[226] Demnach müßten die Terroristen ständig von den Israelis observiert worden sein. Der Chef der israelischen Agenten, so *Die Zeit* in einem Dossier, quartierte sich in der Nähe des Postamts ein, in dem die Terroristen ihre Postfächer hatten. Außerdem hatte der Mossad dort Attas Komplizen Khalid Al-Midhar im Visier, von dem auch die CIA wußte, ihn jedoch ungestört gewähren ließ. Mehrmals soll der Mossad die amerikanischen Partner vor den Terroristen gewarnt haben, insbesondere vor Khalid Al-Midhar. Somit hatten die Israelis ihr Alibi auch in bezug auf die Kunststudenten, die eben cleverer den Auftrag zur Aufklärung des immer gefährlicher werdenden Terrornetzes erfüllten als die vor Ort angesiedelten amerikanischen Dienste. Gleichwohl wehren sich FBI und CIA mit dem Hinweis, die israelischen Fingerzeige seien so allgemein gehalten gewesen, daß man operativ nichts damit habe anfangen können. Der Themenkomplex wird in den USA wie in Deutschland aus bekannten Gründen kaum und in der Regel nur im Internet erörtert. Dennoch gehören alle Verdachtsmomente zur Vervollständigung eines denkbaren Gesamtbilds ohne jede Rücksicht auf Personen und Staaten auf den Tisch, um die Aufklärung der Tatzusammenhänge voranzutreiben. Derartige Beobachtungen ergeben Anhaltspunkte, jedoch keine unmittelbaren Beweise. Sie können die Ermittlungen lenken, sofern die Behörden nicht von höheren Stellen daran gehindert werden.

SIEBTES KAPITEL

Die Regierung Bush nutzt die Gunst der Stunde

Das Große Spiel um die Weltherrschaft

Das Große Spiel um das Neue Amerikanische Jahrhundert

So unfähig die Regierung Bush sich in der Verhinderung der Terroranschläge zeigte, Warnungen aus den eigenen Reihen abblockte, die spätere Aufklärung behinderte, so schnell war sie beim Einbau des 11. 9. in ihre weltpolitische Agenda. Die militärische Intervention in Afghanistan hatten die USA den Regierungen Indiens und Pakistans bereits vor dem 11. 9. verkündet. Nun dienten die Jagd nach dem angeblichen Terroristenführer Osama bin Laden und die Vertreibung der ihn beschützenden Taliban-Regierung als Rechtfertigung des Kriegseinsatzes amerikanischer und alliierter Truppen in diesem entlegenen, doch für eine spätere Machtausstrahlung in Richtung China, Indien und Pakistan gleich wichtigen Landes. Ebenso war der Krieg gegen den Irak von der Mannschaft um den Vizepräsidenten Cheney und den Verteidigungsminister Rumsfeld lange vor dem 11. 9. ins Auge gefaßt. Cheney war es auch, der Stunden nach dem Anschlag sofort für ein militärisches Vorgehen gegen das Nahostland eintrat. Als Vorwand diente die Behauptung, Saddam Hussein gewähre Al Kaida und Osama bin Laden Hilfestellung. Beweise wurden nicht vorgelegt oder waren verfälscht wie die über das Vorhandensein von Massenvernichtungswaffen.

Doch es geht nicht um ein oder zwei Staaten. Der Ansatz der amerikanischen Militärpolitik nutzte den 11. 9. für die weltumspannende Politik der einzig verbliebenen Supermacht. Und wieder war es der Vizepräsident der USA, der das Stichwort gab: Bis zu 60 Staaten, so sein Vorwurf, gäben dem muslimischen Terrorismus Hilfestellung. Diese Staaten müßten sich dem Kampf gegen den Terrorismus anschließen oder per Intervention zum Wohlverhalten gezwungen werden. Der Verdacht wird zur Gewißheit, daß die Bush-Administration den Kampf gegen den internationalen Terror zum Vorwand nimmt, ihre Weltmachtrolle nach dem Zusammenbruch der Sowjetunion global auszubauen und regional abzusichern. Und diese Politik ist bereits in den 90er Jahren ausgearbeitet und festgelegt worden. Sie kann sich offensichtlich auf eine überparteiliche und mehrheitliche Basis in den Häusern des amerikanischen Kongresses stützen. Und sie wird von der israelischen Regierung nachhaltig unterstützt, die sich im Gefolge dieser Politik die Neuordnung des Nahen Ostens, das Erreichen der Grenzen des Größeren Israels und letztlich die Hinnahme der Expansion durch die Völkerwelt, nicht zuletzt die der muslimischen Staaten, zu versprechen scheint.

Es war der Sicherheitsberater Präsident Carters, der bereits 1993 forderte, als Belohnung für jahrzehntelange Opfer im Kampf gegen den siegreich überwundenen Kommunismus müsse den USA nun auch das Recht auf die Ausbeutung der Bodenschätze der Welt zu günstigen Bedingungen zustehen. Auf die Kaufkraft der amerikanischen Währung auf den Weltmärkten will man sich nach dieser Vorstellung nicht verlassen.

Doch nicht nur auf Bodenschätze zielt die Politik der einzig verbliebenen Weltmacht. Nach Auffassung der hinter dieser Politik stehenden Strategie muß das globale Machtspiel so angelegt werden, daß den Vereinigten Staaten auf absehbare Zeit kein geopolitischer Herausforderer mehr entgegentreten kann. Dies hat die Kernmannschaft um Bush an der Vorstellung von Ausbau und Absicherung eines Neuen Amerikanischen Jahrhunderts festgemacht. Eine die USA herausfordernde neue Machtzusammenballung könne nur in Eurasien aus dem Zusammenspiel der zwischen der atlantischen Küste Europas und der pazifischen Küste Asiens gelegenen Staaten erstehen. Wer Eurasien beherrscht, so der Lehrsatz der Geopolitik von Brzezinski, beherrscht die Öl- und Gasfelder des Nahen und Mittleren Ostens, des kaspischen Beckens – und er beherrscht zwangsläufig auch Afrika.

Geopolitik gegen Völkerrecht

Die geopolitischen Überlegungen der Machteliten der USA knüpfen ganz offensichtlich an Fragestellungen an, die der britische Geograph Mackinder, der Gründer der London School of Economics, bereits um die Jahrhundertwende vor dem Ersten Weltkrieg entwickelt hatte. Sie kreisen um die Sorge, daß es einem Zusammenspiel von Landmächten unter bestimmten Bedingungen gelingen könnte, die Vorherrschaft Großbritanniens (inzwischen der USA) als Seemacht abzulösen und die Insel in die nicht mehr entscheidende Rolle einer zweitrangigen Macht absinken zu lassen. Ausschlaggebend für das Kippen der Machtbalance zugunsten der Landmächte sei die Beherrschung einer etwa in der Mitte Eurasiens gelegenen Achse, die von Sibirien über den Kaukasus durch das kaspische Becken auf den Iran, den Persischen Golf und von dort in die Ölregion der arabischen Halbinsel ziele. Der Gedanke kann hier nicht vertieft werden. Er ist nur insofern von Bedeutung, als die geopolitischen Überlegungen eines Zbigniew Brzezinski in seinem Buch über die einzige Supermacht verhältnismäßig exakt diesen Vorstellungen folgen und eine Strategie der amerikanischen Politik entlang dieser Linie vorschlagen.[227]

Es ist wohl auch nicht verwunderlich, wenn angesichts des verschwundenen Hauptgegners Sowjetunion die einzig verbliebene Weltmacht sich daranmacht, die bisherigen völkerrechtlichen Fesseln, die sie von einem einseitigen Vorgehen abhielten, mit aller Rigorosität abzustreifen. Dabei wird vieles, was früher verdeckt blieb und auch Bündnispartnern gegenüber nicht deutlich ausgesprochen wurde, derzeit mit erschreckender Klarheit, ja Brutalität der Welt zur Kenntnis gegeben. Brzezinski ebenso wie sein Konkurrent im Geiste Kissinger sind Anhänger einer klaren und unverfälschten Machtpolitik. Sie bewundern die Staatsmänner in der Geschichte, die sich von Moral und Gesetz nicht haben hindern lassen, die Staatsraison durchzusetzen und dem nackten Interesse ihres jeweiligen Staates mit allen erlaubten und unerlaubten Mitteln, offen wie verdeckt, zum Durchbruch zu verhelfen. Das Ziel heiligt die Mittel, und wo gehobelt wird, da fallen Späne.

Die Operationen der amerikanischen Regierung nach dem 11. 9. 2001 folgen exakt diesem Muster. Die Verhaltensweisen gegenüber den Bündnispartnern wie der internationalen Staatenwelt entsprechen dem. Die Sprache ist offen, unvermittelt und brutal. An der Machtfrage scheiden sich die Geister. Der Instinkt zwingt die Menschen zum schweigenden Zusehen dabei, wie ein Riese im vermeintlich gerechtfertigten Eigeninteresse die Kleinen der Welt züchtigt, die er wenige Jahre zuvor noch, wie den Irak des Saddam Hussein, in ihrer zweifelhaften Qualität als Bündnispartner aufgebaut und genutzt hatte.

Truppen der Weltmacht – heute Freiheitskämpfer, morgen Terroristen

Es fällt auf, daß nicht erst seit dem 11. 9. 2001, sondern schon in dem ganzen Jahrzehnt davor die bis dahin für die CIA nützlichen Instrumente der achtziger Jahre im Kampf gegen die Sowjetunion nach deren Zusammenbruch nun zum Inbegriff des Bösen, Heimtückischen und Verwerflichen wurden. Wie die Schauspieltruppe eines Theaters in einem Stück bejubelte

Heldenrollen und im nächsten den Part des Teufels einstudiert und spielt, so tritt nun Osama bin Laden mit seiner Truppe der 10 000 muslimischen Freiheitskämpfer nahezu über Nacht als Verkörperung des Bösen auf. Ähnliches gilt für die Taliban.

Bis zum Rückzug der sowjetischen Truppen aus Afghanistan und zum Zusammenbruch der Sowjetunion waren Osama bin Laden und seine Organisation das Instrument, dessen sich die geheime amerikanische Außenpolitik im CIA-gelenkten Verbund der amerikanischen, saudischen und pakistanischen Geheimdienste bediente. Noch in den neunziger Jahren finden wir immer wieder »Afghanis«, ehemalige muslimische Kämpfer gegen die sowjetischen Interventionstruppen, an neuen Kriegs- und Bürgerkriegsschauplätzen, wo sie offenbar der verdeckten amerikanischen Außenpolitik zu Diensten sind. Das gilt für die Bildung neuer Staaten im Kaukasus, heute sicherlich noch in Tschetschenien, aber auch in den mörderischen Bürgerkriegen des ehemaligen Jugoslawiens. Auch Osama bin Laden besuchte den Kosovo, wo seine Leute an der Seite der muslimischen Bosniaken gegen die serbische Armee kämpften, damals immer noch mit amerikanischer Unterstützung.[228]

Doch schon in der ersten Hälfte der neunziger Jahre setzt mit Macht die Tendenz ein, bei allen größeren Terroranschlägen gegen amerikanische Einrichtungen im In- und Ausland Osama bin Laden als Drahtzieher und Organisator der hinterhältigsten Anschläge zu vermuten. Immer häufiger raunt es in der amerikanischen und ihr folgend der internationalen Presse, »wie aus Geheimdienstkreisen verlautet«, unter Berufung auf Quellen, die namentlich nicht genannt werden könnten.

Inzwischen genügen bereits die Merkmale Grausamkeit und Raffinesse eines Terroranschlags, um ohne viel Federlesens auf Al Kaida als Veranstalter schließen zu können. Bereits 1998 schilderte der langjährige Honorarkonsul Afghanistans in New York die sein Land betreffenden Machenschaften der Geheimdienste. Es habe sich in Afghanistan in den letzten

20 Jahren ein Muster entwickelt, wonach die Geheimdienste, indem sie sich gegenseitig die Bälle zuspielten, eine Person aufbauten, die sie dann in ein Monster verwandelten. Dann gingen sie zum Angriff gegen diese Schöpfung vor, zerstörten sie, um sich anschließend sofort ein Ersatzmonster zu schaffen.[229]

Dementsprechend bleiben ja auch die Taliban bis wenige Tage vor dem 11. 9. im Gespräch mit ihren ölinteressierten Gesprächspartnern in den USA, die für Afghanistan nach einer stabilen Regierung suchen, die die geplante große Pipelineverbindung zum Indischen Ozean garantieren kann. Hinter gerade dieser Pipelinetrasse steht die Bush-Administration, die unter allen Umständen den Bau von Öl- und Gasleitungen über russisches wie iranisches Gebiet verhindern will. Folglich können die Gespräche in Florida kurz vor der Tat nicht ohne Billigung oder hinter dem Rücken der amerikanischen Regierung geführt worden sein.

Erst in den Wochen nach der Tat drängte die von der Bush-Familie mitbestimmte Carlyle-Investmentgruppe die Bin-Laden-Familie zum Verkauf des Millionen Dollar schweren Anteils, um der Öffentlichkeit keinen Anlaß zu Hintergedanken zu geben. Die Medien störten die Investorenkreise dann auch nicht.

Die CIA hielt zu ihrem ehemaligen Mitarbeiter Osama bin Laden noch im Juli vor den Anschlägen Kontakt. Der ließ sich im amerikanischen Krankenhaus in Dubai wegen eines schweren Nierenleidens mehr als eine Woche lang behandeln. Am 12. Juli 2001 besuchte ihn der dortige CIA-Resident Larry Mitchell dem Vernehmen nach in Begleitung des früher mit der CIA eng zusammenarbeitenden, inzwischen geschaßten saudischen Geheimdienstchefs Prinz Turki al Faisal Al Saud[230] am Krankenbett. Mitchell brüstete sich kurz darauf im Freundes- und Bekanntenkreis damit und wurde noch am Tag nach dem Treff zur Berichterstattung in die Zentrale beordert.[231]

Terror als Mittel der psychologischen Kriegführung

Die geopolitische Stoßrichtung in die ölhaltigen Staaten der muslimischen Welt geht einher mit dem Versuch, die alte afghanisch-muslimische Söldnerschar in neuer Verwendung nicht mehr als Helden des Lichts und Freiheitskämpfer, sondern nun als Verkörperung des Bösen für die fernsehgesteuerten Massengesellschaften Amerikas und Europas aufzubauen. Und wieder war es ein CIA-beratender Professor der Harvard-Universität, Samuel Huntington, der in seinem Buch über den Zusammenstoß der Kulturen von der zwingenden Notwendigkeit auch der modernen demokratischen Gesellschaften ausgeht, sich nur über den Haß auf einen bedrohlichen Feind der Zugehörigkeit zur eigenen Nation, zur politischen Führung, zur gemeinsamen westlichen Welt oder auch zur christlich-jüdischen Zivilsation gewiß sein zu können.[232] Nur über einen Haßgegner sei der Schulterschluß mit der Führung der westlichen Nationen möglich. Als neuer Feind komme nach dem Zusammenbruch des Kommunismus nur die muslimische Staaten- und Zivilisationswelt in Frage. Man sieht, wie auf dem anthropologischen Reißbrett die neue Gefahr, der neue Feind erzeugt wird, der bei den Massen Furcht und Schrecken erzeugen und so die Gefolgschaft hinter der den Gefahren entgegentretenden Führung sichern soll.

Kampagnen zur Gestaltung der Massenmeinung begleiten alle Kriege, auch die der Vereinigten Staaten. Stets treten vor Kriegsbeginn nicht hinnehmbare Grausamkeiten auf, hinterhältige Attentate, Überfälle, wilde Bürgerkriegsszenen, Übergriffe auf amerikanische Bürger und amerikanisches Eigentum. So kann das Gute zum Sieg über das Böse geführt werden. Das war bereits 1898 beim amerikanisch-spanischen Krieg so, das wiederholte sich im Fall des vielzitierten Pearl Harbor, als Präsident Roosevelt ebenso wie die Vereinigten Stabschefs vom bevorstehenden japanischen Angriff auf Pearl

Harbor durch die perfekte Funkaufklärung informiert waren, die Kenntnisse jedoch dem vor Ort verantwortlichen Kommandeur der Marine vorenthielten. 2000 amerikanische Soldaten kamen ums Leben. Der Sturm der pressegeschürten öffentlichen Entrüstung über den feigen Überfall mitten im Frieden fegte den bisher massiven Widerstand der öffentlichen Meinung gegen den Eintritt der Vereinigten Staaten in den Zweiten Weltkrieg hinweg.

Immer wieder wird auch das Todesopfer von Angehörigen des eigenen Volkes als Mittel der psychologischen Kriegführung in Kauf genommen. So legte im März 1962 General Lemnitzer Präsident Kennedy im Namen und mit Unterschrift der Vereinigten Stabschefs den ausgearbeiteten Plan vor, einen verdeckt geführten, blutigen Terrorkrieg gegen das eigene Land vom Zaun zu brechen, um so die amerikanische öffentliche Meinung für einen Krieg gegen das Kuba Fidel Castros zu gewinnen. Der »Operation Northwoods« genannte Plan sah Ermordungen auf offener Straße, das Versenken von Flüchtlingsbooten aus Kuba auf hoher See, den Ausbruch gewalttätigen Terrors in Washington D.C., in Miami und anderen Städten der USA vor. Das Dokument spricht sich dafür aus, den Bombenterror Menschen anzulasten, die nichts damit zu tun haben konnten. Es sollten Flugzeuge entführt werden. Gefälschte Beweise sollten die Verantwortung Castros untermauern. Sehr ausführlich entwickelte der Plan den Vorschlag, eine amerikanische Chartermaschine mit Studenten an Bord auf dem Flug in die Ferien in Jamaika, Guatemala oder Venezuela abzuschießen. Bei den genannten Zielen war ein Überflug über Kuba zu erwarten. »Operation Northwoods« schlug auch vor, den nicht provozierten Abschuß einer amerikanischen Militärmaschine durch kommunistische kubanische MIG-Kampfflugzeuge über internationalen Gewässern vorzutäuschen. Der Plan scheiterte am Widerstand des später ermordeten Präsidenten Kennedy.[233]

Der 11. 9. 2001 als Vorwand für das Neue Amerikanische Jahrhundert

Die unendliche Kette der Ungereimtheiten des 11. 9. 2001 in der Darstellung des Tathergangs und seiner Hintergründe spricht dafür, die offizielle Verschwörungstheorie nicht nur zu hinterfragen, sondern auch Erklärungsmuster in Betracht zu ziehen, die den Täterkreis eher im Umkreis von Geheimdiensten ansiedeln. Es war der frühere Abteilungsleiter des Pentagons für den Antiterrorkampf, der davon sprach, man solle zweckmäßigerweise bei Fingern, die auf angebliche Terroristen zeigen, immer den Weg zurückverfolgen auf die Hand, den Arm, die Person, die diesen ausstrecke, und fragen, ob denn der Kampf gegen den Terror das eigentliche Motiv des Fingerzeigers sei.[234]

Stellt man die Frage nach dem Nutzen, dem *cui bono*, so hat der 11. 9. 2001 für die gesamte muslimisch-arabische Welt einen voraussichtlich Jahrzehnte währenden Schaden angerichtet, dessen die Täter sich bewußt sein mußten.

Die Welt trauert mit den Angehörigen und der amerikanischen Bevölkerung um die Opfer des grauenhaften Anschlags. Doch zieht man nüchtern Bilanz für die amerikanische Weltmachtpolitik, so hat das dramatische Ereignis des 11. 9. der Bush-Regierung über Nacht einen angeblich nicht voraussehbaren überwältigenden Vorteil gebracht. Sie kann unter dem Vorwand des Kampfes gegen den Terror die militärische, politische und wirtschaftliche Landschaft gerade in den muslimisch bevölkerten ölhaltigen Regionen nicht nur des Nahen Ostens neu gestalten, sie kann geopolitisch wichtige Schlüsselpunkte in Richtung China und Rußland mit Militärstützpunkten besetzen und obendrein der eigenen Bevölkerung die Finanzierungslast der laufenden und noch anstehenden Unternehmungen auferlegen.

Der so unvermittelt ausbrechende Kampf gegen den Terrorismus erlaubt das Verfolgen von Zielen, die bereits vor dem

11. 9. ins Auge gefaßt waren. Dies geht mehr oder weniger direkt aus einer Anzahl von Politikentwürfen hervor, die die Mannschaft um Präsident George W. Bush Jahre vor dem Regierungsantritt in Denkfabriken und Diskussionszirkeln im »Projekt für ein Neues Amerikanisches Jahrhundert« schriftlich niedergelegt hat. Die Gremien waren und sind zusammengesetzt aus einem Pool konservativer, mit dem Geld der Waffen-, Munitions-, Öl-, Gas- und Rohstoffindustrie gespeisten »Think Tanks«.

Viele Teilnehmer haben Jahre der Arbeit im Bereich des Pentagons, des State Department und der Waffenindustrie hinter sich und bringen die dort entwickelten Vorstellungen ein. Das »Projekt für ein Neues Amerikanisches Jahrhundert« geht von dem geschichtlichen Bewußtsein Amerikas aus, dreimal im vergangenen Jahrhundert das Böse in Gestalt des deutschen Kaiserreichs, Hitler-Deutschlands und der Sowjetunion besiegt zu haben. Diese Politik führte unter großen Opfern zu dem lang erkämpften amerikanischen Weltfrieden, einer Pax Americana. Die Supermacht und den nur von ihr garantierten Weltfrieden gilt es in die Zukunft zu sichern und mögliche Konkurrenten am Aufstieg zu hindern. Dies ist nun die zwingende Aufgabe amerikanischer Politik. Die Gedankengänge sind nicht wesensverschieden von dem, was bereits Brzezinski in seinem Buch *Die einzige Weltmacht: Amerikas Strategie der Vorherrschaft* in den neunziger Jahren formulierte. Man wird davon ausgehen können und müssen, daß hier ein Konsens eines Großteils der amerikanischen Machteliten zum Ausdruck kommt, der parteiübergreifend ist und den auch die nationalen Medien im wesentlichen teilen.

An dem Projekt »The New American Century« haben maßgeblich die Neokonservativen William Kristol, Vizepräsident Richard B. Cheney, Verteidigungsminister Donald Rumsfeld, der Stellvertretende Verteidigungsminister Wolfowitz, der bisherige Chef des Beraterkreises des Pentagons für Verteidigungspolitik Richard Perle, der Stellvertretende Außenminister

Richard Armitage, der Gouverneur von Florida Jeb Bush, Bruder des Präsidenten, sowie der derzeitige Botschafter der USA in Afghanistan mitgearbeitet. Die Gruppe bildet den die amerikanische Außen- und Militärpolitik wesentlich gestaltenden Kern der derzeit im Amt befindlichen Bush-Regierung in Washington.

Die für die Sicherung des »Neuen Amerikanischen Jahrhunderts« für erforderlich gehaltene Politik wird in einem Papier über den »Umbau der amerikanischen Verteidigung in Strategie, Streitkräften und Mitteleinsatz« zum Ausdruck gebracht.[235] Danach muß Amerika seine weltbeherrschende Supermachtstellung für ein weiteres Jahrhundert und darüber hinaus militärisch sichern. Die USA müssen im globalen wie im regionalen Maßstab die gesicherte militärische, wirtschaftliche, technologische und industrielle Dominanz halten. Sie müssen sich gegen Angriffe aus dem Weltraum absichern. Das SDI-Programm muß mit hoher Priorität durchgesetzt werden. Die Fesseln des ABM-Vertrags zur Einschränkung des Wettrüstens mit Rußland im Weltraum müssen beseitigt werden. Der Cyberspace elektronischer Netzwerke muß von den USA dominiert werden. Die amerikanischen Streitkräfte müssen in der Lage sein, mehrere größere Kriege auf verschiedenen Kontinenten gleichzeitig erfolgreich zu führen. Die technologische Überlegenheit der USA im Bereich neuer Waffenentwicklungen ist sicherzustellen. Taktische Nuklearwaffen zum Aufbrechen unterirdischer Bunkeranlagen konventionell kämpfender Feinde müssen entwickelt und für die Streitkräfte bereitgestellt werden. Dazu müssen auch die unterirdischen Testversuche wieder aufgenommen werden. Selbst der Weiterentwicklung biologischer Waffen als nützlichem Kriegsinstrument in der Hand der überlegenen Weltmacht wird das Wort geredet.

Da die Absicherung des »American Empire« sehr viel Geld kostet, muß das amerikanische Volk auf die nach dem Zusammenbruch der Sowjetunion denkbare Friedensdividende verzichten. Im Gegenteil, die Ausgaben für Rüstung und Stationierung von Streitkräften müssen kräftig erhöht werden, sollen die Weltmachtrolle der USA und die Pax Americana nicht auf Dauer verspielt werden.

Mit bedauerndem Unterton geht die Gruppe davon aus, daß die erforderliche Umstellung von Rüstung und Streitkräften samt der dem Volk aufzuerlegenden Finanzierungslasten nur zögerlich vorangehen werden. Es sei denn, so klingt ein Hoffnungschimmer an, ein Katastrophenereignis trete ein wie seinerzeit der Überfall der japanischen Streitkräfte auf den ahnungslosen amerikanischen Marinestützpunkt Pearl Harbor mit 2000 Todesopfern und der Versenkung eines Großteils der pazifischen US-Flotte, der 1941 die damals überwiegend pazifistisch gesinnte Bevölkerung der USA über Nacht dazu bewogen hatte, mit Präsident Roosevelt in den Weltkrieg gegen Japan und Deutschland zu ziehen.[236]

Das Papier versäumt auch nicht, die Absetzung Saddam Husseins zu fordern, nicht nur, um einen üblen Diktator loszuwerden, sondern vor allem zur Errichtung einer dauerhaften amerikanischen Militärpräsenz in der Region. Die amerikanischen Truppen stünden insgesamt zu sehr in den Standorten des Kalten Krieges und müßten langfristig in die neuen Schwerpunkte der Auseinandersetzung nach Südostasien und Südosteuropa verlegt werden.

Die Agenda für die Militärstrategie der im Januar 2001 antretenden neuen Bush-Administration ist im September 2000 veröffentlicht worden. Sie bezieht sich ausdrücklich auf eine Richtlinie zur Verteidigungspolitik, die seinerzeit Paul Wolfowitz für Dick Cheney, den damaligen Verteidigungsminister unter Präsident Ronald Reagan und heutigen Vizepräsidenten, ausgearbeitet hatte und die schon 1992 den Schlag gegen den Irak vorsah. Wolfowitz wiederum ist heute Stellvertretender Verteidigungsminister unter Donald Rumsfeld.

Die Gruppe für das »Neue Amerikanische Jahrhundert« denkt militär- und kriegslastig. Sie engagiert sich in öffentlichen Äußerungen vehement auf der Seite der Likud-Politik Scharons und Netanjahus. Richard Perle, der mit Wolfowitz zum Führungskreis des Think-Tank-Projekts »Neues Amerikanisches Jahrhundert« zählt, hat zusammen mit anderen im Jahre 1996 auch den Entwurf für eine neue Sicherheitspolitik für Israel verfaßt.[237] Darin wird die Aufgabe der jahrzehntelang verfolgten Politik »Frieden für Israel gegen Rückgabe besetzten Landes an die Palästinenser« gefordert. Der Anspruch auf das Land Israel sei ein 2000 Jahre alter Traum, legitim und nobel zugleich. Dieser dürfe nicht mehr zur Disposition gestellt werden. Nur die bedingungslose Annahme der israelischen territorialen Ansprüche nach dem Muster Frieden gegen Frieden sei verhandelbar. Es dürfe mit den Palästinensern keinen Kompromiß über die Hauptstadt Jerusalem geben. Die militärische Präsenz israelischer Streitkräfte in palästinensischen Territorien müsse gewährleistet bleiben. In bezug auf die Nachbarstaaten Israels werden gezielte Schläge gegen Syrien vorgeschlagen, sollte Damaskus den israelischen Vorstellungen der Terrorbekämpfung im Libanon nicht entgegenkommen. Auch auf den Golanhöhen könne eine Vereinbarung nach dem Muster Friede gegen Land nicht in Betracht bezogen werden. Syrien wird mit einer Neuzeichnung der Landkarte des Mittleren Ostens bedroht, die es zum Verschwinden bringen könne. Es wird ein gemeinsames jordanisch-türkisch-israelisches Vorgehen gegen Syrien vorgeschlagen. Israel müsse seine umgebenden Staaten in einem Gleichgewicht der Kräfte einbinden. Die Beseitigung Saddam Husseins im Irak wird als ein wichtiges Ziel israelischer Politik dargestellt.

Der im Institute for Advanced Strategic and Political Studies in Jerusalem und Washington ausgearbeitete Politikvorschlag für eine Likud-Regierung in Israel zeigt auch nicht den Anflug eines Verständnisses für die Probleme der anderen, der palästinensischen oder auch arabischen Seite. Jeder Kompromiß wird als Schwäche ausgelegt. Im Klartext gesprochen zeigt sich hier der Wille, die Grenzen des Staates Israel bis an den Jordan mit Hilfe immer weiter voranzutreibender Landnahme militanter Siedler zu verschieben und die Palästinenser allenfalls als Mitbürger zweiter Klasse in Sondersiedlungen zu belassen. Erst wenn dieses Ziel erreicht und von den Israel umgebenden Völkern ebenso wie von den Palästinensern akzeptiert sein wird, kann es in der Region Frieden geben. Verständlich, daß die Politikdenker sowohl des »Neuen Amerikanischen Jahrhunderts« als auch einer »Neuen Strategie 2000 für den Staat Israel« Vorstellungen etwa von Partnerschaft, Verständigung, Ausgleich und Abrüstung bereits als Abstieg in die Bedeutungslosigkeit sowohl für die USA als auch Israel sehen müssen.

Und nun liefern die 19 Hobbyselbstmordflieger exakt das katastrophale und alles Bisherige umwerfende Ereignis des 11. 9., nur ein Jahr, nachdem die Gruppe ihren Wunschzettel für die Umsetzung des Projekts »Neues Amerikanisches Jahrhundert« niedergelegt, neun Monate, nachdem Präsident Bush sein Amt angetreten hat. Die Regierung ebenso wie die Medien sprechen sofort von dem neuen Pearl Harbor, vom weltweiten Krieg gegen den Terrorismus, der alle bisherigen Politikvorstellungen von Grund auf verändere. Die Bush-Regierung fordert im Innern wie vom Ausland nahezu bedingungslose Gefolgschaft. Wer nicht mit uns ist, ist für den Terrorismus.

Es folgt Schlag auf Schlag die Umsetzung des Programms der konservativen Denkfabriken:

Die amerikanische Regierung erklärt einen Jahre andauernden Krieg gegen den Internationalen Terrorismus im allgemeinen und die Basis Al Kaida im besonderen. Im Zuge des Antiterrorkampfs »Enduring Freedom« sollen alle Staaten bekämpft werden, die dem Terrorismus Vorschub leisten oder Hilfe gewähren. Die Definition liegt bei der Regierung der USA. Vizepräsident Cheney geht von einen Weltkrieg gegen bis zu 60 Staaten aus. Die jährlichen Militärausgaben werden von bislang 300 auf fast 400 Milliarden Dollar angehoben. Die

Friedensdividende nach dem Zusammenbruch der Sowjetunion wird gegenstandslos. Der neue Feind wird im Vergleich zur verblichenen Sowjetunion als noch gefährlicher eingeschätzt. Binnen eines Jahrzehnts nach dem Untergang des verhaßten Gegenspielers mit den kaum in Schach zu haltenden konventionellen und nuklearen Waffenarsenalen konnte nun als Ersatzfeind der internationale muslimisch-fundamentalistische Terrorismus auf den Plan treten. Was die Sowjetunion nie hat erreichen können – einen Angriff auf strategische Ziele der Vereinigten Staaten auf deren eigenem Territorium –, war nun der muslimisch-fundamentalistischen Basis Al Kaida, geführt aus den Höhlen eines zerstörten, verkehrsfernen und rückständigen Landes, gelungen. Von dort werden nun, meist per Handy und über Internet, Terrorangriffe auf Industriestaaten mit Methoden und Mitteln geplant, die den Durchgriff auf die geheimsten Einrichtungen einer Weltmacht ermöglichen. Diese Spezialisten können die Luftabwehr einer Supermacht, die Bodenkontrolle des zivilen Luftverkehrs ausschalten oder überlisten, sie steuern Jumbojets als Selbstmordattentäter in die Zentren der westlichen Zivilisation, die Abwehr der Geheimdienste kann mühelos überwunden werden. Die zivilisierte westliche Welt sieht sich in existentieller Gefahr. Aus 60 Staaten heraus kann diese neue Basis Al Kaida jederzeit zum Kampf antreten. Der ständig abgehörte und in Auszügen in den Medien der Industriestaaten veröffentlichte Telefonverkehr der verdächtigten Terrorvereinigung liefert täglich den Beweis für die gigantische Bedrohung, inzwischen sogar mit atomaren, chemischen und biologischen Kampfstoffen. Die Bevölkerung Großbritanniens, der USA und Israels wird in Angst und Schrecken versetzt. Die neue Heimatschutzbehörde empfiehlt den Kauf von Gasmasken, das Anlegen von Notrationen für das Überleben in den ersten Wochen nach dem großen Schlag. Der Kauf von Klebebändern zur Abdichtung gegen Giftgas räumt die Regale der Baumärkte.

Drogen-Warlords der Nordallianz: Kampfpartner gegen die Taliban

Im Zuge des Kampfes gegen den Terror der Al Kaida wird nun der vor dem Terrorereignis des 11. 9. bereits geplante Feldzug gegen das Afghanistan der Taliban in Gang gesetzt. Dabei setzen die USA auf die Führer der sogenannten Nordallianz. Diese waren als die zuvor von den Taliban in Schach gehaltenen früheren Warlords in den Tälern des Nordens bereit, Seite an Seite mit den USA um die Herrschaft in Afghanistan zu kämpfen. Die Partnerschaft ist insofern problematisch, als diese Nordallianz nicht nur keineswegs die ethnische und geographische Vielfalt Afghanistans vertritt, sondern vor allem auch durch den Anbau von Mohn auf den Feldern des Berglandes für die Herstellung von 80 Prozent des in Europa und den Vereinigten Staaten verkauften Rauschgifts Heroin sorgt. Nachdem die Taliban in den letzten Jahren den Mohnanbau drastisch zurückgedrängt hatten, stehen inzwischen wieder Rekordernten an, die nun in den Markt drücken. Die Bauern in den Hochtälern Afghanistans erzielen nach Angabe von UN-Vertretern mit Opium nun wieder 12 500 Dollar pro Hektar, während sie für Weizen bisher nur 1400 Dollar erlösen konnten.[238] Die den Drogenanbau unterdrückenden Taliban wurden beseitigt, gleichzeitig der internationalen Drogenbekämpfung einmal mehr die Waffe aus der Hand geschlagen. Das Heroin gelangt zu 80 Prozent nach Europa. Die dortigen Suchtkranken sorgen mit ihrer Beschaffungskriminalität für die Finanzierung des Kampfgeschehens. Die amerikanische Stützung der Warlords mit ihren Drogeneinnahmen bringt zwangsläufig die entscheidende Schwächung der Zentralregierung in Kabul mit sich, die deshalb außerhalb der Hauptstadt keine Autorität erlangen wird.[239]

Afghanistan als Scharnier im Machtgeflecht Asiens

Die Bundeswehr wie auch Armeen anderer Bündnispartner unterstützen die USA im Bodenkampf gegen die Taliban, vor allem aber bei der Suche nach Osama bin Laden, dem angeblichen Meisterhirn hinter den Anschlägen des 11. 9. Allerdings dauerte es nicht allzulange, bis die Vereinigten Staaten erklärten, Osama bin Laden und dessen Basis-Truppe seien nicht mehr unbedingt das oberste Ziel ihres Kampfes im Land. Der Kommandeur der amerikanischen Bodentruppen meinte gar, bin Laden sei ein eher nichttypisches Ziel der militärischen Aktivitäten. Afghanistan liegt ebenso wie Tibet strategisch im Machtdreieck von China, Rußland, Pakistan und Indien. Dort militärisch mit Kampfflugzeugen und Raketenbasen auf Dauer präsent zu sein, ergibt »power projection«, die Möglichkeit der Machtausstrahlung auf Kontinente und Milliardenvölker.

Nicht unerwähnt soll bleiben, daß es den Taliban bei all ihren sonstigen steinzeitlichen Untaten nach anfänglichem Schwanken doch gelungen war, Afghanistan weitgehend von der Geißel des Mohnanbaus und damit des Heroins zu befreien.[240] Vielleicht wähnten sie sich sogar in einer Partnerschaft im Krieg der USA gegen den internationalen Drogenhandel, der jährlich mit Kosten von 13 Milliarden Dollar betrieben wird. Sie hätten die Musterknaben der Drug Enforcement Agency werden können, wenn nicht die Interessen der CIA in eine ganz andere Richtung gewiesen hätten.

Die CIA benötigt, wie erwähnt, als Instrument der geheimen amerikanischen Außenpolitik den Drogenhandel zur Finanzierung ihrer verdeckten Kriegführung und Destabilisierung an verschiedenen Brennpunkten der Erde. Bei der Verfolgung des Ziels, die ehemalige Sowjetunion aus ihren transkaukasischen Territorien, insbesondere im Bereich des kaspischen Beckens mit seinen 200 Milliarden Faß Öl im Boden[241], abzudrängen, dort handhabbare kleinere Staaten zu etablieren, amerikanische Militärbasen zu errichten und die Bodenschätze zum Abtransport und Verkauf durch amerikanische Gesellschaften zu sichern, werden daher immer wieder Rebellenbewegungen zum Einsatz kommen, in deren Reihen »Afghanis« kämpfen, Muslime aus arabischen Ländern, die ganz offensichtlich früher im Kampf gegen die Sowjetarmee in Afghanistan genutzt worden waren. Diese Kämpfer wollen entlohnt werden. Fällt der Drogenhandel aus den Hochtälern Afghanistans aus, so könnten diese Kämpfer nicht mehr verdeckt am Manna der geheimen Finanzierung teilhaben.

Die Opiumaskese der Taliban hatte den Warlords in den Hochtälern und deren Hintersassen, den Bauern, die Einnahmen aus dem Mohnanbau genommen. Mit dem Verlust der Einnahmen drohte den Mujaheddin der Einfluß auf die Stammesbevölkerung, die Machtbasis gegenüber der Zentralregierung, abhanden zu kommen.

Militärbasen entlang des kaspischen Ölbeckens zum Kampf gegen den Terrorismus in Afghanistan

Der auf Grund der Ereignisse des 11. 9. 2001 beginnende und nach Einschätzung der Bush-Administration mit Sicherheit Jahre währende Weltkrieg gegen den internationalen Terrorismus machte es den USA möglich, auf dem Boden der asiatischen Nachfolgestaaten der ehemaligen Sowjetunion Militärbasen auf- und auszubauen, die auffällig nahe dem Milliarden Fässer Öl bergenden kaspischen Becken liegen, offiziell jedoch den Nachschub für den Kampf gegen das Osama bin Laden beherbergende Afghanistan sichern sollten. Dabei gibt die Administration in Washington sehr schnell zu erkennen, daß die Anwesenheit des Militärs nicht von kurzer Dauer sein könne. Im Ergebnis kommt das insofern nicht ungelegen, als das »Projekt für ein Neues Amerikanisches Jahrhundert« es erforderlich macht, nicht nur Rußland den Wiederaufstieg zur Weltmacht zu versperren, sondern vor allem das riesige

China, aber auch Indien und Pakistan einzudämmen und politisch wie wirtschaftlich nicht zu Konkurrenten werden zu lassen.

Afghanistan ist ein geopolitischer Dreh- und Angelpunkt der militärischen Machtausstrahlung auf diese asiatischen Staaten. Es ist daher auch nicht verwunderlich, daß der Angriff auf Afghanistan bereits vier Jahre vor den Attentaten auf das World Trade Center und das Pentagon »durchgespielt« wurde.[242] Niaz Naik, der frühere Außenminister Pakistans, wurde von hohen Vertretern der Bush-Administration Mitte Juli 2001 davon unterrichtet, daß der militärische Angriff gegen Afghanistan Mitte Oktober anlaufen werde. Auch die indische Regierung wurde längere Zeit vor dem 11. 9. 2001 von den amerikanischen Plänen unterrichtet.[243] Der Terrorschock des 11. 9. lieferte daher der Regierung Bush anscheinend ohne eigenes Zutun die nachträgliche Rechtfertigung der zuvor geplanten militärischen Intervention.

Der Irak des Saddam Hussein und der 11.9.

Der Vizepräsident der Vereinigten Staaten, Cheney, und Verteidigungsminister Rumsfeld lassen sofort nach den Anschlägen keine Gelegenheit aus, darauf hinzuweisen, hinter den Anschlägen stünde letztlich auch der Irak des Saddam Hussein. Als Beweis dient der angebliche Treff Mohammed Attas in Prag mit einem irakischen Geheimdienstler wenige Wochen vor den Anschlägen. Allerdings schien die Beweislage nach Einschätzung selbst der CIA als Begründung für ein militärisches Vorgehen gegen den Irak zu dünn zu sein. Die Regierung Tschechiens dementierte mit Nachdruck. Beweismittel wurden von der Administration nicht vorgelegt. Es gibt keine Beweise für die Förderung der Al Kaida und Osama bin Ladens durch den Irak. Alle bisherigen Darstellungen haben sich als Fälschungen oder Verdrehungen herausgestellt. Doch das reicht, um den amerikanischen Bürgerinnen und Bürgern mehrheitlich die Auffassung beizubringen, Saddam Hussein stehe hinter den Anschlägen des 11. 9. Die US-Bevölkerung ist offensichtlich inzwischen so verängstigt, daß die Regierung sich in der Lage sieht, im Zuge des Antiterrorkampfes mit den fadenscheinigsten Begründungen die Ziele auszutauschen oder zu ergänzen, die man jeweils zu verfolgen sich entschlossen hat.

Die amerikanische Bevölkerung wird vom Patriotismus gepackt

Die mangelhafte Aufklärung des 11. 9. durch die amerikanische Administration verärgert nur Minderheiten in den Vereinigten Staaten, die den Aktionen der Regierung mit einigem Mißtrauen gegenüberstehen. Die überwältigende Mehrheit läßt sich von einem Patriotismus ergreifen, der von der Bush-Regierung sorgfältig und kontinuierlich genährt wird. Abgeordnete, die für die rückhaltlose Aufklärung des Versagens der Geheimdienste eintreten, werden von ihren Kollegen im Kongreß geschnitten, desavouiert und bei der Wiederaufstellung in den Wahlkreisen von auf Bundesebene mächtigen Lobbygruppen bekämpft. Die Chance, die sich der Opposition angesichts des so offensichtlichen Versagens des Regierungsapparats bietet, wird von dieser nicht wahrgenommen. So folgen die Demokraten in großer Mehrheit den Vorschlägen der Regierung, die auf Krieg und eine nachdrückliche Einschränkung der Bürgerrechte ausgerichtet sind.

Mit der Verabschiedung des »Patriot Act« durch den Kongreß werden ganze Teile des Ersten, Vierten, Fünften und Achten Amendments der amerikanischen Verfassung außer Kraft gesetzt oder eingeschränkt, neue Verfahrensregeln nehmen inhaftierten Bürgern die Möglichkeit des Zugangs zu einem Rechtsanwalt und des Rechts auf ein faires Verfahren oder schränken diese Rechte ein. Das Gesetz erlaubt die Durchsuchung von Privatwohnungen ohne Benachrichtigung des Betroffenen, die Nutzung von Überwachungstechnologie, die unbefristete Inhaftierung von Personen sowie die Entführung und Inhaftierung von Kriegsgefangenen auf unbefristete Zeit. Die Administration entscheidet, ob und wen sie als Kriegsgefangenen im Sinne der Genfer Konvention zu behandeln gedenkt. Das Völkerrecht, insbesondere das Kriegsvölkerrecht, wird von der Regierung der Vereinigten Staaten in weiten Teilen einseitig zur Disposition gestellt.

Inzwischen werden des Terrorismus verdächtige Personen durch Greiftrupps von Geheimdiensten zum Beispiel in Indonesien entführt, in hoheitlich nicht gekenngezeichneten Flugzeugen nach Ägypten transportiert, dort in Anwesenheit von CIA-Angehörigen von Nichtamerikanern unter Folter verhört, so daß Rechte des amerikanischen Strafprozesses oder des internationalen Völkerrechts angeblich nicht zu beachten sind.

Die Regierung Bush hat eine Liste von Terrorverdächtigen veröffentlicht, die ohne weiteres rechtsstaatliches Federlesen von amerikanischen Einheiten aufgegriffen und umgelegt werden dürfen. Das erste Opfer war ein des Terrors Verdächtiger, der auf einer Überlandfahrt durch den Jemen im PKW von einer CIA-Drohne ermordet wurde, ohne rechtliches Gehör, ohne richterliche Beweiswürdigung, ohne Urteil und ohne Öffentlichkeit. Der Tod der fünf Mitfahrer stellt sich als »Kollateralschaden« der Geheimdienstoperation dar.[244]

Gleichzeitig wurden nach innen die bisher so großartigen Möglichkeiten der Bürgerinformation im Zuge des »Freedom of Information Act« eingeschränkt oder beseitigt, wonach jedermann das Recht auf Einsicht in die Unterlagen der öffentlichen Hand zusteht, sofern nicht unüberwindliche Hindernisse der Staatsräson entgegenstehen. Auch wurde angeordnet, daß die »Präsidialakten« früherer Präsidenten nicht wie bisher uneingeschränkt der Öffentlichkeit nach einer bestimmten Frist zugänglich zu machen sind. Damit kann den Historikern auch für kommende Jahrzehnte der tiefere Einblick in unliebsame Skandale der Vergangenheit wie der Gegenwart versperrt bleiben. Zu denken wäre aus aktuellem Anlaß an die Aufrüstung Saddam Husseins zum Krieg gegen den Iran auch mit chemischen und biologischen Waffen durch die USA und Großbritannien in den achtziger Jahren oder die Geldwäsche und Drogendeals der CIA mit Noriega, dem Diktator von Panama und langjährigen CIA-Partner.

Im Inneren wurde zur Überwachung terroristischer Umtriebe eine Heimatschutzbehörde geschaffen, die rund 170 000 Angestellte beschäftigen soll. Zugleich werden freiwillige Hilfskräfte organisiert und finanziert, die in der Nachbarschaft terrorbegünstigende Tendenzen beobachten sollen, was der Denunziation Tür und Tor öffnet.

Vom Instrument zum Todfeind der verdeckten Außenpolitik

Weder von der Regierung noch vom Kongreß oder von den Medien zur Verantwortung gezogen, mußte die CIA bislang nicht darlegen, ob sie ihre Instrumente Osama bin Laden, die Taliban und die Organisation Al Kaida auch heute noch nutzt, und sei es auch nur in Teilen, oder wann sie die ehemaligen Partner ganz oder zum Teil hat fallen lassen, die sich inzwischen in Todfeinde der USA verwandelt haben sollen. Es mag ein Geflecht von Gründen geben, die den Umschwung in Washington bewirkten. Die Taliban schreckten die muslimischen Nachfolgestaaten der Sowjetunion und deren Gesellschaften mehr ab, als daß man über sie dort Einfluß gewinnen konnte. Die Sowjetunion war zusammengebrochen, die ölreichen Nachfolgestaaten sollten nicht in die Arme Moskaus zurückgetrieben werden, sie sollten vielmehr die Partnerschaft mit Washington und den amerikanischen Ölgesellschaften suchen. Die Destabilisierung wurde in dieser inzwischen für amerikanische Interessen aufgeschlossenen Region nicht mehr benötigt. Die Mohren hatten ihre Schuldigkeit getan.

Die kriegsunwillige Demokratie und die Machteliten

Liegen nun die vielgeschmähten »Verschwörungstheoretiker« so völlig daneben, wenn sie die Frage stellen, wie es denn sein kann, daß diese ehemaligen Söldner der Geheimdienste der USA und Israels im historischen Handumdrehen sich in die größte, weltumspannende, heimtückischste, alle denkbaren technischen Kriegsmittel perfekt beherrschende Terroristenmannschaft verwandeln können? Gibt es nicht doch einen Zusammenhang zwischen den neokonservativen aggressiven Vorstellungen der Bush- wie der Scharon/Netanjahu-Mannschaft, denen der 11. 9. scheinbar wie ein Geschenk des Himmels in den Schoß fiel, so daß der ungeheuerliche Gedanke einer Inszenierung über Geheimdienste sich aufdrängt? Und müßten nicht beide Regierungen alles daransetzen, der kritischen Öffentlichkeit die Gewißheit zu geben, daß die Veteranen früherer Kämpfe nicht wie so oft auch in neuer Rolle eingesetzt werden? Und was hat es zu bedeuten, wenn die Verantwortlichen die Aufklärung nicht fördern, sondern nachhaltig behindern?

Es gibt auch in Demokratien Machteliten, die bei sich bietender Gelegenheit zur Erreichung aggressiver Ziele durchaus bereit sind, die militärischen Machtmittel eines Staates einzusetzen. Sie haben nur immer wieder ein Problem: Die demokratischen Wähler lehnen in aller Regel militärische Abenteuer bei Kenntnis der Zusammenhänge ab. Doch nun soll der amerikanische Wähler, der Bürger, der in den Idealen seiner Verfassung erzogen worden ist, der auf die Herrschaft durch das Volk und nach den Wünschen des Volkes baut, der den Rechtsstaat und die Gewaltenteilung schätzt, der will, daß der Riesenkontinent USA im Frieden mit seinen Nachbarn und der internationalen Staatenwelt lebt, durch die Außenpolitik der Bush-Cheney-Regierung auf eine Reise mitgenommen werden, bei der das militärische Instrumentarium mit jährlichen Kosten von bald 400 Milliarden Dollar eingesetzt und weiter ausgebaut werden soll, um so die Hand auf die Rohstoffreserven fremder Völker zu legen. Zur Überwindung des natürlichen Widerwillens gegen den Einsatz militärischer Macht hilft das Mittel der psychologischen Kriegführung gerade auch in der Hand der Geheimdienste.

Der Krieg um die Gefühle und Einstellungen der Massen

Bei der Aufklärung der Ereignisse des 11. 9. sollte man daher nicht außer acht lassen, daß die angebliche Tat der 19 muslimischen Selbstmordattentäter durchaus die Tat einer wie auch immer zusammengesetzten Geheimdienststruktur gewesen sein könnte, die die amerikanische Politik nach dem 11. 9. vorauszusehen, zu berechnen und gezielt ins Werk zu setzen in der Lage war. Der damit verbundene Vorwurf, die eigenen Leute geopfert zu haben, wäre in der Tat zwar ungeheuerlich. Doch die Völker wissen inzwischen, daß der Spruch von der Wahrheit als dem ersten Opfer des Kriegs in aller Regel zutrifft. Wer als Demokrat versucht, hinter die Kulissen zu schauen, wird den Spruch nachvollziehen können: Es gibt keinen Krieg, schon gar nicht unter demokratischen Staaten, der nicht mit Lüge und Täuschung der beteiligten Staatsvölker durch ihre gewählten Führer einherzugehen pflegt. Völker wehren sich gegen Kriege. Sie müssen von deren Notwendigkeit jeweils überzeugt werden. Bei diesem Prozeß pflegt die kriegsinteressierte politische Elite nachzuhelfen. Das gilt gegen alle Geheimhaltung historisch nachweisbar auch für die amerikanische Demokratie. Schließlich war das vielzitierte Pearl Harbor nicht der Überfall auf die ahnungslosen amerikanischen Streitkräfte im tiefsten Frieden. Die amerikanische Abwehr hatte sämtliche Codes der japanischen Seite entziffert, konnte den militärischen und politischen verschlüsselten Funkverkehr verfolgen. Der Präsident wie die Spitzen der Teilstreitkräfte wußten von dem Angriff, unterließen es jedoch bewußt, den Kommandanten vor Ort zu informieren. Die Flugzeugträger waren zuvor zum Auslaufen befohlen worden. Der Rest wurde von den Japanern niedergebombt. Die Empörung über das katastrophische Ereignis brachte »katalytisch« den Umschwung der öffentlichen Meinung in den USA in Richtung Krieg gegen Japan und Deutschland.

Der 11. 9. bietet in der Tat das neue Pearl Harbor, die Katastrophe mit dem katalytischen Effekt. Der neue, viele Jahre dauernde »Dritte« oder »Vierte Weltkrieg«, den die derzeitige amerikanische Regierung gegen zahlreiche Staaten der Erde ins Auge gefaßt hat, muß deshalb nicht zwingend das nicht beabsichtigte Zufallsprodukt einer fehlgelaufenen muslimischen Terroraktivität gewesen sein. Er könnte auch die kühl berechnete Folge einer in Szene gesetzten Terrortat sein, wobei dann muslimische Studenten die scheinbaren Vollstrecker eines geheimdienstlich erdachten und ins Werk gesetzten Plans wären, mit dessen Hilfe die Massen der westlichen Demokratien hinter die zur geopolitischen Landnahme entschlossenen politischen Eliten der USA gezwungen werden sollten.

Der 11. 9. wäre dann ein Akt der psychologischen Kriegführung, langfristig vorbereitet von einer Aktionsgruppe aus dem Geheimdienstbereich und sehr genau auf die zu bearbeitende Volksseele zugeschnitten. Dann hätten die muslimischen Tätergruppen und deren Hintermänner sich einspannen lassen in ein weltumspannendes Kriegsszenario, das sich im Gefolge der Taten des 11. 9. verwirklichen läßt und das ohne diese gewaltige Herausforderung des Stolzes und der Unverletzbarkeit einer Nation wie der USA nicht hätte anlaufen können.

SCHLUSSBEMERKUNG

Die Terrorakte des 11. 9. 2001 sind nach Auffassung der amerikanischen Regierung wie vieler Kommentatoren das Pearl Harbor des neuen Jahrhunderts. Und ebenso wie der japanische Überfall auf die amerikanische Flotte im Dezember 1941 den Eintritt der Vereinigten Staaten in den Zweiten Weltkrieg auslöste, ergibt sich aus dem 11. 9. nach dem Willen Präsident Bushs ein langanhaltender Krieg gegen den internationalen (muslimischen) Terrorismus. Der erste Militäreinsatz richtete sich gegen Afghanistan, der zweite gegen den Irak. Weitere werden folgen. Beide Pearl Harbors, das eigentliche wie das neue, brachten durch eine scheinbar unabwendbare Katastrophe die Wähler der größten Demokratie dazu, ihre Einstellung zum Krieg als Mittel der Austragung von Konflikten über Nacht zu ändern. So umstritten bis zum heutigen Tag die Hintergründe des Geschehens im Jahre 1941 sind, als amerikanische Soldaten von der politischen und militärischen Führung geopfert wurden, um den Schock der Katastrophe auf die öffentliche Meinung wirken zu lassen, so problematisch bleiben auch Vorwissen oder gar Täterschaft der amerikanischen Regierung in der Katastrophe des 11. 9. 2001. Gegenüber dieser Regierung werden Verdächtigungen formuliert, die verheerend sind. Doch die Sachverhalte werden nicht von finsteren, antiamerikanisch gesinnten Europäern zur Diskussion gestellt, sondern fast ausschließlich von Amerikanern selbst. Wären die Ereignisse tatsächlich so abgelaufen, wie sie von der amerikanischen Regierung dargestellt werden, könnte eine lebendige Diskussion unter Einschluß der Presse und unter Rückgriff auf die nach und nach eintreffenden Untersuchungsergebnisse der Ermittlungsbehörden schnell für Klarheit sorgen. Doch das exakte Gegenteil ist der Fall.

Nach fast zwei Jahren liegt noch nicht einmal ein amtlicher Zwischenbericht der Bush-Administration über das Geschehen vor, geschweige denn ein Weiß-, Blau- oder Rotbuch. Der Kongreß ließ sich so einschüchtern, daß er allenfalls die Ausschüsse für die Geheimdienste geheime Aufklärung betreiben ließ. Die demokratische Opposition des Kongresses ließ sich in beiden Häusern von Präsident und Vizepräsident dazu verpflichten, die Untersuchungen nicht zu umfassend ausfallen zu lassen, da anderenfalls der Kampf gegen den Terrorismus durch Abzug von Personal geschwächt würde. Der zweite Anlauf einer von der Regierung eingesetzten Kommission ist nach unendlichen Schwierigkeiten zwar gestartet, hat jedoch noch kaum Zwischenergebnisse gebracht. Im übrigen sind die wichtigsten Beweismittel inzwischen beseitigt.

Die Spur der 19 muslimischen Selbstmordattentäter ist zwar unübersehbar, doch sie fällt beim Betrachten einzelner wichtiger Elemente schlicht in sich zusammen. Eine Aufklärung der vielen schwerwiegenden Ungereimtheiten findet nicht statt. Viele Einzelheiten sind und bleiben unklar. Das gilt selbst für die Identität der 19 Personen. Der Betrachter der Tatkomplexe und ihrer Hintergründe ist gezwungen, auf schwankendem Boden die Beobachtungen selbst abzuwägen, miteinander in Verbindung zu bringen, Lücken der amtlichen Sachverhaltsdarstellung zu ergänzen, aus Geheimhaltung bestehende Lücken mit möglichst plausiblen Mutmaßungen zu überspringen, denkbare amtliche Fälschungen als solche zu erkennen. Sehr häufig sind die Zusammenhänge nur in Kenntnis der vor allem geheimdienstlichen Vorgeschichte, also der verdeckten Operationen früherer Jahre, zu verstehen. Kommen die 19 jugendlichen Muslime als Täter jedoch nicht in Betracht, dann stimmt auch die These von dem großen Terrorbetreiber Osama bin Laden zumindest in dieser Form nicht. Dann gehören auch die zahlreichen Hinweise, die alle größeren Geheimdienste der Welt vor der Tat gaben, zu einer wohl amtlich gefütterten Fehlspur. Dann bedeutet die Tatsache, daß Monate vor der Tat die Spitze des FBI Ermittlungen gegen arabische Flugschüler und das State Department solche gegen Osama bin Laden abwürgte, den Schutz der gelegten Fehlspur. Dann macht es auch einen Sinn, daß Personen, die die Untersuchung blockierten, nach der Tat befördert wurden.

Mit Sicherheit gibt es so etwas wie die Basis »Al Kaida«. Und es gibt oder gab Osama bin Laden, der so unauffindbar zu bleiben scheint wie Saddam Hussein.

Die empörende Unwilligkeit, die Hintergründe der Terrorakte ohne Ansehen der Person aufzuklären, die exzessive Geheimhaltung, die geradezu abenteuerliche Beseitigung der erforderlichen Beweismittel, die Vorwürfe des fehlenden Patriotismus oder des Antiamerikanismus gegen die Zweifler setzen die US-Regierung dem Verdacht aus, an den Ereignissen des 11. 9. nicht unbeteiligt gewesen zu sein. Gerade weil ihre führenden Mitglieder noch vor Regierungsantritt zu Papier gebracht hatten, daß ein »Neues Amerikanisches Jahrhundert«, eine Pax Americana oder eine amerikanische Weltherrschaft im wesentlichen mit noch höheren militärischen Mitteln als bislang gegen die Sowjetunion herbeigeführt und weit in die Zukunft gesichert werden müßten, und weil dieselbe Mannschaft bereits auf das wünschenswerte Ereignis einer Katastrophe anspielte, hätte man härteste Aufklärungsarbeit erwarten können, um auch nur den Anschein einer Manipulation zu vermeiden. Das Gegenteil fand statt. Und es spricht einiges dafür, daß die 19 angeblichen Selbstmordattentäter vor der Tat durch die Lande geführt wurden, so daß ihnen später plausibel die Taten des 11. 9. in die Schuhe geschoben werden konnten. Der eigentliche Tathergang war mit Sicherheit anders. Die Flugzeuge sind mit aller Wahrscheinlichkeit durch

Fernsteuerung den Piloten aus der Hand genommen und in die Türme des World Trade Centers gesteuert worden. Doch dies allein wiederum kann die Türme nicht zu Fall gebracht haben.

Ähnlich wie bereits bei dem Bombenanschlag auf das Bundesverwaltungsgebäude in Oklahoma aus dem Jahre 1995 müssen mit hoher Wahrscheinlichkeit zwei Taten angenommen werden, die sich überlagern, jedoch getrennt voneinander abliefen. Die erste verbrecherische Tat, die bereits genügend Zerstörung angerichtet hat, wird synchron übersteuert von einem noch schrecklicheren Tatgeschehen, nämlich der kurz hintereinander ablaufenden kontrollierten Sprengung der beiden Türme. Und beide scheinbar synchron ablaufenden Taten werden über eine breit gelegte Fehlspur muslimischen Selbstmordattentätern in die Schuhe geschoben, die als Vertreter der hassenswerten, einer Neuordnung dringend bedürftigen muslimischen Zivilisation stehen. Welche Tätergruppen für welche Tat in Frage kommen, bleibt offen. Hier könnte ein Geheimdienst dem Konkurrenten die Durchdringung seiner »cosmic top secret« gehaltenen verdeckten Operation vor Augen geführt und damit die öffentliche Erregung gegen die 19 Scheinattentäter und deren Hintergrund in der muslimischen Welt mit dem Drahtzieher in Afghanistan auf die Spitze getrieben haben. Wie dem auch sei, die Folgen sind unabsehbar und vermutlich für dieses Jahrhundert bestimmend, sollte die öffentliche Meinung nicht doch noch dazu gebracht werden, an der Redlichkeit amerikanischen Regierungsverhaltens zu zweifeln.

Die ökonomisch, finanziell, kulturell und nicht zuletzt militärisch allen anderen kleineren und schwächeren Nationen haushoch überlegene Supermacht streift unter Berufung auf das Terrorereignis des 11. 9. die Fesseln des Völkerrechts ab und geht unter welchen sonstigen Vorwänden auch immer mit militärischen Mitteln zur Neuordnung der Öllandschaft des persischen Golfs und der arabischen Halbinsel über. Sie setzt in geopolitisch bedeutsamen Regionen auf neue Militärbasen.

Sie definiert Achsen des Bösen. Wo sie einzugreifen beabsichtigt, vermutet sie in aller Regel Stützpunkte der Basis-Truppe Al Kaida. Fortwährende Terrorakte scheinen die Behauptungen zu bestätigen. Die Beweise bleiben bei näherem Hinsehen meist dürftig.

Die Führungsriege für das »Neue Amerikanische Jahrhundert« fordert nahezu bedingungslose Gefolgschaft. Die bockigen Demokratien Europas werden als Anhänger der Venus im Gegensatz zu den mutigen Anhängern des Mars beschimpft, als Waschlappen, Feiglinge, Versager im Kampf gegen das Böse. Demokratische Entscheidungen, die nicht der amerikanischen Linie folgen, werden mit Sanktionen bedroht.

Sollte der eingeschlagene Weg der amerikanischen militärlastigen Außenpolitik nicht an der Empörung der Welt oder auch der Überstrapazierung der amerikanischen Finanz- und Wirtschaftskraft oder dem Unwillen des amerikanischen Wählers scheitern, so wird ein Zwang zur Anpassung an die Willkür des Stärkeren unausweichlich seine Spuren auch in der Koalition der Unwilligen hinterlassen. Der Traum Amerika, das Fanal der Freiheit und der Menschenrechte steht kurz davor, ausgeträumt zu sein. »Du sollst die Wahrheit wissen und die Wahrheit wird Dich befreien«, heißt der Sinnspruch aus dem Johannesevangelium über dem Eingangsportal der CIA in Langley/Virginia vor den Toren Washingtons.[245] Die Wahrheit über den 11. 9. 2001 könnte die befreiende Wirkung haben, die internationale, derzeit verdunkelte Szene wieder zu erhellen. Doch der Wahlspruch der CIA ist in sich bereits Täuschung und entspricht nicht ihrem Auftrag. Er ist zu schön, um jemals wahr zu werden. Nur der informierte Bürger kann die Folgen einer gewaltigen Desinformation überwinden. Die wahren Patrioten der USA haben eine Aufgabe!

NACHWORT ZUR TASCHENBUCHAUSGABE

Das Jahr nach Erscheinen dieses Buches hat keine wesentlich neuen Erkenntnisse gebracht. Die Bush-Administration weigert sich weiterhin, der eigenen wie der Weltöffentlichkeit eine umfassende Sachverhaltsdarstellung der Vorgänge um den 11.9. zu unterbreiten. Die Kriege gegen Afghanistan und Irak wurden zwar als erste Feldzüge eines Jahrzehnte dauernden Weltkriegs gegen den Terror gerechtfertigt. Doch beide waren längst vor dem 11.9. geplant und werden zum Teil durch ein Geflecht dreister Lügen in Zusammenhang mit dem 11.9. gebracht. Über die Medien in den USA wie in Europa kann die amerikanische Regierung ihre Version des 11.9. als auslösendes Ereignis dieser und der folgenden Kriege präsentieren. Jede ordentlich und rechtstaatlich geführte Staatsmacht hätte nach einem Ereignis wie dem 11.9. von Amts wegen ermitteln und gegenüber der Bevölkerung umfassend darüber Rechenschaft ablegen müssen, warum sie nicht in der Lage war, den grausamen Mord an 3000 Menschen zu verhindern. Statt dessen bedient sie sich handverlesener Journalisten geneigter Medien, um ihre Version des Geschehens weltweit durchzusetzen. Zweifler, Kritiker und fragenstellende Zeitgenossen sollen mit dem Totschlagargument »Verschwörungstheorie« mundtot gemacht werden. Die Deutschen erklärten zu 80 Prozent, daß sie sich von den Medien in Sachen 11.9. nicht ausreichend informiert fühlen. Dies dürfte der einfache Grund dafür sein, daß die Veröffentlichungen, die die offizielle Version der Ereignisse infrage stellten, so hohe Auflagen erreichten. Kaum zeichnete sich der Erfolg dieser Bücher ab, wurde in den Medien eine gezielte Kampagne gestartet, die Autoren, Verleger und Leser in gleicher Weise verunglimpfte. Der Verdacht, die Bush-Administration könnte sich des 11.9. nicht nur bemächtigt haben, sondern sogar aktiv beteiligt gewesen sein, wurde ins Lächerliche gezogen und ins Abseits zu drängen versucht.

Ein gutes Beispiel bietet der für seine investigativen Recherchen preisgekrönte Hans Leyendecker in der *Süddeutschen Zeitung.*[1] Ohne auch nur eine der offenen Fragen zu erörtern, die nicht nur die Autoren, sondern auch die Angehörigen der Opfer der Administration stellen, liefert der sonst sachlich argumentierende Journalist einen Bücherverriß, der ausschließlich mit Diffamierungen und grotesken Unterstellungen arbeitet. Der Autor scheint auch nicht den Hauch einer argumentativen Hilfestellung von seiten der US-Behörden erhalten zu haben. So wird bereits die Vorstellung einer denkbaren Komplizenschaft der amerikanischen Regierung als psychopathischen Hirnwindungen entsprungen bekämpft.

Das deutsche Nachrichtenmagazin *Spiegel* hat ein Rudel von sieben Journalisten auf die Buchautoren angesetzt.[2] Doch auch dort nur seitenfüllende Beleidigungen der Autoren und Beschimpfungen der törichten Leser. Um die Autoren politisch zu diskriminieren, wurde vom *Spiegel* ebenso wie in einer »Panorama«-Sendung gegen sie der Antisemitismus-Vorwurf erhoben. Zu diesem Zweck wird »israelisch« und »jüdisch« gleichgesetzt, als es um die Zahl der israelischen Opfer im World Trade Center geht.[3] Dabei hatte das israelische Außenministerium zunächst von möglicherweise 3000 israelischen Toten gesprochen. Daraus wurden dann im Laufe der Aufklärung erst 300, dann 30, schließlich einer, der als Besucher einen der Türme des World Trade Centers betreten hatte. Diese etwas kurios anmutende Entwicklung hatte ich zusammen mit einigen sehr viel beachtlicheren israelischen Auffälligkeiten um den 11.9. in meinem Buch als Sachverhalte aufgeführt, die der amtlichen Aufklärung bedurft hätten.

Im übrigen insistiert der *Spiegel* auf einigen völlig nebensächlichen Fragen. So ist die Firma, bei der Mohammed Atta vor seinem angeblichen Selbstmordeinsatz arbeitete, keineswegs in einem Stadtteil Hamburgs, sondern tatsächlich in Wentdorf im Kreis Lauenburg angesiedelt. In meinem Buch zitiere ich einen amerikanischen Journalisten, der wörtlich im Englischen das von einem deutschen Geheimdienstoffizier ihm gegenüber benutzte Wort »Briefkastenfirma« verwendete. Der Tatbestand wäre sicher zutreffender mit dem Begriff »Deckadresse« beschrieben worden. Doch dieses Wort hatte der Geheimdienstler, so wie zitiert, dem amerikanischen Journalisten gegenüber nicht verwendet.[4]

Die deutschen Medien, im Kielwasser der Bush-Administration, meiden die Sachdiskussion und versuchen die Kritiker als »Verschwörungstheoretiker« abzustempeln.[5] Dabei unterschlagen sie, daß Geheimdienste wie die CIA gegründet wurden, um verdeckte Operationen, das heißt Verschwörungen im Interesse einer geheimzuhaltenden Politik, zu planen und durchzuführen. Die auf das Konto der CIA gehende Liste der Morde, Staatsstreiche, Militärputsche, Aufstände, Terroranschläge samt Finanzierungsstrecke über den Drogenhandel kann man in zahlreichen amerikanischen Veröffentlichungen und Kongreßberichten nachlesen. Bei derartigen Verbrechen, inszeniert im Verfolg der vermeintlichen Staatsraison der Vereinigten Staaten, ist stets der gezielte Einsatz ausgewählter Journalisten und Medien zur Verschleierung, Irreführung und Ablenkung der Öffentlichkeit unabdingbar. Wer der verdeckten Politik und Kriegführung auf die Schliche kommen will, wandelt daher unweigerlich auf verschwörungstheoretischen Bahnen, mit dem Risiko, sich in den Schlingen geheimdienstlicher Desinformation zu verfangen. Wer sich mit dem Inhalt des über Jahrzehnte immer wieder zum Einsatz kommenden Instrumentenkastens vertraut gemacht hat, wird anhand einer gewissen Regelhaftigkeit des Regierungshandelns vor, während und nach einer Tat die verdeckte Operation zumindest in Umrissen erkennen können. Dabei werden mit Sicherheit Geheimdienste, die Fehlspuren legen, auch dem investigativ fähigsten Journalisten nicht den Gefallen tun, die spurführenden Beweise auf Marktplätzen auszulegen oder dort gar liegenzulassen. Das schnelle Beweisbeseitigungskommando nach der Tat gehört zu den Merkmalen der Covert Operation. Da im übrigen ein Geheimdienst wie die CIA »im Staatsinteresse« stets FBI und Drug Enforcement Agency übergeordnet und dort auch mit Spezialpersonal vertreten ist, ergeben sich systembedingte Blockaden der Aufklärung. Daß der *Spiegel* in unerwartet plumper Einfalt unter Anführung unendlicher, wiederum nicht nachprüfbarer Details der FBI-Linie folgt – wissend, daß die meisten Geständnisse unter Folter in aller Regel das vom Folterer erwünschte Ergebnis fern aller Wahrheit liefern und Tonbänder von Geheimdiensten leicht gefälscht werden können –, läßt auf Einbindung schließen.[6]

Das Verhalten der Bush-Regierung vor, während und nach der Tat sollte man ohne jede Voreingenommenheit untersuchen. Es ergeben sich letztlich vier Erklärungsmuster:

1. Entweder erreichte der Schlag der 19 Selbstmordmuslime nach jahrelanger Vorbereitung das Kernland der USA tatsächlich aus blauem Himmel ohne ein Vorwissen der Dienste oder
2. die Dienste hatten zwar Kenntnisse über mögliche Täter und geplante Taten, waren jedoch nicht in der Lage, sich beizeiten ein Gesamtbild zu machen, das die politische Führung in den Stand versetzt hätte, rechtzeitig Alarmbereitschaft und Abwehr zu bewerkstelligen, oder
3. die Gesamtheit der Dienste oder wenigstens bestimmte Teile hatten sehr wohl in groben Umrissen ein treffendes Bild von den anstehenden Terroranschlägen, haben jedoch aufgrund einer politischen Entscheidung nicht eingegriffen, um die Schreckenstat auf Bevölkerung und Weltöffentlichkeit wirken zu lassen und so die öffentliche Unterstützung

zur Durchsetzung bereits festgelegter und ins Auge gefaßter geopolitischer Ziele zu erreichen.

4. Schließlich bleibt die Erklärung, daß ein Kern des Apparats die grausige Tat bewußt in Szene gesetzt haben könnte, um so die öffentliche Unterstützung für anstehende kriegerische Operationen der einzig verbliebenen Weltmacht psychologisch zu erzwingen. Dann wäre den 19 jungen Selbstmordmuslimen eine Tat in die Schuhe geschoben worden, die eine kleine Geheimdienstmannschaft als verdeckte Operation in Szene gesetzt hätte. Die eigentliche Tat wäre über die geheimdienstlich gelegte Legende der 19 Muslime verdeckt worden. Die über die Tat ausgelöste Propaganda hätte den Weg freigemacht für Verdächtigung und Intervention gegen mehr als 60 Staaten, die angeblich dem Terror Vorschub leisten.

Die Bush-Regierung hat durch massive Beeinflussung des Kongresses und unterstützt von einer regierungshörigen Medienlandschaft die Bandbreite der Aufklärung auf die Optionen 1 (aus heiterem Himmel) und 2 (umfangreiches, aber zusammenhangloses Wissen, leider »dumm gelaufen«, »wir werden uns in Zukunft bessern«) zu beschränken vermocht.

Inzwischen ist allerdings die Version 1, der »strike out of the blue«, vom Tisch. Der über 800seitige Bericht der Geheimdienstausschüsse des Kongresses legt schonungslos offen, daß den Diensten die Planung eines Anschlags mit Verkehrsflugzeugen gegen Ziele wie das World Trade Center einschließlich der als Täter infrage kommenden Muslime teils im einzelnen, teils nur in Umrissen im voraus bekannt war.[7] Die CIA hatte 14 der Täter meist schon seit dem Jahre 2000 unter Beobachtung, darunter auch den angeblichen Anführer Mohammed Atta aus Hamburg bzw. Kairo. Gleichwohl tat sie nichts zur Verhinderung seiner Einreise in die USA. Weitere Täter hatte das FBI unter Beobachtung. Zwei wohnten während ihres Flugunterrichts gar bei einem Anti-Terror-Informanten des FBI. Zu einem dritten bestand Verbindung. Angeblich hatten sich CIA und FBI in ihrem Nachrichtenaustausch so gegeneinander verbarrikadiert, daß kein Gesamtbild der drohenden Gefahr entstehen konnte.

Doch auch in diesem Bericht der Kongreßausschüsse wird stets – wie auch in der Öffentlichkeit – ausgeblendet, daß die CIA es selbst war, die die Masse der rund 30 000 »fundamentalistischen« Muslime aus über vierzig Ländern erst mit Hilfe des saudischen und pakistanischen Geheimdienstes angeheuert und gegen die sowjetischen Truppen in Afghanistan bewaffnet und zum Einsatz gebracht hat. Es wird auch verschwiegen, daß wenigstens Teile dieser muslimischen Desperados, 10 000 davon unter den Fittichen Osama bin Ladens organisiert, später noch auf dem Balkan, in Tschetschenien oder an anderen Krisenherden auftauchten, durchweg in Kampfnähe amerikanischer Interessen. Seit Jahrzehnten nutzt die CIA weltweit Terroristen in ihrer verdeckten Kriegführung. Von daher ist die CIA, solange diese Praxis anhält, letztlich von ihrer primären Aufgabenstellung her zur Bekämpfung des Terrorismus ungeeignet. Terroristen sind Instrumente, die beobachtet und geführt, eingesetzt und erst, wenn sie dem Dienst selbst gefährlich werden, ausgeschaltet werden dürfen. Daher bleibt ein unüberwindbarer Interessenkonflikt zwischen den Diensten, der vor der Öffentlichkeit verborgen bleibt.

Zur Zeit setzt die Bush-Administration alles daran, eine Aufklärung zu verhindern, die die Option 3 als naheliegende Erklärung des 11.9. erscheinen lassen könnte. Waren die politisch Verantwortlichen und die politisch besetzten Spitzen der Verwaltung im voraus informiert, dann hätten der Präsident und seine Administration mit aller Kraft den unmittelbar bevorstehenden Anschlag verhindern müssen. Ein Teil der Angehörigen der Opfer in New York zeiht mit ihren Schadenersatzklagen die amtierende Regierung genau dieser groben Fahrlässigkeit. Die Reihen der vor Gericht um Aufklärung Kämpfenden haben sich allerdings insofern gelichtet, als die Bush-Administration die Zahlung einer Summe von 1,8 Millionen Dollar pro Opfer an die Angehörigen davon abhängig macht, daß die Antragsteller zuvor auf sämtliche weiteren Schadenersatzansprüche verzichten, etwa gegen staatliche Organisationen, die Fluggesellschaften, die Sicherheitsunternehmen an den Flughäfen oder die zivile oder militärische Luftraumüberwachung.

Daß die vermeintlich unabhängige Kommission zur Aufklärung der Terrortaten unter der Leitung eines früheren republikanischen Gouverneurs nun etwas energischer Aufklärung betreibt, ist dem massiven Einsatz der Opfer-Angehörigen vor allem in New York zu verdanken. Inzwischen hat auch der frühere Koordinator für die Bekämpfung des Terrorismus unter den Präsidenten Reagan, Bush sen., Clinton und zuletzt Bush jun., Richard Clarke, vor der Kommission und in seinem Buch *Against all Enemies* bittere Vorwürfe gegen den derzeitigen Präsidenten, den Vizepräsidenten und den Verteidigungsminister sowie dessen Stellvertreter erhoben.[8] Sie seien vor dem 11.9. mehrfach umfassend über die drohende Gefahr unterrichtet worden, hätten jedoch keinerlei Anstalten gezeigt, die Warnungen ernst zu nehmen und aktiv in das Geschehen einzugreifen.

Die Sicherheitsberaterin des Präsidenten, Condoleezza Rice, hatte nach den Anschlägen die Unwissenheit der Regierung vor der Tat beteuert. Präsident Bush sei nicht detailliert unterrichtet worden. Rice nahm für sich ursprünglich ein Aussageverweigerungsrecht vor dem Untersuchungsausschuß in Anspruch, gab dann jedoch aufgrund der der Administration gefährlich werdenden Clarke-Aussagen klein bei. Die Erkenntnisse hielten sich allerdings in Grenzen. Nach erbittertem Tauziehen erhielt der Ausschuß letztlich doch die täglich vorgelegte schriftliche Unterrichtung des Präsidenten zur inneren und äußeren Sicherheitslage vom 6. August 2001. Die Überschrift war an Klarheit nicht zu überbieten: »Bin Laden entschlossen, in den USA zuzuschlagen.« Es gab folglich doch eine detaillierte Information. Nach den zunächst positiven Schlagzeilen über die Freigabe des Dokuments stellte sich bei näherer Betrachtung jedoch heraus, daß die Administration nur 1,5 der insgesamt 11,5 Seiten des Dokuments freigegeben hatte.[9] Der Rest bleibt dem Ausschuß als geheim verschlossen. So steht die Kommission immer noch und immer wieder vor unüberwindbaren Geheimhaltungshindernissen, Verzögerungstaktiken, nicht erteilten Aussagegenehmigungen und der Aussageunwilligkeit der beteiligten Spitzenkräfte. Das alles hilft die Aufklärung so zu behindern, daß die Option 3 einer Erklärung des 11.9. sich mit einiger Sicherheit im Dikkicht widersprechender Aussagen, vorenthaltener Dokumente, der Behinderungen durch die Geheimhaltung und einer scheinbar völlig chaotisierten Staatsverwaltung verlieren wird.

Richard Clarke, der langjährige Anti-Terror-Zar des Weißen Hauses, dessen ständige Warnungen vor einem Anschlag Osama bin Ladens und seiner Al Kaida nicht ernst genommen wurden, bewegt sich mit seinen Vorwürfen ausschließlich im Rahmen der Option 2 oder 3. Auch er geht von der Tatsache aus, daß Osama bin Laden für die Taten des 11.9. verantwortlich sei. Sein Buch widmete er seinem Freund John O'Neill, über den in diesem Buch ausführlich berichtet wird. Clarke hatte bereits Clinton, den Vorgänger Präsident Bushs, von der Gefahr überzeugt, die von dem »Terroristenführer« Osama ausgehe. Sein Widersacher war dabei die CIA. Dem stets blokkierenden und widersprechenden CIA rang Clarke nach Jahren zähen Widerstandes das Eingeständnis ab, daß tatsächlich bin Laden hinter den Anschlägen auf die Botschaften in Afrika sowie den Zerstörer »Cole« stehe. Da 90 Prozent der Mitarbeiter im Antiterror-Koordinationszentrum unter Clarke von der CIA gestellt wurden, ergibt sich die Frage, ob die CIA nicht Clinton und dessen Terrorspezialisten Clarke bereits im Sudan schlicht auflaufen ließen. Auf jeden Fall konnte Clarke die nachfolgende Bush-Mannschaft nicht von der Gefährlichkeit Al Kaidas und Osama bin Ladens überzeugen. Frustriert quittierte er daher im Frühjahr 2003 den Staatsdienst.

Festzuhalten bleibt, daß die beiden Hauptfiguren der Administration im Kampf gegen die behauptete Al-Kaida-Gefahr lange vor dem 11.9. kaltgestellt oder im Falle Clarkes nicht ernstgenommen wurden. Dies könnte noch Zufall sein. Doch die abwiegelnde Haltung der Bush-Administration vor der Tat muß nun wiederum im Zusammenhang gesehen werden mit dem Ausbruch eines geradezu missionarischen Eifers Stunden nach dem 11.9., als Vizepräsident Cheney, Verteidigungsminister Rumsfeld, dessen Stellvertreter Wolfowitz sowie der allgegenwärtige Vorsitzende des Beirats für Verteidigungspolitik, Richard Perle, nun mit Macht zum Antiterrorkrieg gegen den Irak bliesen, obgleich es hierfür keinerlei Anhaltspunkte gab. Immerhin hatte diese Kernmannschaft der Bush-Administration bereits exakt zwölf Monate vor dem 11.9. in einem Papier den gezielten Aufbau amerikanischer Militärbasen im Irak gefordert. Diese Arbeitsgruppe »Project New American Century« forderte die massive Erhöhung der Militärausgaben und hoffte angesichts des zu erwartenden öffentlichen Widerstands auf ein »katastrophales, katalytisch wirkendes Ereignis wie ein neues Pearl Harbor«, um der Bevölkerung die notwendigen Opfer vermitteln zu können. Und exakt dieser politische Wunsch wurde ihnen dann auch am 11.9. erfüllt – als hätten die 19 Selbstmordmuslime der Bush-Administration die geopolitischen Wünsche von den Lippen abgelesen!

Es bleibt auch auffällig, wie in den Monaten vor dem 11.9. die Arbeitsebene des FBI von der Zentrale in Washington mehrfach daran gehindert wurde, die Spur der muslimischen Selbstmordattentäter rechtzeitig aufzunehmen. Sibel Edmonds, eine für strengste Geheimangelegenheiten zugelassene Übersetzerin des FBI, wendete sich empört an die zuständigen Stellen, als sie von der Behauptung der Sicherheitsberaterin des Präsidenten, Condoleezza Rice, hörte, es habe im voraus keine genaueren Hinweise auf das anstehende Attentat gegeben. Dies sei, so Edmonds, eine schamlose Lüge. Im Frühjahr und Sommer 2001 seien zahlreiche Nachrichten über ein in wenigen Monaten anstehendes Attentat mit Flugzeugen und von Tätern eingegangen, die sich bereits in den USA aufgehalten hätten.[10] Andere Zeugen aus dem Übersetzerbüro des FBI für die abgehörten Bänder sagten aus, es habe freundschaftliche Verbindungen zwischen Übersetzern und abgehörten Terrorgruppen gegeben, ohne daß die Übersetzer davon Meldung gemacht hätten.

Im Falle des angeblichen zwanzigsten Attentäters sorgte die Amtsleitung des FBI für die Einstellung der Ermittlungen trotz eindeutiger Hinweise auf die Zugehörigkeit zu terroristischen Gruppen.[11]

Hinzu kommen die exakten ausländischen Geheimdienstberichte, die der amerikanischen Regierung zur Verfügung gestellt wurden. Nicht zuletzt wußte der Mossad Bescheid, der an drei Orten, an denen sich die 19 Attentäter vor dem 11.9. aufhielten, in deren unmittelbarer Nachbarschaft israelische »Kunststudenten«, in Wirklichkeit Angehörige israelischer Nachrichteneinheiten, einquartierte.

So vermitteln die Nachrichten über das Verhalten der Administration vor dem 11.9. den Eindruck, daß die keineswegs geheim operierenden 19 Attentäter überaus sorgfältig vor einer rechtzeitigen Entdeckung geschützt waren. Es muß ja wohl auch ein »guter Geist« die Selbstmörder auf allen Etappen bis zum Einschlag in die Ziele vor der Entdeckung geschützt haben. Warum dies alles so traumhaft ungestört vor sich gehen konnte, ist bis heute völlig ungeklärt. Der Verbindungsmann der Flugaufsicht am Boden vergaß angeblich ganze 25 Minuten, die militärische Seite über die laufenden Flugzeugentführungen zu informieren. Darauf starteten nicht etwa die einsatzbereiten Kampfflugzeuge von den nächstgelegenen, sondern von entfernteren Flughäfen. Sie nutzten auch nicht die Höchstgeschwindigkeit ihrer Maschinen und verfehlten somit gleich viermal ihre Ziele. Dabei hätten die Abfangoperationen einer längst eingeübten Routine folgen müssen. Vom Januar bis zum 10. September hatte die zivile Flugaufsicht 67mal die militärische Seite zur Klärung regelwidrigen Pilotenverhaltens informiert, und 67mal hatte das vereinbarte Abfangmanöver bestens funktioniert – am 11.9. dagegen gleich in allen vier Fällen nicht.

Möglicherweise erklären sich Chaos und Versagen der staatlichen Luftabwehr aus weiteren Absonderlichkeiten. Exakt auf den frühen Morgen des 11.9. war die Katastrophenschutzübung angesetzt, bei der der Einschlag eines Flugzeuges in das Gebäude der mit dem Management von Aufklärungssatelliten beauftragten Behörde NRO geübt werden sollte.[12] Wenige Minuten nach dem Einschlag des ersten Flugzeuges in den Nordturm des World Trade Center wurde die Übung jedoch abgeblasen und die diensthabende Mannschaft aus welchen Gründen auch immer nach Hause geschickt. So konnte die Weltraumüberwachung in den entscheidenden Minuten des 11.9. ausfallen.

Keine Erwähnung in der breiten Öffentlichkeit fand und findet der Hinweis auf die am 11.9. über den gesamten nordamerikanischen Kontinent laufenden militärischen Luftangriffs- und Luftabwehrübungen »Northern Vigilance«, »Northern Guardian«, und »Vigilant Warrior«[13], u. a. zum Abfangen über den Nordpol anfliegender russischer Bomber.[14] Ein Großteil der amerikanischen Abfangjäger war daher im Vollzug der Übungen bereits nach Kanada und Alaska verlegt worden oder flog Einsätze über dem Nordpol. Die Folge war eine ausgedünnte Abwehr an der Ostküste. Doch nicht nur die Abwehr eines Angriffs mit nuklear geladenen Flugzeugen über den Nordpol wurde geübt. Es wurde am 11.9. in Manövereinlagen auch das Entführen von Verkehrsflugzeugen und deren Steuerung in herausragende Gebäude wie das World Trade Center geübt. Im übrigen war in New York für die Zeit um den 11.9. die Biowaffenübung Tripod II angesetzt, veranstaltet vom Department of Justice in Washington und der Stadt New York. Dementsprechend mußte dann wohl auch zu dieser Zeit die gehärtete Ausweichzentrale des Bürgermeisters im Gebäude 7 des World Trade

Centers besetzt werden, in dem sich auch die New Yorker Zentralen von CIA und FBI befanden.

Während der Luftwaffenmanöver gab es Einlagen (»injects«) direkt in die Radarschirme der übenden Mannschaften, so daß nicht das reale, sondern das Manöverbild der Luftlage auf den Schirmen erscheinen konnte. So galten zeitweise in der Übung »Vigilant Warrior« elf, andere Quellen nennen gar 21, Verkehrsflugzeuge als entführt. Zur realistischen Darstellung der Luftlage stellen die Fluggesellschaften den übenden Luftwaffeneinheiten nicht selten stillgelegte Verkehrsmaschinen zu Übungszwecken, zum Teil auch mit dem Endziel des Abschusses zur Verfügung.

Das Übungsszenario muß sich mit dem anderen der tatsächlich enführten oder aber auch nur über Fernsteuerung geführten Flugzeuge unentwirrbar verbunden haben.

Die Lage am 11.9. mag zusätzlich verwirrt worden sein durch die Entscheidung Präsident Bushs, wenige Wochen vor dem 11.9., Vizepräsident Cheney die Verantwortung für die Abwehr terroristischer Gefahren zuzuordnen.

Auch war die Zuständigkeit für das einzuhaltende Verfahren bei Flugzeugentführungen kurz vor dem 11.9. in einer schwer zu verstehenden Bürokratensprache neu geregelt worden. Das nach wie vor nicht durchschaubare Amts-Tohuwabohu des 11.9. konnte sich so nahezu zwangsläufig entwikkeln, ausgerechnet in einer Situation, in der die Geheimdienste der Welt vor massiven Anschlägen durch Verkehrsflugzeuge gewarnt hatten. Die Aufklärung der in vielen Presseveröffentlichungen und Zeugenaussagen gespiegelten militärischen Lage am 11.9. wird von der Administration bis heute nicht geleistet. Diese Landschaft närrischen Treibens mußte es dem eigentlichen Terrorteam leicht machen, das erwünschte neue Pearl Harbor zu inszenieren. Auf jeden Fall dürfte am 11.9. auch die Kommandozentrale für das Abfangen entführter Flugzeuge über ferngesteuerte Bordcomputer während des Manövers »Vigilant Warrior« besetzt gewesen sein. Die Einzelheiten sind bislang geheim und undurchsichtig. Wer die Koordination der gesamten militärischen Übungen um den 11.9. verantwortlich in der Hand hatte, ist bislang nicht ermittelt.

Für das Fehlen des Wracks einer Verkehrsmaschine vor und im Pentagon gibt es nach wie vor keine Erklärung. Größe und Form des Einschlagprofils stimmen nicht mit der angegebenen Maschine überein. Wir wissen auch nicht, wodurch das Flugzeug über Shanksville in der Luft zur Explosion gebracht worden ist.

Nach dem 11.9. wurde kein einziger Verantwortlicher wegen Fehlverhaltens oder erwiesener Unfähigkeit zur Rechenschaft gezogen. In den krassesten Fällen wurde Fehlverhalten durch Beförderung belohnt, als hätten alle Dienststellen geradezu das Durchwinken der Attentäter zu ihrer obersten Pflicht gemacht. Die »Unabhängige« Kommission zur Aufklärung des 11.9. soll sich mit Rücksicht auf ihre Überparteilichkeit im voraus darauf geeinigt haben, das am 11.9.2001 offenbarte zufällige oder organisierte politische, administrative und militärische Chaos nicht in Richtung persönlicher Zurechenbarkeit und Verantwortung auflösen zu wollen.

Von daher liegt zumindest das Erklärungsmuster 3 nahe, das wissentliche Beiseiteschauen der Amtsträger vor dem 11.9. und damit die grob fahrlässige Nichtverhinderung des Mordes an 3000 Menschen.

Doch die vierte Erklärung drängt sich immer mehr in den Vordergrund. Sie würde sich erledigen, hätten wir nicht dieses eigentümliche Verhalten der amerikanischen Regierung und Administration vor, während und vor allem nach dem 11.9., die jede umfassende Aufklärung der Ereignisse systematisch niederschlug. Die 19 Selbstmordmuslime gelten zwar offiziell als die wahren Attentäter. Allein, der Beweis ist in keinem der Fälle erbracht. Es wird zwar stets auf die Erkenntnisse abgehörter Telefongespräche verwiesen, doch werden die streng geheimgehaltenen Tonbänder weder den Gerichten noch der Öffentlichkeit zur Verfügung gestellt. Ganz abgesehen davon, daß sie gefälscht oder falsch übersetzt sein können. Eine menschliche Stimme, zehn Minuten auf Band genommen, erlaubt das synthetische Zusammensetzen von Äußerungen, die einem Menschen digital sogar in den »live« sprechenden Video-Mund gelegt werden können, ohne daß dies für den Nichtfachmann zu erkennen wäre. Es fehlen sämtliche Videoaufzeichnungen der 19 am Morgen des 11.9. in vier Flughäfen im Anmarsch auf die vier Flugzeuge fotografierten Täter. Das eine veröffentlichte Foto von Mohammed Atta gibt nicht einmal vage Anhaltspunkte für eine Identifizierung mit dem FBI-Fahndungsfoto.

Auch fehlt die nachträgliche Identifizierung etwa anhand von Leichenteilen. Die Passagierlisten der vier Flugzeuge enthalten bis heute keinen der 19 Namen. Es sind in der Tat arabische Allerweltsnamen, die häufig vorkommen. Identitäten können folglich auch zum Zwecke der Vertuschung leicht ausgetauscht werden. So ist immer noch nicht amtlich geklärt, ob nicht ein erheblicher Teil der Attentäter zuvor in militärischen Einrichtungen der amerikanischen Streitkräfte geschult wurde. Ihre Namen finden sich mehrfach auf Listen militärischer Kursteilnehmer. Die Identität wurde nicht herausgefiltert.

Die Fahndungsfotos des FBI stammen sehr häufig von Personen, denen zuvor Papiere gestohlen worden waren. Daher ist es auch nicht verwunderlich, daß sich nach dem 11.9. angebliche Attentäter als überlebend gemeldet haben, wie im Buch dargestellt. Nun greift die wütende Attacke des *Spiegel* gegen die »Verschwörungstheoretiker« einen einzigen Fall heraus, bei dem sich eine Person auf einem CNN-Foto wiedererkannt und gegen die Verdächtigung sofort Protest eingelegt hatte, noch bevor das FBI die Fotos der Attentäter veröffentlicht hatte. Daraufhin habe, so der *Spiegel,* CNN sich bei dem Betroffenen entschuldigt. Das FBI habe danach ein ganz anderes Foto veröffentlicht, man hatte offensichtlich Alternativen auf Lager. Der britische Sender BBC hat aufgrund von Meldungen der arabischen Presse über insgesamt sieben Fälle überlebender Attentäter berichtet. Bis heute hat BBC den damaligen Bericht nicht korrigiert oder ergänzt. Es hat offensichtlich auch kein Drängen des FBI auf Korrektur gegeben. Zuständig für die amtlich korrekte Fahndungsliste ist das FBI, nicht der *Spiegel*. Doch das FBI hält sich mit Erklärungen auffallend zurück. In einer Rede vor dem Common Wealth Club in San Francisco einige Monate nach dem 11.9. gab FBI-Direktor Mueller zu, daß die angeblichen Entführer keinerlei »Papierspur« hinterlassen hätten.[15] »In unseren Untersuchungen haben wir nicht ein einziges Stück Papier entdeckt, weder hier in den Vereinigten Staaten noch aus der Fülle von Informationen, die uns aus Afghanistan oder sonstwoher zugegangen sind, das uns auch nur einen Aspekt der Verschwörung vom 11.9. angezeigt hätte.«

Es ist daher mit einiger Sicherheit davon auszugehen, daß das ganze Gedankengebäude der Verschwörung der 19 Selbstmordattentäter, angeleitet von Osama bin Laden aus den Höhlen Afghanistan, ein amtliches Gespenst ist, eine Legende, die mit der Wirklichkeit nichts, aber auch gar nichts zu tun hat. Daß da ein bin Laden nahezu täglich den Beweis seiner Täterschaft den Geheimdiensten per Handy auf Band spricht und zur Beglückung der Ermittler in Afghanistan und sonstwo, dem Osterhasen gleich, Videos auslegt, mahnt zur Vorsicht bei der Würdigung und Einordnung. »Al Kaida« ist ja auch nichts anderes als eine Bezeichnung, die sich Richard Clarke ausgedacht hatte. Die Al-Kaida-Leute stammen aus der Masse der ehemaligen CIA-Söldner in Afghanistan, von denen 10 000 von Osama bin Laden angeworben wurden. Die vom Einblick in die CIA-Verschwörungswerkstatt ausgeschlossenen Terrorfahnder des FBI nehmen die verdeckten Kämpfer der CIA nun in der Funktion als Amerika bekämpfende Terroristen wahr. Zumindest Teile davon werden ganz offensichtlich von der CIA nach wie vor in den weltweiten Händeln der muslimischen Staatenwelt zur Sicherung amerikanischer Interessen eingesetzt. Von daher erscheint auch der Einsatz als

Scheintäter des 11.9. zur Herbeiführung des neuen »Pearl Harbor« keineswegs aus der Luft gegriffen. Die amtliche Verschwörungstheorie des 11.9. kann die Täterschaft der 19 nicht beweisen. Die Option 4 geht davon aus, daß die Administration ihre Behauptung nicht nur nicht beweisen kann, diese vielmehr auf einem Lügengebäude aufgebaut ist.

Die Bush-Administration und die ihr gläubig folgende Medienlandschaft hinterfüttert die Geschichte der Selbstmordmuslime in der Hand des Osama bin Laden inzwischen mit angeblichen Geständnissen führender Al Kaida Offiziere. Bei näherer Betrachtung zeigt sich, daß bereits die behaupteten Festnahmen nicht selten unter den zweifelhaftesten Umständen im Zusammenspiel von CIA und eng verbundenen Partnerdiensten stattfanden. Die Identität der Betroffenen bleibt für Außenstehende nicht nachprüfbar. Zeitpunkt und Umstände der spektakulären Festnahmen fügen sich angeblich zufällig den jeweiligen PR-Bedürfnissen der Bush-Regierung.

Die angeblichen Al Kaida Führer verschwinden in nicht zu verortenden Gefängnissen nicht nur der USA, wo sie unter Folter Aussagen machen, die in der Tendenz die von den Befragern erwünschten »Beweise« liefern. So werden die Betroffenen unter Wasser mit dem Tod durch Ertrinken bedroht, um sich durch die genehme Aussage vor dem sicheren Tod zu erretten. Die Aussage wird dann weltweit von den »eingebetteten« Medien als Bestätigung der amtlichen Tatversion ausgegeben.

Mit anderen Worten: sollte es ein geheimdienstliches Drehbuch nach dem Muster der Option 4 gegeben haben, dann erbringen die erfolterten Geständnisse exakt die Bestätigung der geheimdienstlichen Tatlegende. Zur Wahrheitsfindung hingegen sind die Aussagen nicht oder nur sehr begrenzt geeignet. Die hartnäckige Weigerung der Bush-Administration, die Vernehmungsprotokolle zur Verfügung zu stellen oder gar die angeblich strategischen Al Kaida Zeugen in Person Jahre nach ihrer Gefangennahme vor den Strafgerichten der USA wie etwa auch Deutschlands aussagen und befragen zu lassen, verstärkt den Verdacht der aktiven Inszenierung des 11.9.

Was sich tatsächlich vor und hinter den Kulissen abgespielt hat, ließe sich nur durch eine offene, peinlichst genaue und vor allem unabhängige kriminalistische Untersuchung der Verbrechen des 11.9. feststellen. Doch dies hat die Bush-Administration bislang mit großer Energie verhindert. Das Weißbuch liegt auch im dritten Jahr nach der Tat nicht vor. Wir wissen nicht, wer vor dem 11.9. auf diesen Termin spekuliert und Milliardengewinne eingesteckt hat. Die Bänder der abgehörten Telefongespräche wurden unter fadenscheinigen Gründen vernichtet. Wir kennen die Anthrax-Täter nicht. Wir wissen nicht, wer für das militärische Versagen am 11.9. die Verantwortung trägt. Es fehlen die Flugschreiber und Stimmaufzeichnungsgeräte, die im Heck der Flugzeuge gegen Abstürze aus größten Höhen gesichert untergebracht sind. Wir kennen nicht den Inhalt der Aufzeichnungen der Telefongespräche zwischen ziviler und militärischer Flugsicherung. Wir wissen nicht, weshalb die Regierung sich während der Tat so eigentümlich verhielt, angefangen beim Präsidenten, der beim Lesewettbewerb der Grundschüler in Florida ausharrte, obwohl der langerwartete Terrorangriff auf Amerika begonnen hatte. Wir wissen nicht, warum er mit Ersatzflugzeugen aus Florida abgeholt wurde. Die anfänglich verbreitete Story vom geknackten Code der Air Force One wurde, kaum weltweit verbreitet, am nächsten Tag gleich wieder dementiert. Ähnlich merkwürdig war das Verhalten des Verteidigungsministers, der an seinem Schreibtisch verharrte, obwohl die Zwillingstürme des World Trade Centers bereits getroffen waren. Zusammen mit Vizepräsident Cheney ließ Rumsfeld jedoch kaum eine Minute verstreichen, um sofort den Krieg gegen den Irak als Teilschlacht des Weltkriegs gegen den Terrorismus in Szene zu setzen. Im Pentagon baute er eine Abteilung zur Verbreitung von Kriegslügen auf, deren Aufgabe unter anderem auch noch darin besteht, Terroristen zur Tat anzustacheln, um so den Anti-Terror-Streitkräften die Rechtfertigung zum »Gegenschlag« zu verschaffen.[16]

Wir wissen nicht, wer die Angehörigen einer israelischen Firma in New York zwei Stunden vor dem Anschlag per E-mail gewarnt hat. Der Zusammenbruch der Stahlkonstruktionen des World Trade Centers ist nicht geklärt. Weiterhin gibt es die Frage, ob man mit einem Kerosinbrand Stahl destabilisieren und entsprechend Gebäude in der Geschwindigkeit des freien Falls zum Einsturz bringen kann: Der Nordturm zeigte bereits nach 20 Minuten an der Einschlagstelle ein schwarzes Loch. Dem rasenden Kerosinfeuer war der Sauerstoff ausgegangen. Der Feuerwehrkommandant vor Ort sichtete nur noch zwei kleinere Brandherde, die er für beherrschbar hielt. Der Turm blieb noch eine Stunde in diesem Zustand stehen. Dann stürzte er in sich zusammen.

Vor dem Einsturz hatten die Männer der Feuerwehr Explosionen innerhalb und außerhalb der asbestbelasteten Gebäude wahrgenommen. Deren Hintergrund ist ebensowenig erforscht wie die Ausschläge auf der Richterskala der fünf Erdbebenwarten in fünf verschiedenen Bundesstaaten. Der Stahl, der hätte Auskunft geben können, ist längst in chinesischen und japanischen Stahlwerken eingeschmolzen und zu Autoblechen und Stahlplatten für Kriegsschiffe verarbeitet worden. Die Beweismittel, die ohne Streit um ihre Verfälschbarkeit über den tatsächlichen Ablauf der Ereignisse des 11.9. hätten Auskunft geben können, waren ursprünglich vorhanden, sind dann jedoch beseitigt worden, oder sie wurden gegen alle Erwartung nicht aufgefunden.

Man würde auch gern wissen, weshalb zahlreiche Mitglieder der Familie bin Laden in einem gecharterten Flugzeug nach Saudi-Arabien geflogen wurden, just zu einem Zeitpunkt, als nach den Anschlägen über den gesamten amerikanischen Kontinent ein Flugverbot verhängt worden war. Warum gibt die Administration die 28 Seiten des Berichts der Geheimdienstausschüsse nicht frei, in denen die angeblich saudiarabische Spur hinter den Attentaten dargestellt sein soll. Saudi-Arabien bittet dringend um Freigabe, um sich rechtfertigen zu können, desgleichen die Angehörigen der Opfer, um Klarheit in das Dickicht der Verdächtigungen und Ungereimtheiten zu bringen. Auch die Hintergründe der zwei Jahre zuvor von vorbestraften Holländern aufgebauten, auf junge arabische Flugschüler spezialisierten Flugschulen bleiben undurchsichtig. Die Unterlagen der Schulen wurden vom Gouverneur des Landes und Bruder des Präsidenten sofort beschlagnahmt und mitsamt des abtransportierenden Lastwagens per Großraumflugzeug außer Landes gebracht. Doch wohin? Die Aufklärung all dieser Fragen wird bis heute behindert. Die Angehörigen der Opfer sehen inzwischen mit tiefer Skepsis auf die Arbeit des Kongresses wie der Kommission.[17]

Zum Schluß noch ein Wort zu den Medien. Sie weigern sich, für jedermann greifbare Zweifel am Verhalten der Bush-Administration zu formulieren und zu veröffentlichen. Es reicht nicht, die umfassenden Lügen der Regierungsmannschaft in bezug auf den schieflaufenden Irakkrieg zunächst widerwillig, dann zwangsläufig offener darzustellen. Der 11.9. soll das Rechtfertigungsszenario für einen Jahrzehnte dauernden Weltkrieg gegen bis zu 60 Staaten liefern, der mit an Sicherheit grenzender Wahrscheinlichkeit nichts anderes als die Durchsetzung einer amerikanischen Weltherrschaft zum Ziel hat. Und die Bush-Regierung setzt alles daran, zumindest die gesamte westliche Welt einschließlich der NATO in Gefolgschaft hinter sich zu bringen. Sie bombardiert die Weltöffentlichkeit über Werbeagenturen, die die Nachrichtenströme mit Information und Desinformation lenken. Um so mehr müßten sich die Medienverantwortlichen einer peinlich genauen, objektiven, ausgewogenen Berichterstattung befleißigen. Dazu gehört heute auch die Berücksichtigung alternativer Nachrichtenströme aus dem Internet. Seit dem 11.9. findet in den Medien eine Polemik gegen den Gebrauch des Internets statt, nachdem es zuvor gar nicht schnell genug gehen konnte, auch die letzte Hilfsschulklasse mit einem Anschluß zu versehen. Auch beim Internet muß ausgewählt werden zwischen seriösen Informationen und Makulatur. Das Internet jedoch hat den riesigen Vorzug, kritischen Stimmen abweichend von der staatlichen Sprachregelung Gehör zu verschaffen, ohne Rücksicht nehmen zu müssen auf Sonderinteressen politischer wie wirtschaftlicher Art. Die Deutschen haben recht, wenn sie der Berichterstattung ihrer Medien zum 11.9. kein Vertrauen schenken. Mit diesem Vertrauensverlust beginnt eine tiefere Krise, auf die zu reagieren die Medienverantwortlichen in den westlichen Demokratien allen Anlaß haben.

Bonn, im Juni 2004 Andreas von Bülow

Fast auf den Tag genau, zehn Jahre nach dem Einsturz der WTC-Türme am 11. September 2001 verkündet der amerikanische Präsident die Erledigung Osama bin Ladens durch eine amerikanische Spezialeinheit. Das muss man nun glauben. Bewiesen ist nichts. Überprüfen lässt sich auch nichts. Viele Beobachter äußern Zweifel: Die pakistanischen Augenzeugen des nächtlichen Angriffs halten die Story für erfunden. Die Nachbarn in Abottabad kennen die Bewohner des Anwesens und glauben nicht an die Anwesenheit eines Bin Laden. Der unmittelbare Hausnachbar berichtet vom nächtlichen Anflug eines Helikopters, dem Abseilen des Kommandos in den »compound«, dann von Schiessereien. Der zurückkehrende Helikopter habe die Seals samt zu vermutender Leiche an Bord genommen, sei dann aber explodierend abgestürzt. Die Nachbarn konnten nach eigenen Angaben die gräßliche Szene in Augenschein nehmen, seien dann aber verscheucht worden. Weitere Hubschrauber hätten unmittelbar danach die zerfetzten Körperteile an Bord genommen und seien damit abgeflogen. Wie auch immer die Sache sich verhält: Wieder verhindert die Regierung der Vereinigten Staaten die objektive Aufklärung des Sachverhalts. Die Leiche des Ermordeten liegt beschwert auf dem Grunde des Pazifik, ferngehalten von jeder internationalen forensischen Überprüfung zur Feststellung der Identität. Die Schnellst-Analyse der DNA binnen weniger Stunden und nur zu 95% überzeugt ebensowenig wie der Verzicht auf Identifizierung durch Angehörige. Die so erfolgreichen Helden der Seals werden nicht präsentiert. Fotos zeigen die amerikanische Regierung bei der Life-Betrachtung des Kommandounternehmens. Später verkündet der CIA-Sprecher, einen entsprechenden Videostreifen gebe es nicht. So bleiben auch hier wieder wie schon beim Ausgangssachverhalt des 11.9. die entscheidenden Fragen offen. Denn zehn Jahre nach dem »Neuen Pearl Harbor des 21. Jahrhunderts« hält die Regierung Barack Obama in Nachfolge der Bush-Administration eisern an der Behauptung fest, am Morgen des 11.9.2001 hätten 19 muslimische Attentäter auf Weisung und Steuerung des in Afghanistan agierenden Osama bin Laden vier Passagierflugzeuge entführt, diese mehr als eine Stunde ungehindert über die militärisch hoch gesicherte Ostküste geflogen und dann in die Twin Towers des World Trade Center in New York, das Pentagon in Washington und in der Umgebung einer Kleinstadt in Pennsylvania in den Boden gesteuert.

Noch bevor auch nur belastbare Vorermittlungen abgeschlossen waren, griffen knapp vier Wochen nach dem 11. September Luftstreitkräfte der USA aufseiten der Nordallianz Stellungen der in Afghanistan beherrschenden Taliban an. Afghanistan selbst hatte die USA nicht angegriffen. Doch da der saudische Unternehmer Osama bin Laden angeblich von Afghanistan aus die Terrorangriffe in den USA gesteuert und sich dabei der sagenhaften al-Qaida bedient hatte, erklärten die USA für sich den Verteidigungsfall und forderten die Bündnisverpflichtung der NATO-Partner ein. Seither ist Afghanistan von Truppen aus NATO-Ländern fleckenartig besetzt. Die afghanische Regierung Karsai in Kabul kann sich weder gegen die alten Stammes- und Dorfältestenstrukturen durchsetzen noch gegen die inzwischen alles überwuchernde Macht der neuen Drogenbarone. Der aus dem Umkreis der CIA ins Amt vermittelte Regierungschef hat einen der großen Drogendealer zum Bruder. Der Rohstoff für das Heroin wird in den von den US-Streitkräften beherrschten Provinzen ungehindert angebaut und beherrscht mit über 90 Prozent des Angebots inzwischen den Weltmarkt der Süchtigen und eine damit engstens verbundene länderübergreifende organisierte Kriminalität. Aus dem amerikanischen Sektor in Afghanistan findet das Heroin seinen Weg über die Grenzen des Landes in Gebiete, die für die USA von strategischer beziehungsweise wirtschaftlicher Bedeutung sind. Dazu gehören neben Tschetschenien unter anderen der Kosovo, Georgien sowie die ölhaltigen Regionen des kaspischen Beckens.

Die Lastwagen für den Nachschub der US-Truppen in Afghanistan kommen nur unter Einsatz von beachtlichen Bestechungsgeldern durch die von Taliban beherrschten Gebiete zum Ziel. So profitieren auch die Gegner der NATO vom Krieg.

In Afghanistan verfügen die Vereinigten Staaten inzwischen über riesige autonome Militärbasen, die sich nach Rückzug der Kampftruppen auf Dauer zur Machtausübung in Richtung Iran, Pakistan, Indien und letztlich China nutzen lassen.

Zwei Jahre nach dem 11.9.2001 starteten die USA, unterstützt von der Koalition der Willigen, ihren zweiten Krieg gegen den Irak unter dem Vorwand, der ehemalige CIA-Günstling Saddam Hussein habe al-Qaida, die Terrororganisation Osama bin Ladens, unterstützt – eine Auffassung, die schon die amerikanischen Dienste nicht teilten. Da keinerlei Beweise erbracht werden konnten, wurde die noch offensichtlichere Lüge von den angeblichen Massenvernichtungswaffen, atomar wie biologisch, nachgeschoben. Etwa eine Million Iraker haben inzwischen ihr Leben lassen müssen, auch hier in der Mehrzahl Zivilisten, Frauen und Kinder. Das einst blühende und weit entwickelte Land wurde durch die Verwendung von Munition aus abgereichertem Uran in erheblichen Teilen in einen auf Jahrzehnte uran- und plutoniumverseuchten Zustand gebombt.

Die Vereinigten Staaten haben die acht Jahre Krieg auch dort genutzt, um fünf riesige Militärbasen zu errichten, die sie als Stützpunkte zur Beherrschung der Ölregion halten können, sollten die Kampftruppen das Land je verlassen.

Präsident Bush verdächtigte nach dem 11. September insgesamt bis zu 60 Staaten, den Terror offen oder verdeckt zu unterstützen, und verkündete als Antwort auf die Attentate einen länger als eine Generation dauernden »Weltkrieg gegen den internationalen Terror«. Die bereits vor dem 11.9.2001 geplanten und den regional benachbarten Staatsführungen mitgeteilten Kriege gegen Afghanistan und den Irak folgten. Verteidigungsminister Rumsfeld wies die Vereinten Stabschefs der amerikanischen Streitkräfte in einem Memorandum wenige Wochen nach dem 11. September an, den »take out«, den Sturz der Regierungen von sieben weiteren Staaten in fünf Jahren zu planen. Dabei gehe es nach Afghanistan und dem Irak um Syrien, den Libanon, Libyen, Somalia, den Sudan und zum Schluss den Iran. Der dies mitteilende frühere NATO-Befehlshaber und Viersternegeneral Wesley K. Clark ergänzte hierzu, in Wahrheit gelte die Operation im Nahen Osten dem Öl. Gäbe es dort kein Öl, so würde die Region sich selbst überlassen, wie Afrika. Dem ist nichts hinzuzufügen. Außer, dass der Plan exakt den Vorstellungen des Sicherheitsberaters mehrerer amerikanischer Präsidenten, Zbigniew Brzezinski, entspricht, der nach dem Zerfall der Sowjetunion den USA den Griff nach den Bodenschätzen der Erde, nicht zuletzt dem Öl, empfahl. Ganz ähnlich hat dies die Mannschaft um Präsident Bush in ihrem »Project New American Century« formuliert, wo das Fortbestehen eines weiteren Jahrhunderts amerikanischer Weltherrschaft durch die auch militärisch zu erkämpfende Herrschaft über die Ölquellen der Erde gesichert werden soll. Dabei hatte sie sich, ein Jahr vor dem 11.9.2001, ein »Neues Pearl Harbour« erhofft, das die Rechtfertigung für die entsprechend weiter zu steigernden Rüstungsausgaben schaffen und der Sehnsucht nach Friedensdividende entgegenwirken sollte.

Der 11. September war dieses erhoffte »Neue Pearl Harbour« des 21. Jahrhunderts, der Direktangriff der angeblich weltweit auftretenden muslimischen Verschwörung gegen die Vereinigten Staaten. Das katalytisch wirkende, die öffentliche

Meinung drehende Ereignis wurde in der Folge durch eine Häufung angeblicher oder tatsächlicher muslimischer Selbstmordattentate in Regionen unterstützt, die in der Nähe der geopolitischen, nicht zuletzt auch der Öl- und Gasinteressen der Vereinigten Staaten liegen.

Es mag ja dem Zufall zu verdanken sein, dass nach dem Untergang des alten sowjetischen Feindes nun ein Reservoir jugendlicher islamisch-fundamentalistischer Selbstmordattentäter entstand, die die westliche Welt mit ihren brutalen Taten überziehen. Misstrauisch macht jedoch, dass im Nachhinein immer wieder Fälle gemeldet wurden, bei denen Minibomben, versteckt in Gepäck oder Fahrzeugen, per Fernzündung über Billighandys zur Explosion gebracht wurden, von denen die Täter keine Ahnung hatten. Bei Selbstmordattentaten erübrigt sich aufgrund des Hinscheidens des Täters der Aufwand einer umfassenden kriminalistischen Aufklärung. Er verschwindet nach den ersten aufpeitschenden Schlagzeilen über seinen feigen Anschlag von der Bild- und Ermittlungsfläche. Bekennerschreiben können anonym ins Internet gestellt werden. Die eingebetteten Medien werden von Amts wegen unterrichtet. Da ja nach der vorherrschenden Lesart westliche, in Wertegemeinschaft miteinander verbundene Regierungen keine Verschwörungen begehen, bleiben bösgläubige »Verschwörungstheoretiker« auf ihrem Wissen und ihren lachhaft abwegigen Vermutungen sitzen. Terroranschlag für Terroranschlag ziehen die für die Sicherheit der Bevölkerung Verantwortlichen in Verwaltung und Politik ihre Überwachungsnetze enger um die Bürger, schränken die Grundrechte ein, verschärfen die Reisebedingungen, machen die 99,9 Prozent harmlosen Bürger datentechnisch fortschreitend zu gläsernen Menschen, um anschließend im bürokratischen Chaos der unausgewerteten Datenberge zu ertrinken.

Wer allerdings mit dem ehemaligen britischen Außenminister Cook davon ausgeht, dass »al-Qaida« nichts anderes ist als der arabische Begriff für Namensliste, ein Kunstprodukt, fängt an, auf die oft extremen Eigentümlichkeiten der aufsehenerregenden Terrorakte zu achten. Das gilt für die Terroranschläge in Madrid, in Bali, im Jemen, in London, Mumbai, im Sauerland und so weiter. Fast immer kommen Sprengstoffe wie Zünder aus Kreisen, die mit Geheimdiensten zusammenarbeiten. Die Terroristen reisen mit offenbar unbegrenzten Mitteln um die Erde, dürfen trotz schärfster Visa-Überwachung in sonst hoch bewachte Länder ein- und ausreisen. Geheimdienstvertreter leiten Terroristen ohne Papiere zuweilen an Passkontrollen vorbei, die dann während des Transatlantikflugs auffällig werden, indem sie zum Beispiel für jedermann sichtbar versuchen, die Zündschnur der Bomben, die sie in ihren Schuhen versteckt haben, anzuzünden. Ahnungsvolle Passagiere bannen einige Reihen von hinten Tat und Täter auf ihren Dokumentarfilm.

Die Anti-Terror-Kämpfer werden versuchen, so viele Quellen wie möglich im System zu gewinnen. Da kann man nur den Rat geben, schon die Hassprediger als bezahlte Agenten zu werben, in der Hoffnung, rechtzeitig Hinweise auf die in den Dschihad gelockten Jugendlichen zu erhalten. Ähnliches gilt für Organisationen, die die Reise nach Pakistan und von dort nach Afghanistan vermitteln. In der Auffanggesellschaft in Pakistan sollten die Dienste über bezahlte Informanten verfügen, ebenso wie in den ehemals vom pakistanischen Geheimdienst in Zusammenarbeit mit CIA und Osama bin Laden betriebenen Ausbildungslagern in Afghanistan. Nach Rückkehr der »Azubis« des Terrors könnten die Dienste immer noch entscheiden, ob sie die Dschihadisten vor der Tat auffliegen, sie gewähren oder als Sündenböcke verdeckter Taten im Nachhinein auftreten lassen wollen, je nachdem, was politisch gewollt ist, die Pflege des Terrorpotentials oder die weitere Hysterisierung einer ahnungs- wie wehrlosen Bevölkerung. Ein lebensgefährliches, politisch unverantwortliches Spiel.

Die eigentliche Aufklärung der Ereignisse des 11.9.2001 ist und bleibt eine nicht mehr zu überbietende Farce. Auch zehn

Jahre nach der Tat fehlt die zusammenfassende, einer kriminalistisch-wissenschaftlichen Überprüfung standhaltende Darstellung des Tatkomplexes durch die Regierung der Vereinigten Staaten. Der Präsident und seine Berater bauten auf die alle Zweifel sprengenden Bilder der brennenden, zusammenstürzenden Türme in New York samt der von den Sprechern der Regierung so auffällig schnell untergeschobenen Geschichte von den 19 muslimischen Flugzeugentführern, dazu auf das angebliche Bekenntnis Osama bin Ladens gefolgt von den erfolterten Geständnissen der Gefangenen in Guantanamo.

Mit großem Widerwillen ließ die Regierung Bush schließlich doch noch die Untersuchung der Vorgänge des 11. Septembers durch die Geheimdienstausschüsse der beiden Häuser des Kongresses zu, beschränkt allerdings auf die Frage, welche Lehren aus den Fehlern der Dienste vor dem 11.9. für die Zukunft gezogen werden könnten.

Joint Inquiry Into Intelligence Community Activities Before And After The Terrorist Attacks Of September 11, 2001 Report Of The Joint Inquiry Into The Terrorist Attacks Of September 11, 2001 – By The House Permanent Select Committee On Intelligence And The Senate Select Committee On Intelligence Together With Additional Views, Washington, December 2002

Die Arbeit der Ausschüsse des Senats und Abgeordnetenhauses wurde durch Geheimhaltung, Verwehrung von Akten, Schwärzung der Texte sowie Verweigerung von Aussagegenehmigungen behindert.

Aus dem Bericht der Ausschüsse samt der Sondervoten der Mitglieder ergibt sich, dass die Regierung Bush in der Aufklärung des internationalen islamisch-fundamentalistischen Terrors angeblich blind und nahezu völlig von den Erkenntnissen befreundeter Geheimdienste abhängig gewesen sei. Report, a. a. O., Finding 15. Seite XVIII. Welcher der befreundeten Dienste so hilfreich war, wird in den Berichten der Ausschüsse nicht dargelegt. Auch nicht, ob die damit verbundene Gefahr der gezielten Falschinformation erkannt wurde.

Die zur Bekämpfung des internationalen Terrorismus eingesetzte Truppe bestand nur zu zehn Prozent aus Personal des FBI, während die CIA mit 90 Prozent die alles beherrschende Stellung erhielt. Dabei ist die CIA vornehmlich für die verdeckten, von außen nicht zu durchschauenden Operationen gegen fremde Staaten zuständig. So konnte die dem FBI übergeordnete CIA die von ihr weltweit genutzten »Freiheitskämpfer« der sogenannten al-Qaida jederzeit vor der Verfolgung durch das FBI schützen. Diese Erkenntnis entspricht der Haltung der CIA, die vor dem 11.9. jede von Teilen des FBI auf Arbeitsebene erkannte und gemeldete Terrorgefahr für unsinnig erklärte. Daher auch die Feststellung der Ausschüsse, dass CIA und FBI vor dem 11. September schlecht bis überhaupt nicht zusammenarbeiteten.

September 11 and the Imperative of Reform in the U.S. Intelligence Community, Report, Additional Views of Senator Richard C. Shelby Vice Chairman, Senate Select Committee on Intelligence, S. 6/7

Die von Osama bin Laden angeworbenen Kämpfer fanden außer in Afghanistan in den Kämpfen in Bosnien-Herzegowina, im Kosovo und heute noch in Tschetschenien Verweddung.

Die CIA hat in Folge dieser Arbeitsteilung die vom FBI als terrorverdächtig gekennzeichneten Personen nach Gutdünken auch nicht auf die Überwachungsliste gesetzt. So konnten die Terroristen zum Teil mit Mehrfachvisa frei in die USA ein- und ausreisen. Das amerikanische Konsulat Jeddah in Saudi-Arabien hatte 15 der 19 beschuldigten Flugzeugentführer des 11.9. Visa zur Einreise in die USA erteilt. Alle 19 hatten im Visa-Verfahren Auffälligkeiten gezeigt, die nach den strengen Regeln des Außenamtes zur Einreiseverweigerung hätten führen müssen. Zum Beispiel trugen sie im Antrag auf Erteilung des Visums als Aufenthaltsorte in den USA Adressen wie »Kalifornien«, »New York«, »Hotel D. C.« ein (Report 19/20). Zu ergänzen bleibt, dass ein Mitarbeiter des Konsulats Jeddah bereits Jahre vor dem 11. September massiv gegen die Praxis der Visa-Erteilung seiner

Behörde an junge muslimische Männer protestiert hatte, zunächst bei seinem Vorgesetzten, dann im Außenamt in Washington. Völlig vergeblich. Er wurde, nicht bereit, dem offensichtlichen Schlendrian Vorschub zu leisten, aus dem Auswärtigen Dienst entlassen. Im Konsulat in Jeddah sei er von 20 Mitarbeitern der einzige Diplomat gewesen, so schreibt er in einem Zeitschriftenbeitrag. Bei den anderen habe es sich um Personal der CIA und anderer Geheimdienste gehandelt.

Springmann in: Jeddah, Visa Express & Michael Springmann auf Youtube

Dem entspricht wiederum der Hinweis im Bericht der Geheimdienstausschüsse zur Untersuchung des 11.9., dass das amerikanische Konsulat in Jeddah der Ein- und Durchschleusung von verdeckten Kämpfern der CIA gedient habe. Diese Kämpfer hätten ihren Einsatz auf dem Balkan, in Kaschmir und Tschetschenien gefunden.

Die einander entgegengesetzte Politik von CIA und FBI und deren Abschottung gegeneinander ergibt sich auch aus dem Hinweis im Bericht, dass die 38 Zweigstellen des FBI vor dem 11. September offensichtlich nicht im Entferntesten von der Gefahr einer Terroreinheit »al-Qaida« informiert gewesen seien. So habe der Antiterrorbeauftragte des Präsidenten vier dieser FBI-Büros besucht und dort auf seine Frage nach der Terrortruppe stets die Gegenfrage gestellt bekommen, was denn al-Qaida überhaupt sei.

Die Berichte der Geheimdienstausschüsse erbrachten einige erhellende Erkenntnisse über das Tohuwabohu der Dienste untereinander, doch die eigentliche Aufklärung des 11.9. wurde nicht geleistet, sollte wohl auch nicht erreicht werden.

Die Empörung der Opferangehörigen, der kranken Feuerwehrleute, der vielen Sachverständigen in und außerhalb des Apparats, die sich zu Wort gemeldet hatten, führte zur Einsetzung eines weiteren Untersuchungsausschusses beider Häuser des Kongresses unter dem Vorsitz des Republikaners Keaton und seines Stellvertreters, des Demokraten Hamilton.

Doch auch diesem Ausschuss wurden sogleich Fesseln angelegt. Es standen ganze drei Millionen Dollar zum Einkauf von Expertise und Sachverstand zur Verfügung. Später wurde noch eine kleinere Summe draufgelegt. Diese Beträge müssen sich messen lassen an den über 30 Millionen, die seinerzeit zur Aufklärung der Sexualpraktiken Präsident Clintons in der Lewinsky-Affäre eingesetzt worden waren.

Das größte Hindernis bei der Wahrheitsfindung bestand in der Vereinbarung der Abgeordneten, nur untereinander nicht strittige Sachverhalte in den Abschlussbericht aufzunehmen. Entsprechend wurde bereits die Beweisaufnahme arbeitsökonomisch auf die einvernehmlich beurteilten Themen beschränkt. Die Ausblendung all der verschwörungstheoretisch hochsensiblen, daher von vornherein strittigen Sachverhalte wurde mit dem Vorwand der Zeitnot begründet. So konnte der Ausschuss all die Tatbestände meiden, die der amtlich verbreiteten Theorie von der muslimischen Verschwörung entgegengehalten werden.

Die Mitarbeiterschaft, die den Abgeordneten für die Vorermittlungen zur Seite stand und den Abschlussbericht entwerfen sollte, wurde aus Beamten der Bush-Administration zusammengesetzt und litt unter Interessenkonflikten. Der Chef der Ausschussmitarbeiter kam aus der engsten Umgebung von Außenministerin Rice und war zuvor an der Ausarbeitung einer Antiterrorstrategie beteiligt gewesen.

Wie zuvor behinderte die Regierung auch diesen Ausschuss. Den Präsidenten und den Vizepräsidenten etwa durfte der Ausschuss nur gemeinsam, unter Ausschluss der Öffentlichkeit, ohne Protokollierung und ohne Beeidigung der Aussagen vernehmen.

Einem FBI-Agenten, der zwei der 19 angeblichen Attentäter ein Jahr lang bei sich zu Hause untergebracht hatte, wurde die Aussagegenehmigung verweigert.

Die Aussage der Türkisch, Persisch und Aserbeidschanisch sprechenden Dolmetscherin und Ehefrau eines Generals der

U. S. Air Force, die nach dem 11.9. die vor dem Anschlag aufgenommenen und unbearbeitet liegen gebliebenen Abhörbänder für das FBI übersetzt hatte und über Verbindungen der Drogen- und Terrorszene ins FBI, den Kongress und die Administration berichtete, wurde im Bericht unterschlagen.

Die drei wesentlichen Kapitel des Berichts beruhen auf den Aussagen der in Guantanamo und anderen weltweiten Vernehmungszentren der CIA festgehaltenen und, wie offen zugegeben, gefolterten Gefangenen. Das Ergebnis der Vernehmungen wurde den Abgeordneten nur in Form von schriftlichen Berichten der CIA vermittelt. Die Herausgabe der Vernehmungsprotokolle selbst wurde verweigert, die von der CIA veranlassten Videoaufnahmen der Verhöre sind inzwischen alle vernichtet worden. Der Ausschuss wollte den Inhaftierten über die vernehmenden Beamten schriftlich vorformulierte Fragen stellen. Doch zurück kamen wiederum nur zusammenfassende Berichte des Geheimdienstes ohne Protokoll des Vernehmungsverlaufs. Selbst die Vernehmung der vernehmenden Beamten wurde dem Ausschuss verweigert. Die mangelnde Solidität des gesamten Berichts ergibt sich vor allem daraus, dass 400 der insgesamt 1700 Fußnoten sich auf Aussagen beziehen, die unter Folter oder Androhung von Folter zustande kamen.

Robert Windrem and Victor Limjoco: NBC Deep Background, 9/11 Commission controversy

Der Kronzeuge des 11.9., Khalid Scheich Mohammed, angeblich der Cheforganisator des Angriffs, hat in seinen Verhören in Guantanamo den gesamten Tatplan in allen Einzelheiten bis hin zur Personalauswahl offenbart und dadurch die Verschwörungstheorie der Regierung Bush vollinhaltlich bestätigt. Doch dieser sogenannte Cheforganisator des 11.9. wurde innerhalb von 120 Tagen 183 Mal der Folterpraxis des »Waterboarding« unterworfen, dem zwangsweisen Einflößen von Wasser bis an den Rand des Todes durch Ertrinken oder Ersticken. Entsprechend erfüllten seine Aussagen voll die Vorstellung der Vernehmenden. Wohl als Hinweis auf die Qualität der erzwungenen Aussage und zum Spott der Vernehmer hat er als Dreingabe gleich weitere 31 spektakuläre Morde und Mordversuche der letzten Jahrzehnte gestanden, darunter an Papst Johannes Paul II. sowie den Präsidenten Carter und Clinton.

Darüber hinaus gab er an, bereits 1993 beim ersten Bombenanschlag auf das World Trade Center mit von der Partie gewesen zu sein. Dem damaligen Anführer der den Anschlag vorbereitenden muslimischen Bande habe er per Telefon mit Rat und Tat, aber auch mit einer nennenswerten Geldüberweisung beigestanden. Allerdings ist unter Kennern der Szene unstrittig, dass das FBI den Anführer bereits lange vor dem Anschlag als Informanten, wenn nicht gar als Agent Provocateur gewonnen hatte. Das FBI war von der bevorstehenden Tat informiert, hatte seinem Partner jedoch versprochen, rechtzeitig das vorgesehene Sprengpulver durch harmloses zu ersetzen. Zu seiner Sicherheit hatte der Informant das Gespräch mit seinem Agentenführer auf Video aufgenommen. Doch das FBI hielt sich nicht an die Zusage. Es kam zur Explosion, sechs Tote und 2000 Verletzte waren die Folge. Seit dieser Zeit wird der Anschlag offiziell al-Qaida zugeschrieben.

Die angeblichen Gespräche der Flugzeugpassagiere per Handy mit Angehörigen, Freunden und Stewardessen der Fluggesellschaften begründen ganz wesentlich die Theorie von den 19 Muslimen, die vier Passagiermaschinen entführten. Sie erschließen die Umstände der Entführungen und deren weiteren Verlauf. Der kanadische Professor der Mathematik und Computerwissenschaften A. K. Dewdney ist jedoch mehrfach mit handelsüblichen Handys in einem langsam fliegenden Kleinflugzeug aufgestiegen und hat dabei festgestellt, dass ab einer Höhe von maximal 8000 Fuß, das heißt 2440 Metern, keine Verbindung mehr zustande kommen oder gehalten werden kann. Und dies über einer gut mit Sendemasten versehenen Stadt. In ländlichen Gebieten bei größeren Abständen der Sendemasten und weit höherer Geschwindigkeit sei die Handy-

Verbindung ein Ding der Unmöglichkeit. Die angeblichen Telefonate müssten daher vorgetäuscht, also gefälscht gewesen sein. Ihnen komme ein Beweiswert nicht zu. Der Mathematiker folgert, die Tat müsse völlig anders verlaufen sein, bei den 19 Entführern könne es sich nur um »patsies«, um für den Anschlag vom 11.9. vorbereitete Sündenböcke handeln.

Die Kommission hat sich mit der Luftabwehrlage am 11. September beschäftigt. Sie unterstellt, dass sich das Bewusstsein einer Terrorgefahr bei den Behörden nur sehr langsam habe einstellen können, die betroffenen Flugleitzentralen und die Kommandostellen der militärischen Flugabwehr hätten sich an diesem Tag in einer völlig ungewohnten Lage befunden. Irgendeine Verantwortlichkeit für das Debakel des 11.9. festzumachen sei nicht Aufgabe der Kommission.

Diese Darstellung widerspricht der bis dahin geläufigen Praxis. In den mehr als acht Monaten bis zum 11. September des Jahres 2001 waren in 67 Luftnotfällen die hierfür bestimmten Jets der U. S. Air Force auf Anforderung der Fluglotsen aufgestiegen, um eine unsichere Luftlage zu klären. Jedes Mal mit vollem Erfolg. Auf jeden der für die Abfangaufgabe bestimmten Fliegerhorste seien jährlich im Durchschnitt 17 entsprechende Starts entfallen. Doch am 11.9. funktionierte das System in allen vier Fällen nicht, nach Kommissionsbericht zum Teil, weil die Flugleitzentrale die militärische Flugsicherung Norad zu spät unterrichtete, die Flugzeuge verspätet aufstiegen, in die falsche Richtung und – wie wir wissen – nicht mit Höchst-, sondern mit Bummelgeschwindigkeit flogen.

Am Morgen des 11.9.2001 übten Fluglotsen und Flugabwehr über dem nordamerikanischen Kontinent exakt die Notlage, die sie an diesem Tag routiniert hätten beherrschen müssen. Die Übungslage spiegelte bis zu 20 aktuell laufende Flugzeugentführungen auf die Bild- beziehungsweise Radarschirme der Fluglotsen. Diese fragten, unruhig geworden, ihre Vorgesetzten, ob es sich bei den vier tatsächlich entführten Passagiermaschinen um eine Übungslage oder um die Wirklichkeit handele. Die Verantwortlichen hätten da die Übung sofort abbrechen und die Abfangjagd wie tausendfach erprobt in Gang setzen müssen.

Die Frage, warum die für die Flüge verantwortlichen Fluggesellschaften nicht einen der behaupteten Hijacker auf ihre Passagierlisten gesetzt, ja, nicht einen arabisch klingenden Namen aufgeführt hatten, hat die Kommission nicht geklärt. Andererseits behauptet die Kommission in ihrem Bericht, die 19 Muslime hätten samt und sonders die Eincheckverfahren der Fluggesellschaften durchlaufen.

Die Mitglieder des Untersuchungsausschusses teilten nach Veröffentlichung des Berichts mit, sie seien von der Regierung, vor allem aber von NORAD, der Luftabwehr, belogen worden.

Im Ergebnis hat auch diese Kommission den Tatkomplex des 11.9. nicht aufgeklärt, sondern mit den vorab aufgesetzten Scheuklappen die Darstellung der Regierung bestätigt.

Entscheidend bleibt die Frage, ob es sich beim 11.9.2001 um einen oder zwei getrennt voneinander in Ablauf gebrachte Tatkomplexe handelt. Der erste Tatkomplex besteht aus den Flugzeugeinschlägen in New York, in Pennsylvania und in Washington. Um die Muslime glaubwürdig der Tat zu überführen, muss geklärt werden, wie die Terroristen gegen alle Warnungen ins Land kommen konnten; wie sie sich so ungehindert bewegen konnten; warum die Warnungen der misstrauisch werdenden FBI-Experten in der Provinz von der politischen Spitze in Washington unterdrückt wurden; wie die Täter mit kleinen Teppichmessern ausgerüstet ausgewachsene Militärpiloten aus den Flugzeugkanzeln treiben konnten; weshalb diese Piloten es versäumten, den Warncode für Flugzeugentführungen in ihre Bordcomputer einzugeben, um so unauffällig die Flugleitzentralen am Boden zu informieren; wie es passieren konnte, dass die Zusammenarbeit zwischen Fluglotsen und Militär viermal an diesem Morgen rundum versagte. Warum am Tatmorgen in Boston die Gepäckstücke aller Passagiere verladen wurden, nur die des Mohammed Atta stehen blieben, sodass dem FBI statt der sonst üblichen Kleidungsstücke sogleich die Liste der 19 in die Hand fiel, von denen sich später allerdings sieben als lebend herausstellten. Dazu auch noch das bigott-muslimische Testament des Schweinefleischverzehrers, Alkohol ebenso wie Stripperinnen genießenden Anführers. Von den acht gegen denkbar hartes Aufprallen geschützten Black Boxes wurde nur das Stimmaufzeichnungsgerät des in Pennsylvania abgestürzten Flugzeugs gefunden. Und dies, obwohl an der amtlich bekundeten Einschlagstelle ebenso wie beim Pentagon keine Flugzeugteile zu sehen waren. Es liegt die Abschrift der meist unverständlichen Gespräche vor, bei denen nur die Allah-Rufe der Muslime deutlich zu vernehmen sind. Doch auch solche Bänder sind fälschbar.

Neben diesem ersten, auf die Identität der Entführer gerichteten Tatkomplex gilt es gesondert die Verursachungskette zu überprüfen und einzuordnen, die zum Einsturz der beiden Zwillingstürme, vor allem aber des Gebäudes WTC 7, führte.

Wie konnten die Türme einstürzen, obgleich sie gegen den Aufprall einer großen Passagiermaschine statisch ausgelegt waren, wie konnten bereits erlöschende Restbrandherde eine Stunde nach dem Aufprall die 400 Meter hohen Zwillingstürme mit der Beschleunigung des freien Falls in rund zehn Sekunden zum Einsturz bringen? Hinzu kommt das immerhin auch knapp 200 Meter hohe Gebäude Nr. 7 des World Trade Center, das zwar von keinem Flugzeug getroffen wurde, aber dennoch am Nachmittag des 11.9. binnen sechs Sekunden bis auf die Grundmauern einstürzte. Wer brachte große Nachrichtensender wie die BBC dazu, den Einsturz des Gebäudes WTC 7 bereits zu melden, als es im Hintergrund des Fernsehsprechers noch völlig intakt zu erkennen war? Die Nachricht griff dem Ereignisablauf also vor, wie ja auch die Feuerwehr im Voraus wusste, dass das WTC 7 im Lauf des Nachmittags einstürzen würde.

Mehr als hundert Zeugen – Bewohner, Anrainer, Polizei- und Feuerwehrleute und Berichterstatter der Medien – berichteten von einer Vielzahl von Explosionen in der schnellen Abfolge eines Maschinengewehrfeuers. Von einem Hausmeister des WTC wurden gewaltige Explosionen in den Untergeschossen noch vor dem Einsturz gemeldet.

Auf den zahlreichen Videoaufnahmen des Einsturzes der Türme kann das weit in Höhe und Breite herausgeschleuderte, zum größten Teil pulverisierte Material erkannt werden, dazu seitwärts geradezu waagrecht aus den Stockwerken herausschießende explosionsartige Ladungen. An einer der äußeren Ecksäulen sind längere Strähnen orangefarben herabfließenden, flüssigen Metalls zu sehen.

Die Untersuchungsausschüsse des Kongresses haben sich dieser Seite des Geschehens nicht angenommen. Dafür hat das National Institute of Standards and Technology (NIST) einen Bericht über das Geschehen um die Zwillingstürme erstellt, später auch einen weiteren zum Gebäude Nr. 7. Der Bericht hält sich streng an die bisherigen offiziellen Annahmen, dass allein das Flugbenzin der einschlagenden Flugzeuge in Verbindung mit dem brennenden Mobiliar ein Feuer solcher Hitze hatte erzeugen können, dass die Bolzen, mit denen die Stahlträger der Stockwerke an den äußeren Säulen befestigt waren, abgesprengt wurden. Dadurch sei es zum Fall der Stockwerke aufeinander gekommen. Das NIST musste für seine Bolzen-Theorie mehrfach sein immer noch geheim gehaltenes Computersimulationsprogramm ändern, um den Einsturz darstellen zu können. Zu guter Letzt legte es den Berechnungen zwar die Annahme einer extremen Hitze der Stahlträger zugrunde, diese Hitze sei jedoch nicht auf die Befestigungsbolzen der Träger übertragen worden. Die Spannung zwischen dem heißen tragenden und dem kalt bleibenden Befestigungselement habe das Absprengen der Bolzen bewirkt. Eine absurde Annahme. Doch selbst wenn man von der NIST-Theorie ausginge, wäre ein gleichzeitiges und gleichmäßiges Absprengen sämtlicher Bolzen an 236 äußeren und 47 inneren Stahlsäulen schlicht ein Ding der Unmöglichkeit.

Auf die vielfach bezeugten Explosionen geht das NIST im Einzelnen nicht ein. Um Explosionen aus der Ursachenkette herauszuhalten, unterstellt es in seinen Untersuchungen ein Sprengmittel, das zwar für kontrollierte Sprengungen geeignet ist, jedoch einen Höllenlärm entfaltet. Da dieser von den Zeugen nicht bekundet und auf den Tonspuren der Videoaufnahmen nicht zu finden sei, könnten Sprengungen als Ursache der Einstürze ausgeschlossen bleiben.

Das Vorliegen großer Lachen flüssig-glühenden Metalls unter den Trümmermassen, die von den mit Baggern operierenden Rettungskräften erkannt und noch fünf Tage nach dem 11.9. von der NASA per Satellit vermessen worden waren, stritt das NIST schlichtweg ab. Dafür gebe es keine Beweise. Doch die Aufräumkräfte hatten noch Wochen später angesichts ihrer schmelzenden Schuhsohlen jeweils nur kurze Zeit in dem heißen Trümmergebirge aus Stahl arbeiten können.

Beim Gebäude WTC 7 geht das NIST ebenfalls schlicht von Feuer als Verursacher des sechs Sekunden währenden Zusammensturzes aus.

Es sind vor allem die Physiker und Architekten des breit in der Bevölkerung und den Opferfamilien verankerten »Truth Movements«, die sich dieser naturwissenschaftlichen Fragestellungen angenommen haben. Für sie ist das vorgelegte Tempo des freien Falls bei den drei Gebäuden ein Ding der physikalischen Unmöglichkeit. Jedes aufnehmende Stockwerk müsse die Masse des herabbrechenden oberen Stockwerks erst einmal aufnehmen. Das verzögere die Geschwindigkeit des Falls, bis die Befestigungselemente des darunter liegenden Stockwerks ebenfalls weggesprengt seien, um dann ihrerseits nach unten zu stürzen. Außerdem sei es ausgeschlossen, dass die 43 riesigen inneren Stahlträger zusammen mit den an ihnen befestigten Stockwerken nach unten hätten brechen können.

Vor allem aber gäbe es klare Beweise für das Vorliegen einer kontrollierten Sprengung. Es sind dies die aus zehn Zentimeter starkem Stahl geformten breiten Stahlträger des Inneren, die im

45-Grad-Winkel – offensichtlich wie mit einer Sauerstofflanze zerschnitten – aus den Schuttmassen herausragen beziehungsweise darunter liegen. Die Trennfläche zeigt nicht weich gewordenen, gebogenen, sondern bei hohen Temperaturen mit zu erkennenden Wülsten und Tropfnasen geschmolzenen Stahl. Der exakte Winkel der Trennung von 45 Grad spreche für eine im Voraus geplante kontrollierte Sprengung, bei der die tragenden Elemente in Abständen zertrennt zur Seite rutschend das Gebäude exakt computergesteuert auf seinen Grundmauern einstürzen ließen. Im Übrigen könne nur so erklärt werden, dass der Beton der Stockwerke samt Mobiliar schlicht zu Staub verwandelt worden sei. Hierzu seien Energien erforderlich, die einfaches Flugbenzin nie zu liefern in der Lage wäre.

Die Beweiskette wird unterstützt von den Physikern des Truth Movements, darunter vor allem Professor Jones, die in den unendlichen Staubmassen des WTC zahlreiche Proben mit Granulat gefunden und sichergestellt haben, die – im Elektronenmikroskop untersucht – eine Mischung feinster Teile von Aluminium mit Eisen und Schwefel erkennen lassen. Aus der Mixtur dieser Elemente wird das Spreng- und Schneidemittel Nanothermit hergestellt, das Höchsttemperaturen entwickelt und im militärischen Bereich in Munition zum Durchschmelzen von Motoren und Panzerplatten genutzt wird. Entsprechende Gemische können mit einer Bürste aufgetragen werden und, per Zündmittel zur Reaktion gebracht, Stahl wie Butter mit einem Messer durchschneiden. Thermit kann auch zu Explosionsladungen gebündelt am Sprengobjekt angebracht werden. Der von Thermit geschmolzene Stahl wird orangefarben flüssig, wie dies auch auf einem Video des einstürzenden Südturms zu erkennen ist.

Das NIST weigerte sich, die Proben zu analysieren, und deutete die Farbe des lavaartig fließenden Metalls in weiß um, weshalb es sich nur um das geschmolzene Aluminium der Flugzeuge habe handeln können.

Nanothermit verursacht, als Sprengladung zur Zündung gebracht, wesentlich weniger Dezibel Lärm als das von NIST unterstellte Sprengmittel. Deshalb hätten die zahlreichen Zeugenaussagen über Explosionen als Ursache des Einsturzes der Türme und des Gebäudes 7 nicht außer Acht gelassen werden dürfen.

Die Physiker haben das Nanothermit inzwischen vielfach auch im Feldversuch zur Anwendung gebracht. Es spricht alles dafür, dass sie damit den »rauchenden Colt« gefunden haben, der zusammen mit vielen anderen Beweisen auf die eigentliche Tat und die dahinter stehenden Täter verweist.

Es bleibt die Frage, wie angesichts Tausender täglich im World Trade Center arbeitender Menschen eine derart komplizierte Sprengung vorbereitet werden konnte. Doch an mehreren Wochenenden vor dem 11.9. wurde das WTC evakuiert und zugleich die Elektrizität abgeschaltet. Dadurch fielen Überwachungskameras und elektronischen Sicherungen aus. In den Tagen vor dem 11. September war die erhöhte Alarmstufe wegen Bomben-Terrorgefahr zurückgenommen worden. Entsprechend wurde auch eine auf das Aufspüren von Sprengstoff dressierte Hundestaffel abgezogen. Die Sicherheit der Anlage war einer Firma Securacom übertragen worden, die von den amerikanischen Streitkräften zur Betreuung von Hochsicherheitskomplexen eingesetzt wird. Sie liefert Sicherheit »aus einer Hand« durch Gutachten, Beratung und Einbau von Video- und elektronische Anlagen. Wie es der Zufall so will, war Marvin Bush, der jüngere Bruder von George W. Bush, Direktor dieser Firma, an der er auch über eine kuwaitisch-amerikanische Investmentgesellschaft indirekt beteiligt war.

Zwölf Monate vor dem 11.9. nahm eine Baufirma Renovierungsarbeiten an den massiven inneren Stahlträgern und den dort eingebauten Aufzügen vor. Die Unterlagen für die Auftragsvergabe sind beim damaligen Auftraggeber, der New York Port Authority, verloren gegangen. Die Baufirma hatte innerhalb des WTC mehrere Räume für ihre Zwecke belegt. Sie hatte zuvor den Bau des National Center for Energetics – im Militärjargon

»Explosionsstoffe, Treibladungen und Feuertechnik« – durchgeführt, das als einzige verlässliche Bezugsquelle für Aluminium-Kleinstpulver im Nanogramm-Bereich (das heißt Milliardstel Gramm) genannt wird. Die gleiche Firma wurde dann nach dem 11.9. auch mit Aufräumarbeiten am WTC beauftragt.

All dies deutet nahezu zwingend auf das Vorliegen zweier voneinander getrennt ablaufender, wenn auch zeitlich aufeinander abgestimmter Taten hin. Beide Tatkomplexe, der geheimdienstlich »getürkte« Teil des Gesamtgeschehens mit den angeblich 19 Muslimen, der Entführung und Steuerung der Flugzeuge in ihre Ziele einerseits und der Ablauf der drei kontrollierten Sprengungen andererseits, deuten auf eine hochkomplexe verdeckte Operation unter falscher Flagge hin, wie sie zum Aufgabenspektrum von Geheimdiensten wie der CIA, aber auch des britischen MI6 oder des Mossad gehören. Dieses beinhaltet traditionell auch strengst geheim zu haltende Operationen, die auf die schockartige Beeinflussung der öffentlichen Meinung ausgerichtet sind, Psychological Operations (PSYOPS) genannt.

Diese Annahme bietet sich nach nun zehn Jahren umso mehr an, als das angestrebte Ziel, Kriege gegen den internationalen Terror moralisch gerechtfertigt vom Zaun brechen zu können, sofort und danach fortwährend genutzt wurde, während die eigentliche Tat des 11.9. mit allen nur erdenkbaren faulen Tricks einer durchschlagenden Aufklärung entzogen bleibt. Um auch nur den Anschein eines Verdachts von sich zu weisen, die Bush-Regierung habe entweder im Voraus von den Taten gewusst, jedoch nicht eingegriffen, oder sie habe die Tat gar bewusst herbeigeführt, hätte die Administration die Karten vor den Ausschüssen und vor der Öffentlichkeit ohne Einschränkung offen legen müssen. Alle Beweismittel hätten einer kriminalistischen beziehungsweise wissenschaftlichen Untersuchung ohne Verfälschung und Unterdrückung von Beweismaterial zur Verfügung gestellt werden müssen. Das Gegenteil war und ist der Fall.

Wer nicht bereit ist, der Spur der 19 Muslime zu folgen, den versuchen die Hilfstruppen der amerikanischen Regierung und ihre medialen Erfüllungsgehilfen in Europa wie in Übersee in der Öffentlichkeit durch den Anwurf der Verschwörungstheorie lächerlich zu machen, um so Zweifler an der Regierungsversion auf dem Narrenschiff zu entsorgen. Doch kein unvoreingenommener Kriminalist würde sich durch derart primitive Täuschungsmanöver von der Verfolgung einer heißen Spur abbringen lassen.

Wer es wagt, die ganz offensichtlich vorgetäuschte Muslimtat der Flugzeugentführungen und die dahinter liegenden verdeckten Sprengungen der Zwillingstürme und des von Flugzeugen nicht beschädigten WTC 7 zu thematisieren, gefährdet offenbar in der Vorstellung der Machteliten die Staatsräson der Vereinigten Staaten. Der vorgeschobene islamisch-fundamentalistische Terror als Rechtfertigungsgrund für Kriege gegen Staaten, die im geopolitischen Begehrlichkeitsfeld der allein verbleibenden Supermacht liegen, darf nicht hinterfragt werden. Denn diese Kriege, Putsche und Regierungswechsel sollen offiziell stets aus edlen, humanitären Erwägungen in Gang gesetzt werden, wie dies in all den imperialen militärischen und geheimdienstlichen Auseinandersetzungen der Vergangenheit beansprucht wurde. Die Spitzen der demokratischen ebenso wie der republikanischen Partei im Kongress zielen in die gleiche Richtung. Diese verdeckte Marschrichtung wurde lange im Voraus auch von dem Sicherheitsberater demokratischer Präsidenten und akademischen Lehrer des derzeitigen Präsidenten Barack Obama, Zbigniew Brzezinski, vertreten, der sich ja auch rühmt, die Sowjetunion mit einer Sichel islamisch-fundamentalistischer Staaten umgeben und ihr in Afghanistan das sowjetische Vietnam bereitet zu haben. Diesem Ziel galt der Einsatz von mehr als 30 000 fundamentalistischen Söldnern aus über 40 muslimischen Staaten. Ganz ähnlich wie bei Brzezinski wird in der republikanischen Gruppe des »Project New American Century« argumentiert: Beide Seiten fordern den Zugriff auf die knapper werdenden Ressourcen der Erde, nicht zuletzt das Öl. Diese strategische Ausrichtung amerikanischer

Politik findet im Kongress keinen ins Gewicht fallenden innenpolitischen Widerstand.

Die nächsten Ziele nach Irak und Afghanistan: Syrien, Libanon, Libyen, Somalia, Sudan und Iran. Die europäischen Bündnispartner der Vereinigten Staaten werden sich dazu durchringen müssen, die verdeckte Strategie, die »Deep Politics«, zu durchschauen, kritisch zu begleiten und sich der Frage zu stellen, ob sie auf Dauer den imperialen Irrläufen der wirtschaftlich und finanziell schwächer werdenden Supermacht mit eigenen Truppen folgen wollen. Die inneren Angelegenheiten auch islamischer Völker dürfen und können nicht mit Jagdbombern und Drohnenangriffen aus der Luft geregelt werden. Phantom-Vorwände für Kriege können mit guten PR-Agenturen mit wenig Aufwand der Weltöffentlichkeit als Intervention erfordernde humanitäre Notfälle verkauft werden. Der 11.9.2001 war ein erneutes Beispiel dieser auf Jahrzehnte wirkenden Strategie und Taktik.

Zum Weiterlesen

Wer sich ein Bild von den Beweisen und der Argumentation des Truth Movement – insbesondere der weit über 1500 Physiker, Ingenieure und Architekten – machen will, der sollte sich die folgenden Videos auf YouTube ansehen:

- 9/11 Videos by David Chandler
- 9/11 Official Pancake Theory Debunked (Prof. Jones)
- 9/11 Experiments: The Great Thermate Debate
- Niels Harrit (Chemiker) – 9/11: Explosive Beweise – Experten sagen aus

Die folgenden Aussagen stammen von sachverständigen Zeugen, die oft jahrelang Verantwortung in dem am 11.9. so eigentümlich ausfallenden Regierungsapparat getragen haben. Die englisch/deutsche Fassung mit Fotos ist im Internet unter

»Arbeiterfotografie: Der 11.09.2001 im Urteil von Sachverständigen« zu finden.

»Das gibt es nicht, dass ein nach Regeln des Instrumentenflugs fliegendes Flugzeug (bei allen Passagiermaschinen der Fluggesellschaften) nicht abgefangen wird, wenn es vom Flugplan abweicht, wenn die Transponder abgeschaltet oder die Verbindung mit der Luftverkehrskontrolle unterbrochen ist. Niemals! Wenn alles schiefgeht, könnte vielleicht eine Maschine durchkommen, aber nein, niemals alle vier!«

Capt. Daniel Davis, former NORAD Tac Director

»Wenige Stunden nach den Attacken des 11.9.2001 wusste ich, dass dies eine Inside-Tat war. Auf Grund meiner 11-jährigen Erfahrung als Fluglotse der FAA (Federal Aviation Administration) im verkehrsreichen Nordost-Korridor, einschließlich Hunderter von Stunden Ausbildung, Einsatzbesprechungen, Luftbetankung, Bombenabwurfübungen aus niedriger Bodenhöhe, nach Teilnahme an militärischen Groß-Übungen, täglichen militärischen Ausbildungsübungen, in eingespielter unmittelbarer Zusammenarbeit mit dem Radar-Personal von NORAD (North American Aerospace Defense Command), und auf der Grundlage meiner eigenen unmittelbaren Erfahrung im Umgang mit Luft-Not-Lagen, darunter zwei Mal mit entführten Passagiermaschinen, erkläre ich eindeutig: Es ist völlig ausgeschlossen, dass vier große Passagiermaschinen am 11.9. für 30 bis 60 Minuten vom Kurs abweichend in der Luft umher gesteuert werden konnten, ohne abgefangen und von unseren Kampfpiloten vom Himmel geholt zu werden, es sei denn sehr hoch angesiedelte Personen in unserer Regierung und unserem Militär hätten genau dies absichtlich geschehen lassen.«

Robin Hordon, Former FAA Air Traffic Controller at the Boston Air Route Traffic Control Center, located in Nashua, NH, 1970–1981. Former Certified Commercial Pilot. Former Certified Flight Instructor and Certified Ground Instructor

»Die Zwillingstürme waren gegen den Aufprall einer voll beladenen Boeing 707 ausgelegt. Das war damals das größte Verkehrsflugzeug. Ich glaube, das Gebäude konnte in Wirklichkeit mehrere Aufschläge von Passagiermaschinen auffangen, weil seine Struktur der Art des Moskitonetzes an unseren Hauseingangstüren entspricht. Für dieses engmaschige Netz bedeutet eine Passagiermaschine nicht mehr als ein Stift, der dieses Netz an einer Stelle durchsticht. In Wirklichkeit kann es der vernetzten Struktur nichts anhaben.«

Frank A. DeMartini, WTC Opfer, Architect and WTC Construction Manager, North Tower, 88th floor. Demartini first worked at the World Trade Center when Leslie E. Robertson Associates hired him to assess damage from the terrorist truck bombing in 1993

»Manche mögen schließen, dass die Struktur der Zwillingstürme des World Trade Centers mangelhaft mit feuerhemmenden Materialien umhüllt war, sodass die sich aus den Flugzeugexplosionen entwickelnde Hitze in nur einer Stunde die katastrophale Zerstörung des Südturms, und in weniger als zwei Stunden des Nordturms herbeiführen konnte. Indes führt das Beweismaterial zu einem ganz anderen Schluss: Dieser Einsturz war in Wirklichkeit durch Sprengstoffladungen verursacht, die lange im Voraus angebracht worden waren.«

Crockett L. Grabbe, PhD, Research Scientist and Visiting Scholar, Department of Physics and Astronomy, University of Iowa 1980 – present. Former researcher at Naval Research Laboratory (NRL). Author of numerous scientific papers on the subjects of astrophysics and plasma behavior. Author of Space Weapons and the Strategic Defense Initiative (1991). Editor of Plasma Waves and Instabilities (1986). Editor & co-author of Plasma Physics Applied (2006). Contributing author of Advances in Space Plasma Physics (1985), Trends in Geophysics Research 2 (1993), Recent Research Developments in Plasmas (2000), Power in Focus (2004)

»Meine Frau und ich verfolgten gebannt vor dem Fernseher das sich entwickelnde Grauen, beobachteten vor allem, wie unbeschädigte Stockwerke des WTC-Südturmes begannen sich nach und nach zur Seite zu neigen bzw. zu drehen in Richtung der Einschlagstelle. Doch plötzlich erstarrte die Drehung, und das, was sich drehte, fing an einzustürzen, wie unter dem Einfluss der Schwerkraft. Der Drehpunkt war nicht länger zu bemerken. Es brach aus mir heraus: ›Mein Gott, sie haben das Gebäude zur Sprengung verkabelt.‹«

Mike Hawryluk, Professor Emeritus of Physics and former Division Chairman, Suffolk County Community College, NY

»Das amerikanische Militär, nicht al Kaida, hatte Wochen vor dem 11.9. fortlaufend Zugang, um Sprengladungen in den Superstrukturen des WTC 1 und WTC 2, und des WTC 7 anzubringen, die alle drei Gebäude am 11.9. zum Einsturz brachten... Ein amerikanisches Militärflugzeug, nicht eine Passagiermaschine von Al Kaida gesteuert, bohrte sich in einem sehr gekonnten 270 Grad kurvenden Sinkflug in das Pentagon, sodass die Fluglotsen am 11.9. sich sicher waren, es handele sich um ein Militärflugzeug, das sie auf ihrem Bildschirm beobachteten. Nur ein Militärflugzeug, nicht al Kaida konnte alle Verfahrenstandards außer Kraft setzen, um das eigene Raketenabwehrsystem außer Kraft zu setzen.«

Barbara Honegger, MS, Senior Military Affairs Journalist at the Naval Postgraduate School, the U.S. Navy's advanced science, technology and national security affairs university (1995 – present). White House Policy Analyst and Special Assistant to the Assistant to President Ronald Reagan (1981-1983)

»Die beobachtete Einsturz-Zeit des WTC 7 (186 m hoch, 47 Stockwerke, von einem Flugzeug überhaupt nicht getroffen) war 6,5 Sekunden. Das ist nur eine halbe Sekunde länger, als es für die Spitze des Gebäudes gedauert hätte, in einem Vakuum zu Boden zu fallen, und eine halbe Sekunde weniger als das Fallen eines Apfels, den Luftwiderstand mit eingerechnet... Die große Geschwindigkeit des Einsturzes und der geringe Widerstandsfaktor lassen stark eine kontrollierte Sprengung vermuten.«

Heikki Kurttila, D.Sc. (Doctor of Technology, Finland), Safety Engineer and Sachverständiger in Unfallfragen, National Safety Technology Authority (TUKES), Finland. Spezialist für die Untersuchung von Druckkessel-Explosionsunfällen und die Einwirkung der von diesen verursachten Schockwellen

»Ich schaute auf die Zeichnungen, die Bauweise, das konnte nicht durch Feuer bewirkt werden. Daher, nein, absolut nicht. Gebäude 7 wurde durch eine kontrollierte Sprengung zu Fall gebracht. Absolut.«

Danny Jowenko, President, Jowenko Explosieve Demolitie B.V., a European demolition and construction company, with offices in the Netherlands. Founded 1980, Jowenko Explosieve Demolitie is certified and holds permits to comply with the Dutch Explosives for Civil Use Act and the German Explosives Act. Jowenko's explosives engineers also hold the German Certificate of Qualifications and the European Certificate for Shotfiring issued by The European Federation of Explosive Engineers

»In der 120 jährigen Geschichte des Hochhaus-Stahlskelett-Baus, ist kein Gebäude jemals mit all den Besonderheiten einer kontrollierten Zerstörung eingestürzt, es sei denn durch kontrollierte Sprengung. Am 11. September 2001 wurde uns gesagt, dass drei derartige Gebäude derart einstürzten: Die Gebäude World Trade Center 1, 2 und 7 (die Zwillingstürme und ein 47 stöckiges Gebäude ein Block entfernt). Letzteres wurde nicht von einem Flugzeug getroffen. Das ist zumindest etwas merkwürdig. Die Medien aus aller Welt waren Zeuge, als die drei Wolkenkratzer in der Geschwindigkeit des freien Falls auf ihre Grundmauern zusammenfielen, d.h. der selben Geschwindigkeit von Äpfeln, die in einem Vakuum von den Dächern fallen. Wie konnte dies geschehen? Gab es da keinerlei Widerstand durch Hunderte gehärteter Stahlsäulen? Was hat es mit dem Bremseffekt der unteren ruhenden Stockwerksböden (d.h. Gesetz von der Erhaltung des Impulses) auf sich? Wie konnte ein verhältnismäßig kleiner asymmetrischer Schaden einen symmetrischen Total-Einsturz verursachen – in drei gesonderten Gebäuden auf unterschiedliche Art erbaut und zu unterschiedlichen Zeiten? Sicherlich sind Wochen genauester Planung erforderlich, um eine derart ›kontrollierte Sprengung‹ ins Werk zu setzten, nicht willkürliche Raketentreffer in die Außenhaut (WTC 1 & 2) oder herabfallende Trümmer und kleine Feuer (WTC 7). Wenn wir beim Film wären, müsste ich das Vertrauen in die Gesetze der Physik zu Gunsten der Story beiseite schieben. Dummerweise haben wir es jedoch mit der Realität des Lebens zu tun, und ich bin sehr verwirrt. – Wer würde so etwas tun? Warum? Bitte treiben Sie ihre eigenen Nachforschungen und würdigen Sie die Beweislage nüchtern und mit Verstand. Es kann die Zeit kommen, wo Wissenschaft, Logik und das Internet politische Falschinformation und die auf ewigen Terror und Krieg abonnierten Interessen besiegen. Sind Sie bereit?«

Timothy A. Millea, Computer Scientist and Systems Engineer. Former Lecturer, School of Systems Engineering, Reading University (UK) Researcher in self-evolving software systems

»Es ist klar, außerordentlich wirksame Sprengstoffe wurden eingesetzt, um die Zwillingstürme des WTC zu zerstören. Eine genaue Untersuchung der Videos des Einsturzes des Südturmes (WTC2) zeigt den oberen Teil (oberhalb des Flugzeugeinschlags) zunächst in Schlagseite, dann fallend und dann zerfallend oder sich pulverisierend. Kurz zuvor hatte eine massive Explosion in Bodennähe stattgefunden. Unter Einsatz des gesunden Menschenverstandes und einiger Überlegungen, zeigt die Folge des erst Drehens, dann Zerfallens, dass das zentrale Herzstück des Gebäudes aus Stahl (einschließlich Treppen, Aufzugsschächten, Versorgungsleitungen, usw., aus im Wesentlichen 47 dickwandigen 90 × 36 cm Kastenprofilsäulen) durch irgendeine Einwirkung kraftlos und unfähig gemacht worden war, Lasten zu tragen. Sieht man das zusammen mit den Explosionen in Bodennähe und der Pulverisierung so ist klar, dass sehr leistungsstarke Explosionsstoffe im Spiel gewesen sein müssen. Der Einschlag der Flugzeuge diente lediglich der Vernebelung. Um den Mechanismus des Einsturzes verstehen zu können, bedarf es weiterer Fragen. Wer verlegte den Sprengstoff? Welche Art Sprengstoff wurde benutzt? Wann wurde das Explosionsmaterial angebracht? Und aus welchem Grund wollte jemand nicht nur die Zwillingstürme sondern alle Gebäude des World Trade Centers zerstören? Die einfache Logik fordert einen glaubhaften Bericht der Ereignisse des 11. Sept., der wirklich alle Einzelheiten des dokumentarisch vorliegenden Materials zusammen mit allen anderen bekannten Umständen aufklärt, zum Beispiel auch dass der angebliche Anführer Mohammed Atta durch das Antiterrorismus Programm des Verteidigungsministeriums bekannt unter dem Namen Able Danger mehr als ein Jahr vor dem 11.9. identifiziert worden war. Die offizielle Darstellung erreicht nicht einmal annäherungsweise diesen Standard.«

Bruce R. Henry, PhD, Professor Emeritus, Mathematics and Computer Science, Worcester State College Former guidance systems engineer for Polaris and Trident missiles, General Electric Co

»Bedeutsam ist der Umstand, dass jeder der 110 stöckigen Zwillingstürme in sich selbst in rund 10 Sekunden nahezu in der Geschwindigkeit des freien Falles zusammensackte. Das verletzt das Gesetz Newtons von der Erhaltung des Impulses, wonach die stationäre Massenträgheit jedes Stockwerkbodens überwunden werden muss durch einen Aufschlag, der das Gewicht der Massen erhöht, die Geschwindigkeit des freien Falls jedoch vermindert. Selbst wenn das Gesetz Newtons beiseite geschoben würde, will uns die vorherrschende Theorie glauben machen, dass jeder der Zwillingstürme unerklärlich auf sich selbst zusammen sackte und dabei alle 287 massiven Säulen auf jedem Stockwerk unter Beibehaltung der Geschwindigkeit des freien Falls zermalmte als ob 100 000 oder mehr Tonnen tragender Stahlskelettstrukturen darunter nicht existiert hätten. Die kontrollierte Sprengung scheint politisch so unvorstellbar, dass die Medien nicht nur den Überbringer der Botschaft sondern auch die Botschaft selbst verspotten und ›entlarven‹, statt investigative Berichterstattung zu liefern.«

William Rice, PE, Registered Professional Civil Engineer who worked on structural steel and concrete buildings in Boston, New York, and Philadelphia. Former Professor at Vermont Technical College where he taught engineering materials, structures lab, and other building related courses

»Es liegen überzeugende körperliche, bildliche und sonstige Beweismittel vor, die die Annahme einer kontrollierten Sprengung der Türme sowie einer in das Pentagon einschlagenden Cruise Missile eher stützen als die eines ausgewachsenen Verkehrsflugzeugs. All dies erfordert Operateure aus dem Inneren des Apparates, and es gibt Beweise von 3 oder 4 Geheimdiensten hinter dem Schleier des Osama bin Laden und seiner 19 bis 200 Gefolgsleute. Vieles von diesem Beweismaterial über die Beteiligung von Geheimdiensten steht unverbunden neben dem Beweismaterial einer kontrollierten Sprengung. Die wirklich quälende Frage lautet, wie mit dieser nationalen und internationalen Sicherheitskrise umzugehen ist, wenn man von der physikalischen Unmöglichkeit der offiziellen Geschichte auszugehen hat.«

Michael M. Andregg, PhD, Professor, Justice and Peace Studies, University of St. Thomas. Lecturer, University of Minnesota. Founder and Director of the Center for the Study of Intelligence and Wisdom, at Ground Zero Minnesota 1982 – present. Author of On the Causes of War, winner, National Peacewriting Award for 1999

»Die ganze Vorstellung von der Pfannkuchentheorie und dem rasenden Einsturz, von dem NIST (National Insitute of Standards and Technology) redet, bedeutet dass es keinen Widerstand auf dem Weg nach unten gegeben habe... was für ein erstaunliches Phänomen, dass alle Bolzen zur gleichen Zeitpunkt versagt haben sollen. Dass alle Schweißstellen zur gleichen Zeit weggebrochen sein sollen... und es gibt ja auch keine Erklärung wie das Herzstück der Struktur – ein strukturell extrem widerstandsfähiger Teil der Struktur, der im Wesentlichen die seitlichen Lasten aufnimmt – zusammenbrach. [NIST] spricht nur über die Gitterträger, die von Stahlsäule zu Stahlsäule gehen. Von denen sollen alle zur gleichen Zeit versagt haben? Selbst wenn man dies annehmen sollte, gibt es doch Widerstand beim Einbrechen der Flure. Und sie machen da auch eine Untersuchung,... Der totale Einsturz bis zum Erdboden nach Art der Pfannkuchen-Theorie hätte 96 Sekunden dauern müssen. In Wirklichkeit dauerte es 9 Sekunden. Ich denke, Gebäude Nummer 7 ist das ganz große Fragezeichen und ich kenne keine andere Erklärung der Ingenieurskunst außer die der kontrollierten Sprengung.«

Robert M. Korol, BA Sc, MA Sc, PhD, PE, F.C.S.C.E. – Professional Engineer and Professor Emeritus, Department of Civil Engineering, McMaster University. Elected Fellow of the Engineering Institute of Canada for exceptional contributions to engineering in Canada. Well known for his research on steel structures; the plastic theory of metal structures, inelastic buckling, limit analysis, environmental assessment and life cycle analysis methodologies

»Nachforschungen ergeben, dass die gegenwärtige Regierung unehrlich war über das Geschehen in New York und Washington, D. C. Das World Trade Center wurde mit einiger Sicherheit durch eine gezielte Sprengung zum Einsturz gebracht, und die zur Verfügung stehenden einschlägigen Beweise lassen an der offiziellen Darstellung der Regierung über die Angriffe auf das Pentagon schwere Zweifel aufkommen.«

Charles H. Hux, MD, Associate Professor, Robert Wood Johnson Medical School. Faculty Member, Monmouth Medical Center. Obstetrician & Gynecologist, specialist in Maternal & Fetal Medicine

»Gerade als Wissenschaftlerin habe ich die größten Schwierigkeiten mit der offiziellen Verschwörungstheorie, die mit den Gesetzen der Wahrscheinlichkeit und der Physik nicht zu vereinbaren ist. Die Einstürze der Gebäude des World Trade Center widersprechen eindeutig den Gesetzen der Wahrscheinlichkeit und der Physik.«

Lt. Col. Karen U. Kwiatkowski, PhD, U.S. Air Force (ret), Former Political-Military Affairs Officer in the Office of the Secretary of Defense. Also served on the staff of the Director of the National Security Agency. 20-year Air Force veteran

»[Zum Einschlag ins Pentagon am 11.9.2001] Wenn man sich das ganze Ding betrachtet, insbesondere die Unfallstelle ohne irgendwelche herumliegenden Flugzeugteile, dann die Größe des Einschlagslochs, und wenn man berücksichtigt, dass die Durchschlagskraft des Projektils zahlreiche Betonwände durchdrang, so sieht das nach der Arbeit eines Flugkörpers aus. Und wenn man den Schaden betrachtet, so handelte es sich offensichtlich um einen Flugkörper.«

Major Douglas Rokke, PhD, U.S. Army (ret), Former Director U.S. Army – Depleted Uranium Project. 30-year Army career

»In der Army habe ich bei der Bildauswertung für die wissenschaftliche und technische Nachrichtengewinnung während des Kalten Krieges Erfahrungen gesammelt. Ich vermaß sowjetische Rüstungsobjekte auf der Grundlage von Fotografieen. Das war mein Job. Ich schaue auf das Loch im Pentagon und vergleiche es mit dem Flugzeug, das das Pentagon getroffen haben soll. Und ich sagte: »Das Flugzeug passt nicht in dieses Loch.« Also was schlug in das Pentagon ein? Was schlug ein? Wo ist es? Was geht hier vor sich?«

Major General Albert Stubblebine, U.S. Army (ret), Former Commanding General of U.S. Army Intelligence and Security Command, 1981 – 1984. Also commanded the U.S. Army's Electronic Research and Development Command and the U.S. Army's Intelligence School and Center. Former head of Imagery Interpretation for Scientific and Technical Intelligence. 32-year Army career

»Die außerhalb des Pentagon gefundenen Trümmer passen nicht zum Einschlag einer Boeing 757 oder eines Flugzeugs vergleichbarer Größe. Insbesondere wenn nicht davon auszugehen ist, dass eine den Naturwissenschaften bislang unbekannte Kraft die Flügel beseitigen konnte, so kommt man nicht um die Schlussfolgerung herum, dass die Flügel (und daher das Flugzeug) von vornherein nicht vorhanden waren. In diesem Fall hat keine Boeing 757 das Pentagon-Gebäude am Morgen des 11. September 2001 getroffen.«

G.W. (Jerry) Longspaugh, MSc, Retired Aerospace Engineer

»Das Regierungsmärchen, das sie uns über den 11.9. auftischten, ist bullshit, schlicht und einfach. Es war völlig unmöglich, den Flug 77 in zwei Minuten 7 000 Fuß sinkend mit einer steilen 270-Grad-Kurve in Schräglage in das Erdgeschoss des Pentagon zu steuern, ohne den Rasen zu streifen... Es ist ein Ding der Unmöglichkeit, einfach in die Pilotenkanzel zu hechten und wie ein Ass zu fliegen – da gibt es nicht eine unter tausend Chancen.«

Capt. Russ Wittenberg, former Air Force fighter pilot with over 100 combat missions; Commercial pilot for Pan Am and United Airlines for 35 years; Wittenberg had previously flown the actual two United Airlines aircraft that were ›hijacked‹ on 9/11

»Mit all den schnell auffindbaren Beweisen an der Einschlagstelle des Pentagon konnte jeder unvoreingenommen und rational vorgehende Untersucher nur schließen, dass eine Boeing 757 nicht ins Pentagon geflogen ist, wie behauptet. Ebenso ist es mit all den an der Unglücksstelle in Pennsylvania aufgefundenen Beweisen. Es ist höchst zweifelhaft, ob ein Passagierflugzeug den offensichtlichen Bodentrichter verursacht haben kann. Sicherlich nicht eine Boeing 757, wie behauptet.

Col. George Nelson, U.S. Air Force (ret), Former U.S. Air Force aircraft accident investigator and airplane parts authority. 34-year Air Force career

»Zu wissen, wer in Wahrheit hinter den Überfällen des 11.9. stand, ist von überragender Bedeutung für die Zukunft unseres Landes, weil die ›offizielle Annahme‹, dass dies das Werk von 19 arabischen Amateuren war, nicht mit den Fakten in Übereinstimmung zu bringen ist... Sicherlich gibt das für jeden patriotischen amerikanischen Physiker oder Ingenieur einen mehr als ausreichenden Anlass, sich der Suche nach der Wahrheit hinter dem 11.9. anzuschließen.«

David L. Griscom, PhD – Research physicist, retired in 2001 from Naval Research Laboratory in Washington, DC, after 33 years service. Fellow of the American Physical Society. Fulbright-García Robles Fellow. Visiting professorships of research at the Universities of Paris and Saint-Etienne, France, and Tokyo Institute of Technology. Adjunct Professor of Materials Science and Engineering, University of Arizona. Winner of the 1993 N.F. Mott Award sponsored by theJournal of Non-Crystalline Solids, the 1995 Otto Schott Award offered by the Carl-Zeiss-Stiftung (Germany), a 1996 Outstanding Graduate School Alumnus Award at Brown University, and the 1997 Sigma Xi Pure Science Award at NRL. Principal author of 109 of his 185 published works, a body of workwhich is highly cited by his peers. Officially credited with largest number of papers (5) by any author on list of 100 mostcited articles authored at NRL between 1973 and 1988

»Nachdem ich fünf Jahre mit vielen Mitarbeitern aus Kreisen der Geheimdienste, des Militärs, ausländischer Geheimdienste und vielen anderen Leuten gesprochen habe, mit Angehörigen der Flugsicherung, der Federal Aviation Agency, kam ich zur Schlussfolgerung, fünf Jahren nachdem wir das Geschehen am Morgen des 11. September 2001 beobachten konnten, dass dies das Ergebnis einer höchst arbeitsteilig organisierten, verdeckten Operation war, mit dem Ziel einen faschistischen Putsch in diesem Land in Gang zu setzten... Diesen Leuten muss der Prozess gemacht werden, wenn nicht durch unseren eigenen Congress, dann durch ein internationales Gericht in Den Haag...«

Wayne Madsen, Former U.S. Navy Intelligence Officer, specialist in electronic surveillance nd security. Formerly assigned to the National Security Agency and the State Department. Currently, investigative journalist, nationally distributed columnist, and author. Senior Fellow, Electronic Privacy Information Center (EPIC), a non-partisan privacy public advocacy group in Washington, DC. Frequent media commentator on terrorism and security matters

»Bei mir gibt es keinen Zweifel mehr, dass das, was am 11. September 2001 zu Tage trat, die Tat von Insidern war, ausgeführt von Mitgliedern unserer eigenen Regierung. Auf Grund meiner Erfahrung als Pilot von Passagiermaschinen glaube ich nicht, dass vier große Passagiermaschinen tatsächlich so lange vom Kurs abweichen konnten, ohne von den Piloten unserer Luftwaffe abgefangen zu werden, es sei denn auf Grund einer klaren Mitwirkung hoch angesiedelter Personen in Militär und Regierung. Ich glaube auch nicht, dass beide Zwillingstürme pulverisiert werden konnten und beide auf Grund des Aufschlages jeweils eines Flugzeuges und des anschließenden Abbrennens von einigen wenigen Tausend Gallonen Treibstoff auf ihre Grundmauern einstürzen konnten. Ich glaube auch nicht, dass das Gebäude 7 des WTC, das noch nicht einmal von einem Flugzeug getroffen wurde, auf Grund einiger weniger Feuer vollständig in sich zusammenstürzen konnte, sondern auf eine Art und Weise, die sich völlig deckt mit der einer kontrollierten Sprengung. Hinzu kommt, dass die sinnfälligen Beweise um das Pentagon nicht zu dem Aufschlag einer Boeing 757 passen. Da fanden sich keine Trümmer eines 80 Tonnen schweren Passagierflugzeuges, außer weniger Teile, die man mit der Hand auflesen konnte. Auch fanden sich keinerlei Einschlagspuren im Gebäude, die auf das Eindringen der zwei 6 Tonnen schweren RB-211 Triebwerke der behaupteten Boeing 757 schließen ließen. Das Gleiche bei Shanksville, Pennsylvania: der kleine Trichter in der Erde ist viel zu klein, um von einem Aufschlag einer Boeing 757 herrühren zu können. Alle diese Faktoren haben mich davon überzeugt, dass unsere Regierung voll die Steuerung dessen in der Hand hatte, was am 11.9. abgelaufen ist. Die offizielle Beschreibung des

11.9. ist absoluter Unsinn. Wir, als Bürger dieses großen Landes, müssen recherchieren, die Regierung verhören, und eine umfassende, unparteiische Untersuchung fordern, um feststellen zu können, was an diesem Tage wirklich geschah.«

Dennis Cimino, Systems Engineer. Commercial pilot rating for 25 years. Navy Combat Systems Specialist (Radar, ECM, UHF/VHF/HF COMMS., GPS, INS, SATNAV)

»Da läuft etwas Ungehcuerliches ab. Das ist nicht ein drittrangiger Überfall auf ein politisches Wahlkampfquartier. Das hatte unmittelbar mit der Vertuschung von Information zu tun, die 3 000 Menschen den Tod brachte, die den Lauf der Geschichte änderte, die zur Invasion im Irak und Afghanistan führte, und unser Land, unsere Wirtschaft und das Leben der Menschen durcheinander brachte... Da geht etwas äußerst Unheimliches vor sich, das mich tief beunruhigt.«

US Congressman Curt Weldon

»Die Attacke des 11.9. wurde geplant, vorbereitet und in die Tat umgesetzt von Verrätern, die sich in den höchsten Ebenen unserer Regierung festgesetzt haben.«

Colonel Guy S. Razer, USAF (ret.), decorated combat fighter pilot and aeronautical engineer

»Vom 18. September 2001 an wusste ich, dass die offizielle Darstellung des 11.9. falsch war... Ungewöhnliches kam schnell zu Tage: Die Namen der Flugzeugentführer tauchten auf keiner der Passagierlisten der Flugzeuge auf; BBC berichtete über die gestohlenen Papiere der angeblichen Entführer; oder dass die angeblichen Hijacker nach dem 11.9. lebend angetroffen wurden; die offensichtliche Sprengung von WTC 1 und 2 und WTC 7; das Fehlen eines indentifizierbaren Wracks einer Boeing 757 am Pentagon...«

Capt. Gregory M. Zeigler, PhD, U.S. Army – Former U.S. Army Intelligence Officer

»Die Ereignisse des 11.9. waren das Ergebnis entweder duldender Komplizenschaft bestimmter Elemente innerhalb der Bush-Admistration mit Terroristen, oder, wahrscheinlicher, eine durch diese Elemente selbst herbeigeführte Verwundung der Nation, um eine neue Wirklichkeit in den geopolitischen Machtspielen zu schaffen.«

Joseph P. Firmage, Chairman and CEO, ManyOne Networks. Formerly, Co-Founder, Chairman and CEO of USWeb Corporation, which, under his leadership, became the world's largest Internet consulting firm, serving half of the Fortune 100, and a publicly traded company with thousands of employees in North America and Europe. Previously, Vice President of strategy for Novell's Network Systems Group. Previously, Founder and CEO of Serius Corporation, an early pioneer of object-oriented visual programming tools, which was acquired by Novell in 1993. Recipient of Silicon Valley's Young Entrepreneur of the Year Award from Ernst & Young in 1998

»Nur Geheimdienste und deren amtierende Chefs – oder die pensionierten, die noch in den Staatsorganisationen Einfluß haben – sind fähig, Operationen dieser Größe zu planen, zu organisieren und durchzuführen... Osama bin Laden und ›Al Qaida‹ können weder die Planer noch die Ausführenden der Attacken des 11. September gewesen sein. Ihnen fehlt der erforderliche Apparat, die Mittel und die Anführer.

General Leonid Ivashov, Former Chief of Staff of the Russian armed forces on 9/11/2001, and Department Chief for General affairs in the Soviet Union's Ministry of Defense

»Man kann schon jetzt ohne jeden vernünftigen Zweifel eine sehr wichtige Sache zur Kenntnis nehmen: die Zerstörung des World Trade Centers war ein Inside-Job, orchestriert von Terroristen in unserer eigenen Regierung.«

Prof. David Ray Griffin

»Und wiederum ist die Beweislage recht klar, dass die Pläne militärischer Aktionen gegen Afghanistan und Irak weit vor dem 11.9. ausgearbeitet waren... Der Plan (für ein Neues Amerikanisches Jahrhundert) zeigt die Absicht des Bush-Kabinetts, die Golfregion unter militärische Kontrolle zu nehmen, ganz gleich ob Sadam Hussein noch an der Macht war oder nicht... Das ist die Blaupause für die amerikanische Weltherrschaft... Die Angriffe des 11.9. gaben den Vereinigten Staaten einen idealen Vorwand, den Plan für ein Neues Amerikanisches Jahrhundert (PNAC) umzusetzen und Gewalt zur Sicherung der Weltherrschaft einzusetzen.«

The Hon. Michael Meacher MP, former British Environment Minister

1 Der ehemalige CIA-Direktor R. James Woolsey spricht landauf, landab vom »Vierten Weltkrieg« gegen den militanten Islam. Der »Dritte Weltkrieg« war nach seiner Auffassung der kalte Krieg gegen die Sowjetunion.

2 Zeitangaben nach CNN.com/2001/US/09/11/chronology.attack.

3 »Time Line of Events: September 11-18, 2001«; CNN, a. a. O., datiert drei Minuten später auf 9 Uhr 43. »Timetable 11. September 2001, emperor clothes«, gibt eine Schwankungsbreite zwischen 9 Uhr 38 und 9 Uhr 41 Uhr an.

4 »Timetable 11. September 2001, emperor clothes«; die Zeitung *Pittsburgh Post Gazette*: »Flight 93 Timeline«, hat 8 Uhr 02 als Abflug nach Plan und 8 Uhr 42 als tatsächlichen Abflug ermittelt.

5 *Pittsburgh Post Gazette*, »Flight 93 Timeline«, nimmt 10 Uhr 06 als Absturzzeit an. 10 Uhr 02 seien Radarsignale auf einem 15 Meilen südlich gelegenen Flughafen auf Band aufgenommen worden.

6 Vgl. Zusammenstellung Burns, CNN, Indymedia und Gerüchte über jubelnde Palästinenser, Indymedia germany, 22. 9. 2001. Dort wird ein Artikel der *Jerusalem Times* vom 14. 9. 01 wiedergegeben, wonach ein Team des israelischen Verteidigungsministeriums mit den Aufnahmen beauftragt war. Für 200 Schekel seien in Jerusalem Süßigkeiten gekauft und unter Kinder und Passanten in Ost-Jerusalem verteilt worden. Von dort sollen die Aufnahmen über Reuters/London an CNN weitergereicht worden sein. Der frühere stellvertretende Bürgermeister von Jerusalem Benvenisti berichtete darüber nahezu wortgleich in der Zeitung *Ha'aretz* vom 13. 9. 01.

7 John Cochran, *ABC News' Special Report*, »Planes crash into World Trade Center 11. 9. 2001«.

8 CNN.com/2001/US/09/11/chronology of terror, 12. 9. 2001.

9 Wood, Allen/Thomson, Paul, »An Interesting Day. President Bush's Movements and Actions on 9/11«, globalresearch.ca., 15. 5. 2002.

10 Zur Praxis des US-Konsulats Yedda in Saudi-Arabien bei der Erteilung von Visa für Kriminelle und Terrorgruppen vgl. die Erfahrungen des Beamten des State Departments J. Michael Springmann mit der CIA-Übersteuerung des Konsulats: »The Hand That Rule The Visa Machine Rocks The World; How Langley and Foggy Bottom brought bin Laden's Terrorists to America«, *Covert Action Quarterly* Nr. 71, Winter 2001.

11 »Who Bombed The World Trade Center? FBI Bomb Builders Exposed!!« Paul DeRienzo, Frank Morales and Chris Flash, *The Shadow*, Heft Okt. 1994/Jan. 1995, enthalten in »Lectric Law Library's stacks«.

12 Asad Ismi & Farkan Haq, »Afghanistan – The Great Game Continues«, *Covert Action Quarterly*, No. 59 (Winter 1996/97), S. 49.

13 *The Washington Post* 15. 9. 1995; Frederic Whitehurst, »FBI Lab Whistleblower, Testifying at the World Trade Center Bombing Trial«, 14. August 1995

14 Andreas von Bülow, *Im Namen des Staates*, S. 473ff.

15 Brigadier General Benton K. Bartin, USAF (Ret.), »Oklahoma City Bomb Report«, 30. 7. 1995.

16 William F. Jasper, »More Pieces to the OKC Puzzle; Probing the McVeigh/Neo-Nazi connection«, *The New American*, 24. 6. 1996.

17 Nach *Le Monde du Renseignement* (Nr. 300, 28. 11. 96: »Enquete sur la nebuleuse des bin Laden«) hielt sich Osama bin Laden 1996 in London auf und stand dort unter dem Schutz der britischen Geheimdienste. Die Nachricht stimmt überein mit den Aussagen des britischen Geheimdienstagenten Shayler, der dem Reporter des Londoner *Guardian* Martin Bright mitteilte, der MI6 habe 1996 Anas al-Liby, einen der engsten Mitarbeiter Osama bin Ladens, der auf der US-Fahndungsliste der meistgesuchten Terroristen mit 25 Millionen Dollar Prämie für den Fall der Festnahme geführt würde, angeworben, um Lybiens Staatschef Muammar al-Ghaddafi zu ermorden. Bright konnte den Artikel im *Guardian* nicht veröffentlichen und ist dann auf den pakistanischen *The Dawn*, 30. 10. 2002, ausgewichen.

18 *Jane's Intelligence Review*, 1. 10. 1995; vgl. auch *Washington Post*, 3. 10. 2001.

19 Mark Ames John, »John O'Neill: An Unbelievable Life«; Robert Kolker, »O'Neill Versus Osama«, *New York Magazine*, 17. 12. 2001.

20 David Johnston, »FBI terror expert lost track of top-secret plans; Stolen briefcase held report on N. Y. operations«, *New York Times Sunday*, 19. 8. 2001; zum Hintergrund bei Chaim Kupferberg, »The Mystery surrounding the death of John O'Neill«, globalresearch.ca , 13. 6. 2002.

21 Michel Chossudovsky, »Who is Osama bin Laden«, globalresearch.ca, 12. 9. 2001.

22 Norm Dixon, »How the CIA created Osama bin Laden« (Le Financier Des Reseaux Islamistes), *Le Monde du Renseignement*, Nr. 239 du 20/04/94; Alexandra Richard, »The CIA met Bin Laden while undergoing treatment at an American Hospital last July in Dubai«, *Le Figaro*, 11. Oktober 2001; *Global Pree Press*, »The Top 150 Subpoena List for the 9–11 Commission«.

23 »Afghan War & Islamism Were Made in Washington«, Interview mit Zbigniew Brzezinski, http://emperors-clothes.com/interviews/brz.htm; Norm Dixon, »How the CIA created Osama bin Laden«; Ahmed Rashid, »Taliban: Militant Islam, Oil and Fundamentalism in Central Asia« (Yale University Press).

24 Richard Sanders, »Richard Helms: CIA assassination, regime change, mass murder and Sadam«, globalresearch.ca, 25. 10. 2002; Larry Chin, »The deep politics of regime removal in Iraq: Overt conquest, covert operation«, *Online Journal,* October-November 2002.

25 Andreas von Bülow, a. a. O., S. 117.

26 Andreas von Bülow, *Im Namen des Staates*, Kapitel: »Waffen, Drogen, Söldner und Freiheitskämpfer«, S. 99ff.; »Rauschgifte: Schmiermittel der Geopolitik«, S. 142ff.; »Rauschgift als Zahlungsmittel verdeckter Geheimdienstoperationen«, S. 193ff.

27 Scott, Dale/Marshall, Jonathan, *Cocaine Politics – Drugs, Armies and the CIA in Central America*, S. X/XI mit Anm. 24.

28 Hierzu grundlegend: Alfred McCoy, *The Politics of Heroin – CIA Complicity in the Global Drug Trade,* sowie Scott/Marshall, a. a. O.

29 US-Präsident Ronald Reagan, Rede vom 8. 3. 1985.

30 Ahmed Rashid, »Taliban: Militant Islam, Oil and Fundamentalism in Central Asia«; ders., »Osama Bin Laden: How the U. S. Helped Midwife a Terrorist«, The Center for Public Integrity, 2001.

31 *The New Yorker*, 24. 1. 2000; bin Laden selbst will im Interview mit Robert Fisk, *Independent*, 6. 12. 96, von der amerikanischen Seite der Finanzierung der gesamten Bewegung nichts beobachtet haben.

32 »Telling friend from foe, A bombing in Saudi Arabia raises questions about ties to terrorists«, *U. S. News & World Report*, 27. 11. 95.

33 »Family Affair: the Bushes and the Bin Ladens«, Internet.

34 »Clinton Administration supported the ›Militant Islamic Base‹. Editorial note«, globalresearch, 21. September 2001. Die Hauptanführer der Rebellion in Tschetschenien, Shamil Basayev und Al Khattab, wurden in den CIA-gesponserten Lagern in Afghanistan und Pakistan ausgebildet und indoktriniert. Nach Yossef Bodansky, Direktor der Arbeitsgruppe Terrorismus und Unkonventionelle Kriegführung des amerikanischen Kongresses, wurde der Krieg in Tschetschenien bei einem geheimen Gipfeltreffen der Hizbollah International 1996 in Mogadi-

schu, Somalia, geplant. Vgl. Levon Sevunts, »Who's calling the shots?: Chechen conflict finds Islamic roots in Afghanistan and Pakistan«, *The Gazette*, Montreal, 26. Oktober 1999.

35 »Soldiers of Islam: Origins, Ideology and Strategy of the Taliban«, *Aabha Dixit, Research Associate, IDSA*.

36 Franz Schurmann, »Afghanistan's Taliban Rebels Blend Islam and Maoism«, *Pacific News Service*, 30. 9. 96.

37 »Taliban Victory Hurts Iran, Australia Defence Association«; *Defence Brief*, Oktober 96. Vgl. auch »Gary in Afghan«, *News Update*, 26. 4. 97.

38 *New York Times*, 1. 10. 96.

39 Washington Feminist Faxnet, »The Outrage of the Month: Will this be Your Tax Dollars at Work?«, September 1996.

40 Shahram Akbarzadeh, »The Central Asian Response to Taliban«,

41 Einblick in die Beweggründe der US-Politik in: »US Interests in Central Asia«, Hearing, House of Representatives, Subcommittee on Asia and the Pacific, Committee on International Relations, 12. Februar 1998.

42 »The Family Affair: the Bushes and the Bin Ladens«, 2001. Internet

43 *The Prince George's [Maryland] Journal*, 18. 9. 2001.

44 Einzelheiten in: »Hijack Suspects Tried Many Flight Schools«, *The Washington Post*, 19. 9. 2001.

45 *American Free Press* berichtet am 3. 6. 02, die *New York Times* habe in einer kleinen Notiz die Äußerung des Verkehrsministers Norman Mineta vor dem Verkehrsausschuß des Senats wiedergegeben, wonach Moussaoui nie ein derartiges Ansinnen gestellt habe.

46 Coleen Rowley, »FBI's response to evidence of terrorist activity in the United States prior to September 11th«, Memo to FBI Director Robert Mueller, Time.com, 21. 5. 2002.

47 *New York Times*, 24. Mai 2002, S. 1.

48 Rowleys Memorandum an das FBI vom 21. Mai 2002, S. 3.

49 Rowley Report, S. 4.

50 Rowley Report, S. 7.

51 Zusammenfassung bei Russ Kick, »September 11, 2001: ›No Surprise‹«, Literaturangaben dort in Fußnote 20.

52 Rowley Report, S. 8.

53 Rowley Report, S. 9.

54 *Newsweek*, 3. 6. 2002, S. 22.

55 *New York Times*, 27. Mai 2002, S. A11.

56 Aus *New York Times*, 31. Mai 2002, S. A18.

57 Zum folgenden: Carol A. Valentine, »Operation 911: NO SUICIDE PILOTS« 5. October 2001.

58 *The Washington Post*, 12. September 2001.

59 *The Prince George's [Maryland] Journal*, 18. September 2001.

60 *The Washington Post*, 19. September, 2001, »Hijack Suspects Tried Many Flight Schools«.
61 *The Washington Post*, 19. 9. 2001, S A15.
62 *The Washington Post*, 24. 9. 2001, S. A7.
63 Daniel Hopsicker, »Terrorists Trained at US Bases«, 17. 10. 2001.
64 Dan Eggen, Mary Beth Sheridan, *Washington Post*, 13. 3. 2002; S. A01.
65 Daniel Hopsicker, Radiogespräch, *American Free Press*, 6. und 13. 1. 2003.
66 Daniel Hopsicker, »Mohamed Atta & The Venice Flying Circus«, 13. 11. 2001.
67 Paul M. Rodriguez, »Intelligence Agents Or Art Students?« March 11, 2002; Sylvain Cypel, *Le Monde*, 5. 3. 2002.
68 »Who's trying to kill flight school Owners?« GuluFuture.com, 25. 1. 2003
69 Vgl. Michael C. Ruppert, »Suppressed Details of Criminal Insider Trading lead directly into the CIA's Highest Ranks«, FTW Publications, 9. 10. 2001, sowie Tom Flocco, »Investment Espionage And The White House Bush Administration«. Links to Pre- 9/11 Insider Trading, Centre for Research on Globalisation 26. 7. 2002.
70 Michael C. Ruppert, »Suppressed Details of Criminal Insider Trading Lead Directly Into The CIA's Highest Ranks«.
71 Ernst Welteke, Präsident der Deutschen Bundesbank, zitiert in *Observer*, London, 23. 9. 2001.
72 »Investment Espionage and The White House Bush Administration; Links to Pre-9/11 Insider Trading« by Tom Flocco, 16. Juli 2002. http://www.unansweredquestions.org/Centre for Research on Globalisation (CRG), 26 7. 2002.
73 Tom Flocco, a. a. O.
74 »Investment Espionage and The White House Bush Administration«; Links to Pre-9/11 Insider Trading by Tom Flocco, 16. Juli 2002. http://www.unansweredquestions.org/Centre for Research on Globalisation (CRG), globalresearch.ca, 26 July 2002.
75 »Allegations Regarding Vince Foster, the NSA, and Banking Transactions Spying«, Part XI, by J. Orlin Grabbe.
76 Das Muster ist inzwischen in der amerikanischen Finanzwelt gang und gäbe. So hat Larry Chin, *Online Journal*, 2. 02, darauf verwiesen, daß das riesige Finanzkonglomerat der Citigroup wiederholt der Geldwäsche geziehen worden sei und in ihrem Vorstand John Deutch, den früheren CIA-Direktor, Robert Rubin, den früheren Schatzamtsminister und zugleich eng befreundet mit dem Chef von Enron, aber auch die frühere Verwaltungsdirektorin der CIA Nora Slatkin beschäftige. Zur systematischen, auch personellen Verschränkung geheimdienstlicher Aktivitäten mit Drogenhandel, Geldwäsche und Terror vgl. Andreas von Bülow, *Im Namen des Staates*, S. 142–192.

77 Michael Gilson De Lemos behauptet, die ersten Meldungen über den Verdacht gegen Osama bin Laden seien bereits 50 Minuten nach den Anschlägen aufgezeichnet worden. Vgl. »9-11: Guess Where Bin Laden Was?« Am Tag darauf titelt der *Guardian*: »Finger of suspicion pointed at Saudi dissident Osama bin Laden«, *The Guardian*, 12. 9. 2001.
78 U. S. Department Of Justice Federal Bureau Of Investigation Washington D.C., 14. 9 2001, FBI National Press Office.
79 In der Presseerklärung wurde die Mutter und Gesprächspartnerin Osama bin Ladens mit dem Namen der Stiefmutter aufgeführt. Warum die Stiefmutter und nicht die Mutter das Gespräch geführt haben soll, bleibt unerfindlich. Die Mutter hielt es für ausgeschlossen, daß ihr Sohn die Angriffe geplant haben soll. Vgl. *Free Press International*, »911 Basic Questions«, Nr. 87, The Law Party Com.
80 »Usama bin Laden Says the Al-Qa'idah Group had Nothing to Do with the 11 September Attacks«, Interview in der Zeitung *Ummat,* Karatschi, 28. 9. 2001.
81 *Berliner Zeitung*, 24. 9. 2001.
82 Interview veröffentlicht am 28. September 2001 in der pakistanischen Zeitung *Ummat,* Karatschi.
83 *United Press International*, 28. 9. 2001.
84 Wortlaut der Mitschrift in Englisch bei: http://www.truthout.com/0657.Bin.Laden.Stmt.htm.
85 Steven Morris, »Special Effects Experts Say Fake OBL Tape Fairly Easy To Make«, *The Guardian*, London, 16. 12. 2001.
86 Ivan Amato, »Lying With Pixels«, July/August 2000, Internet.
87 »Wag the Gassed Dog, What Really Happened«, 19. 8. 2002.
88 Felicity Barringer, »Why Reporters' Discovery Was Shared With Officials«, *The New York Times*, 21 1. 2002; G. Pascal Zachary, »Secret Finger-Pointing over Danny Pearl's Death«, Independent Media Institute, 4. 3. 2002.
89 G. Pascal Zachary, a. a. O.
90 Tom Flocco, »Investment Espionage and The White House Bush Administration«, a. a. O.
91 »Pearl's father: ›Israeli connection‹ could hinder investigation«, *Ha'aretz*, Tel Aviv, 25. 2. 2002.
92 Vgl. Chaim Kupferberg, »Daniel Pearl and the Paymaster of 9/11: 9/11 and The Smoking Gun that Turned On its Tracker«, Centre for Research on Globalisation September 2002 (revised 21 September 2002).
93 Reed Irvine and Cliff Kincaid, »Inexcusable CIA failure«, September 27, 2001; Christopher Bollyn, »CIA, FBI Knew Since 1995 About Possible Hijack Scheme«, *American Free Press*; Michelle Mairesse, »Keys to 9/11«.

94 U. S. Department of Justice – FBI – National Press Office, Press Release 27. 9. 2001.
95 Im Internet bei CNN.com zu finden unter aa11.victims.
96 Im Internet unter CNN.com zu finden unter aa77.victims.
97 Im Internet unter CNN.com zu finden unter ua175.victims.
98 Im Internet unter CNN.com zu finden unter ua93.victims.
99 »Seven of the WTC Hijackers found alive!« *Al-Ahram Weekly, Weekly online* mit Querverweisen auf die recherchierten Ergebnisse der genannten Zeitungen.
100 Die *Chicago Tribune* berichtet ohne Namensnennung von höheren Beamten des FBI, die gewisse Zweifel zugeben. So eine AFP-Meldung in der *Taipei Times*,« FBI probing if some or all hijackers used stolen Ids«.
101 Quellen zusammengestellt in: »Seven of the WTC Hijackers found alive!« www.muhjahideen.org.uk.
102 Die Stellungnahme der Botschaft gegenüber *The Orlando Sentinel* geht auf die Erklärung des saudischen Innenministers und Prinzen Saud Al-Faisal nach einem Gespräch mit Präsident Bush vor der arabischen Presse in Washington zurück.
103 BBC-Meldung vom 23. 9. 2001.
104 *Al-Ahram Weekly Online*, 27 Sept.–3 Okt. 2001.
105 Zur Frage der geradezu aufdringlichen Beweisspur: »Atta Emerging as Potential Link«, FoxNews.com, 25. 9. 2001.
106 ABCNEWS, Internet Ventures, 28. 9. 01, »Translation of the Hijackers' Note« (Original in arabisch).
107 Robert Fisk, »What Muslim would write: ›The time of fun and waste is gone‹?« *The Independent*, 29. 9. 2001.
108 Fisk, a. a. O.
109 *Al-Ahram Weekly Online*, Issue No. 553, 27. 9.–3. 10. 2001.
110 *Free Press International*, »911 Basic Questions«, Nr. 37, www.The-LawParty.com.
111 *The Toronto Star*, 15. 9. 2001.
112 *Sun Herald*, »A Safe House in North Port«, 24. 09. 2001; Daniel Hopsicker, »Amanda Keller worked out call in Sarasota«, *The Mad Cow Morning News*, 29. 8. 2002.
113 Daniel Hopsicker, »New developments raise troubling questions about ›Pied Piper‹ of terrorist pilots«, *The Mad Cow Morning News*.
114 David S. Fallis and Ariana Eunjung Cha, »Agents Following Suspects' Lengthy Electronic Trail Web of Connections Used to Plan Attack«; *Washington Post*, 4. 10. 01; S A24.
115 Im *The New Yorker* vom 8. Okt. 2001 schrieb der Pulitzer-Preisträger Seymour Hersh: »Viele der Ermittlungsbeamten glauben, daß einige anfänglich zielführende Beweismittel über die Identität der Terroristen

und deren Vorbereitungshandlungen wie Handbücher für Piloten zum Auffinden ausgelegt waren. Ein ehemaliger hochrangiger Geheimdienstoffizier sagte mir: ›Welche Spur auch immer hinterlassen wurde, sie wurde mit Absicht gelegt – zur Aufnahme der Jagd durch das FBI.‹«

116 »Atta Emerging as Potential Link«, FOXNews.com, 25. 9. 2001.

117 So der Sprecher des Government Printing Office, Andrew Sherman.

118 James Bamford, »Bush wrong to use pretext as excuse to invade Iraq«, *USA Today,* 29. 8. 2002.

119 Der Treff des irakischen Geheimdienstlers war mit einer Person anderen Namens zustande gekommen und vom tschechischen Geheimdienst überwacht worden. Nach dem 11. 9. meldete der observierende Dienst den amerikanischen Stellen, man habe Mohammed Atta wiedererkannt.

120 Der Knopf zum Mithören der Gespräche an Bord durch die Bodenstation muß gedrückt worden sein. George Szamuely, »9-11: Ho-Hum, Nothing Urgent«, 9. 1. 2002.

121 Vgl. ebd.

122 »Unanswered questions: The mystery of Flight 93«, *London Independent*, 13 August 2002.

123 Einzelheiten in George Szamuely, »Scrambled Messages on 9-11«, *New York Press*, 14 December 2001; Centre for Research on Globalisation (CRG), globalresearch.ca., 14 December 2001.

124 »Unanswered questions: The mystery of Flight 93«, *London Independent*, 13 August 2002.

125 »›Explosives Planted In Towers,‹ New Mexico Tech Expert Says« [Posted 14 September 2001]: http://emperors-clothes.com/news/albu.htm.

126 »In Curious Battle: An Expert Recants on Why WTC Collapsed«. http://emperors-clothes.com/news/albu.htm.

127 Eric Hufschmid, *Painful Questions; An Analysis of the September 11th Attack*, S 1f.

128 Joe Vialls, »The Mother of All Lies About 9/11: Barbara Olson's ›Phone Call‹ From Flight 77«, 27 3. 2002.

129 *Telegraph*, London, 5. 3. 2002.

130 Zum folgenden vgl. »Unanswered questions: The mystery of Flight 93«, *London Independent*, 13. 8. 2002.

131 Vgl. A. K. Dewdney, »›Project Achilles‹ Report, Part Two – February 25th 2003«. In der Untersuchung wurde die Leistungsfähigkeit von Handys verschiedener Hersteller für Gespräche aus dem Flugzeug zum Boden in einem Flugmanöver getestet und wissenschaftlich ausgewertet.

132 »Hero's final phone call«, *BBC News World: America*, 17 September, 2001.

133 *BBC News Events*: »News Night«. Alison Hoglan interview transcript.
134 Vgl. Joe Vialls, »›Let's roll‹ On United Flight 93 – The Saddest Lie Of All«, 20.-22. 9. 2002.
135 *New York Times*, 22. 11. 2001.
136 John Carlin, »Unanswered questions: The mystery of Flight 93, Shanksville«, 13. 8. 2002.
137 Daß die Anschläge genau am 11. 9. stattfanden (Amerikaner schreiben das Datum als 9-11), verblüfft dann doch. Es scheint eher unwahrscheinlich, daß Ausländer diese Übereinstimmung mit der amerikanischen Notrufnummer symbolträchtig ausnutzen würden.
138 Website: »How Did United Flight 93 Crash?«
139 »Carl Cameron Investigates: All US Phone Call Records And Billing Done In Israel«, Part 2, FoxNews.com, 12-13-1, wiedergegeben bei Rense.com, da unter FoxNews.com aus dem Internet genommen.
140 Sylvain Cypel, »An Enigma: Vast Israeli Spy Network Dismantled in the United States«; *Le Monde*; 5. 3. 2002.
141 Brian McWilliams, »Instant Messages To Israel Warned Of WTC Attack«, *Newsbytes*, New York, 27. 9. 2001.
142 »Nessie, Operation 911: No Suicide Pilots«, 10. 2001 by Carol A. Valentine.
143 Michael Gilson De Lemos, »The 9-11 Box-Cutter Mystery«, *The Laissez Faire Electronic Times*, 26. 8. 2002.
144 Die folgende Argumentation wäre nicht ohne die sorgfältige, die Einzelheiten hervorragend aufarbeitende Broschüre Eric Hufschmids, *Painful Questions*, entstanden. Dem Autor sei Dank gesagt für die großzügige Überlassung der Bilder und Systemskizzen, die leider nur zum geringsten Teil wiedergegeben werden können.
145 www.fema.gov/library/wtcstudy.shtm.
146 Christopher Bollyn, »New York Firefighters' Final Words Fuel Burning Questions About 9.11«, *American Free Press.*
147 www.fema.gov/library/wtcstudy.shtm.
148 »World Trade Center Attacks compared to a Volcano«, *American Geophysical Union Report*, 16. 11. 2001; Christopher Bollyn, »Seismic Evidence Points to Underground Explosions Causing WTC Collaps«, *American Free Press*, 28. 8. 2002.
149 »The Deep Mystery of Melted Steel«, *WPItransformations*, Spring 2002.
150 J. McMichael, »WTC: Proponents of Planted Bombs Still Going & Going«, 23. 10. 2001.
151 J. McMichael, »9/11 Terror: Muslims Suspend Laws of Physics!«, jmcm5@lycos.com.
152 Wortlaut bei: http://www.public-action.com/911/jmcm/ABQjournal.
153 Hufschmid, a. a. O., S. 69, Figure 6-4, Figure 6-6, Figur 6-5.

154 Committee on Science, Hearing world trade center collapse, 6. 3. 2002, S. 1.
155 *The New York Times*, 25. 12. 2001.
156 Zitiert aus: Eastday.com, 24. 01. 02.
157 Congressman Boehlert, Committee on Science, Hearing, 6. 3. 2002.
158 Eric Hufschmid, *Painful Questions; An Analysis of the September 11th Attack*, S 5.
159 FEMA REPORT, www.usfa.fema.gov/techreps/tr049.htm.
160 FEMA Report WTC, Mai 2002.
161 »Insurers Debate: One Accident or Two?« *International Herald Tribune*, 10. 10. 2001.
162 Fintan Dunne, WAG THE WTC II; THE BLOCKBUSTER *PART II* OF EXPOSING THE WTC BOMB PLOT.
163 Eric Hufschmid, *Painful Questions; An Analysis of the September 11th Attack*, S 10.
164 Bild bei Hufschmid; a. a. O., Fig. 5-30.
165 Hufschmid, a. a. O., Fig. 5-31/32/33.
166 Gebäude 7: Außenkonstruktion fällt auf kleinen Schutthaufen, Fig. 5-34.
167 Christopher Bollyn, »Unexplained 9-11 Explosion at WTC Complex«, *American Free Press*, 14. 7. 02.
168 Eine eindrucksvolle Zusammenstellung bei Patrick Martin: »Was the US government alerted to September 11 attack?« 16. 1. 2002; im Internet erscheint eine detaillierte Top-Secret-Zusammenfassung des BND über die sehr genauen Warnungen an den amerikanischen Präsidenten durch verschiedene, auch deutsche Dienste in englischer Übersetzung unter »Full English Text Of The German Intelligence Report. We have it!« Die sehr direkte Sprache, das Zitieren der Quellen, die unverblümte Beleuchtung des Ölhintergrunds der Bush-Administration erwecken Mißtrauen in bezug auf die Echtheit. Doch wer verfaßte dann die Fälschung zu welchem Zweck?
169 FBI-Direktor Robert Mueller, Vortrag über Beweise, die die 19 angeblichen Hijacker mit den Attacken des 11. 9 verbinden, Commonwealth Club, San Francisco, 19. 4. 2002.
170 John J. Lumpkin, »Spy Agency Planned Exercise On September 11 Built round A Plane Crashing Into A Building«, *Associated Press Writer*, 22. 8. 2002.
171 Vgl. »Frontline: Bigger than Enron; Top Congressional Recipients of Enron Contributions 1989-2001«, The Center For Responsive Politics. Ansonsten gebe man in die Suchmaschine Enron + (Name des Politikers) ein.
172 *National Enquirer*, 26. 2. 2002, wiedergegeben bei: Tom Flocco, »Investment Espionage and The White House Bush Administration;

Links to Pre-9/11 Insider Trading«, 16. 7. 2002. http://www.unansweredquestions.org/Centre for Research on Globalisation.

173 David Ensor, »CIA Admits Using Anthrax But Claim No Link To Letters«, CNN Washington Bureau 17. 12. 2001; Elaine Zacky, »FBI Implicated In Anthrax Mailings Cover-Up«, Tetrahedron Publishing Group, News Release, 3. 1. 2002.

174 »Bush asks Daschle to limit sept. 11 probes«, *CNN*, 29. 1. 2002.

175 Zitat bei Media Gumbel Joined: »When Did He Know It?«, Mantra Research CyberAlert 17. 5. 2002.

176 »Is truth a victim?« Madeleine Holt, *BBC News Night Archive.*

177 Vorschrift FAA und National Military Command Center bei George Szamuely, »9-11: Ho-Hum, Nothing Urgent«, 9. 1. 2002.

178 Paul Thomson, »Flight 11 Timeline«.

179 Daten aus »Timetable 11. September 2001«. Man beachte auch die Schwankungsbreite mancher Zeitangaben, die nur in einer amtlichen und öffentlich gemachten Untersuchung eingeengt bzw. exakt verortet werden könnten.

180 »Flight 93 Timeline«.

181 »Blair Controls Response to Hijack«, *London Times*, 29 Sept 2001; Commander-in-Chief of Russian Airforce, Anatoli Kornukov, *Pravda online*: 12. September 2001.

182 George Szamuely, Illarion Bykov and Jared Israel, »9-ll: Ho-Hum, Nothing Urgent«, bei http://emperors-clothes.com/indict/urgent.htm.

183 Michel Chossudovsky, »Osamagate, The Whole Story«, *True Democracy*, Herbst 2001.

184 Vgl. Lord Curzon, *Russia in Central Asia.*

185 Samuel P. Huntington, *Kampf der Kulturen: Die Neugestaltung der Weltpolitik im 21. Jahrhundert.*

186 Thomas Powers, »The Trouble with the CIA«, *The New York Review of Books*, 17. 1. 02.

187 »Senators Criticize FBI, Justice, Whistle-Blower's Allegations Ignored, Lawmakers Say«, *The Washington Post*, 31. 8. 2002.

188 Darstellung u. a. bei Donn de Grand Pré, »The Enemy is inside the Gates – Commercial Jets as guided Missiles«.

189 Der Pilot der AA 11 von Boston nach Los Angeles hatte spätestens ab 8 Uhr 14 keinen Kontakt mehr mit der Flugleitzentrale. Doch die kann dann plötzlich über Radio Stimmen der angeblichen Entführer mithören: »We have some planes. Just stay quiet and you will be OK. We are returning to the airport. Nobody move, everything will be OK. If you try to make any moves you'll endanger yourself and the airplane. Just stay quiet.« Um 8 Uhr 33: 59 hört die Bodenkontrolle erneut die

Stimmen der Entführer: »Nobody move, please, we are going back to the airport. Don't try to make any stupid moves.« Um 8 Uhr 45 raste die Maschine in den Nordturm des WTC. Vgl. Michael Ellison, »›We have planes. Stay quiet‹ – Then silence«, *The Guardian*, 17. 10. 2001.

190 Joe Vialls, »›Home Run‹. Electronically Hijacking the World Trade Center Attack Aircraft«, Oktober 2001, neuester Stand 11. 4. 2002.

191 Carol A. Valentine, »Operation 911 – No Suicide Pilots«, Rense.com.

192 *New York Times* (IHT, 17. 10. 2001, S. 8).

193 Carol A. Valentine, »Operation 911 – No Suicide Pilots«, Rense.com.

194 »Two 911 Jetliners EXCEEDED Their Software Barriers«, FriendsOfLiberty.com; submitted by Anonymous.

195 Eric Hufschmid, *Painful Questions*, S. 102, Foto 9-9 mit der Erklärung der Navy: »Feuerwehrmann vor dem Loch, wo Flug American Airlines Flight 77 schließlich nach dem Einschlag ins Pentagon zum Halt kam.«

196 Thierry Meyssan, *11. September. Der inszenierte Terrorismus, Auftakt zum Weltenbrand? Kein Flugzeug traf das Pentagon!*; ders.: »Who was Behind the September 11th Attacks?«

197 Siehe die sehr sorgfältige Darstellung bei Eric Hufschmid, *Painful Questions; An Analysis of the September 11th Attack.*

198 Datumangabe auf Video: 12. 9. 2001 statt 11. 9.; Zeitangabe: 17:37:19 statt 9:39 und einige Sekunden. Die Videobilder sind zu sehen bei Eric Hufschmid, *Painful Questions*, S. 97.

199 Eric Hufschmid, *Painful Questions*, S. 97.

200 Eric Hufschmid, Painful Questions S. 105.

201 Eric Hufschmid, *Painful Questions;* Figure 9-4/5/6/7, S. 100 - 101.

202 »Secret C.I.A. Site in New York Was Destroyed on Sept. 11«, *New York Times*, 4. 11. 2001.

203 *Telegraph*, Nashua, New Hampshire, 13. September 2001.

204 An Bord waren ägyptische Militärs, die gegen erbitterten israelischen Protest an Apache-Hubschraubern ausgebildet worden waren. Zu den Hintergründen vgl. die Darstellung von Walid Batouty: »Egypt Air 990«.

205 Eric Hufschmid, a. a. O., S. 78.

206 »More Questions And Coincidences«, Rense, 10-1-1.

207 J.R. Barnett, R.R. Biederman, and R.D. Sisson, Jr., »An Initial Microstructural Analysis of A36 Steel from WTC Building 7«; Dezember 2001.

208 Hufschmid, a. a. O., S. 102.

209 Mark Ames John, »John O'Neill: An Unbelievable Life«.

210 Allan B. Colombo, »Did Our Intelligence Community Really Fail Us?«; Joe Allbough, Chef der FEMA, war in der Regierung des Staates Oklahoma, als dort das Federal Building durch einen Terrorangriff zerstört

wurde; er war in Texas Stabschef des damaligen Gouverneurs George W. Bush und Wahlkampfmanager Bushs im Präsidentschaftswahlkampf.

211 Peter Bonnell, »World Trade Center, Part IV«, TIDBITS, 10/28/01.

212 *Newsweek*, 24. 9. 2001.

213 Abbildung des Belegungsplans Flug AA 11 bei Eric Hufschmid, *Painful Questions*, S. 81.

214 Victor Ostrovsky, *Der Mossad*; Ari Ben-Menashe, *Profits of War; Inside the Secret U.S.-Israeli Arms Network*.

215 »British Jews at odds after rabbi criticises Israel's ›colonialism‹ policies«, *Independent*, 28. 10. 2001.

216 »Instant Messages To Israel Warned Of WTC Attack«, *The Washington Post*, 27. 9. 2001.

217 Christopher Bollyn, »Israeli Company Mum About Perfect Timing Of WTC Pullout«, *American Free Press*, 5. 9. 2002.

218 Ted Bridis, »US Deports Israeli Spy Suspects«, *Associated Press Online*, 5. März 2002.

219 Die israelische Botschaft dementierte, die israelische Lobbyorganisation in den USA AIPAC sprach von Erfindungen. Vgl. Sylvain Cypel, »Israeli Spy Network Dismantled in the United States«, *Le Monde*, 5. 3. 2002.

220 Text bei »Federal Document Clearing House: Carl Cameron Investigates Part 1«, 13. 12. 2001.

221 DEA-Bericht auszugsweise in Justin Raimondo, »9/11: WHAT DID ISRAEL KNOW? and when did they tell us?«

222 »The White Van – Were Israelis Detained On Sept. 11 Spies?« *ABC News*, 21. 6. 02.

223 Marc Perelman, »Americans Probing Reports of Israeli Espionage«, *Forward*, 15. 3. 2002; vgl. auch Yossi Melman, »Israelis Detained For ›Puzzling Behavior‹ After WTC Tragedy«, *Ha'aretz*, 17. 9. 2001.

224 Die Abhandlung des *Forward* ist aus dem Internet entfernt. Zitate bei www.antiwar.com/justin/j031502.html.

225 Michelle Mowad, *The Mercury*, 17. 10. 2001.

226 »Tür an Tür mit Mohammed Atta«, *Die Zeit*, 24. 7. 2002.

227 Zbigniew Brzezinski, *Die einzige Weltmacht: Amerikas Strategie der Vorherrschaft*.

228 Prof. Michel Chossudovsky, »OSAMAGATE«, Centre for Research on Globalisation (CRG), Montréal.

229 Sendung »ABC News« – die Sendung ist zitiert bei Chaim Kupferberg, »The mystery surrounding the death of John O'Neill: The propaganda preparation for 9/11«.

230 »The Top 150 Subpoena list for the 911 Commission«, *Global Free Press*.

231 Alexandra Richard, »The CIA met Bin Laden while undergoing treatment at an American Hospital last July in Dubai«, *Le Figaro*, 11. Oktober 2001.
232 Samuel P. Huntington, *Kampf der Kulturen. Die Neugestaltung der Weltpolitik im 21. Jahrhundert.*
233 John W. Whitehead, »Operation Northwoods: Déjà vu or Coincidence?«, www.razormouth.com, 3. 3. 2003.
234 Noel Koch, U.S. Congress, Senate, Committee on Governmental Affairs, »Hearings on Terrorism: Interagency Conflicts in Combating International Terrorism«, S.124.
235 *Rebuilding America's Defenses: Strategy, Forces and Resources for a New Century, A Report of The Project for the New American Century,* September 2000.
236 »Some catastrophic and catalyzing event.«
237 »Study Group on a New Israeli Strategy Toward 2000«, The Institute for Advanced Strategic and Political Studies.
238 »Once banned opium poppies returning to the fields of Afghanistan«, *Canadian Broadcasting Corporation(Ca)*, January 30, 2002.
239 Paul Harris, »The heroin factor: Victorious warlords set to open the opium floodgates«, *The Observer*, 25. 11. 2001.
240 Die Opiumernte fiel von 4042 auf knapp 82 Tonnen, nachdem der oberste Häuptling der Taliban das Verbot des Mohnanbaus 18 Monate zuvor verkündet hatte. Vgl. Reuters Latin American News Service, 27. 11. 2001.
241 So der stellvertretende Außenminister der USA, Strobe Talbott, 31. 7. 1997; der US-Vizepräsident Dick Cheney, damals Geschäftsführer der gigantischen Ölzuliefergesellschaft Halliburton, meinte 1998: »Ich kann mich nicht erinnern, daß je eine Region so plötzlich zu strategischer Bedeutung emporgestiegen wäre wie das kaspische Becken.«
242 Vgl. Gilles d'Aymery, »Osama Bin Laden: Convenient Scapegoat?« 29. 10. 2001.
243 Vgl. http://www.msnbc.com/news/629529.asp.
244 Craig Hoyle, Andrew Koch, »Yemen drone strike: just the start?« *Jane's Defence Weekly*, 8. 11. 2002.
245 AND YE SHALL KNOW THE TRUTH AND THE TRUTH SHALL SET YOU FREE, Johannesevangelium 8:32.

1 »Affen der Angst; nichts verkauft sich heute so gut wie miserable Bücher über die große Weltverschwörung. Sind wir noch zu retten?«, Hans Leyendecker, *Süddeutsche Zeitung*, 30./31. August 2003.

2 »Verschwörung 11. September; Wie Konspirations-Fanatiker die Wirklichkeit auf den Kopf stellen«, *Der Spiegel*, 8.9.2003.

3 ARD Sendung »Panorama« vom 21.8.2003.

4 Ich hätte den absonderlichen Nebenkriegsschauplatz nicht erwähnt, hätte mich der Standort des Computerversandgeschäfts als Beschäftigungsort einiger 11.9.-Verdächtiger nicht an den Fall des berühmten »Moneten-Müller« erinnert, eines aus Südafrika rückgewanderten deutschen Computermannes der südafrikanischen Streitkräfte, High-Tech Schiebers mit CIA- und Stasi-Verbindungen, der sich auf den Schmuggel von Hochleistungscomputern in den Ostblock spezialisiert hatte. Dieser »Moneten-Müller« hatte seinen High-Tech-Schieberladen samt Personal mehr oder weniger aus den Händen einer verdeckten CIA-Firma in Wien übernommen, hatte sich für Millionenbeträge ein Rittergut in der Umgebung Hamburgs gekauft, um dann kurz darauf in den USA geradezu plakativ erwischt zu werden. Vom amerikanischen Verteidigungsminister wurde er in einer Pressekonferenz als deutscher »Technobandit« tituliert und der wütend antideutsch reagierenden amerikanischen Presse ausgeliefert. In der Folge wurde er im Strafverfahren von Otto Schily, dem derzeitigen deutschen Innenminister, verteidigt. Das sehr geringe Strafmaß deckte sich nicht mit der zuvor angeheizten öffentlichen Erregung. (Vgl. Andreas von Bülow, »Reagan-Regierung jagt deutschen ›Technobanditen‹« in: *Im Namen des Staates,* S. 65f.

5 Zur gut dokumentierten Kritik der Kritik vgl Galerie ArbeiterFotografie: Rezensionen zum Thema 11.9.2001, Internet.

6 »Das Geständnis; Was die Drahtzieher der Terroranschläge vom 11. September nach ihrer Gefangennahme den US-Ermittlern verrieten«, *Der Spiegel,* 27.10.2003.

7 »Report of the joint inquiry into the terrorist attacks of september 11, 2001 by the House Permanent Select Committee on Intelligence and the Senate Select Committee on Intelligence«, 24. Juli 2003.

8 Richard A. Clarke, *Against all Enemies; Inside America's War on Terror,* Free Press, New York, 2004

9 Oliver Schrömp, »Die tödlichen Fehler«, *Die Zeit*, 2.10.2002.

10 »I saw papers that show US knew al-Qa'ida would attack cities with aeroplanes; Whistleblower the White House wants to silence«, *The Independent* 2 April 2004.

11 »Coleen Rowley's Memo to FBI Director Robert Mueller«, *Time,* 21.5.2002.

12 »Agency planned drill for plane crash last Sept. 11«, Associated Press, August 22, 2002.

13 Richard A. Clarke, *Against All Enemies,* S.5, bezieht sich auf »Vigilant Warrior«.

14 Mike Kelly, »9/11 panel's air-defense probe grapples with many mysteries«, North Jersey Media Group, 5 December 2003.

15 Michael Collins Piper, »FBI Admits: No Evidence Links ›Hijackers‹ to 9-11«, *American Free Press.*

16 William M. Arkin, »The Secret War; Frustrated by intelligence failures, the Defense Department is dramatically expanding its ›black world‹ of covert operations«, *Los Angeles Times,* 27.10.2002.

17 »Relatives of Sept. 11 victims criticize agreement between White House and commission«, Laurence Arnold, Associated Press, 13.11.2003.

Emmanuel Todd

Weltmacht USA

Ein Nachruf. Aus dem Französischen von Ursel Schäfer und Enrico Heinemann. 265 Seiten. Piper Taschenbuch

Die aggressive Außenpolitik von US-Präsident George W. Bush beunruhigt die ganze Welt. In diesem aufsehenerregenden Bestseller zeigt Emmanuel Todd, daß diese Politik kein Zeichen von Stärke, sondern von Schwäche ist: In Wirklichkeit sind die Vereinigten Staaten wirtschaftlich und politisch vom Rest der Welt abhängig. Der Kampf gegen den Terrorismus, gegen den Irak und die »Achse des Bösen« ist nur ein Vorwand, um vom eigenen Niedergang abzulenken. »Ein halbes Jahrhundert lang standen die Vereinigten Staaten für politische und wirtschaftliche Freiheit, aber heute erscheinen sie immer mehr als ein Faktor der internationalen Unordnung, und wo sie können, schüren sie Unsicherheit und Konflikt.« (Emmanuel Todd)

»Ein fulminantes Buch! Ein wichtiges Buch zur rechten Zeit.«
taz

05/1609/02/L

Guido Knopp

Stauffenberg

Die wahre Geschichte. In Zusammenarbeit mit Anja Greulich und Mario Sporn. 240 Seiten mit 45 Abbildungen. Piper Taschenbuch

Er gilt als Lichtgestalt des deutschen Widerstands. Die Bombe, die er in Adolf Hitlers Hauptquartier deponierte, hätte Krieg und Völkermord ein Ende bereiten können. Doch was ist Mythos an Claus Schenk Graf von Stauffenbergs Geschichte? Was belegbar an jenem Tag, der wie kein anderer Gegenstand von Legenden wurde? Anhand von bislang unbekannten Dokumenten sowie den Aussagen von Zeitzeugen, die in diesem Buch erstmals zu Wort kommen, zeichnet Guido Knopp ein Bild Stauffenbergs, das die Realität hinter den oft zitierten Mythen zeigt.

05/2671/01/R

Michael Moore

Stupid White Men

Eine Abrechnung mit dem Amerika unter George W. Bush. Aus dem Amerikanischen von Michael Bayer, Helmut Dierlamm, Norbert Juraschitz und Heike Schlatterer. 329 Seiten. Piper Taschenbuch

Bananenrepublik USA: Im Weißen Haus sitzt ein »Präsident«, der nie gewählt wurde, und regiert mit einer Junta aus Geschäftsfreunden seines Daddys. Michael Moore, Filmemacher und Bestsellerautor, rechnet in dieser beißenden Satire gnadenlos ab mit den »Stupid White Men« an der Spitze der USA.

»Der letzte Rebell Amerikas. Moore sagt die Wahrheit über die häßlichen Dinge, die im Bush-Amerika totgeschwiegen werden.«
Der Spiegel

05/1610/02/L

Stephen Clarke

Liberté, Egalité, Fritten zum Tee

Warum die Engländer Frankreich erfunden haben. Aus dem Englischen von Johannes Sabinski. 512 Seiten. Piper Taschenbuch

War die Guilliotine eine französische Idee? Haben die Franzosen in Wirklichkeit selbst Schuld am Tode Jeanne d'Arcs? Und das Wichtigste: Wer hat denn nun wirklich die Fritten erfunden?
Wenn der überzeugte Engländer und Wahlfranzose Stephen Clarke sich die Errungenschaften und Heldenmythen der französischen Geschichte vorknöpft, bleibt von der Grande Nation nicht mehr viel übrig – außer einer ganzen Menge liebevoller Gemeinheiten. Ein geniales Buch, das Völkerverständigung klein und Spaß an historischen Sticheleien groß schreibt!

05/2670/02/R

The Centre

Debbie Porteous

ISBN: 978-2-9589817-0-9

ABOUT THE AUTHOR

Debbie Porteous was born in Liverpool in 1963 but since then has lived in numerous cities and various countries. She currently resides in France, in the vineyards of the Tarn region where she massacres the French language on a daily basis.

She has a French partner, two grown-up sons and a rather particular black cat.

The Centre is her first published novel.

For my Uncle Bill

1

The positive pink plus sign glaring up at Lily left her feeling distinctly nonplussed. In fact she was terrified.

She'd been over it before but, hopeful she'd been wrong, she did it again – date of last period, dates when she'd have been most fertile, who she'd had sex with around that time and unfortunately, she still came up with the same answers. If those dates had been a week or so earlier, there'd have been only one contender for the title of daddy but as it was, now there were two. And she knew neither of them would want to sign a contract with her right now. She'd only known Nick for a month, and as for Pete, he already had a child and was in no rush to have another. But she needed a contract. Without one, there were no other options for her.

She sat staring – but not seeing – the wall opposite, feeling totally helpless and wondering how this could have happened when she'd taken every possible precaution to ensure it never did.

Reaching for her cup of coffee, she sipped and winced, surprised to find it had turned cold. The sudden banging of her next-door neighbour's front door confirmed it must be eight thirty, meaning she'd been sitting there for a whole hour and if she didn't get moving too, she'd be late for work.

She was suddenly very tempted to call in sick, but she knew that staying home wallowing would only make it worse, so she dragged herself up from her sofa and headed to the console table opposite. This was a recent acquisition from Laura Ashley that she could ill afford, and she often laid her hands lovingly upon it just for the pleasure but today, she did it for the support. She breathed deeply – in and out. Then she opened the drawer and placed the test stick in the corner. She still had some time. Disclosure wasn't until twelve weeks of pregnancy, so she still had time to try and find a way through this.

Shutting the drawer swiftly meant she didn't have time to look at the other contents inside. They were all her latest newspaper clippings, neatly cut out, bearing the name John Adam-Brown somewhere amongst them and that was the last name she needed to see today.

Lily locked the drawer, ensuring she removed the key – a throwback to another time and another place, but she'd learnt it was better to be safe than sorry. She didn't even keep the more incriminating paperwork at home anymore.

As she walked across the small, low-beamed living room to her dining table, she glanced through her mullioned window to see her neighbour and small daughter getting into their car to head out to school and work. Although the two homes were semi-detached, Lily never heard a thing from next door due to the thick stone walls that separated the cottages. The daughter spotted Lily and waved so frantically it made Lily muster a smile, and wave back. She never understood why the girl seemed so taken with her when she gave her no encouragement. She wasn't good with young people. From her experience, they could never be trusted.

The child's school uniform reminded her of her own at

the same age, the blue and white check dress, the long white socks, the black shoes, and for a moment Lily was transported back to that sing-song chanting they were forced to undertake in General Studies. *There's no regrets with safe sex. There's no regrets with safe sex. Contraception not conception. Contraception not conception.*

Lily raised her eyebrows ruefully. But she was being too tough on herself now because she had a contraceptive coil. She'd been careful. Perhaps the stupid thing wasn't working properly because there was no other explanation.

Maybe she could sue the bastards!

She'd considered that flippantly, but perhaps she shouldn't cast the idea aside so fast. Perhaps this was a way out.

A slight flutter of possibility made her breath catch a little because yes, it might be a long shot but at least it was something and if she could prove this wasn't her fault, then they'd have to allow her an abortion, surely? Then it wouldn't matter whose child this was, or if they chose to support it or not. And she wouldn't have to worry about being a single mum and having to do the one thing she'd promised herself she'd *never* do, which was to move back to the place where she grew up with her own mum – Evergreen Family Centre.

2

Melanie sat finishing her makeup. She could do it in five minutes flat but it always looked so flawless one assumed it took longer. She gave the same kind of false impression with her clothing – always chic and stylish, when mostly they were staple separates she effortlessly accessorised. She had no idea where her innate sense of style had come from – not her mother certainly, who'd been the worst dressed woman alive. And dead. When she'd passed away last year, she'd insisted on being buried in her mismatching, oversized, men's pyjamas.

The clinking sound from her en suite, of a toothbrush being returned to a glass, made Melanie swivel around on her dressing table stool. John Adam-Brown emerged, busily doing up his shirt over a toned, flat stomach which showed his gym days were far from over.

'You could have just told me before, that's all,' Melanie said. 'We're meant to be leaving tomorrow morning and I'm half packed.'

'I know,' John replied, perching on the edge of her bed to slip his tie around his neck. 'But I knew this would upset you and I didn't want to do that.'

She pulled a slight face. 'You're going on our holiday with someone else. What did you expect?'

John busied himself with his tie. 'It's just two days, not a holiday,' he said dismissively before glancing across at her. 'Although maybe you should be thanking me. Rough camping really isn't your thing, is it? So I don't know how we ever thought it would work when you hate being dirty.'

'Oh come on, John, camping hardly *demands* we all roll around in the mud.'

He ignored that. 'Besides, Jackie's far more of an outdoor girl than you, so going with her works out better for everyone.'

Yes, Melanie thought, just as Karen is more of a "this", and Sarah is more of a "that". She knew the drill.

John started searching for his shoes, checking under the valance that matched Melanie's duvet, which in turn, matched the curtains of her large bedroom.

She braced herself for what she was about to say and the consequences it would bring, but she knew it was time. 'Are you sure it isn't because I'm not a favourite of yours anymore? To be honest, I'm surprised you didn't cancel on me again last night.'

'Cancel? You know how much I rely on you for those council dinners.' John found a shoe and slipped it on.

That was her role in his life – the dinners and functions and public appearances, not to mention being his sounding board, because he respected her advice. 'I wasn't talking about the dinner, John, I was talking about us, or the lack of us, recently. And I think it's time we sorted that out.'

John stopped looking for his second shoe and sighed, reflective, as though this was the first time it had occurred to him that they had anything to sort, when she knew he'd been looking for an escape route for a while now. But like most men she knew, he would prefer things to just slowly fizzle out rather than dealing with some big emotional scene – not that she intended this becoming a big emotional scene. She just liked things more clear and concise.

'Yes,' he finally agreed, puffing out his cheeks. 'I suppose we do need to talk.'

'Then let's talk, because I hate waiting around for you to call, when you don't.'

'Then don't wait around.'

Melanie had known he'd say that. Everybody would have said the same thing. Nobody understood her desire to be monogamous, but she'd never been able to have feelings for more than one man at a time – or to accept that they had feelings for other women. When she was a teenager she'd taken it personally, wondering why she wasn't enough; why no matter how hard she tried to be everything they needed, they always seemed to need someone else as well. That had driven her to always want to be better, in some vain hope it might do the trick. It didn't work. Over time she'd had to learn to accept she was some weird relic from a distant past, but that didn't make it any easier for her to live in the present.

She sighed. 'I know I ask for more than you can give.'

John nodded sadly. 'You do ask for too much, and I suppose, yes, we can't go on. Although for what it's worth, I still really enjoyed what we had.'

She hadn't thought when she opened this door he'd walk through it quite this fast. She swallowed hard as thoughts of their love-making the night before filled her head. How could he have been so tender and loving and warm, holding her so close as they lay in the dark and yet now, in the cold light of day, be so ready to let her go?

John rose and slowly walked towards her. 'And I will

always be here for you,' he said, lightly tracing the line of her jawbone. 'Because we'll always be friends. We will be, won't we?' He raised his eyebrows theatrically. 'What will I do without you?'

Melanie drew back, away from what his touch might make her do or say that she'd be embarrassed about afterwards. 'Of course we'll be friends. Always.'

That done, John turned and headed back to the bed to put on his second shoe.

Melanie stood, half playing with her hands and half watching him on her bed – a place he'd never be again – and that knowledge made tears begin to well. She blinked furiously because the last thing she'd do was start blubbering in front of him. She'd do that later. 'Shall I make us some coffee?'

Both shoes now tied, John stood up briskly. 'No time. Got to rush, but thanks.'

She frowned. 'But your driver's not even here yet.'

'I've got another lift.'

'What?' Melanie was surprised. John was always collected by his chauffeur when he went into work.

He kissed her on the cheek, told her he'd keep in touch and then strode from the bedroom. Was that really it? One year of intimacy ended in one minute?

She composed herself, about to make her way down to show him out when she heard the front door slam. Incredulous he hadn't waited, she rushed to her bedroom window which had a view over her praise-worthy front garden to the quiet country lane beyond – where his limousine so often used to stop, taking up all available space. This time there was just a white Ford Fiesta there. A young woman, way too young for John, stepped out of it, all long blond hair flowing as the wind caught it. Of course she'd be blond – all of John's girls were blond, including Melanie – and this particular one rested against the side of her car as if someone was paying her handsomely to pose that way. She waited just the right amount of time before she moved towards John. He grabbed her around her waist, pulled her to him and kissed her. He said something that made her toss her hair back and laugh, exposing a long delicate throat that Melanie felt a sudden urge to slit. She pursed her lips to stop the expletive that was about to burst forth, because she never swore. But after the throat slitting idea she thought she was on a roll and might as well just go for it.

'Arseholes.'

3

John Adam-Brown skipped easily up the impressive thirty-metre-wide set of steps leading to the even more impressive monolith that was the social services building. It was ten storeys high and almost as wide. Small trees, clipped to perfection, sat in enormous, black metal pots along the top of the stairs and a man in a pristine green overall sweeping the steps of dust, moved aside to allow John to pass.

The huge sign on the facade of the building was hard to miss. *Pregnancy Unit (PU) And Pre-Pregnancy Unit (PPU)*, although admittedly today, with the bright sun bouncing off the white stonework, one had to squint a little to read it.

John arrived at the revolving doors, each pane of glass displaying the motto evident on every government building: *Openness and Honesty.*

He cut a dash in his sharp suit and didn't mind the slight greying at his temples or the furrows on his brow. Despite knocking on fifty, he was still handsome and he knew it. What he didn't know – not that it would have bothered him – was the fact his colleagues would say, "Yes he's handsome, but then so was Count Dracula, or a young Stalin."

John pushed through the revolving doors and entered a voluminous foyer which always impressed first-time visitors.

The marble flooring, ornamental pillars and ornate cornicing on the high ceilings gave the impression of wealth – as though this ought to be the home of an international investment bank rather than a social services department, but the government had been fortunate enough to pick it up from its struggling owner decades ago, for a very good price.

Carrying on his way, John passed several men, all of whom nodded or mumbled good morning. He ignored various ones or forced a smile on occasion, but that was as far as it went. He liked to keep them desperate for just a tiny token. Remaining aloof here wasn't hard for John as he'd never felt a strong need for male companionship; never saw himself on the golf course or at the shooting club or the weekend BBQs. He preferred to keep his own counsel. That way he wouldn't leave himself open to betrayal. He also preferred to socialise with women, because they weren't usually nipping at his heels for his job.

He made for the far side of the foyer and pressed the button on one of the three lifts, proffering a smile to a young woman also waiting, whom he recognised from accounting. Above this particular lift was a portrait of Henry J.P. Cavendish, Liberal Party member and founder of the pregnancy units back in 1905; back when divorces outnumbered marriages and children no longer knew what it was like to have a mother and father living together. Mr Cavendish had despaired for those children, and had wondered how they could grow up to be moral, well balanced human beings if they didn't have the support and influence of both their parents. So he'd pushed the state to introduce contracts, to be signed by any man and woman choosing to have a baby together, in which they agreed to spend both equal time and equal money on that child. And these contracts, unlike marriage, could never be broken.

He'd also ensured the state was on hand to help all those unable to agree on a contract. There was abortion, as a worst case scenario, but if a man didn't want to give his consent to be a father, and the woman wanted to keep the baby, then the state would essentially step in and become that father. It would care for mothers in family centres; house them, offer them gainful employment and, most importantly of all, ensure the safe and responsible raising of their children.

Morality had been restored.

The world had begun to reconsider the "great" in Great Britain until Mr Cavendish put everything back on track, so John always gave him a slight nod before he entered the lift. This morning was no different.

4

Lily stood outside her cottage waiting for her lift to work. Most companies insisted on a car share scheme – less pollution, cleaner environment – and Lily had been a little intimidated to discover the person living nearest to her was none other than her boss. But that was several years and hundreds of car journeys ago, during which time – despite their twenty year age difference and varying opinions which they loved to argue about, (or perhaps because of that) – they'd become friends.

Glancing at her watch, she wished Melanie hadn't chosen today to be late and to leave her standing there with her thoughts. She'd been trying to distract herself by reading the newspaper but the article on the front page hadn't done much to help. Today's date – Friday 22nd May, 1992. The headline – *Local Woman Who Fled Without Contract Found And Arrested.* Beneath the statement was a picture of a woman with a toddler on her hip, being led up the stairs towards the police station. On the wall was the sign *Reproduction And Domestic Abuse Response* – although everyone knew it simply by its abbreviation RADAR.

The woman had disappeared over two years ago. She'd been pregnant but had recorded a miscarriage. And then she vanished. Any thoughts that she'd been murdered had stopped once it became clear she'd handed in her notice at work, cleared her bank account and sold her car. Apparently the father of the child had refused his consent for her to keep it, so she'd run away to have the baby. According to the article, various other single mothers had disappeared in other parts of the country too, leading to thoughts there might be a group helping them avoid moving into the family centres.

Lily heard a car in the distance and looked up, relieved to see Melanie was finally here. She folded the newspaper. It appeared the poor woman had only returned to see her mother, who was dying of cancer and a neighbour had spotted her and reported it. There'd been some surprise that the neighbour had done that, but Lily wasn't surprised. Even the nicest people could disappoint you.

Melanie parked up. 'You don't always have to wait outside,' she remonstrated.

'Respect for my elders,' Lily smiled, hopping in.

'She's so funny.'

Buckling up, Lily looked across at Melanie, whose normally beautiful blue eyes were really bloodshot. Had she been crying? 'Are you okay?'

Melanie shook her head. 'It's John. He's going on our holiday with some girl – girl being the operative word. She's about twelve! Named Jackie. Oh, and he won't be sleeping with me anymore.'

Hearing that made Lily want to whoop for joy, but instead she busied herself with her seat belt. 'Oh shit. I'm so sorry.'

'Yeah, well,' Melanie checked for oncoming traffic before pulling away, even though this was a very quiet road with just twelve picture-postcard-pretty cottages behind one long stone wall. The church at the end had long since been converted of course, like all churches these days. It was now a large family house and the teenage son would often piss everyone off, ringing the bells at four in the morning.

'I really am sorry,' Lily repeated. 'But at least this way you don't have to go camping.'

'But I wanted to go camping,'

Lily narrowed her eyes. 'No, you didn't.'

'I did.'

Lily just gave her a look.

'Oh, shut up.'

Lily then gave her a sympathetic smile and they drove on in silence, although that didn't mean thoughts weren't rushing loudly around Lily's head. John was going to be out of the picture so she wouldn't have to keep her mouth shut about him all the time. Or have to listen to the lovely things Melanie always said about him, when she knew him to be nothing other than completely despicable.

They reached a junction, beside which was a crowded bus stop where the same ratio of men to women stood in line, holding hands with little kids on their way to being dropped off at school.

The bus stop looked brand new. Flowers hung from enormous hanging baskets on the lamppost and a deep green public dustbin was etched with the sign: *Clean World, Clean Society*. Lily figured at least three quarters of those standing at that bus stop believed that bullshit. And to add to the almost perfect facade, the sun was shining today, and the sky was a crisp, clear, azure blue.

'Actually, you know what?' Lily said. 'You should come over to mine tonight and we can order a huge pizza and drink a barrel of wine and…' but she couldn't finish her sentence.

'What?' Melanie urged. 'Forgot you have a date?'

Lily shook her head.

'Then what?'

Lily hesitated, but not about divulging such a huge secret – Melanie was the most trustworthy person she'd ever met – but because once she'd said it out loud, it was really true. It was really happening. 'It's just, I'm not sure I should drink wine…' deep breath, 'when I'm pregnant.'

Melanie's eyes nearly popped out of her head. 'You're what?'

'I know, I know.'

Melanie took just one moment to compose herself before she was back on form. 'When did you find out?'

'Did the first test on Wednesday and the fifth one just over an hour ago.'

'You did five tests?'

Lily grimaced. 'Thought if I kept at it, I'd get the result I wanted.'

'And please tell me you know who the father is.'

Lily explained it could be either Nick or Pete. 'There's been no one else – unless you count Eric, who I did get naked with for about three seconds, but that was about all we did, so unless it's an immaculate conception, it can't be him.'

'Then you'll have to get Nick and Pete's DNA as quickly as you can. I think the fastest clinic is the one opposite the sports centre.'

'No,' Lily replied. 'If I go there, then I'm in the system.'

'What do you mean? Your pregnancy tests. You'll be registered for those.'

'No I won't.'

Melanie lowered her voice, even though nobody could hear them in the car. 'You went *off-radar?*'

Lily nodded.

Ever since the late sixties, when abortion rates had reached a level higher than the government was comfortable with, they'd made it illegal for women to have more than one termination in her lifetime. To keep control of this, it had become compulsory for the purchase of pregnancy test kits and the results of those tests to be recorded. Thankfully, for people like Lily who wanted to keep things quiet, there was always the black market.

'Then how can you even trust the results?' Melanie asked, still in shock. 'They're probably knock-offs from South East Asia.'

Lily cocked her head. 'Well, why d'you think I bought five of them?'

In the distance, Wycombe loomed closer. After London, it was now the largest city in the whole south east of England. Several skyscrapers dominated the centre, their windows glistening in the bright morning sun, sending shards of light in all directions. Parks and farmland surrounded the city, making it appear like a shiny island in a sea of green.

'Oh, Lily. Why? Why did you go off-radar?'

Lily couldn't tell Melanie the real reason. Or she could, but she chose not to. 'I just didn't want the PU knowing my business. I know they'll have to when I'm twelve weeks, but until then, I just want to keep this mine. I've had enough of that lot being in my face because trust me, when you've lived in a centre, they're always in your face.'

5

The meeting was coming to an end. John sat at the head of the large, highly-polished conference table, around which sat ten other men. The only woman at the table was John's assistant, Laura. She was peering down at her notes through a pair of tortoiseshell specs. Her hair was up in a French plait and she continued the French theme with a Chanel-style tweed jacket.

John sat forward a little, stretching his back. 'Finally, what were the pharmacy figures this month?'

The rather portly man to his right, was ready to answer straight away. 'Pregnancy test kits stand at normal levels for the time of year. Abortion rates are slightly down, but then so are DNA requests, so with that correlation, I wouldn't be too concerned.'

John raised his eyebrows. 'Well, with news of that woman who ran off to have her baby plastered all over the papers, that might not be the situation next month. Who knows what that might encourage. So I want a major clampdown. Send letters out to everyone who ordered a pregnancy test in the last month but who hasn't yet sent in their results. And I want personal visits. Pick fifty or so women from Buckinghamshire. Be seen. Be present. Nip this nonsense in the bud.' He suddenly frowned. 'Have we had the interrogation report on that woman yet?'

'Not yet, but I did chase RADAR for it this morning,' Laura replied.

'Okay. Well I think that about wraps it up,' John said.

The young colleague to his left opened his mouth to speak, thought better of it, but then decided to chance it anyway. 'We were wondering actually, what your thoughts were on Hilary Frank-Herbert's proposal to shut down the centres. She was on TV last night.'

Hilary was a cabinet minister – a respected cabinet minister – so what kind of crap was this? John was surprised, and curious, but he didn't show that. 'I was at the annual council dinner last night.' John glanced at Laura.

'The video of it is on your desk,' she said.

'Then when I've seen it, I'll let you know my thoughts on it. Now that really does wrap it up.'

John got up and slipped his jacket back on, eager to go and watch the video. Hilary wanted to shut down the family centres? That was absurd. Everyone began clearing their papers but John was finished first and headed for the door. Laura was right behind him but despite John's haste, he let her through. Good manners were important – or at least they were when he chose them to be.

'Mr Adam-Brown?' Laura said once they were outside the conference room. 'The Home Secretary called just before you went into the meeting and he too wants your thoughts on Hilary's proposals.'

John stopped, turned and stared pointedly. 'Then he too can wait.'

Laura nodded, unable to cover her wry smile.

John liked Laura. He admired her enthusiasm and her

intellect and her ambition. He admired that in any woman (his daughter was studying to be a doctor and he wanted the very best for her), just as long as that didn't encourage them to get on their soap boxes and start demanding everything. When you gave them an inch, they always seemed to take a mile because in his opinion, they didn't just want equality, they wanted superiority and that, he'd never accept.

John made for the open stairway that led down the side wall into the main foyer below. As it was lunch time, it was relatively busy down there. Long queues snaked back from the kiosks, where people collected forms; pregnancy contracts, DNA requests, single parent requests, miscarriage notifications and the like. John began his descent and Laura ran down after him, her heels clacking on the marble stairs.

'And can you get those requests we talked about over to Gerry before you go for lunch, and…' John stopped, distracted by the sight of Lily entering the foyer. He was sure it was her. Tall and slim, with long dark hair – incredibly striking. Not a lot of women could be mistaken for Lily. For a moment he watched as Lily looked about her, not sure where to go. Then she headed towards the kiosks.

John didn't finish his sentence. 'That's it. Go for lunch,' he said, as they reached the bottom of the stairs.

Laura smiled and left him. But he hung back, plunging his hands in his pockets as he rested against a wall and watched Lily. He felt a tinge of excitement, intrigued to know what she was doing here, because if she was pregnant, or even thinking of becoming pregnant, that would mean he could keep a much closer eye on her.

She'd been a niggle in the back of his mind that had always bothered him. He hated loose ends and rarely left any, but Lily had been a bit of a loose end.

John caused a stir at the kiosks. The women manning the desks weren't used to the director paying them a visit and each of them sat more upright as he manoeuvred behind them. The middle-aged woman sitting at the end went puce when she realised she was his target. John smiled, looking at her name badge.

'Sally. Won't disturb you for too long but what did that woman want? The one with the long dark hair?'

Sally gulped. 'She wanted a pregnancy contract, sir.'

'Ah, she did?'

'Yes. But she also asked for a single parent info pack, so maybe the contract can't be assured?'

John nodded. Then he smiled and that made Sally turn puce all over again. 'Thank you, Sally. You have a nice day now.'

He knew he would. His day had suddenly become very nice indeed.

6

Having taken ten minutes to sit on a shady bench beneath a large oak in the park, Lily browsed through the single parent info pack she'd just collected. She'd assumed she knew exactly what she'd find in it, and she'd been right. The amount of money you had to be earning to raise a child on your own was astronomical – and it made no logical sense. The government simply didn't want to encourage single parent families. They gave you all this bullshit about the needs of the kids and everything, but really, it was all about their needs; about the fact every woman living in a centre had to pay her way by working for the government. And that was an enormous pool of labour. Very cheap labour, because what you got in exchange for your forty hours a week, was laughable.

Lily had thrown the pack into her bag in anger, but it was also done in anguish. She'd dared to hope that perhaps, with her savings and maybe with her mother's help, she'd have enough to meet the first of the two-years-in-advance payments needed, but she didn't even come close.

She was now rushing back to her office. The city street was bustling with people, all heading into the deli shops or coffee houses for lunch and the aroma of food and drink assaulted her as she passed every open door. Her stomach rumbled and she remembered she had a Club biscuit in her bag, but she couldn't eat it yet. It was illegal to eat on the street as someone might actually drop a crumb on the spotless ground, and that would never do. How could one be clean on the inside, if you weren't clean on the outside?

A gate slamming ahead made Lily jump. Wrought iron and tall, it led into the hedged garden of a small office building and the sound of that gate took her back to another gate, larger than this one, and more intimidating. The sign above it had always reminded her of the one at Auschwitz, only this one read, *Evergreen Family Centre.* Lily remembered the last time she'd rushed toward it, the fading twilight meaning she had little time left. She'd just turned eighteen. She was wearing the new tie-dyed denim jacket her mum had given her that morning for her birthday. And it was the happiest day of her life. The guard had seen her running like the clappers down the street towards him but he'd slammed the gate shut in her face regardless, just as she'd arrived.

'Oh, come on. Don't be so lame. I'm not late,' she'd shouted.

He'd just tapped his watch and taken her name – which by now, he knew very well. Only then, had he let her in.

Normally she'd have been hopping mad, as there would be a punishment doled out for this offence. She'd have raged about how shit it was to live there, how moronic everyone was who chose to work there and how pathetic they were for trying to find every conceivable way of exerting their power.

But not today.

Today she'd skipped up the main stairway and down the corridor, through the set of double doors and along the next corridor, passing room after room, many with open doors and people coming and going. And she'd smiled, genuinely smiled, not in the forced or artificial manner that was the norm for everyone around here. This was pure, genuine joy.

She'd reached the space she'd called home since her father had died when she was four years old – one room large enough for two single beds, a small sofa, a couple of tiny desks and then an en suite bathroom. Her mum, Ruby, had pretty much packed. Boxes were all over the place and Ruby was taking down the last picture from the walls. The outline of all the other pictures she'd removed were still visible, showing how long they'd been hanging there since the room had been repainted. They'd been on a waiting list for redecoration for more than three years and had even chosen their colour – which of course they'd never get. If you didn't play ball around here, your colour always ended up being magnolia, so they'd always had magnolia. Lily was a little taken-aback by how drab and dreary everything looked without their nice stuff everywhere.

Ruby turned to look at her. With that rare combination of dark hair and blue eyes, the resemblance between the two of them was unmistakable. Only, where Lily tried her best to always look pretty, her mum tried her best not to. It had been a very long time since Ruby had wanted to be noticed.

Lily understood her mother's reluctance to draw attention to herself, but being more stubborn and defiant, it had made her angry that she'd had to hide her light under a bushel here. That anyone had to do that. It wasn't fair. She'd wanted to make the best of herself, feel confident when she looked in the mirror, feel proud of what she saw and of who she was, like people everywhere did. So despite her mother's plea, "You're beautiful enough, why gild the Lily?" she'd always shone as brightly as she could.

'Did you make curfew?' Ruby queried, pushing her damp hair from her forehead. It was hot in this room as they were only able to open their window a couple of inches. They were told it was to stop anyone falling out but Lily had always reckoned it was to stop people jumping out.

'No. That guy is such a div. I was one second late and he still locked me out. But he can't do naff all about it now, can he?'

Ruby smiled gleefully. 'No, he can't.'

Lily ran and made a dive for her bed. A bed she'd slept in, right beside her mother, for almost all of her life. But now she was an adult, she was eighteen, so she was free to leave, and her mum was free to leave. But they were also free to live. To finally do whatever they wanted, whenever they wanted, and with whomever they wanted. No more curfews, no more refectory dinners, no more scheduling and timetabling and request slips and permission slips and, best of all, no more looking over your shoulder all the time, worrying about who'd said what and when, and what the consequences of that were going to be.

Lily had never known a life like that before, although her mum had, and she'd talked about it so very often that Lily couldn't wait to experience it.

'One more night, Mum,' she shouted exuberantly. 'Just one more night and we're outta here.'

7

Despite the slight chill in the evening air, everyone was happy to party in the garden. Numerous fires had been lit in old BBQs, which not only created a bit of warmth on this early summer evening, but also gave the garden a nice ambience. Sparks spat and cracked and flew like fireflies into the night sky. Lily was on a small terrace, around which were a lot of jam jars filled with small candles, and music was playing loudly through a set of speakers.

There were around fifty people there to celebrate Kirsty's twenty-fifth birthday. Although the youngest of Lily's friends, she lived in the largest house – but that was because she cohabited and could therefore afford it. It was rare for people in relationships to live together because it was awkward when you wanted to bring someone else home. And when you had kids it became even more complicated, so people generally lived alone. Kirsty however, was in a very open threesome relationship so there was no awkwardness having sex around each other, or bringing anyone else into the mix. Lily had never fancied group sex but Kirsty seemed to thrive on the variety.

Lily was currently huddled with Pete, who was trying to kiss her as she playfully pushed him away. 'But you said you weren't coming tonight.'

'I know. I just wanted to see you so I changed my mind. That's alright isn't it?' He gave her an impish grin that made him look more like a mischievous teenager than a twenty-nine-year-old, responsible, junior architect. Or semi-responsible anyway. He smoked too much weed and played too much Gameboy, but they were small things to complain about.

'Thing is, I sort of asked someone else to come, although he hasn't turned up yet so maybe he won't come anyway.'

Pete looked surprised. 'Oh, shit. Sorry. I didn't know you were seeing someone new. D'you want me to go?'

Lily shook her head. 'No, maybe it's a good thing you're here, because yeah, I've been meaning to talk to you about him.'

Pete narrowed his eyes. 'Ah. So you like this one.'

Lily nodded. 'I do. A lot.'

'So that's where you've been the last few weeks?'

'Well you were finishing that office block project so I didn't think you'd miss me.'

'I always miss you,' he contradicted. Then he frowned. 'Do I know him?'

'Not sure. He knows who you are though. Said he's seen you at the gym but I don't know if you've ever really met.'

Pete groaned. 'Oh great. At the gym where I just fart about? He isn't some big hunk is he? Shit. Should I be jealous? Or worried?'

Lily grabbed hold of Pete's chin. 'Don't be a plonker. '

'Well alright then. But I'm intrigued now. Maybe I'll stick around to suss him out. What's his name? And please tell me he doesn't have abs and stuff.'

He did indeed have abs. He had the nicest body Lily had

ever seen but she wasn't going to tell Pete that. 'Stop it, Pete,' she said, instead.

It was always that way when someone else came along – that period of adjustment and of knowing you weren't all new, and therefore as exciting. You always felt a little left out.

Someone called Pete from the other side of the garden and he looked around.

'Come here, will you?' the voice called again.

'Back in a sec. Don't go anywhere.' Pete headed off into the blackness.

Pete and Lily had first met in high school, although as he was three years older, she'd thought he wasn't interested in her. He had been but, as boys were always buzzing around Lily, he'd thought he hadn't stood a chance. When school and university were over, they'd seen each other again, and things had taken off. He was a popular bloke, always on everyone's guest list, mostly because he wasn't overly serious and never liked to rub people up the wrong way. What Lily liked most about him though, was how he was around his son, Ollie. There wasn't anything he wouldn't do for that child.

Lily looked down at the glass of wine she was holding, but not drinking. She was desperate for just a little sip but didn't think she should. She'd only accepted it because Pete had handed it to her and he would have instantly been suspicious if she'd refused. She liked wine.

She was going to have to tell Pete about the pregnancy but she just hadn't anticipated it being tonight. Tonight she was going to tell Nick, and that was going to be hard enough.

She looked up and suddenly there he was. Nick had come after all and was strolling through this crowd of strangers as though he'd done it a thousand times before. Unlike Pete, who was always rushing about, Nick was calm. Nothing seemed to faze him. It had been that slow, swaying gait of his that had caught her attention in the first place. She'd only seen his back as he'd walked towards friends in a pub garden, but all the same, she hadn't been able to take her eyes off him. And when he'd seen her, he hadn't been able to take his eyes off her either.

A lot of heads turned to look at Nick. He didn't seem to notice – or if he did, he never let on. He could so easily have been conceited or arrogant, or both but he wasn't. She didn't even think he had a mirror in his flat.

He suddenly glanced her way, and smiled, and it was a beautiful thing to behold.

Lily didn't see Pete making his way back towards them. She didn't see him stop and watch their greeting. Didn't see him think about joining them to say hello, but then change his mind. All Lily could see was Nick.

They lay naked in bed, their limbs entwined. The duvet was half hanging onto the floor, on top of the clothing they'd thrown there in haste the night before. Lily's bedroom window was open – she never closed it now, even in winter. Early morning birdsong permeated the air and her voile curtain blew inward on the slight breeze.

'I saw Pete at the party,' Nick said.

'Yeah, sorry, he didn't know you were coming. We don't usually go to the same places when we're on a date with someone else. I know some people do, but we don't.'

'I don't either.'

'Okay, good to know. So,' she snuggled closer to him,

'what d'you want to do today?'

Nick let his eyes trail seductively down her body.

'Besides that,' she laughed.

Nick suddenly noticed a photo frame on Lily's bedside table just behind her shoulder. 'Haven't seen that before.'

'Yeah, that's me and my mum. It was in the other room.'

'She's so beautiful, your mum. How old were you there?'

'Ten. It was my birthday. We'd been to the zoo. When we got back we were sitting on the steps outside and examining our blisters. We'd walked for miles and miles.'

'That's at Evergreen, yeah? The centre?'

'Yeah.'

He regarded her for a moment. 'You know you never really talk about growing up there.'

Lily was used to brushing off questions about that place – there'd be a time for that but that time had to be right and that time wasn't now. 'Maybe that's because it's not all that interesting.'

Nick sat further upright in the bed. 'It is to me.'

'Seriously, it's not. It was just like boarding school, only you lived in a room with your mum.'

'Just one room?'

'With a little bathroom. There were a lot of communal areas too though, where you could hang out with other people. Except at night. After nine o'clock you had to be in your room.'

'Well, that sucks.'

'As I said, not very interesting.'

He sat quietly for a while before he asked, 'What did your father actually die of?'

'Heart attack. He was always cycling so it was weird someone so fit would die of a heart attack. But he did. And as that made Mum a single parent, we moved to the centre.'

'I don't know why they make people do that when it's hard enough losing a parent. Having kids is such a stress. Sort of puts you off ever wanting to do it. I know I never will.'

Lily's mouth suddenly felt incredibly dry. 'Why? You think you're going to die early or something and leave your kid in the lurch?'

'Not just that. It's everything really. I'd have to get a different job for starters, because how could I have a kid staying with me every other week when I'm away all the time? It'd be impossible.'

Nick's official title was Mountain Guide – leading groups through, or around, or over, any mountain range they wished to traverse. But his real love was mountaineering and he was never happier than when he had a small group who wanted to tackle something far more challenging.

Lily tried to remain casual. 'Well, yeah, I suppose you'd need to make some adjustments.' But she'd thought about this and knew in certain circumstances parents could organise a different agenda, where their child stayed with them for two weeks at a time, instead of one, and she'd hoped Nick could work something out with his job around that. 'And your dad had a kid, when he did the same job as you, so there must be a way.'

Nick pulled a face. 'And look how well that turned out.'

'But I thought you only stopped getting on after he'd had his accident.'

Nick shook his head fiercely. 'The accident was just the final straw because honestly, my father never wanted me. He blamed my mother for forcing him into a contract and then he blamed me for just about everything else.'

Nick didn't see his father anymore. He'd had a climbing accident several years ago which had left him in a wheelchair and Lily had assumed that had made him bitter and resentful of his son, who continued to climb when he no longer could.

She rubbed her hand gently across his chest. 'I'm sorry.' And she genuinely was, despite what this might mean for her. 'I didn't know that.'

Nick tried to shrug it off as though it didn't matter but she could see that it did. 'One good thing came out of it though, didn't it? He took me with him on all his trips from when I was still in nappies and I learnt to love it.'

'He climbed with a baby?' Lily was incredulous.

'It was alright. He knew what he was doing. But yeah, because of that, it became part of my life. It's more than just a job, it's who I am and I have him to thank for that, no matter how much of a dick he is.'

Lily could feel her heart sinking deeper and deeper. 'But I mean, one day you're going to have to slow down a bit, aren't you?'

'I suppose the day I wake up and don't feel that urge to be out there doing what I want, I will. But that day's a long way off, if it ever comes at all. I'm lucky enough to say that I love what I do, and a kid would just tie me down and I'd hate that.'

Lily remained silent, her intention of telling him about the pregnancy flying out of her open window. It was clearly not the right time, but the question was, would there ever be a right time?

8

The drive to Windsor was a pleasant one. Lily had her windows open and her long hair was held in check by the sunglasses perched on top of her head. Her mother lived on the Thames, on a houseboat which was moored just a mile outside the town, and from the edge of the field one had a view of the top of Windsor Castle. It was tranquil and away from the world just enough for her mum to feel she was outside of things, without being isolated.

Lily turned onto the country lane. A herd of cows were close to the fence but were too intent on the grass they were munching to be overly concerned by either her, or her music blaring through the window. She was listening to Radio 1 – needing the music to distract her from thinking about what Nick had said the day before. But it was also to distract her from figuring out just how she was going to tell her mother the happy news!

Her mum had always done everything in her power to try and protect Lily when she was growing up and whenever something bad had happened, her mum had always blamed herself for not being able to shield her from it. That had eventually taken its toll. During the last few years in the centre, she'd picked up any illness floating around and seemed to live with a constant cold or phlegmy chest. She'd cough for hours at night, often sleeping sitting up in an effort to ease the cough and allow Lily to sleep when she had her A levels to get through.

All of that had disappeared once they'd left the centre and for the last eight years, her mum had been fit and healthy and hardly stressed about anything at all. She was happy and socialised with friends, going out and enjoying life a little.

But after living in such close proximity to Lily for so long, it had been a wrench for her mum to live apart from her, so she loved nothing more than their Sunday lunches together. Lily too, enjoyed this tradition, despite the fact moving away from her mother had been a liberation for her, rather than a wrench – or it had been until she'd found herself getting into bed every night and reaching for her phone so that she could talk softly to her mum in the dark before drifting off. She'd come to realise that her mum wasn't just her mum. She was her confidante. And her best friend.

Avoiding the potholes in the gravel, Lily drove through the gap in a laurel hedge and found a free spot. There were a few other cars parked there, one of which had its boot open, and Lily saw her mother's neighbour, Philip, removing bags of shopping. On seeing Lily, Philip smiled and waited as she turned off her engine, collected her things and got out.

'Hey, Philip,' she called. 'How you doing?'

'Good, and you?'

'Oh, I'm…' *pregnant and petrified?* 'fine. Lovely day.'

It was lovely. There was a warm breeze and not a cloud in the sky. Lily pulled her sunglasses down to shield her eyes and they set off towards the houseboats hidden behind another hedge opposite. Philip was in his late forties, Lily reckoned, and in his baggy tee shirt, faded Levi's and round-rimmed glasses, he looked like a poet, or a trendy professor. In truth, he was a dentist.

They passed pleasantries as they headed along the bank. A couple of swans were sitting on the grass but they got up and waddled further down the towpath. Lily was grateful, as sometimes they'd do the opposite and run straight for her. And they were big.

Ruby's home was a little way further down. It was a beautiful old black and white narrow boat, just over two metres wide but nearly twenty metres long and it was festooned with colour from the terracotta plant pots dotted all over it. Ruby was in her ever-present baggy dungarees that gave nothing away, meaning she still hadn't quite left the centre behind her. She was kneeling on the roof, planting something new, when she looked up and saw Lily.

Lily smiled but her mother only half smiled back. When Lily reached her, Philip greeted Ruby and then carried on his way. His boat was about fifty metres down the towpath.

'You shouldn't encourage him,' Ruby hissed.

'And you should,' Lily argued, removing her sunglasses. She stepped onto the boat and kissed her mum's cheek. 'You could do a lot worse.'

Ruby had clearly heard this too many times before as she declined to even offer up an argument. Instead she focused on Lily, her hands on her shoulders. 'You okay? You look tired.'

'Tired. Really? I thought I'd be…' she paused, 'blooming.' She hadn't expected to just blurt it out straight away and was quite surprised she had, but at least it was done now.

At first, Ruby didn't get it. 'Blooming?' she laughed a little. 'Why would you be blooming?'

Lily just raised her eyebrows, staring intently at her

mother.

But Ruby still didn't understand, until something seemed to click and her mouth slowly dropped open. If she hadn't been holding onto Lily's shoulders she'd probably have toppled over and splashed into the river.

'Pete will step up, I'm sure,' Ruby said. The two women were sitting in the cockpit – Ruby's sheltered little outside terrace – leaning toward each other as they spoke in earnest. Ruby was taking large sips from a glass of white wine, which was emptying rather fast. 'He's a decent man and he really cares about you. He wouldn't abandon you, or his own child. Look how he is with Ollie.'

'I know, Mum, but it's because of Ollie he won't want this one. He wants to focus just on him. He doesn't want another child. Not yet anyway.'

'He says that, when it's hypothetical. But it'll be different when he knows for sure.'

'But it might not even be his. Could be Nick's.'

'And what do you think he'll do? What kind of man is he?'

'I was planning on bringing him over today so you could meet, but that was before I knew we had to talk. But anyway, he's great. Really great. Except for the one annoying fly in his ointment of perfection, and that's he doesn't want kids.'

'But surely…?'

'No, trust me. I tried to tell him yesterday but,' Lily shook her head, 'he really doesn't want them. And besides, we've only been seeing each other for such a short time, so none of this is looking particularly hopeful, is it?'

'Just find out who the father is and then deal with it.

When one of them knows there'll be a child of theirs in this world, they'll sign a contract. They have to. Because you are not going back to the centre.'

'I know, Mum. But I can't force them if they don't want to do it, so I've also got to have a Plan B, for just in case.'

Ruby regarded her sceptically. 'What Plan B?'

'One thing is, I could try and sue the contraceptive company. Melanie has a lawyer friend she's seeing next week, so she'll find out if that's possible.'

'Well that's something, I suppose.'

Lily edged forwards. 'But another thing is, maybe I could run.'

Ruby looked confused. 'Run? Run where? What are you talking about?'

'Did you see that story in the newspaper about that pregnant woman who didn't want to go to a centre either, so she was helped to run away?'

Ruby sat back a little. 'The one who's now been arrested you mean and whose child has been taken away from her?' she asked sarcastically. 'The one who faces five years in prison. That one?'

Lily glared at her. 'Well, yes but that's only because she was caught. But apparently there's a group that helps women like her. Like me.'

'But you are not like her. Not yet. You're assuming the worst.'

'Better that, surely?'

Ruby sighed deeply, her frustration evident. 'I know it's hard but sometimes you have to try and have a little trust.'

'Don't, Mum, please.' Lily hadn't grown up the way her mum had, so having trust in anyone didn't come easily.

Ruby rubbed her temples as though warding off a

headache. 'Well, how would you even find this group, because I'm pretty sure they don't advertise.'

'The woman was arrested visiting her sick mother. They said where the mother lived. I could visit the mother. Maybe she'll talk to me.'

'Oh, Lily, is this really what you're thinking? Running away? There has to be something else.'

'Like what?'

'I don't know but…Actually, did you see *Politics Today* the other night?'

That caught Lily off balance. 'What? I'd rather watch paint dry. Why?'

It was now Ruby's turn to glare. 'Because there was a really important debate on there that might be even more important now. You know Hilary Frank-Herbert, our MP? Well, she's trying to shut down the centres. So how about that?'

'No!'

'Oh, yes. She wants to privatise all the state run companies. Everything. Gas, electricity, trains, buses, post office, the works. And if they do that, there'll be new bosses there. And those bosses won't have to just employ women who live in centres. They can employ men if they want, or anyone who wants a job with them, so that means the centres can't function the way they do now and Hilary thinks they should all close down.'

'I can't believe it,' Lily exclaimed. 'How did I not know about this?'

'Maybe you were too busy watching paint dry.'

Lily ignored that little dig. She was too excited at the possibilities here. 'But this could solve everything, Mum,' she said, beaming. ' If they shut them down then I won't…'

'Woah, hang on a minute. I didn't mean to get your hopes up like that. It will take years not months and it might not even get through parliament but the main point is that people are now talking about it. There was even a big piece in *The Times* saying privatisation did make economic sense, so who knows where this could go? This might just be the beginning of something and that's a good thing, surely?'

Lily was crestfallen. 'For a minute I thought…'

Ruby grabbed hold of Lily's wrist and squeezed it gently. 'Just get the DNA. See who the father is and everything might work out. And don't get any more notions in your head about running away. You can't run away. Not unless you put me in your suitcase. Okay? So no more of that nonsense.'

9

John walked briskly along the corridor to his office on the top floor. From here he had a view across the entire city. When he first started working in Wycombe twenty-five years ago, half the buildings weren't even built and he liked to think the expansion had come about due to the rise in importance of this social services department. There were three others across the country equal in size, but because he controlled London, this department was the busiest. His area was also the most densely populated, hence he oversaw more than twenty family centres, ten RADAR police units and almost a thousand clinics and pharmacies. Most important of all, he was respected and valued by the Prime Minister. He'd been valued by the previous Prime Minister too, which was no mean feat when both Prime Ministers had been from different political parties.

He'd considered entering politics himself when he was younger because he was never anywhere for more than five minutes before he'd found ways to make it work better, and initially he'd had ideas of affecting change where it was most needed. But he'd disliked the idea of being beholden to the public, who could vote him out as quickly as they voted him in – a public who didn't always understand what was best for them. So he'd taken a different path, still linked to the government, but where he wasn't so open to public scrutiny.

There was an area in front of his office where Laura and his secretary, June, sat. John had little regard for June, who simply did whatever Laura instructed her to.

Before he had to even ask, Laura held out the lists from the pharmacies he'd asked her for earlier. He took them as he swept by.

'Anything you want me to look for on those lists?' she queried.

'No. It's fine.' He placed his hand on the door handle to his office.

'And the chief constable rang. He's running ten minutes late. Shall I just show him in when he arrives?'

'Do that.' John entered his office and closed the door.

It was a very masculine space. Black leather and dark mahogany abounded. His desk looked like you could play pool on it – he'd had sex on it once, but never played pool. Before he made it across the vast expanse of carpet to his huge leather chair, he began scouring the list Laura had just given him. It contained the names of everyone who'd bought a pregnancy test in Buckinghamshire over the last two months. If Lily was pregnant, she'd have taken a test.

'Lily Bryce-Davis,' he mumbled under his breath, his eyes veering down one page and turning to scan another. He didn't find her name. So he looked again. Still definitely wasn't there.

He frowned deeply because that was interesting.

Kofi Emen-Jones, Chief Constable of RADAR, walked briskly. Being late for John was not something he did very often as it tended to set him on edge, making whatever the meeting was about a little fractious. It would be worse when he had bad news to impart.

'Go right in,' John's assistant said, smiling up at him as he arrived. 'He's waiting for you.'

Kofi smiled and nodded, squaring his broad shoulders. He was Afro-English – his father a native of Namibia and his mother a white woman from Leeds, but *his* skin was as dark as his father's. His father had been tall, as was Kofi, something accentuated by his early years as a naval officer when he had always been made to stand up straight. He'd suited that uniform in the same way he suited the current one. The badges and buttons and epaulettes of a chief constable were something he was proud of, and being a man of colour in his position meant he had to be doing it better than the next guy, so he took great care to ensure he was immaculate, always.

He knocked twice on John's door and then opened it. John was resting against the front of his desk, glued to the television that was usually hidden behind a panel.

John looked across at Kofi as he entered. 'Oh, good, we're just at the best part,' he said, motioning towards the television screen.

Kofi made his way into the office and saw John was watching Hilary Frank-Herbert on *Politics Today* from the week before.

'Ah, that,' Kofi said, removing his hat and slipping it under his arm.

Hilary (Minister for Housing and Communities) and Douglas (Home Secretary) were meant to be on the programme to divulge the workings of the government's new, and rather unpopular poll tax, but half way through, the interviewer had unexpectedly raised a question about whether the amount payable by households could be reduced if the government were to privatise its infrastructure – something he knew Hilary was keen to do. Douglas, sour looking at the best of times, had done himself no favours by glaring at both the interviewer and at Hilary, clearly furious he'd brought that up. He'd then rudely ignored the question. Hilary, however, with her perfect combination of femininity alongside her no-frills power-suit, had smiled playfully.

'Oh, come on, you know we're not here to discuss that. It's not even on the government's agenda yet.'

The interviewer jumped on that. 'But are you saying it could be? Is that the way you feel the country should be going?'

Hilary, whether she'd orchestrated this change of subject beforehand or whether she hadn't, seemed delighted to let it play out. 'Well, yes, I do. We're clearly lagging behind our European neighbours, who we should look to now to prove that privatisation works.'

The camera cut to Douglas who shouldn't have fanned the flames and ought to have remained silent, but didn't. 'But we have to examine the bigger picture here. Our state-run infrastructure relies on its workforce of single mothers, and single mothers rely on that employment. What will happen to all those women when they lose their jobs?'

'But why should they lose them?' Hilary answered. 'New management won't just discard an army of trained staff. But if those women choose to leave, to go back to the careers they had before they became single mothers, they will be free to do so.'

The Home Secretary was shaking his head. 'But how will that work? These women live in our family centres in exchange for working for the government. It's how they pay their way. So what are you suggesting? That they work wherever they choose and pay some sort of rent to live in a centre?'

'No. What I'm suggesting is they all move out, and we shut down the centres altogether.'

The Home Secretary looked shocked. 'But you can't just throw a million women out onto the street. Where will they live?'

Hilary waited just the right amount of time to reply. 'In homes of their own.'

John laughed out loud, looking askance at Kofi, who was just as bemused.

Hilary continued to make her point. 'You and I both know that the centres have become unviable. The buildings are far too old now and they're bleeding money. It will be cheaper to bulldoze them to the ground and build anew. But instead of new centres, we build low-cost flats, funded through the sale of our state run services, where single mothers and their children can live – independently.'

The Home Secretary just frowned. 'But there's so much more to this than finances. Ethically, for example, it's totally unsound.'

'Too bloody right it is.' John turned off the video in disgust and threw the remote onto his desk.

Kofi exhaled loudly. 'She's looking for trouble with this. The PM must be furious with her.'

'He is,' John replied. 'Although between you and me, as she's becoming too popular all round, and she has her eyes on Number 10, the PM is probably going to do nothing about it except throw her enough rope, in the hope she hangs herself with it.'

Kofi looked dubious. 'We both know Hilary only ever does what's best for Hilary. She's not that stupid. So should we be worried? If she does introduce a bill, it'll turn the whole system upside down and you and I will be in the front line of those changes.'

John walked behind his desk and sat down. 'I wouldn't worry in the slightest.' He motioned for Kofi to sit opposite. 'Eighty-seven percent of parliament are male and no self-respecting man is going to vote for this to even get through the first reading, because that'll be the beginning of the end of every right we have. If you replace the centres with financial help and a nice little flat, well, women won't care if we won't consent. They'll be getting pregnant all over the bloody place and there'll be nothing we can say, or do, to make them think twice about it.'

That had been Kofi's worry as well. This would almost be encouraging women to become single parents, in his opinion. But at the same time he had to accept that the centres were outdated. The UK was the only country in the whole of Europe still hanging on to them, and they were starting to run out of reasons why.

'It'll get nowhere,' John added, 'and the Home Secretary agrees. This will go away. We'll make sure of it.'

Kofi gave a curt nod. 'I sincerely hope so.'

'And another thing that needs to go away is this situation with our runaway mother, Amy Dove-Potts. So where are we on that? Doug's been chewing my arse off and I have nothing to offer him, so bring me up to speed.'

Kofi repositioned himself in his chair and then wished he hadn't. It made him look fidgety. But when someone chewed John's arse off, he usually passed that down the line.

'We've made some progress,' he said with as much

confidence as he could. 'We've put Amy through it, but she's a feisty thing and she's still not talking much. We do know there's definitely a group, so that's a positive. We also know that they're based in Scotland – in the Highlands. They have a whole compound there, where they apparently live as some sort of commune.'

John sat forward. 'So where exactly is this commune?'

'She says she doesn't know.'

'Ridiculous.'

'She can describe the mountains all around and the river and the forest behind but she says she has no idea where it actually is. She says she was taken there in a blacked-out van and she left there to come and see her mother in the same way. She says that's to protect everyone there from being found. Nobody knows much. Same for the people who run it. First names only. No way to identify possible suspects.'

'So they, what? Hide out in this compound all the time? Does that sound plausible to you?'

'Of course it doesn't. But she still insists life there is better than a centre. Centres are prisons, in her view.'

John guffawed. 'Oh, and living in the middle of nowhere and never going out is freedom, is it? Come on, Kofi, you've got to do better than this.'

Kofi couldn't allow himself to get riled. 'Believe me, we've thrown all the arguments at her that we can, but when she looks set to break, her lawyer steps in and demands a recess.'

'Then exclude the bloody lawyer.'

'You know I can't do that.' His whole professional life had been rules, and orders and being held accountable, and that was one of the main reasons John had appointed him in the first place. He would always be able to trust that RADAR followed the *Openness and Honesty* policy the British public expected of it. He also sometimes suspected he acted as John's conscience; the voice of reason he relied upon when his own was wavering.

'Then what are you going to do?' John asked. 'This is the first runaway woman to resurface so we have an opportunity here. But not just that, we have an obligation. All eyes are on us, so failing is not an option.'

'Well, her son is a big bargaining chip and his care workers have permitted us to hold off on her seeing him for a little while and we know she's desperate for access.'

'Just leave that with me. She won't see her son until she talks. And is she still in one of your holding cells?'

'Yes.'

'Then get her into prison. Throw her into Gen Pop, give her a crappy cell, bad cellmate, whatever. Make her life so unbearable that she'll be clambering to make a deal. And then make that deal. Because we have to find this compound, Kofi, and then we have to blow the whole damned thing to shreds. Do I make myself clear?'

10

For a Tuesday evening the pub was crowded. There was a lively game of bar billiards being played on one side and a few noisy blokes on slot machines on the other. Despite this, the level of their voices didn't quite drown out the power ballad coming from the speakers above the bar. The decor screeched of a bygone era when pub furniture was all dark wood panelling and carpets patterned in deep reds and golds.

Lily reached the bar and there, on the far side, sat Ian, the local black market contact. The rumour that they operated out of this pub every Tuesday had proved to be true and Lily had little trouble locating him on her first visit. He was currently drinking a pint, surrounded by his usual circle of guys, all laughing at a joke he'd clearly just told. She was sure they must have thought he was as much of a sleaze bag as she did, but money and power – however dubious that power – made people kiss arse in unbelievable ways. She'd seen too much of it in her young life.

Lily tried to catch Ian's eye but instead caught the attention of the barman, who sidled over to serve her. She ordered a Coke, all the while hoping Ian would turn her way. When he finally did, he just gave her a small nod. She waited, sipping the Coke, until Ian got up and made his way towards the door marked Toilets.

Lily gave him a minute or two before she followed. She found him leaning against the wall in the corridor outside the Ladies. His suit was expensive and might have looked good on a man who knew how to wear it. On him, the waistcoat was too tight and rode up. The trousers were too big and hung down. And there was one button too many open on his shirt, exposing a pasty, freckled chest.

'Well, well, we meet again,' he said. 'I am a lucky bloke.'

Lily ignored the formalities. 'Can you do DNA tests?'

'For you, darling, I can do anything. So your preggers test was positive then?'

'Obviously. So how much?'

'Hundred and fifty a pop.'

Lily baulked. 'What?' For the three tests that would be four hundred and fifty pounds which was more than her whole month's salary.

'That's what it costs. Take it or leave it.'

Lily glared at him, knowing there was nothing she could do. 'And how long for the results?'

'Once you give me your samples, two weeks.'

'What? For that price, you can't do it any faster? I'm in a hurry.'

'How pregnant are you?'

Lily hated divulging such personal details to this man. She folded her arms to shield her from him a little. 'Around six weeks.'

'Then you've got another six weeks before Disclosure so don't worry about it.'

But Lily was worried. If she didn't disclose her pregnancy by twelve weeks, she'd be breaking the law. Organising everything through this route would mean she wouldn't have the DNA results until she was around nine weeks. Then she had to persuade the father to get on board and if successful, have the contract drawn up – and solicitors never seemed to know the meaning of the word 'fast'. So this was going to be really tight.

'I can give you the swab sticks for the blokes now,' Ian continued. 'Take a smear from inside their cheeks. And don't forget to label the plastic tube. From you though, I'll need a blood sample. Can you take your own blood?'

Lily stared at him. What kind of question was that?

'Alright, alright, I've got a nurse who can do it. She charges five quid. Works at the vets on Smith Street. Her name's Tessa. Say I sent you.'

'The vets? I'm a person, not a bloody race horse.'

'It's just blood so calm down. Go there, okay?'

Lily pursed her lip. 'Well, okay.'

Ian moved a little closer. 'You know, if you want an abortion and don't want to have a registered one, I can get you one done on the quiet.'

'Oh, don't tell me,' Lily said. 'At the vets?'

Ian rolled his eyes. 'At a clinic in Switzerland. It'll cost you, but the option's there, if you need it.'

Lily stood a little straighter. She'd always assumed illegal abortions were undertaken by backstreet doctors in questionable surgeries. 'But how? I can't travel without a blood test.'

'Yeah and I can get you a blood test, all nice and clean.'

'But how?'

All women under forty in the UK had to provide a blood test result when leaving the country, which made it next to impossible to arrange an abortion abroad.

'I can get one. Just something to consider, if you get

desperate, alright? In the meantime, let's get you those swab sticks.'

11

Lily rushed back from the pub, swab sticks in her hand but her heart in her mouth. Pete was coming over for dinner and she was going to tell him she was pregnant. To say she was scared was an understatement because she thought she had a stronger chance of getting Pete to agree to this child, so if *he* didn't accept, what chance would she have with Nick?

They made love when Pete arrived; maybe because Pete was a little jealous of the time she'd been spending with Nick so he pretty much jumped on her, but she didn't mind. Then they prepared dinner together in Lily's small kitchen. An ancient wooden beam traversed the room, low enough for Lily to hang cooking pots from, and the sink was a genuine butler variety with brass taps and a wooden draining board.

'Did you hear Ms Fraser-Wilson died?' Pete asked, chopping an onion that was making him tear up. Although maybe that was also because of Ms Fraser-Wilson dying.

'Oh, no,' Lily wailed. She'd been one of her favourite teachers at school.

'I know, *but it's true*.' Pete said that last bit in an accentuated Scottish accent which just made Lily wail all the more.

Ms Fraser-Wilson would always sit on the front of her

desk when she taught, as though she wanted to get as close to her pupils as possible. And whenever she imparted something weird or wonderful or fanciful or unbelievable, she'd follow that with her trademark expression, *But it's true*, delivered in her deep Scottish brogue. "People used to get married. And they had to forsake all others. And promise this to God, in a church. It's *true.* And when they got married, children only kept their daddy's name. So people only ever had one surname."

Now, everyone had both their mother's and father's names. Girls put their mother's surname first, hence Lily was Bryce-Davis because her mum was Bryce-Bolton. Boys put their father's name first, so Pete was Lewis-Taylor because his father was Lewis-Jones. Kids with no father used their mother's names.

When they ate dinner, they talked about school and all the memories Ms Fraser-Wilson evoked for them and Lily kept waiting for the right moment to tell Pete she was pregnant. But it didn't turn up. When she was loading the dishwasher, she knew she was running out of time.

'I have ice cream. Want some?'

Pete leant back and patted his stomach with a satisfied groan. 'Oh, no. Look at that. Food baby. So no more for me.'

Was that an omen? Lily smiled, trying to sound nonchalant. 'How's Ollie, by the way?'

'Ah, he's great. We're going sailing this weekend. He wants to sleep on the boat and Judy has some bloke coming over and is more than happy for me to take Ollie off her hands.'

'But that'll be great. Ollie loves the boat.'

'He does. I have trained him well.'

'Pete, he's four.'

'Like father, like son.' Pete loved the fact Ollie was like him in every way – even down to the slight cowlick in their dark hair and the long length of their eyelashes.

Lily laughed. 'You still wouldn't want to have another one, one day?'

'Oh, not you as well. Judy's been on at me about having another kid recently, for Ollie, you know?'

Lily felt her spirits soar at the sense of possibility here. 'Really?'

'Yeah, she reckons Ollie needs a brother or sister before he gets too old to be on their level.'

'Well, maybe she has a point.' Could this be that easy after everything she'd worried about?

But Pete puffed out his cheeks. 'Yeah maybe, but I think it's already too late for that, you know? Ollie's probably not going to be that interested in playing with a brother or sister who's five years younger than him. And he's doing fine as he is. I mean, if Judy really wants another kid then she could have one with someone else, although she thinks it would be better for Ollie to keep the same father and mother, which is true, I suppose. Less hassle all round. But really, it's not something I want right now. Besides, I only have time – and money for two children in my life. Ollie and my boat.'

In a nanosecond, Lily went from elated to disappointed, but still managed to smile. 'Both of which you love the same, I'd say.'

'Don't tease me when you have no knickers on. I'll smack your bum.'

She was only wearing Pete's shirt and nothing else. 'Only if I let you.'

Pete laughed.

'So if I was to say I wanted a child with you, you'd say no?' she asked.

'Definitely. Ollie was a mistake, you know that. I wouldn't not have him now, but I wasn't ready. Sometimes I still think I'm not ready.'

Lily looked down at her feet.

'You're not serious are you?' Pete queried, eyeing her with a little concern.

'Yes I am.'

'But you always said you didn't want kids till you were in your thirties. What's changed? Why are you thinking about this? What's going on?'

Lily exhaled and looked into Pete's eyes. 'I'm pregnant. That's what's going on.'

All the colour seemed to drain from Pete's face. For what seemed like an age he remained silent, just sitting there, until he managed to gather himself together. Then all the questions came tumbling out. How could this have happened? She had protection. Why did it not work? Could they do something about that and, of course, was he the only possible father?

Lily answered all his questions, feeling his desperation. 'Look, I didn't want this either. And I'm just as scared as you are.'

But Pete had fixed upon her last answer, when she'd told him that Nick could also be a possible father. 'But this might not be *my* child anyway.'

'No. So I need to take a swab for DNA. After that, when we know, we can decide what to do, I suppose.'

Pete looked surprised. 'But there's nothing to decide. Lily, I can't afford another child. My contract with Judy and Ollie takes more than half my salary as it is, so how would I manage? Shit. This is not happening. Have you got some whisky? I need a whisky.'

'Sure.' Lily went into the kitchen and retrieved the bottle from the cupboard. She hated whisky herself but as Pete liked it sometimes, she always had a bottle in the house. She poured him a large glass and handed it to him.

Pete remained immobile, just staring into space until he took a large gulp of his drink. He set the glass on the table, after which he switched all of his attention to it, moving it a little to the left and then a little to the right. Finally, he spoke. 'I really don't want to be the bad guy here, but I do have a right to refuse this pregnancy,' he said.

Lily sat gingerly. 'Yes. I know you do.'

'So, would you be prepared to consider an abortion?'

Lily screwed up her eyes and Pete took this to mean she was upset by his request. But that wasn't what was creating this turmoil in Lily.

'I'm really sorry, babe,' Pete added. 'I hate having to ask but I think it's something we've got to seriously consider. I just can't afford another child at the moment.'

'I understand. And if I could have an abortion, I might even consider it. Only I can't.'

'What d'you mean, you can't? Everyone's allowed *one*.'

Lily nodded. 'Yes. I know. And I've already had mine.'

'You what?' he shouted. 'You've had an abortion before?'

'Yes.'

'But when? Why didn't you tell me?'

'Because I didn't think it was something that needed to come up between us.'

'Come up?' Pete said in amazement. 'Come up? Well that's an interesting way of looking at such a big thing in your life. Like it was just going to come up. And if it didn't, what? You'd never tell me?'

Lily became defensive. 'I don't know. But I'm sure you've got things in your past you've never told me about.'

'Not things like this. I know you're a hard nut to crack sometimes but I thought we'd become close. I thought we were really starting to know each other and now you hit me with this.'

'Pete, please. This isn't fair. Some things just aren't easy to talk about.'

Pete became more angry. 'Yeah, well, with you nothing's easy to talk about.'

Pete never raised his voice – to anyone. He never let his temper get the better of him, so this was clearly stressing him out. Lily ensured to keep her own voice steady and level.

'What happened in my past,' she said, 'has nothing to do with you and me.'

Pete leant forward in his chair. 'But it has everything to do with you and me. This is going to affect *everything*. So how could you have thought it wasn't important to tell me?'

'In our current situation, I suppose it was important, but this was never supposed to happen, was it?' She paused, hoping Pete might see that logic and some of his anger might start to fade. 'So please, don't pick a fight with me over it because it looks as though you're using this as an excuse to push me away. Don't do that. Not when I need you most.'

'I'm just…I'm just really disappointed in you, Lily. Really fucking disappointed.'

'It's not like I got pregnant on purpose. This isn't my fault.'

But Pete didn't want to hear that. In his panic he clearly didn't want to hear anything else she had to say. 'I expected better from you, that's all,' he added.

She slowly stood up. 'Maybe when you've calmed down, we can talk about this again more reasonably. So why don't you give me your DNA sample, and then we can find out where we stand? But in the meantime I think we should just keep this between us. Can you not tell anyone? Not tell Judy?'

'Oh, shit. Judy. If this is my kid, she's going to go ape.'

Lily tried to glean some comfort from the fact that at least he seemed to care about someone in this scenario. It was just a shame it wasn't her.

When Pete left, Lily took a shower and slipped on her dressing gown. The evening was warm and the breeze through her window was cool against her skin. She sat on the end of her bed brushing her wet hair and thinking about the evening that had just passed, when her phone rang. She wondered if it might be Pete calling to apologise, but of course it wasn't. It was Melanie.

'I just had dinner with my lawyer friend and I asked her about suing contraceptive companies,' Melanie said.

Lily sat more upright; alert. 'And? What did she say? Is there a chance I could?'

'Well she doesn't specialise in that obviously, but she did know a few things. Did the guys you had sex with wear a condom?'

Lily frowned. 'Well, no. Because I had a coil.'

'I thought that might be the case, which means I'm really sorry but it's not good news. Virtually all coil manufacturers stipulate their product is only ninety-nine percent effective. And to be one hundred percent, you must never have sex without a condom.'

'What?' Lily was flabbergasted.

'Yes. She did say she knew of one case where a plaintiff went ahead and sued anyway, and they actually won. But she had a very good lawyer who cost a fortune. Although one thing to bear in mind is that it'll take about six months to get to court.'

'*Six months?*'

'Yes.'

Both women fell silent. They both knew that six more months would make it way too late for Lily to have a termination. Melanie didn't ask if that had been her intention and Lily didn't offer to tell her.

'Well thanks for the info,' Lily finally said. 'Appreciate it.'

'No problem. I'm just sorry it's not better news.'

'Me too. Anyway you sleep well.'

'You too, if you can.'

Lily didn't sleep, or at least not until the sun was rising and the birds had just begun gearing up for their full dawn chorus.

12

His large black BMW 8 Series sedan looked very much in keeping with so many others around it, as John drove into the trading estate. This area was full of pharmaceutical companies, all with large offices and enough money to provide their staff with the right kind of car. The roads here were paved in red brick, which were set off very well by the white paving slabs along the verges. There were white painted benches and black metal lampposts and of course, the green waste bins highlighting the *Clean World, Clean Society* emblem. He slowly pulled into a vacant spot and cut his engine. Valerie wasn't here yet. He looked at his watch and realised he was a few minutes early, so couldn't get angry.

Her car suddenly swept in, a Lexus LS which, in John's opinion, was the nicest thing about her. Her car pulled up near his, and John waited until she got out before he followed suit. These things were important. He ensured she stood there a full thirty seconds before he slowly opened his door and emerged from his car.

Valerie's brother, Ian, was standing on the other side of the car. John hardly glanced at him. He was a weasel. Instead he focused on Valerie. Dealing with anyone but her would be beneath him.

'I'd like to say this is a pleasure,' she said in a voice rough from too many cigarettes, 'but I have a lunch in half an hour and this is making me late.'

'Sorry,' John said, without the least amount of sincerity.

Valerie was stick thin and her facial features eerily skeletal. She was probably only late forties but looked older – like she'd somehow lived through several droughts, famines and unbearable hardships, none of which she had. Small touches here and there showed she tried to look more feminine but she just looked hard. Although that did tend to help when you were a woman in charge of an illegal black market.

'Amy Dove-Potts,' John said.

Valerie frowned. 'What? That woman on the news? With the kid?' She laughed. 'You think I had something to do with that?'

'I don't know. Did you?'

'No.'

John stared at her. She stared back.

Valerie didn't withhold information if she had it. That wasn't part of their working arrangement. When John needed to know something, she would tell him. In exchange he protected her from RADAR, occasionally giving her the heads-up when Kofi was planning a raid on one of her warehouses, or planning an arrest. They'd begun their little partnership just after John became the director, and just after Valerie had taken over from her father, who'd died. He'd been a real hard-arse who'd managed the black market for a huge area of the south east and Valerie had found it hard to keep everything together once he'd gone. Certain factions had begun to break away until John sensed an opportunity to help her. But only if she helped him back. And up to now, things had worked very well between them.

'Then if it isn't you, do you know who?' he eventually asked.

'No.'

John plunged his hands deep into his pockets and sighed.

'This is not me,' Valerie said. 'This is different.'

'Then I want you to look into it.'

'I'm the last person these people would have anything to do with.'

'They deal with desperate women. You deal with desperate women. Maybe somewhere there's a connection. And if you try really hard, you might just find one.'

'Yeah but it looks like *they* do it from the goodness of their hearts. I do it for the cash.'

'Your clientele are having issues dealing with their pregnancies, so just maybe, one of them's been approached by this group, or knows something about them, so ask around.'

Valerie raised her hands in submission. 'Okay. I'll ask around. Now is that all?'

'No. Lily Bryce-Davis.'

Valerie shook her head. 'Never heard of her.'

John motioned to Ian, just out of earshot and leaning on the driver's side of the car. 'What about him?'

Valerie called Ian to join them. He sauntered over.

'Know someone called Lily Bryce-Davis?' Valerie asked him.

'Yeah,' Ian nodded. 'We've done business.'

'For what?' John asked.

'Pregnancy tests and DNA.'

John mulled this over. 'Have you had the results back yet?'

Valerie smirked. 'Why? Think you might be a daddy?'

John didn't even dignify that with a response.

Ian shook his head. 'Haven't even sent them off.'

'Well,' John inched a little closer to Ian. 'When you get the results, you'll give them to me. Understood?'

'But what do I tell her? I mean, she'll be expecting them.'

John cocked his head. 'You'll get them back when I'm ready to give them back. In the meantime, deal with it.'

Ian half shrugged, as though he hadn't meant to look pathetic before and absolutely, he could deal with that. No problem.

'Now, is that it?' Valerie asked.

'Yes. That's it.'

Valerie headed for her car but John called out to her and she turned around.

'Enjoy your lunch,' he said, smiling.

She just shook her head and got into her car, not having a clue how much the information about Lily had pleased John. Lily had broken the law, so now there was no way out for her. Now he had her right where he wanted her to be.

13

Normally, Friday night was the best night of the week with the whole weekend stretching ahead, but Nick was due any second and Lily had never felt more torn. She wanted so much to see him and yet she knew that once she told him she was pregnant, everything would change. What had been happy and exciting and carefree, was about to become stressful and worrisome and maybe even ugly. And she wasn't ready to lose what they had, not when it was just getting started.

But she had no other choice. He was heading off to the Pyrenees the next day for two and a half weeks so there was no chance she could delay any longer. She had to get his DNA before he left.

They were sitting outside on her wicker armchairs in Lily's small, terraced garden and Nick was pointing out all the constellations in the stars and telling her how much he'd like to take her somewhere they could sit on a mountaintop, where the stars were out of this world. That was when she broke the lovely moment, and told him.

'I'm so sorry,' she said, as she explained about her contraceptive and how she'd never intended this to happen. Then she just sat there, waiting for Nick to try and process everything.

Eventually he spoke. 'So this could be mine *or* Pete's?'

Lily nodded.

'And how'd he take it?' Nick asked.

'Not well,' Lily replied. 'He wants me to have an abortion.'

Nick just raised his eyebrows. He sat forward, resting his elbows on his knees.

'Is that what you'd want?' Lily asked, preferring not to tell him at this point, that she couldn't have one anyway, unless it was an illegal one. She wanted to see which choice he would make, if he could.

'I'm still trying to get my head around the fact you're even pregnant, so I don't know what to think. I can't say I'm happy. That's not the emotion jumping out at me, I'll be honest.'

'Yeah, I understand.' She tentatively touched Nick's forearm with the tips of her fingers. 'I'm so sorry.'

He took her hand in his. 'Don't be sorry for something that wasn't your fault.'

Hearing him say that made Lily's spirits lift a little. 'Yeah, but the last thing I want is history repeating itself here. I don't want you to hate me.'

'I could never hate you.'

Lily proffered a tiny smile.

'But I mean, what about you?' Nick looked at her avidly. 'Forget about me for a minute, how do you feel about becoming a mum?'

Lily frowned as he said that, as though he'd asked her the most bizarre thing. Then it began to dawn on her. 'A mum?' she whispered, bringing her hands to her face. 'I… I don't…' She shook her head. 'Ever since I found out about this I've never looked at it like that. How could I…? I mean, I've been so wrapped up with the legalities and the practicalities and the worry about what might happen, that I haven't taken a single minute to think about…' she delayed saying it. 'There's a baby in here. And I'm going to be a mum.'

Nick said nothing.

'I can't believe I did that. What kind of mum is that going to make me? I'm crap from the start.'

Nick rubbed her hand. 'Don't be so hard on yourself. You're just scared. So's Pete. So am I. Look, come here,' he said, pulling her from her chair and onto his knee.

He wrapped his arms around her and Lily sank into him, resting her head under his chin, and curling her legs up. She wanted to just disappear inside him; open a zip in his chest and crawl in, where she could stay safe and warm and secure. This small show of support from Nick, when she'd expected the reverse, almost brought tears to her eyes.

'I'll need your DNA,' she said, hoping her voice didn't sound too croaky. 'I have a test swab.'

'Fine. How long does it take for the results? I could try and get to a phone when I'm away.'

Normally it was around four days from a lab but Lily didn't want him to know she wasn't using a lab. She was better off dealing with all of that alone.

'Just focus on your trip. The results will be here when you get back. Take the time to think and to decide what you'd want to do.'

'Okay then.' He kissed the top of her head. 'Everything had been so great,' he whispered. 'I've had the best six weeks of my life and I'm crazy about you so the last thing I want to do is let you down. But I can't say that I won't and that kills

me. So what are we going to do, Lily?'
She just held him tight.

14

Lily drove the small transit van down Primrose Street, scouring the house numbers as she slowed almost to a stop. Her mother's words were being ignored, but as things weren't looking great, she wasn't going to hope the magic fairy would make everything alright. She had to take action herself. This didn't mean she would run away but there was nothing wrong with making a few enquiries, just in case.

The street was a quiet suburban one on the outskirts of Wycombe, with large semi-detached Victorian style houses. Being a Sunday morning, there was no one about and Lily stopped around halfway down the street and got out of the van.

She tucked her hair behind her ears and slipped on her blue baseball cap. It matched the colour of her fleece and she hoped this would give the outfit some semblance of a uniform. She moved to the back of the van and removed a large bouquet of flowers. They were very pretty tea roses in pinks and creams and they'd cost her a fortune. She just hoped it hadn't been for nothing.

She chose a house and headed down the pathway before knocking on the hardwood door. A middle aged lady opened it, saw the flowers and beamed.

'Oh.'

Before she could get too excited, Lily spoke. 'Isabel Dove-Mason?'

The woman's face fell. 'No. No, that's not me. That's a shame. They're lovely.'

'Sorry, they must have given me the wrong house number.'

'They did. Isabel's number seventeen. Not number twenty-seven.'

'Ah. Thanks. And sorry again.'

Taking a deep breath, she waited by the gate of the house belonging to Isabel Dove-Mason. The garden needed work, but considering the woman who lived here was terminally ill, her daughter was in police custody and her small grandson had been taken into care, it was hardly surprising her focus was elsewhere.

Lily walked down the path and knocked. The door was half frosted glass and Lily could see the silhouette of a person coming down the corridor. She felt nervous and gripped the flowers tightly.

The woman who opened the door had the pale pallor of someone in need of fresh air and sunlight. She was painfully thin and pulled her cardigan around her as though the warm outside air was an icy blast.

'Isabel Dove-Mason?' Lily asked.

'Yes? Oh, are those for me?' Isabel smiled and her eyes actually sprang into life.

Lily suddenly felt awful. This woman didn't need any more aggravation or stress. Maybe this was a bad idea. Maybe she should just leave the flowers and go.

But, she was here now. And she was desperate.

'Mother of Amy Dove-Potts?' Lily said, feeling even worse at the change of expression that question caused on the face of the woman in front of her.

'Are you press?' Isabel asked grimly. 'Because if you are, you can get lost.'

'No. I'm not from the press. Really. I just wondered if I could talk to you. Maybe I could come in for just a minute? I won't keep you for more than that, I promise.'

'Are you even going to tell me your name, or what you want?'

'I can't tell you my name I'm afraid, but I do need to talk to you about your daughter.'

Isabel hesitated momentarily. She eyed Lily sideways. 'Are you one of them?'

'One of what?'

'Nothing.' Isabel shook her head.

'No please. One of what? One of the group she lived with? The group that helped her and her son?'

'I didn't say there was a group. I didn't say she lived with anyone. Are you the police because I've given three statements already and I don't know anything about anything.'

'No, I'm not the police. I'm just someone like your daughter. Someone who needs help. Please, can I come inside just for a minute? You're freezing out here.'

'No you can't. Go away. I don't want any trouble.' Isabel started to close her door but Lily stopped her.

'I'm so sorry. I don't want to upset you or cause any trouble. Please take the flowers at least. And accept my apology. I just hoped you might be able to help me, that's all. But I shouldn't have come, and I'm sorry.'

Isabel eyed the flowers. Then she eyed Lily. She nodded briefly and reached for the bouquet.

'And I know you don't owe me anything but could you not tell anyone about this visit? About me?' Lily tried to smile. 'I don't want any trouble either.'

'Alright. Now please leave.'

Isabel shut the door and Lily headed back down the path. She didn't look around her as she headed for the van. She was gutted this hadn't worked out and she just wanted to get away from here as quickly as possible.

The house opposite was almost identical to Isabel's, same style front door, same bay windows, similar lace curtains. If you didn't know to look for it, you wouldn't have seen the camera lens poking through the middle of those curtains, the lens which followed every move Lily made as she opened the van door, got in, and drove away down the street.

Had Lily seen it, she would have been scared, but not necessarily shocked. Because that was why she'd worn the cap, and kept her head down. That's also why she'd secretly 'borrowed' Pete's van, knowing he was away sailing with Ollie and would never know. And why she'd changed his number plate with a simple piece of black tape, turning the registration from PK03 MDV to RK03 MDV.

She'd taken precautions. She'd be just fine.

15

The next Tuesday evening, Lily waited outside the pub for Ian, her DNA and blood samples hidden in a padded envelope in her shoulder bag, all labelled and packaged as per Ian's previous instructions. As the night was warm, several drinkers had spilled out onto the cordoned-off section of pavement, the men holding their pints and the women their small bottles of Bacardi Breezers. She blended in amongst them. When Ian finally sidled out, he motioned for her to join him on the periphery of the group of drinkers, and she strolled over as casually as she could.

'I've got the samples,' Lily said quietly, tapping her bag as she looked around furtively. 'And the cash is also in the envelope.'

'Don't give them to me,' Ian instructed, taking out a packet of Benson & Hedges and lighting a cigarette. 'Go around the corner and wait at the bus stop on the green bench.' Ian exhaled, blowing smoke in the opposite direction. 'One of my guys will come when he's sure no one's watching.'

'Okay. And it'll be two weeks, yes? And I'll get the results.'

Ian shuffled from foot to foot. 'Yeah. About that.'

She didn't like the sound of that, or the shifty way he was behaving. Normally he was all cocksure and arrogant. 'What do you mean, 'about that'? You told me two weeks. It has to be two weeks.'

'Then yeah, yeah, two weeks.'

Lily narrowed her eyes. 'Is there a problem here, Ian?'

Ian shook his head. 'No problem. See you in two weeks then.' He made to walk away, which was also unusual. Normally she walked away first and he stared at her arse as she did so. She grabbed his arm.

'Listen, how much does it cost for the abortion in Switzerland you mentioned, just in case I need to do that?'

'No,' Ian said swiftly. 'They'll be watching you.'

Lily looked shocked. 'What d'you mean? Who'll be watching me?'

'No one,' Ian faltered. 'I just meant that, you know, with that Amy woman on the news, they're clamping down – lots more checks at the border. So we're cutting back, because everyone's being watched. It's not a good time to try and leave the country.'

'Really?'

'Yeah. We're not doing much of that at the mo so, sorry.'

'Well, when d'you think you might start up again?'

'I don't know. But I'll let you know if that changes, okay?' He seemed in a hurry to leave.

'Yeah, sure. Thanks.'

Ian nodded and walked away, and Lily slowly ambled around the corner to the bench. She sat as though waiting for the bus. She was alone at the bus stop and tried to appear casual but she was uptight, for more reasons than the obvious. Had Ian behaved strangely or was that just her imagination? It wasn't as though she knew him that well, so how could she know for sure? One thing she did know was that she wished he'd never told her about the clinic in Switzerland, because she'd actually begun to consider it might be feasible; that if Pete and Nick gave her a definitive and categorical "no", this could have been an avenue to travel down. But could she even do that now?

She wondered what Pete was doing at this particular moment. It had been a week since she'd seen him and they had rarely gone that long without at least talking. Perhaps, in any other circumstance she'd have been happy not to talk to him after how he'd behaved, but she needed him now, so this was hardly a good time to fight.

When Lily was beginning to think nobody was ever going to show up, she almost died of fright when there was a heavy tap on her shoulder. She turned. A man in a tracksuit and hoodie stood there with a skateboard under one arm. He held out his other hand. He didn't say anything and Lily quickly fumbled in her bag and took out the package. He swiftly dropped the board to the ground, slipped her package into a rucksack and sped off, turning into a narrow lane where no car could follow.

16

Melanie's pine-fitted kitchen was as big as Lily's whole lounge/diner, and it had an island in the centre, which so few people had, and which Lily loved. There was a lot that Lily loved about Melanie's house because not only did she have good taste, but she also had good money. Never having had children, and also reaching one of the top positions in Mace-Meredith – which was not just unusual for a woman, but unusual for a woman who was only in her forties – Melanie lavished time, and money, on her home instead.

Lily perched on a stool at the kitchen island, chopping carrots for their stir-fry. They were half watching the evening news coming from a small television on the opposite counter top and half talking about something that had happened at work that afternoon, when a news item caught Lily's attention.

'Hang on,' she said, motioning to the TV. Melanie turned from her own chopping board to listen to the newsreader, who was talking about further witnesses declaring that the Prince and Princess of Wales were heading for divorce.

'Poor bastards,' Lily said, turning from the television. 'Marriage should just be banned altogether. I don't know why they're still forced to do it.'

'Because heirs are born of succession and succession is born of marriage. If you ban marriage, what happens to that succession? Bastards – in the true sense, not your sense – have never been accepted by royalty before have they, so why should they be now? And besides,' Melanie grabbed a red pepper and returned her attention to her preparations, 'the Queen refuses to give up being head of the Church of England, and until she does, marriage could never be banned, not officially anyway.'

'But she's just about the only person who still goes to church, so what's left to be head of?'

'There are still people who go to church,' Melanie disagreed. 'And some who still get married.'

Lily half snorted. 'Only those weird groups down in Kent. But they're kind of like the Amish – only without the horse drawn carts.'

Melanie laughed out loud. 'They are not.'

'Not what? Weird? Or like the Amish?'

'Both.'

'Well they are weird. Anyone who chooses to stay with just one person is weird.'

'Oh here we go.'

Lily laughed. 'But they are. How much misery do they want to put themselves through?'

'Maybe it's not all misery. Maybe they're happy that way.'

'I know you like to think you'd be happy,' Lily argued, 'but you wouldn't. No one can be everything to one person and they cannot be everything to you. It makes people change into what they think someone else wants them to be, rather than being who they really are. I mean, come on, just take you with John as a prime example. You were actually going to go wild camping – you – just to make him happy.

Now how mad is that?'

'But what's wrong with being incompatible sometimes? Just learn to compromise. We've all come to expect too much, in my opinion and I don't think it makes us any happier.'

'So you'd rather stay with one person and be miserable?'

'I do only stay with one person, and I'm not miserable.'

Lily gave her a lopsided grin. 'Yes you are. Because you hate it when they won't just stay with you.'

'Well I'm sure, if you're really honest, you hate it too. Especially now, with Nick. Your eyes light up when you talk about him and I've never seen you like that with anyone before, so you can't tell me you would be okay with him seeing other people.'

'I'm sure he is seeing other people. He's probably shagging one of his American guests in some tent on the mountain as we speak, no doubt trying to forget all the stress going on with us at the mo.'

'And that *really* doesn't bother you?'

'If it makes him feel better, why should it?'

'But how can it not bother you?' Melanie's voice rose in exasperation. 'I really thought, maybe with Nick, you'd be different.'

'Why? You think I should want to own him, just because I'm besotted?'

'It's not about ownership.'

'Then what is it about, because it sounds like ownership to me?'

'Oh stop. And pass me the foil from the top drawer there, would you?'

Lily sniggered as she stood and opened the drawer. Inside were various kitchen utensils, rolls of foil and kitchen paper, a notepad and pencil and, in the corner, a small pile of photographs. The top one was of John Adam-Brown shaking hands with some dignitary and just a small way behind, was Melanie, looking elegant in a smart dress and high heels. They were standing outside the Municipal Court building. Lily knew those steps. She knew those large arched windows and the pale building facade. She knew the two large columns outside the door and the ornate black railing. And she was pretty sure she even knew John's suit. That, or he had several just like it, because it looked identical to the one he'd been wearing when he'd been judge and jury at her own tribunal.

He'd sat up on a dais, flanked by two other men in similar suits and had hardly even bothered to look down at Lily, nervously sitting beside her lawyer, as he read his verdict.

'It is the finding of this tribunal that you willingly and consensually entered into a sexual relationship with Richard Roberts-Roland, so the resulting abortion of your pregnancy in relation to that union cannot be annulled. It will be illegal for you to undergo a further abortion in your lifetime. Furthermore, as there is insufficient evidence of your claim of rape against Richard Roberts-Roland, this case will not be placed before the Crown Prosecution Service and is considered closed.'

Lily had not been able to believe it. She'd stared imploringly at her lawyer to do something, say something, anything, but her lawyer had remained mute. That wasn't the same for the accused, Evergreen Family Centre Director, Richard, or his lawyer. They were noisily congratulating each other with hefty back slaps, firm handshakes and relieved laughter.

Lily had never felt so low in her life. She'd stood outside

the courtroom with her mum and with Jane, her mum's friend. Jane had enfolded her into a huge hug and Lily, not being the overly demonstrative type, had disengaged herself with the excuse of needing the loo. She'd rounded the corner and, being out of sight of her mum and Jane, had leant up against the wall, near the opening of the corridor to the toilets. The marble walls had felt cool against her hot forehead and she'd remained there for several minutes just trying to get a grip of herself. She'd heard the voices of two men talking, out of sight, down the corridor. They must have just come from the men's toilets. As the voices drew nearer, she recognised John Adam-Brown and Richard Roberts-Roland.

'I can't believe I'm doing this for you, Richard,' John had said. 'Learn to keep your fucking dick in your trousers or I'll slice the thing off myself.'

Lily had not been able to believe it either. She'd stood transfixed, as the two men appeared and turned the corner, almost colliding with her. Richard had looked totally panicked but John had maintained his composure.

'Ms Bryce-Dawson,' he'd greeted her, inclining his head.

'Bryce-Davis,' Lily had hissed back. 'Bryce-Davis.'

John knew. He knew what Richard had done to her, and it hadn't mattered. John had protected him regardless.

That had been ten years ago, just before John had been promoted for his excellent service to the female community, and had become director of all the departments which served them. That had been when Lily was sixteen years old and the accused, Robert, was forty-two.

17

The news section today was focusing on the privatisation bill which, after much speculation, Hilary Frank-Herbert had confirmed she was planning to introduce to the House of Commons. Lily was paying close attention, especially as they replayed snippets from the initial debate on *Politics Today*, which she'd missed. She was cooking dinner, flitting back and forth between her kitchen and the living room – where the television was located – when her phone rang.

'You borrowed my van,' was the first thing Pete said once she'd answered it.

Lily winced. As things were hardly great between them, his discovery that she'd taken the van without permission wasn't really going to help. But how did he even find out?

'Hi, stranger,' she said. 'Yeah, I did. Sorry I was going to tell you.' She wasn't. 'Next time we spoke.'

'Oh. Right. Well I'm sorry I've been distant. I'm still just trying to get my head around things, you know?'

'Yeah, I know.'

'So, why'd you use it? The van?'

Lily thought fast. 'Oh it was just a last minute thing. A friend from work needed to move an armchair. And she couldn't fit it in her car and I knew your van was there and I didn't think you'd mind. I mean, you hardly use it anyway.' Pete had it mostly for when he visited building sites for work, as he preferred not to take his car through dust and rubble.

'So why'd the cops say you were delivering flowers to some woman on Penrose Street, or somewhere?'

'What?' Lily's pasta started to boil over – almost in the same way her emotions were. The cops! She shoved the pan off the heat. 'What do you mean, the cops?'

'They were just here. Scared the shit out of me. I thought they were going to tell me something had happened to Ollie, or someone. Instead they had a photo of you delivering the flowers and were asking all sorts of questions.'

'They've got a photo? But why would they have a photo?'

'You tell me. What's going on, Lily?'

'I have no idea.' Lily started to nervously play with her bottom lip. This was not good.

'Then why'd you lie? About the armchair? If you were delivering flowers?' Pete asked.

'I didn't lie,' Lily replied, frantically trying to come up with a valid excuse. 'We dropped off the armchair and then delivered the flowers. They were for Sue's grandmother, my mate from work. The new girl in my department? I think I've mentioned her.'

'No. I don't think you have.'

'Well anyway, it doesn't matter. It's just really weird though, that the cops have my picture.' She tried to make light of this. 'Maybe Sue's granny's some secret jewel thief or something. I'm going to ring Sue now, see what she makes of this. But sorry they came to see you. I had no idea it would cause any trouble.'

'Well, yeah, it wasn't great.'

'Sorry, Pete.'

'It's okay, don't worry about it,' Pete replied, albeit begrudgingly. 'I just nearly shat myself when they turned up.'

'I can imagine.'

'Well. They're probably on their way to you now. I had to dob you in, I'm afraid. Tell them your address.'

Lily's eyes flew open before she frantically ran to look out of her kitchen window. 'That's no problem. I'll let you know what they say. Okay?'

'Yeah. Okay.'

'This is so weird.' Lily tried to sound convincing.

'Too right.'

'Well look, I've got to go, my dinner's boiling over. And sorry I didn't get around to telling you about the van yet.'

'S'okay. Speak soon then.'

The moment Lily put the phone down she shouted, 'Shit. Shit shit shit shit shit.'

This was not supposed to happen. If the police had found the van then they must have discovered the registration plate had been changed. Pete hadn't mentioned that, so they couldn't have told him. She was grateful for that anyway, because how could she explain to Pete why she'd done that? And how could she explain it to the police?

Police who were on their way.

What could she say? She could blag her way out of the flowers; she'd read about Isabel in the papers, felt sorry for her? Maybe that would wash. But why change the number plate? She had no answer for that. other than the truth, and she couldn't tell them that. What was she going to do?

What she needed was time to think. She couldn't talk to the police now. She wasn't prepared. She quickly turned off the kitchen light. Then she grabbed her pot of pasta and put it inside her cold oven, hiding it out of sight. She tidied away her dinner plate and cleaned everything up.

She purposefully didn't close her curtains. They needed to look inside and find an empty house. She turned off the telly and the living room light, grabbed her handbag and rushed upstairs, to the one room in the house without a window – the toilet. She pulled down the toilet lid and sat. Waiting.

It took less than five minutes for the rap on the door. She tensed, motionless, as though any movement she made might be heard ten metres away, outside a thick stone building. The knocking became louder. She waited.

A few minutes later she heard knocking on the back door, only accessible through her small rear garden.

She waited. They knocked again.

Then all went silent. But she still sat in the darkness of the toilet for an hour before quietly opening the door and creeping out. She tiptoed into the bedroom, the window of which looked out onto the front of the house and the street beyond. To her dismay, the police car was still waiting there. Lily sat on the edge of her bed, trying to think this through, until the police car finally gave up, and drove away.

18

Kofi received an unexpected early morning visit from John. Whenever he turned up unannounced, there was usually something that displeased him, and it didn't take John long to say what that was.

'The Prime Minister rang me last night. At home. Which means he's making this personal, and I don't appreciate that. He's not happy, especially with all the talk in the House around Hilary's privatisation bill. She's garnering some support apparently, not a lot, but enough to make the PM a tad uncomfortable. As such, he doesn't want any negative publicity about the centres and he needs this whole Amy thing to go away. And so do I. So I hope you've moved forward and have something to report because you've been far too quiet for my liking and I'm not sure that bodes well.'

Kofi sat back in his chair, not one as large or comfortable as the one in John's office, but it suited his needs. The rest of his office was about the same, less fluff and more function. And definitely less mahogany, more melamine. He half smiled, because he did indeed have something to report.

'I was going to update you later today, once we'd followed up a lead of enquiry, but at least now, I can brief you personally.'

John narrowed his eyes, but said nothing.

'Surveillance on the mother turned up something interesting last weekend. She had some flowers delivered, but there was no logo on the van so we got suspicious and checked it out. We ran the plate and found that it didn't exist. Then one of my officers noticed something off about one of the letters on the plate. An R was really a P and of course once we figured that out, we ran the plate again and found the owner – a Pete Lewis-Taylor. He's clean, has no record so we know little about him, but we paid him a visit and found out that, unbeknown to him, a friend of his had borrowed his van – he was away sailing at the time and that's been verified, so he's not lying. He identified the delivery woman as that friend and gave us her name and address.'

Kofi rifled through a small ream of papers on the side of his desk and withdrew an A4 photograph which he passed across to John.

'That's Lily Bryce-Davis,' Kofi said, 'our flower delivery lady. And someone very likely connected to all this. She wasn't home last night so we went back this morning, but still no sign, so we're investigating where she works and then, we can pick her up for questioning.'

'Mace-Meredith Marketing is where she works,' John interrupted sharply. 'I know her. She's a friend of Melanie's.'

'Oh.' Kofi was taken aback. He also went from feeling slightly smug to feeling rather foolish. He cleared his throat. 'Well, good, at least that saves us a bit of time. I'll alert the team and they can send someone over there right now.'

He reached for his phone but John held up a hand to stop him.

'Wait,' John said. 'Lily being connected to this wouldn't surprise me but I don't think that's what her visit there was about. I don't think she's part of this group. I think it's more a case that she wants to be.'

'Why do you say that?'

'Because she's pregnant.'

Kofi raised his eyebrows. 'She's pregnant? How far along?'

'Don't know. She's gone off-radar.'

'I see.' Kofi frowned, wondering how John knew that. Had Melanie told him? 'Have we been informed of that?'

John sat back almost casually. 'I'm informing you now. Tell me, did you question Isabel at all, about the flowers?'

'No. I didn't think it wise to alert her to the fact we were suspicious. Better to just keep the surveillance on her and see who else might show up.'

'Well I think we should bring Isabel in. I think we might be able to use this Lily situation to our advantage. But maybe better to bring her to *my* office. Let's keep this unofficial.'

Kofi didn't know what John had up his sleeve but was prepared to let it play out, for now.

'In the meantime,' John added, 'back off on Lily. She's the one we don't want to alert.'

At four o'clock that afternoon, John waited patiently as Laura showed Kofi and Isabel into his office. John stood and smiled, turning on the charm. Isabel appeared completely bewildered, shaking her head demurely at the offer of coffee from Laura. John asked Isabel to sit in the chair in front of his desk and she sank into it gratefully.

Kofi walked to the other side of the room and stood watching the proceedings with his hands behind his back.

John sat in his black leather chair and, for a moment, just

looked at Isabel. It was obvious she'd seen better days. The dark circles under her eyes looked worse when contrasted against the paleness of her complexion. 'I know you're very ill, and that your prognosis isn't good. You don't have much time left and you probably wish you could spend that time with your daughter and your grandchild, don't you?'

Isabel tilted her head as she frowned towards him. She was clearly still wondering what on earth was going on.

'So, what if I was to tell you that you could do that?' John continued. 'And not only could you do that, but you could also ensure your daughter doesn't go to prison? She could live with her son anywhere she chose?'

Isabel looked very wary – and very confused. 'I don't understand.'

John reached into his top drawer and withdrew the photograph of Lily. He slid it across the desk.

'Who's this?' he asked.

Isabel hesitated for a moment, surprised to see the image before her. 'Where did you get that? Are you watching me?'

'That's by the by, Isabel. Who is she?'

But Isabel didn't seem to think it was by the by. In fact she seemed angry at the intrusion. 'It's a woman delivering me some flowers,' she said sternly.

'Just that?'

Isabel pursed her lips. 'She said she felt sorry for me and my daughter, and knew I was sick.'

'Did she say anything else?'

Isabel folded her arms. 'Not a lot.'

John interlaced his fingers. 'What if I were to tell you she was pregnant? Do you think she might have had an ulterior motive to visit you?'

'Millions of women get pregnant. What should that have

to do with me?'

'Maybe nothing. Or maybe she thought you could help her, that you could tell her where your daughter had been and who had taken care of her.'

'Well I told her nothing. Because I know nothing.'

'But you're not saying she didn't ask.'

Isabel shuffled in her seat. 'Look, I can't be held accountable for any person that turns up uninvited at my door. I don't even know her name.'

'Lily. Her name is Lily,' John said.

'Whatever.'

'Oh, no, Isabel, let's not be so dismissive. Because Lily could be your daughter's very salvation.'

'What are you talking about?'

John sat forward, resting on his forearms, his fingers still interlaced. 'Your daughter is very protective of the people who helped her. She'd rather go to prison than tell us where they are. Now, correct me if I'm wrong, but considering she gave up everything for her son, it doesn't make sense that she'd be prepared to lose him now, for these people. So what if they're some sort of cult? Perhaps they've brainwashed her – every mother's nightmare, I'd think. Or maybe they've threatened her and she's afraid of them. Do you think either of those could be true?'

'I don't know. I swear to you when I say Amy has never talked to me about them.'

John frowned. 'But as a mother, don't you want to know?'

'Well of course I do, but there's not much I can do about that, is there?'

'Maybe there is.' John tapped the photo of Lily. 'Maybe this woman can help you discover everything you want to know. And she can help you to help your daughter at the same time.'

Isabel looked at John intently. 'How?'

John sat back. 'Make a new friend, Isabel. Lily here. And persuade your daughter to help Lily. To tell her group to make contact with Lily. But do that without telling either Lily, or your daughter that you're doing it for us. Do you think that's possible, Isabel?'

'You want me to lie to Amy?'

'But you'd have her best interests at heart. Chief Constable Emen-Jones will release your daughter and drop all charges, if you do this for us. If you do this for her.'

John noticed the surprised look on Kofi's face, but thankfully Isabel didn't. He knew he wouldn't like this but he'd deal with Kofi later.

Isabel rubbed her mouth swiftly. 'If I did this, you'd really let Amy go? And little Jacob?'

'I really would. Just think of it, Isabel, so much, for so very little.'

'I'd have your word?'

'You have my word.'

Isabel wavered, but not for too long. 'Then alright. If I have your word you'll help Amy, then I'll do it.'

'Good.' John sat back. 'We'll talk you through everything, step by step, so you won't have to worry about a thing. I'm glad you made the right choice here. Now let's have a nice cup of tea, shall we?'

19

The constitutional office was relatively easy for Lily to find; it was so well signposted it was as though it was the most important building in this part of the city. A political ploy? Maybe.

On arrival, however, it turned out to be just a large, albeit very attractive, converted Victorian house, three storeys high with a white painted facade and black painted window frames around a multitude of windows. A sign hung from a wrought iron post. *Hilary Frank-Herbert. Liberal Party. Openness and Honesty.*

The stone slab pathway to the front door was bordered by rows of yellow marigolds and beyond them were squares of lawn so perfect they could have passed as a bowling green for the local pensioners' club.

When Lily pushed open the door, she found an interesting mix of modern styling contrasting against the old black and white floor tiles and the mahogany stair bannisters. The walls were light, the reception desk glass, and the art on the walls, modern.

Today being Friday afternoon, meant it was open-house for any constituents who wanted to visit their MP – and to generally bitch about whatever was bothering them. But Lily was not here to bitch. She was here to offer any support she could, in any way she could, to help this privatisation bill of Hilary's go ahead.

Lily sat in the waiting room, which contained a few comfy leather sofas and a large photo on one wall of Hilary, smiling down at all who waited to talk to her. She was an attractive woman whose smile seemed genuine enough to put those sitting here at ease. Lily tried to remain calm but she was nervous, despite the picture. Today was a big step for her. She'd always known that one day, she'd be ready to talk but, if she hadn't been pregnant and desperate, it wouldn't have been something she'd be doing just yet.

'Lily Bryce-Davis?' a voice said and Lily turned to see Hilary herself had come to greet her.

'Yes,' Lily replied, standing too fast due to her surprise, and forgetting to grab onto the handbag on her knee, which fell with a thud onto the floor. Lily reached down frantically to pick it up.

'It's alright,' Hilary placated. 'I don't bite.'

Lily stood, and smiled. 'I hope not.'

'Please. Come into my office.' Hilary led the way.

She'd seen Hilary on television occasionally, making the odd speech in the House of Commons or on the news, but she always dressed in a trouser suit where she blended in with all the men around her – except for her shoulder pads – so it was an eye-opener to be walking behind Hilary now. Her cobalt silk shirt was tucked into a tight fitting pair of smart trousers and she walked with a sway of her slim hips on some very high heels. In her own office it was clear she was happy to stand out.

Once they were seated opposite each other on the two sofas near Hilary's desk, Hilary waited expectantly for Lily to begin. Only, she wasn't quite sure how to.

'I work with Melanie Hayes-Horner,' Lily finally said.

'Oh yes? She did a fantastic job on our housing campaign publicity last year. She's quite the star.'

Lily smiled. 'Yes, she is.'

Hilary looked a little confused. 'So is this a work visit then? I was led to believe it was a constitutional issue.'

'No, it's not work, I just mentioned Melanie because she spoke highly of you. Said you were very approachable.'

'How sweet of her. So what is it that I can do for you?'

'Well, I heard about your ideas for the centres.'

'You mean my privatisation bill?'

'Yes. That. And I just wanted to tell you how much it means to me that someone is finally even *considering* shutting them down and that it's given me hope, and so many more people like me, hope, that things can finally change.'

'You lived in a centre?'

'Yes. Yes I did and I can give you a lot of information to help your cause. I've been keeping a lot of…'

Hilary held up her hand. 'Let me stop you right there. I don't have a 'cause' and if you think I do, then you're mistaken, I'm afraid.'

Lily felt as though the wind had suddenly been snatched from her sails. 'I'm sorry but I thought you wanted to close down the centres.'

'Well, yes I do. Because that will be in our economic interest. But this privatisation bill is about so much more than just shutting down the centres. It's about bringing our country into the twentieth century. Investing in its infrastructure and the expansion of that infrastructure.'

Lily's disappointment was acute. 'So you're not against the centres specifically then?'

Hilary leant forward. 'For every criticism you might have about them, you also have something to praise. We have always trod a very fine line between what is right and what is wrong in relation to the centres, and we tread that line still.'

'A fine line?' Lily repeated, with slight sarcasm.

'What I am hoping to achieve will be in everyone's best interests, not just those who live in centres. But obviously I am grateful for any support I might receive, from any quarter, to help me achieve my goal, so please, don't feel it was a waste of your time coming here. I just need to make it clear that I'm not fighting some feminist fight.' Hilary paused. 'Besides, any attempt to come at this from that angle in the past has always failed, so it would be futile for anyone to even attempt that again, wouldn't it?'

Hilary gave Lily a look that was difficult to decipher. Was she trying to say she was actually on the side of the women in the centres, but couldn't officially say that? Or what?

'Which centre did you live in, out of interest?' Hilary added.

'Evergreen.'

'And I'm assuming from your little introduction, that it wasn't a particularly pleasant experience, in your opinion.'

'Not really, no. But that doesn't…'

'Well I'm very sorry to hear that. You also said I'd given you 'and many more like you' hope. So are you implying that others had a similarly unpleasant experience living there?'

Lily had been prepared to divulge as much as necessary to this woman to further her cause, but as she'd insisted there was no cause, and she was no crusader, Lily felt it best to say very little else. 'I don't think now's the time to talk about that.'

Hilary ploughed on, regardless. 'I wasn't aware people

were unhappy living there. I see very little in the complaints files.'

Lily couldn't help but respond to that at least. 'Why would you, when complaints are handled internally? Things don't get very far that way, do they? But as I said, I don't think…'

'But if you can't get anywhere complaining internally, why don't people take their complaints to the Appeals Board. That's not internal.'

Lily smiled tritely. 'Because it's headed by John Adam-Brown, who happens to be a close personal friend to both the governor of Evergreen and its director, which makes for a slight conflict of interest, wouldn't you say?'

Hilary frowned. 'But John is a close personal friend of mine as well, so would you call that a conflict of interest too?'

Lily's eyes widened and suddenly, she could barely breathe. What had she done? She had no idea Hilary was friends with John, especially as they would be on very opposing sides with her privatisation bill. If anything, she'd assumed them to be enemies. 'I didn't know you were acquainted.'

Hilary edged further forwards. 'But that shouldn't matter. That's my point. We all have a duty to be open and honest in our dealings with each other, and with the public, so are you implying that isn't the case with John?'

Lily shook her head, emphatic. 'I am not implying anything at all. If you misunderstood, then that's down to me. And I apologise for that. I have nothing to say about John Adam-Brown.'

Hilary sat back slowly and crossed her legs. 'Oh, but I think you do. And now you think I've given you reason to believe you shouldn't, when that wasn't my intention.'

'No.' What could she say to get out of this? 'It's not what you think, really. I'm just a bit mad at him I suppose because he was seeing Melanie and he wasn't fair with her and he hurt her and so I'm just angry at him for that, more than anything. And I let that get in the way, when I was wrong.'

'I see.'

'Anyway,' she smiled. 'I came to offer you my support and I've done that, so…'

'And I value your support. I genuinely do.'

'That's good. Now I think I've taken up enough of your time, but I'll definitely keep an eye on what's happening with your bill. Best of luck with it.'

'Please, don't feel you need to rush off.'

'Unfortunately I have to get back to work but, as I said, I wish you the best of luck.' She stood up.

Hilary watched Lily closely, taking her time to rise from her own sofa. But finally she did. She held out her hand and Lily shook it, but Hilary held onto her hand when Lily tried to pull it away.

'I have to be very careful what I say to people I don't know,' Hilary smiled. 'I have to be very careful what I say to people I *do* know half the time as well, but I suspect that's the same with you.'

Lily just stared at her, having no idea how to respond.

'I hope one day that might not be so,' Hilary said, letting Lily's hand go. 'So please, do keep in touch.'

Keep in touch? She'd either just made an important friend, or a ferocious enemy. She wished she knew which.

Lily left the office in as calm a manner as possible but hadn't realised until she was outside, that she'd been holding her breath. She walked down the path but something made her turn around. She glanced across to Hilary's window to see her standing there, arms folded, watching her.

20

After complaining to John that it would be impossible to simply drop all charges against Amy, and being assured by him that he'd speak to the Home Secretary, it had taken Kofi little time to instruct his superintendent to get a new task force established. If John wanted this done then he'd deliver, although he had no idea how he was going to manage with the staff he had. A team would continue to monitor Isabel, and another, Lily. It would necessitate a twenty-four hour operation, which was essentially six teams, doing eight hour shifts; twelve officers, sitting in cars or the like, just waiting and watching. Plus officers at HQ recording any surveillance information as it came in.

The first set of officers, Gary Reece-Myers and Graham Walker-White, returned to HQ having just completed an initial recce of Lily's home and place of work, in order to figure out the best places to stake-out unseen. Kofi happened to be in the briefing room, being updated on the final details of the anticipated meeting between Isabel and Lily, which was planned for tomorrow. Isabel had come through with flying colours and had persuaded her daughter to help Lily. Up until now, no one had a clue just how mother or daughter would communicate with the group, but he was sure they'd find out pretty soon. If not, with the surveillance on Lily, she would lead them right to them.

The superintendent, Paul Jones-Ashby – a diligent, hard worker who was perhaps a little too friendly with his team than Kofi might have liked – turned to Gary and Graham and gave them a small nod. 'All set?' he queried.

They gave a nod to Kofi before answering their super's question.

'Yes. We got lucky actually. Saw Lily leaving work early and tailed her, just out of interest, and she ended up at the Liberal Party offices. So is she political or something? Because we thought this was about her being pregnant and maybe running off.'

Paul looked surprised. 'She went to see Hilary Frank-Herbert?'

'She definitely went to her office, and Hilary's always in her Wycombe office on a Friday so at a guess, yeah she probably saw her, or tried to see her.'

Paul looked curiously toward Kofi but Kofi couldn't offer any explanation. He was a little unnerved actually. He knew Hilary very well. She'd been the member of parliament for Wycombe for nearly twelve years and they'd had numerous occasions to either work together or to associate with each other, in both a professional and a social capacity. She was bright and personable and ambitious and she possessed an integrity which matched his own, so he hoped this association with Lily was nothing to be concerned about. All the same, Kofi headed back to his office and rang John.

'Does Lily have any connection to Hilary?' he asked.

'Why?'

'Because Lily just went to her office.'

John didn't instantly reply.

'I'm assuming,' Kofi continued, 'this couldn't be anything to do with the group. I mean, Hilary wouldn't…'

John finally spoke. 'I doubt it.'

'You said you knew Lily. Is there more to her that I should know? Should this possible affiliation with Hilary be of any concern?'

Again, John took a while to reply, which was unusual. John always had a reply for everything, an answer to everything, a decision right up his sleeve.

'Lily's a nuisance, that's all,' John said. 'But one that would be good to have out of the way. How soon can she meet Isabel?'

'We're hoping for tomorrow. It's Saturday, Lily must go out at some point; shopping or whatever. We'll follow her and deposit Isabel wherever a chance meeting can appear feasible.'

'Good. Keep me informed.'

The next morning John went to the large park in the centre of the city. He waited on a bench, enjoying the sound of the birds and the rustle of the leaves in the trees overhead. Dappled sunlight played on the ground at his feet as a cleaner passed by, finishing up with his dustpan and brush. The pathways would be clean and tidy and ready for the day.

A creature of habit, it didn't take Hilary long to appear. John watched her casually, one arm draped over the back of the bench, one leg crossed over the other. Hilary jogged here every weekend, come rain or shine. She kept a flat in London but always came back to her apartment in Wycombe, which she considered home. John admired the small nylon running shorts, blue with white piping, and slim fitting tee shirt she was wearing, and couldn't help a small smile of remembrance. The Liberal Party conferences had been their usual hook-ups; a week of exciting nights after very boring days.

Hilary almost didn't notice him and had nearly passed by when she did a quick double-take and then stopped. Panting hard, she removed the small headphones she was wearing whilst listening to her Sony Walkman.

'Well, well, well,' she puffed. 'There was a time we'd do this run together. Now you're just a pathetic observer.'

'And there was a time those legs of yours did things to me. Actually they still do things to me.'

Hilary smiled. 'Compliments. That means you want something.'

'Can we talk a minute?'

'Do I need to sit? Although if this is about my privatisation bill, then maybe I won't. Don't hijack me on a run, John. Fight me through the proper channels.'

'So you're really going to introduce that? I'd hoped it was all a ridiculous lie.'

Hilary just raised her eyebrows.

'Well, don't worry, you'll get your fight. And may the best man win.' He forced a smile. 'But that's not why I'm here.'

'Ah, okay then.' Hilary turned off her Walkman and sat. 'You're looking good by the way.'

John half shrugged. 'You too.'

'Well? Don't keep me in suspense then, what's this about?'

'I know you had a meeting with Lily Bryce-Davis.'

Hilary looked visibly shocked. 'You do? Blimey. Who are you following? Me or her? And more to the point, why?'

'What's your connection with her?'

'Oh, no, I think I'm much more intrigued with what your connection is to her.'

'She hasn't said?'

'I know she doesn't like you very much, but other than that, no, she hasn't said. So what's going on?'

'It's true,' John replied. 'We do have a slight history and it's through that, I know she can be trouble. And that her presence around you, in any capacity, will only be detrimental.'

Hilary frowned. 'Well considering you're hoping my current plans will fail, I find it odd you're warning me about her at all then. So what's this *really* about? Stop treating me like an idiot.'

John swivelled around to face Hilary more fully. 'Okay, I'll level with you, but this has to stay between us.'

'Okay.'

John had planned what he'd say so he could make this sound convincing. He'd always been a skilful liar; had got away with everything as a child.

'Lily has been a person of interest with RADAR for quite some time now and we're currently in the middle of a pretty big investigation, in which she's a major player. Only we think maybe she's got wind that we're onto her, and she's now looking for a way to protect herself.'

'What's that got to do with me? If she's broken the law, I won't protect her.'

'No. I'm sure you won't, but would you really want that kind of negative publicity right now? I don't think it's a coincidence she's targeted you at this particular juncture. You're high profile and if she worms her way in with you, it can only look bad, either way you play it. You won't want scandal by association. And as for us, we're trying to keep this low key ourselves, so the last thing we want is any of this being exposed. I'm sure you can see it'd be in both of our best interests if you just cut her loose. Quickly.'

Hilary pushed her sweaty hair from her forehead, still panting slightly. 'A major investigation? About what?'

'You know I can't divulge that.'

'She hardly seemed the criminal type.'

John laughed. 'Looks can be very deceiving.'

Hilary thought for a minute. 'Well, alright. I'll certainly bear what you said in mind.'

John pursed his lips. 'Hmm. I don't think you quite understand. This isn't really a request, Hilary.'

'My, my, threats, and we were doing so well.'

John shook his head. 'Just work with us on this, please. I'm asking nicely. Cut her loose.'

Hilary puffed out her cheeks. 'Okay fine.' She stood. 'If she's really such big trouble, then of course I will. Now I'm seizing up so I'd better get moving again but, good to see you.'

'Oh and, no need to thank me. For saving your arse here.'

Hilary grinned down at him. 'Just as much, it seems, as I'm saving yours.' With that, she gave him a mock salute and put her headphones back on, before jogging down the pathway.

John breathed easier because the idea of those two women ever getting together again had been a worry he wouldn't have liked to contend with.

21

Lily walked down the supermarket aisle, humming along to the song playing in the background on the speaker system. After her shock when visiting Hilary, she was feeling a little better today, mostly because Pete had called her last night and had said he missed her. He wanted to talk to try and clear the air. As such, they were planning on meeting up at their favourite pub tonight for dinner. She didn't think that after time to reflect he'd come around, but at least they were talking to each other properly again.

He'd also asked what had happened with the police in regard to his van.

'Oh they were just eliminating me from an enquiry,' she lied. 'Or something. Everyone on that street that day was being questioned apparently. They went to Sue's as well, my friend from work. Wanted to know exactly what we'd been doing, who we'd visited and stuff like that. That was it.'

'So the grandma wasn't some clever jewel thief then?'

Lily had laughed. 'Well maybe she still is. She wouldn't be clever if they found her that easily, would she?'

They'd ended their conversation on good terms and Lily had been pleased, although she was still in a panic about what to say when the police turned up at her house again.

For some strange reason they hadn't yet, but that suited her just fine.

She headed down another aisle towards the fresh veg. She should get something with iron; something really good for her. She picked up a savoy cabbage, and then put it back. There must be something else with iron.

As she perused the salad section, she glanced up at nothing in particular before resuming her selection. But then, something made her look up again. And yes, on the other side of the fresh fruit and veg, was Isabel Dove-Mason. She was sure it was her. At the same moment as she was staring across, Isabel caught sight of her and to Lily's astonishment, she actually acknowledged her with a small smile and a nod. Lily half looked behind her, thinking maybe it had been intended for someone else, but no, it had been for her.

Lily strolled toward her. Isabel was placing an orange in a bag and was about to choose another, but she stopped as Lily arrived.

'Hello,' Lily said tentatively. 'I was surprised you didn't run a mile in the opposite direction.'

'Run?' Isabel countered. 'Chance would be a fine thing.'

Lily smiled. 'Other than that, how are you doing?'

'Just had an appointment at the hospital and things aren't improving.'

Lily looked down at the oranges. 'Then maybe you should forget the juice and go straight for the hard stuff. Wine and spirits are aisle twenty-two.'

Isabel nodded. 'Maybe you're right.' She paused. 'Your flowers are still beautiful. They've made me think of you quite a lot, actually.'

'Well, I'm pleased they've cheered you up.'

'I even spoke to Amy about you coming to see me.'

Lily's heart skipped a beat. 'Really? You did?'

Isabel nodded. 'She said you were probably pregnant and scared and that she felt sorry for you.'

Lily looked around. No shoppers were nearby but she lowered her voice anyway. 'Very few people know that I'm…'

'Well they won't hear it from me. I can keep secrets, I assure you.'

Lily wanted to grab this moment. She had a hundred things she wanted to say but she didn't want to scare Isabel off, as she'd done before. 'D'you think, maybe if you told Amy you'd met me again, she might agree to talk to me, maybe?'

'Oh, they watch her like a hawk in there. You shouldn't go near her. But maybe I can pass on a message when I next see her?'

Lily could hardly believe what she was hearing. 'Could you? Oh, that'd be so great.'

'I can't promise anything but I can speak to her and see what she says. Maybe she'll agree to help you and maybe she won't.'

'Well, I'm just grateful that you'll speak to her at all.'

'What's your name? Just your first name. Keep things simple.'

'Lily. When are you seeing Amy again?'

'Erm, let's see. I'll be seeing her on Monday. Can you come back here on Monday evening maybe, around six? We'll meet right here? I'll tell you what she said.'

Lily wanted to jump for joy, but she kept both feet on the ground. 'Of course I can. I'll be here anytime you tell me to be.'

'Okay then.'

Isabel picked up another orange and was about to put it in her bag when it accidentally fell on the floor. Lily instantly rushed to pick it up, as it had rolled a little way off. She didn't notice the man watching her, the one pretending to shop with an empty basket. The one who seemed to be wearing some kind of hearing aid – or earpiece. Lily focused purely on the orange, her spirits alive with the possibility of what Amy might say. She picked up the piece of fruit and went to hand it back to a grateful Isabel.

'I'm all fingers and thumbs at the moment,' Isabel said, reaching for the orange.

During the exchange, Lily felt Isabel pressing something into her hand, like a folded piece of paper no larger than a fifty pence piece. She frowned but caught sight of just the slightest shake of Isabel's head. Was someone watching them or something? What was happening here?

'Well, I'll see you on Monday then,' Isabel said, before picking up her bag of oranges. 'Have a nice weekend.'

'You too,' Lily said, watching as Isabel walked away and closing her fist over what was definitely a folded slip of paper. She didn't look at it. She resumed her shopping, managing to casually slip the note into her pocket, when her heart was racing ten to the dozen.

After paying and loading the shopping into her car, Lily got into the driver's seat and only then, did she take out the note.

The police are watching us both. Go swimming tomorrow at BlueWaters at 9.00am. Put your hair in two plaits. Someone will contact you there. In the meantime, be careful.

Lily didn't know how she managed to maintain her composure but she didn't even flinch. She started her engine without so much as a small look for anyone who might be following her, and then she drove away. When she reached for the gear stick to change gear however, her hand was shaking.

She was being watched. Obviously, going to Isabel's had made them suspicious of her and changing the number plate had made them even more so. They must have suspected she was pregnant and was possibly planning to run. So did they want to see where she ran to? Was that what this was about? That could explain why the police had never come back to question her about the van. Were they intending to use her as bait?

She looked in her rearview mirror at the crappy Nissan car behind her. The driver was an older woman, so that couldn't be the police. Lily wanted to pull over, just so she could calm down but she couldn't do that. She had to act normally. She stopped at a traffic light, which at least gave her some respite to sit for a few minutes and think.

If nothing she did anymore could be private, how was she going to manage things with Ian? And what would happen to the people from Amy's group?

She had to hope that Isabel had been able to warn them too, otherwise Lily would be leading them straight into a trap and how would they ever help her after that? Although maybe the fact they were meeting at the swimming pool meant they *did* know, because unless the police following her had spare swimming gear stashed in the boot of their car, there'd be no way they could get anywhere near them.

Maybe she just shouldn't go. Then the police would stop following her.

But if she didn't go, she'd lose all chance of receiving their help, and as that wasn't something she was prepared to do, she knew she had no option here. She had to go.

22

The dirty grey clouds which had been threatening rain for the previous few hours eventually burst just as Lily parked her car outside the pub where she was meeting Pete. Throwing her jacket over her head, she had a chance to look around for any car that might be following her. But there were numerous cars all arriving, so she had no idea if one of them was the police. She ran through the car park, the rain on the ground splashing the back of her bare legs.

Pete was waiting for her in one of their usual nooks. This was a pub with low beams, uneven floors, an open fire and a cat, usually curled up in a corner of a pew. The main room was all higgledy-piggledy, with tables tucked around small corners or under low eaves. The pitter-patter of rain hitting the leaded windows, only added to the charm.

The pub itself may have been old but the menu was very new and Lily and Pete had first discovered this place around six months ago, intrigued by the sign 'Gastro Pub' outside. They'd only seen those in London before and had been keen to give this one a try. They hadn't regretted it.

'I'm so sorry,' Pete said as soon as he saw her. He enfolded her in a hug, not minding she was all wet, and kissed the top of her head. 'I've been such a shit but I just panicked. I don't know what happened.'

'It's okay,' Lily said, pulling away. He'd said all of this on the phone already anyway. She kissed him, but it felt perfunctory, as though there'd been a shift in her feelings for him. She had tried to understand his need to prioritise his current child, but he was doing so at the expense of a prospective new one. Their one. And that hurt. 'I'm just glad you called,' she said, which was true enough. 'I thought I might never hear from you again.'

Pete looked pained. 'Don't be stupid. I wouldn't do that. Especially not to you. It was just a shock.'

They ordered dinner and made general small talk until Pete said, 'You haven't mentioned DNA results, so I assume you don't have them back yet.'

She was going to have to lie to him again – which seemed to be becoming a full-time occupation – but she couldn't tell him she was going off-radar and that was why it was taking so much longer. 'No. Not yet. I had to wait to get Nick's sample as I had to hand them all in at the same time, so I only did that yesterday. It shouldn't be long now though.'

'Oh, okay. But I have been thinking about this.' He grabbed her hand across the table and squeezed it. 'Just about every minute of the day actually. It's been driving me mad, going over it and over it and over it.'

'Yeah, I'm sure.'

Pete took a deep breath. 'I've come to a decision, only I don't know how to say this without sounding like a total bastard but, if this baby is mine, then I'm sorry but I can't give you my consent to have it. I just can't.'

She wasn't sure she was that disappointed because in all honesty, she'd expected no less.

'I'm sorry,' Pete continued, 'but come on, it's not my fault that you were pregnant before and it's not my fault you had an abortion. So it's not my fault you can't abort this one.'

'That's a bit tough, isn't it? Maybe I wouldn't have wanted an abortion,' Lily replied softly. 'It's not the only option here, you know.'

'It is for me. But if you want to have the kid – or *have* to have the kid – then you must do that, but not with a contract from me. I can't afford it. I must put Ollie first and I can't have him go without, all because I have to pay for another kid I didn't even want. You must understand that.'

Lily nodded slowly. 'But you must understand that once I have the baby, you'll never see it. You'll lose all rights; you can't have photos or talk on the phone or anything. Are you okay with having a child that you will never know?'

'Well, no, I'm not okay with that,' Pete said a little loudly, before he hunkered down and lowered his voice. 'It'll be shit. I'll feel like shit. And I'll feel guilty and I'll wonder every day whether I made the right decision, but Lily, I don't have a choice here. Put yourself in my position. What would you do?'

The waitress arrived with their food and both of them sat back to allow the plates to be placed in front of them. Having suddenly lost her appetite, Lily looked down at her sesame duck salad without much appreciation.

'If that is my child, I'd hate to not see it. But you know,' Pete said once the waitress had left, 'maybe I *could* still see it. I know what the law says but loads of women let dads see their kids when they're living in centres. Can't you do the same for me?'

This was true – for women who were stupid, Lily thought. Women who allowed their men to take advantage of them. Women who permitted their men to not pay a penny, but allowed them access anyway. Women who had been forced to sacrifice everything, when their men weren't prepared to sacrifice anything at all.

'But what about *me*, Pete? You want me to consider you, but you aren't considering me. If I move into a centre I'll have to give up so much.'

'Yeah, but it won't be that bad, will it?' he asked, a desperate edge to his voice. 'You're only renting your house, so you won't have to sell it and there are loads of good jobs you could do – okay not in marketing but I picked up a brochure on Evergreen and it looks really nice there. I didn't know they had all those sports halls and music studios and swimming pools and stuff. I mean, our kid would have everything. And you grew up there, so it'll be just like going back home for you.'

Lily felt like she'd just been slapped in the face. 'Going back home?'

'Well, wouldn't it? And we could still see each other. You're allowed to spend two weekends a month outside so you could bring the kid and stay with me. A part-time dad is better than no dad at all. So that wouldn't be so terrible, would it?'

Lily shook her head in disbelief. 'What if I was to tell you that my life there had been terrible? Would you still make me go back?'

Pete looked surprised. 'But you never said it was terrible.'

'Well, I'm saying it now. You have no idea what it's like there, and I'm never going back.'

Pete groaned, grabbing his head. 'Don't do this to me, Lily. This isn't fair. You're the one who's put us in this position, don't forget that. So why am I being made to suffer for your mistakes? Why will our child have to grow up not knowing me, because of your mistakes? Don't put this on me.'

My mistakes? Lily wanted to ask, as an image of Richard coming into her room flashed before her. He always came, once a month, when her mum was on dining hall duty, and her mum had been on dining hall duty since Lily was fourteen. She tried to blink the image away, but not before she saw him lock the door and start to unbutton his shirt.

Lily pushed her untouched plate from her. 'I suppose there isn't much more to say then, is there?'

But Pete reached for her hand, holding it in a bear grip. 'Please, don't go. If you think this isn't shit for me, then you're wrong. I don't want to hurt you. I don't. Any more than I want to lose my kid. So please, at least think about what I said, okay?'

Lily sighed deeply.

'We'll get through this,' he said. 'I don't know how, but we will. I'm so sorry, Lily. I wish it could be different but unless I get promoted three times over, or rob a bloody bank, I just can't afford it. I don't know what else to do.'

As Pete knew nothing about Richard, and she wasn't prepared, willing or able to tell him, then in his eyes, this was her fault. That didn't make any of this easier to deal with or sadly, make her feel any better towards Pete. She really did wish she could walk out but knew that she'd have to try at least, to keep him sweet. Maybe by some miracle he could still change his mind.

'The Lloyds Bank around the corner has a very flimsy looking front door, come to think of it,' she said, trying, but failing to smile. 'You could rob that one.'

'I'm so sorry, babe.'

She pulled her hand from his. 'I meant what I said about

the centre though, so just forget any thoughts about that.'

23

Lily hadn't been swimming for ages. She rifled through her drawers looking for a swimming costume and finally found it. She stuffed it in a bag, along with a towel and headed out her door. It was still pouring with rain, but she didn't think it mattered if she got wet when she'd be in a swimming pool in twenty minutes.

Any reservations she may have had about making this trip today had disappeared as soon as Pete had said no to her last night. She drove from her house, her eyes on the rear-view mirror, but she didn't see a car following her. Maybe Isabel was wrong and no one was watching her at all.

The sports centre was busy, even at quarter to nine on a Sunday morning. In the changing room she slipped into her costume. There was still no sign of a bump on her tummy and as she suffered no morning sickness or anything, she sometimes wondered if she was pregnant at all.

She separated her hair into two bunches and then tried to remember how to do a plait. It came back to her from school days but when she was done, she exited the changing room and glanced in the mirror, deciding she looked like an Indian squaw.

She had no idea what to expect when she headed for the

pool. She was incredibly nervous, but those nerves were mixed with curiosity and anticipation. She knew the police couldn't possibly be in the pool, but despite that, she kept telling herself not to get caught. She strolled to the pool, hoping that anyone who wanted to make contact would spot her plaits and know it was her. She sat on the edge and dangled her legs in the water, looking around nonchalantly.

On a mezzanine above the pool, on the right-hand side, was the cafeteria where most people rewarded themselves after their swim with a chocolate muffin or piece of carrot cake, which was sort of counterproductive but everyone did it anyway. Lily saw two men looking at her. She knew they were looking at her because they suddenly turned away at her glance. Maybe they were just marvelling at her plaits, but she doubted it. They didn't give off the vibe of being relaxed, of watching their kids having fun in the pool, or being there for a bit of fun themselves. They wore long-sleeved smart shirts, as far as she could see, and just seemed a little out of place for an early Sunday morning.

She lowered herself into the water. It was relatively warm and she started to swim a slow breaststroke. A swimmer powered up beside her, going at speed. Lily just continued her slow action until she reached the end of the fifty metre pool. A young woman was nearby, trying to encourage a small boy clinging around her neck, to let go.

Lily turned around and waited a moment before she began to swim back to the other side. She reached it just as the power swimmer did, although she'd probably completely doubled the amount of laps that she had, by this point.

The woman was wearing a black swimming cap and goggles and took a moment to rest. Lily looked around her momentarily until the swimmer said, 'Are you Lily? Just nod if you are.'

Lily hadn't expected her contact to be the Olympian. She gave a small nod, ensuring not to look towards her. She noticed the men in the smart shirts watching intently, but then something seemed to happen in the cafeteria that drew their attention away, although Lily didn't know what.

'Do another lap and then meet me in the changing room,' the swimmer said as she hurled herself from the pool in one easy action. She looked exactly like a swimmer; long legs, tiny hips, wide shoulders. She pulled her goggles from her head and walked, dripping water, towards the changing rooms, as Lily began her next lap of the pool.

When Lily re-entered the changing room she didn't see the swimmer initially, but then a head, still encased in her swimming cap, poked out of a shower. There was no one else about, but the swimmer chose to motion with her finger for Lily to join her, rather than to speak.

The shower cubicle held a shower, but also a small dry area where you could dress. They huddled there. The shower was running to drown out anything they said, but they still spoke in hushed whispers.

The first thing Lily asked was, 'Why am I being followed?'

'RADAR knows you're pregnant so they blackmailed Isabel; told her to engage with you so you'd lead them to us. They said they'd let Amy and her son go, if she helped them. Isabel wasn't supposed to tell Amy, but she did.'

Lily frowned, deeply unsettled. 'But they couldn't have known I was pregnant for sure?'

'I'm sorry but I don't know anything about that, but the good thing is, the police don't know Isabel told us everything. They think we're in the dark; that *you're* in the dark, and that will work to our advantage. We can make them think they're getting somewhere, when they'll be getting nowhere. But you have to play along. Do you understand? Just until Amy gets out.'

'Yes okay, but what about me in all this? What's going to happen to me?'

'We'll help you, of course. We'll help you get away and we'll set you up with a new life. We try to help as many who ask, as we can.'

Lily felt a surge of relief. 'Thank you. You don't know what that means to me. But what if I decide to stay, though? What if I get a contract and everything works out for me? Won't I be arrested for associating with you?'

The swimmer shook her head. 'Talking about committing a crime and actually committing one are two different things, so until you actually run away, RADAR can't touch you, so don't worry about that.'

That made Lily feel better. 'Well okay then. Who at RADAR's blackmailing Isabel, d'you know?'

'Yeah. It's the Chief. And some other wanker called John Adam-Brown.'

Lily inhaled sharply, making the swimmer frown.

'What? Is that going to be a problem?' she asked. 'Will you help us or not?'

Lily took a few seconds to wrap her head around this, realising pretty quickly that of course John would somehow be involved – and how pleased he must have been to discover she'd gone to visit Isabel.

Well, if they really couldn't touch her, and she could help Amy, she'd have agreed to do it anyway, but knowing she could also send John running around in circles, made it all the sweeter. 'Yes,' she said definitively. 'Yes I will.'

The swimmer smiled. 'I promise we'll make sure you're

okay and I imagine you've got a hundred questions about us but I can't answer those here. We need an address from you for proper communication – private communication, where you ask anything you want, and we can answer it. Nothing the police will hear us discussing.' The swimmer reached into her small tote bag hanging on the hook in the cubicle and produced a folded piece of paper. 'That's a PO address for us. Send us a safe address for you in return but don't use your own, they'll be checking your post. And make sure it's someone you trust because I hate to say this, but if you didn't tell the PU you were pregnant, then someone else did. So trust *no one.* Tell *no one.* Not even your friends and family. We're all relying on you, so please, don't fuck up.'

24

When Ruby arrived at Lily's later for their usual Sunday lunch together – one week was at Ruby's place, the next at Lily's – she was a little flustered. 'I'm sure some guy in a car down the road took a picture of me,' she said, whilst still on the doorstep.

The rain had stopped but the clouds still hung ominously low. Ruby craned her neck to see if the car was still there. Around ten cars were parked at various distances on the opposite side of the road. 'Looks like they've gone now,' she continued, 'but I could have sworn he did. Or maybe I'm just imagining things.'

Lily kissed her mum and closed the front door, her heart as heavy as the sky outside. Lying to Pete about things was bad enough but lying to her mum was something else. Yet she was going to have to lie about Amy and the group, not just because the swimmer had told her not to tell a soul, but also because of how her mum had reacted to the idea of Lily even thinking about trying to contact them. So until she knew more about them, and until Amy was safely out of prison, she was going to have to keep her mum in the dark.

Having said that, she did have to tell her mum *something* about the police following her, because she was going to need her help. 'You're not imagining things. Come in and sit down. I'll get you a drink. I think you're going to need one.'

Ruby didn't want to wait for the drink. She also didn't want to sit down. 'Why? What's going on? Tell me now.'

'Okay, but just don't go off on one, alright?' Lily placed her hands on her hips and took a deep breath. 'The PU knows I'm pregnant and they're watching me. Probably think I'll try an illegal abortion or something.'

It wasn't unheard of for RADAR to keep a close eye on women they became suspicious of; checking in with their doctors, turning up unannounced at their homes, sometimes even going through their rubbish bins.

When the shock made Ruby take a step back, Lily raised her eyebrows. 'I told you to sit down.'

Ruby shook her head in slight confusion. 'But how do you know they're following you? Or why?'

'I…saw them a few times. Thought they were taking pictures of me too, and what other reason would anyone have to be following me? So it has to be RADAR. And they have to know I'm pregnant.'

The two women made their way across the lounge with Ruby firing questions at Lily's back. Lily insisted her mum sit at the dining table and only once they were settled there, and Ruby had a large Archers and lemonade before her, did Lily answer the questions.

'I don't know how they found out,' Lily said. 'Pete and Nick haven't said anything, I know you haven't and neither has Melanie.'

'You told Melanie?' Ruby interjected. 'Then it must have been her. She'd have told John.'

'She wouldn't. She just wouldn't, and besides, there's some good news I haven't had the chance to tell you.'

'Good news? Finally some *good* news?'

Lily explained that John and Melanie had stopped seeing each other and Ruby was as pleased to hear that as Lily had been.

'Well, if the PU knows about you, then John certainly knows as well,' Ruby added. 'So if it wasn't Melanie who told them, then who?'

'I went to the PU for some forms,' Lily motioned to the small pile of papers on the other side of her table. 'Maybe someone saw me there, but I just don't know. Thought we might have a look at those by the way. I've got the latest single parent info pack and I've done the figures but it's going to be impossible, by my calculations.'

As her mum taught high school maths, she was definitely the person to ask.

'I don't doubt it,' her mum replied, 'but sure, we'll have another look, although if Pete…'

'He said no, Mum. Last night. No contract. Although he'd happily still play dad when I lived in a centre,' Lily added sarcastically. 'We can even go and stay with him on my weekends out.'

Ruby looked stunned. 'He said no? I can't believe he said no.'

'Well, he did. So there's no point going on about it. I get the DNA results on Tuesday so we'll know if it's Nick's or not and see if he might say something different.'

'Yes. It's on Tuesday, you're right.' But Ruby was still fixated on Pete. 'He really said no? I don't understand that. He's always been so good to you.'

'Maybe that's just when my needs weren't different from his, like they are now. Anyway,' other pressing issues needed to be dealt with and this was where she needed her mother's help. 'Slight problem is, with the police watching, that's going to make it difficult to get to Ian for the results, isn't it?'

Ruby's hand flew to her mouth. 'Of course. Oh no. What are you going to do? '

'Well, I thought you could come over on Tuesday evening. If they're watching like they were today, they'll think you're visiting. I'll sneak out the back and go across the field, catch the bus to the pub. I can be there and back in an hour and a half or thereabout, and then I'll see you out the front door and the police will be none the wiser.'

Ruby thought about that for a moment. Behind Lily's back garden was a small pathway, but beyond that was a bank of hedgerows separating them from a large, open meadow.

'Yes, that could work,' she agreed. 'When's Nick back from his trip?'

'Wednesday.'

Ruby exhaled. 'Then hopefully there will only be a few more days with all of this stress. It can't be doing you any good. Or my grandchild – poor wee mite.'

As that was the first time her mother had recognised the fact there was a human being inside of her, it caught Lily off guard. Ruby had behaved just the same as Lily had initially, worrying about everything rather than acknowledging the fact a baby was coming into their family, and Lily hadn't been upset with her for that. In some ways it had been a bit of a blessing for her mum not to appear too emotionally attached to this child, because Lily didn't know how she was going to deal with the guilt, if she did run away. But not just the guilt. How would she deal with anything, without her mum? How often would they ever be able to even see each other, or talk to each other?

She hoped more than anything there'd be ways to keep in touch. There had to be, otherwise the thought of leaving would be just as hard as the thought of staying. Protecting herself, and more importantly now, her child, from life in a centre, could come at a very high price.

On Monday, Lily met up with Isabel at the supermarket. It was a surreal experience, trying to behave naturally when everything you said was being listened to, and everything you did was being watched. Lily didn't know how convincing she'd been, but Isabel was great. This had been the second time she'd done it and she handled it perfectly, telling Lily, with great conviction, how much risk Amy had taken to get a message to the group, and how much harder it had been to get a message back. But the group had agreed to meet with Lily. It would be on Saturday, in the city centre, at ten o'clock. Lily was to go to the main market square and wait by the children's carousel. She was to wear all white along with the blue baseball cap she'd worn when Isabel had first met her. Someone would come.

Lily thanked Isabel profusely, saying she would indeed be there. She imagined the high fives from the police listening in, and she almost felt sorry for them because of course, everything they would hear at Lily's meeting would be lies. The real information would be in the letters Lily and the group would exchange, and she'd wasted no time sending one to the PO box number the swimmer had given her. In it she'd asked where she would live? And how would she live – and remain anonymous? How would her child manage in a system which would know it had no father? Wouldn't there be questions? And just as importantly, what about all those people she had to leave behind?

A woman had resigned her position at Mace-Meredith a few weeks before and Lily had been assigned to receive any post which was sent to her, so she'd thought it wasn't a bad idea to give that lady's name and Mace-Meredith's address for her future communication with the group. No one would suspect that, so she should be safe.

Tuesday couldn't come quickly enough for Lily, who had been desperate to get to Ian and finally discover the father of her child. Her mum had arrived as planned and Lily had left, as planned. There'd been no problems.

The problems had arrived after she'd met Ian and he'd told her he didn't have the results. And he had no valid excuse other than, 'They're late. Come back next week.' She'd been so angry she'd wanted to throttle him, but she'd had to contain herself in front of the crowd in the pub. She'd also had to contain herself on the bus back as well, but once she'd arrived in the field near her home, she'd crouched down under a tree, hugged her knees to her chest and burst into tears. It was the intense feeling of helplessness that really got to her; the knowledge that there was absolutely nothing she could do to Ian, or any of the people he worked with. In this situation, they held all the power and she had none.

She cried and cried and couldn't stop. Everything was becoming too overwhelming and for a few minutes she didn't want to feel in control. So she let go. She couldn't remember the last time she'd really cried or just how much she needed to, because when she was finally calm, her chest still heaving silent sobs, she felt a huge release.

The sun had finally set and the sky was awash with stripes of fading auburn and gold. Down here on the ground, the damp was already beginning to rise. Across the field she could see the lights of the cottages in her village; everyone going about their usual evening business; watching the telly, doing homework, catching up on chores. In the middle of the row was her own cottage, with her mum waiting inside for her, no doubt pacing the floor, anxious for her return.

A bird suddenly flapped and flew noisily out of a tree above Lily's head, almost giving her a heart attack. That gave her the momentum she needed to finally get up and move. She crept away, keeping low, trotting across the tall summer grasses of the field until she found the small gap in the hedgerow. She pushed her way through. A branch snagged on her shirt sleeve and she heard a faint ripping noise. Cursing under her breath, she disentangled herself before heading for her back gate, which she'd left intentionally open as it squeaked on its hinges. When she opened her kitchen door, her mother almost fell upon her.

'You're back. I'm so glad you're back. How'd it go? D'you have the results? Who's the father?'

Lily walked slowly into the lounge, her mother almost tripping over her as she followed in more haste. She collapsed onto the sofa and stared at the ceiling, breathing deeply. 'He didn't have them,' she replied.

She explained everything that had happened with Ian.

'What?' Ruby shouted. 'But they can't do that. They can't tell you they'll have the results and then not produce them. They just can't.'

Lily had had time to calm down, when her mother clearly hadn't.

'Well, I don't think I can write a letter of complaint, can

I?' Lily said.

Ruby collapsed onto the sofa beside her. 'This is a nightmare.'

Lily nodded slowly. This was more than a nightmare. Both Nick and Pete were expecting results that she'd promised they'd have tomorrow. So what could she tell them now? Worse still, what if Ian let her down again and she didn't get the results next week? She didn't know anyone else she could go to, and with time running so short, she had no idea what she was going to do.

25

'And to what do I owe this unexpected pleasure?' John asked his daughter over the phone. He was smiling, as just the sound of her voice had the ability to do that to him.

Alexandra Foster-Brown laughed. It had a slightly throaty nuance to it, which matched the sound of her voice in general. The guys loved her for that, but then John was sure they loved her for everything else too. In his eyes she was, and always had been, perfect.

'I can call my dad when I want, can't I? Is it okay, disturbing you at work?'

John looked down at the pile of paperwork he was wading through. 'You're not disturbing me. How's you?'

'I'm so-so. Snowed under with essays. But I saw you were mentioned on the news last night. The Home Secretary dropped you right in it. I thought Douglas liked you.'

'Douglas is a politician, so his loyalties sway backwards and forwards like a breeze through a tree.'

'They were going on about this Amy woman and this illegal group. Apparently another woman who was pregnant, from Liverpool, disappeared last week, and they're linking her to all the others and putting Douglas under pressure as to why he hasn't figured out where they're going, and…'

'And he, in his turn, is blaming me for not finding that out, yeah I know, I saw it.'

'Well, he always was a prat, so don't worry about it too much.'

John had been angry enough last night, but hearing his daughter voicing her concern for him now, made it worse. He should be the one concerned about her, never the other way around.

'I'm not worried, sweetheart. I can handle the likes of him. Anyway, to far more important matters. Are you still coming home this weekend? Be great to see you. It's been months.'

Alex hesitated. 'Ah, yeah, I sort of forgot about that. But as I said, I'm swamped with essays and I've left them to the last minute and I've got lectures all of tomorrow and Friday so I won't have time to finish them, although I don't know, maybe I can stay up late to do them.'

'No. Don't be silly. University comes first. I understand.' John closed his eyes, thankful Alex couldn't see his disappointment. This was the third time she'd cancelled and each time she did, it hurt more. He hungered for the days when she actually needed him; the days – and months and years – after her mum had died and he'd had enough money and power to be allowed to have her living with him full time; – when there was nothing she didn't tell him, or ask him, or want to do with him. But those days seemed very far away now.

'Ah, you're a star,' she said. 'But I'll come down next weekend, promise.'

'I shall hold you to that.'

'Actually, hate to ask but I had to buy a whole load of new textbooks and now my bank account's pretty empty and

I wondered if you could send me a cheque? Pay you back as soon as I can.'

'Of course. How much d'you need?'

Clearly there had been a reason for the call. Or two reasons. Cancelling her visit and asking for money, which she never did pay back. How was it that only your children could wound you this deeply? And how was it that you always forgave them?

'Douglas has allowed a demonstration to take place? Here? In Wycombe? On Saturday?' Kofi asked, completely flabbergasted.

John was more composed, but only on the outside. His morning had gone from bad to worse; first the conversation with Alex and then another with the Home Secretary, who was indeed doing his utmost to place all blame for the disappearing women on John's shoulders, simply because they hadn't been able to crack Amy.

'I'm glad to see your hearing is in good order, because yes, that is what I just said.'

'But there hasn't been a demonstration outside of London for decades,' Kofi exclaimed. 'So why now? Why here?'

'Because the Home Secretary is pissed off with us, that's why.'

Kofi frowned deeply. He was standing in front of John's desk as John hadn't asked him yet to sit down. 'I don't understand. Is this demonstration to do with the disappearing women or something?'

'No. It's about Hilary's intention to introduce her privatisation bill, and her stupid wish to close the centres.

She's put the wind up everyone's arses and as this is *her* constituency – and as we're already looking unpopular because of Amy – it's been decided to shine the light on us here, rather than have it glaring on the streets of London outside his and the PM's window.'

Kofi rubbed a hand roughly across his smoothly shaved chin.

'They're allowing twenty thousand people,' John continued, not reacting to the shock that number caused on Kofi's face. 'Men, more than likely. They'll march from outside the building here, right through the centre of the city and will finish at Hilary's offices. I suggested I make a speech in support of the centres, to rally the crowd and earn us a brownie point or two, so I suppose I'd better make it a bloody good speech. In the meantime, it'll be all hands on deck. You'll need to bring in every officer you have to assist with the City Police Division to ensure we maintain order. It's not likely to get out of control, but we must be prepared for the possibility it might.'

Kofi shook his head. 'But I can't spare any RADAR officers. You know Lily's got the meeting with the group on Saturday. The teams are preparing the surveillance right now and we can't just arrest whoever turns up to meet her. We need more than just one courier – who probably won't talk anyway. We need to tail them, watch them, and with the surveillance on Lily and Isabel at the same time, we're already stretched to the limit. Douglas can't expect us to give him the results he needs, if he won't let my people do their jobs.'

'I did explain that to him, but the fact we're still having this conversation means he expects us to get it done all the same.' John glared up at him. 'So, let's get it done, shall we?

Kofi pressed his lips together hard. Finally he nodded.

'Good,' John said. 'And I want to know what happens with Lily as it happens. Any news you have, tell me. Night or day.'

26

Lily walked out of the conference room with the rest of her colleagues, having just finished their monthly team meeting. Melanie was bringing up the rear. At work, Lily and Melanie kept their relationship professional, so no one even knew they were friends. Neither wanted colleagues to feel they gave, or received, any preferential treatment to, or from, each other.

Lily heard her phone ringing and rushed across the open-plan office to answer it, dropping the documents she was carrying onto the left side of her desk. A large, square, Apple Mac computer took up most of the right side.

'Lily Bryce-Davis,' she said, answering the phone.

'Lily, hello. It's Hilary. I wondered if you might have a minute?'

Lily's mouth fell open in shock as she manoeuvred her swivel chair under her and sat down. Inadvertently, she glanced around, afraid that those sitting nearby would automatically know who she was speaking to.

'Err, yes. This is unexpected.'

'Well, I did say I hoped we could keep in touch and as such, I was thinking we could arrange to meet.'

Lily hesitated. 'Meet? Why do you want to meet?'

'Because I want to know about your time at Evergreen. If you really do have things to say, then I'm ready to listen. I particularly want to know why you were so spooked when I mentioned I was friends with John Adam-Brown. What's he done to make you so wary of him?'

'I told you, I have nothing against John, so there's no need…'

'Lily, I'm not an unintelligent woman. You began our meeting telling me you had information that could help my cause but when I mentioned my friendship with John, you backed off. So I know there's something, and I would really like to know what that is.'

Lily didn't know what she should say or whether Hilary could be trusted not to relay everything back to John.

'There's going to be a huge demonstration in Wycombe this weekend,' Hilary said, interrupting the growing silence. 'Against me and the new bill. Now, my team is prepared to deal with all of that, but I need as much ammunition as I can get my hands on, to fight back. I will ensure John never knows. I can come to Mace-Meredith – book a meeting with Melanie, with whom I've had meetings before so it won't seem unusual. Only the meeting would be with you. We can talk privately and I promise John will *never* find out.'

Lily sighed inaudibly. What should she do?

'Lily,' Hilary urged, 'if you're this afraid, then there's definitely something you need to tell me. I can protect you. You said you wanted to help me to shut down the centres, so please, help me.'

Lily was still unsure but decided to agree. If things went sideways, chances were she'd be able to escape with the group anyway, so perhaps she'd be okay. 'Alright, I'll meet with you. I'll book a conference room and will let your secretary know the details.'

Lily arrived home after work to several answerphone messages, one from Pete, questioning whether she had the DNA result yet, one from her friend Saskia, asking her if she was still alive as they'd all hardly seen her for weeks now and the last one was from Nick. He'd flown back that afternoon.

She avoided Pete and Saskia but called Nick, and just the sound of his voice seemed to make everything alright. He didn't mention the baby but focused instead on how much he'd missed her and how he couldn't wait to come round and show her that.

He was in her house half an hour later and in her bed five minutes after that. Neither spoke of anything at all, they just made love like two people who needed each other and who were making up for lost time.

Once the lovemaking was concluded, they lay silently in each other's arms, until Nick couldn't wait any longer. 'So. Come on. Tell me. Let's get this done. Is the baby mine or Pete's?'

Lily took such a long time to answer that Nick had to prompt her again.

'I don't know,' she finally responded.

Nick sat up, moving Lily from his chest. 'What do you mean?'

Lily sat up too, pulling the duvet up, not necessarily to cover her nakedness but more her feeling of vulnerability. 'I haven't had the results back.'

'What? But how can that be? It's been weeks. What clinic did you use?'

She couldn't face lying to Nick as well, and besides, what

excuse could she give? 'I didn't actually say I was going to use a clinic, I don't think.'

Nick narrowed his eyes.

'I went off-radar, and I know you'll think I'm mad for doing that,' she added swiftly, 'but I just didn't want the PU to know. Not yet.'

Nick took a moment to register this before he asked, 'Who'd you use, then?'

She frowned as she'd expected him to be upset or shocked or angry. Instead he was slightly officious. 'Erm…'

'Was it Valerie's lot?'

Lily's eyes flew wide open. 'You know of them?'

Nick nodded. 'Went to school with her brother, Ian.'

'Well he's the guy I'm dealing with,' Lily spluttered. 'He promised me I'd have the results after two weeks and then he just said they weren't here yet and to come back next week.'

'He always was a dickhead.' He suddenly threw the duvet back and got out of bed. 'Come on. We're going to pay him a visit.'

'What?'

Nick pulled on his boxers and then stopped, looking down at her. 'Why couldn't you have told me about this before? I know these guys. Even did a bit of work for them once. Nothing major just collected some DNA results from some guy off the ferry in Portsmouth, but I could have taken care of all of this for you, if you'd just let me help you.'

'Well, I didn't know you knew them,' she said, sounding defensive.

'It doesn't matter whether I know them or not, does it?' He looked hurt. 'You just should have told me, that's all. Instead you shut me out. Don't you trust me or something?'

Lily said she was sorry but she couldn't hold his gaze. How could she look him in the eye when this was just the tip of the iceberg and there was so much more she wasn't telling him? *Couldn't* tell him.

Nick pulled on his clothes as Lily got out of bed. She cast a swift glance out of the window and realised that if she went with Nick, the police would follow, so there was no way she could go.

'You know, I think it's too dangerous for me to go see Ian twice in two days,' she said. 'Could you go on your own?'

Nick looked happy to be helping with the situation and instantly agreed. 'He'll probably be at The Castle. If not, then I'll try The Greyhound.'

'How do you know where he's likely to be? I meet him in The Lamb and Slaughter.'

'Tell you later,' Nick said, sighing. 'By the way, you didn't use your real name, did you?'

Lily looked a little taken aback, before she grimaced. It had never even occurred to her to use an alias.

'Shit,' he said softly.

'I didn't think.'

'Well, it's done now so let's not worry about it. Be back as soon as I can, okay?'

He grabbed his denim jacket, pecked her lips and headed out of her bedroom, leaving Lily to ponder. Maybe it would have been better to tell him about Ian. She really didn't want to shut him out. But at the same time, she was too afraid to let him in.

27

'You're in deep shit, Lily,' Nick said, as soon as he'd parked his old silver Ford Escort outside and made his way back into Lily's house. 'That top social services guy – John Adam-Brown – took your results off Ian. He was asking after you specifically and made sure Ian gave him your stuff when it arrived.'

Lily had just closed the door and now found herself leaning against it in order to stop from keeling over. 'What? What are you talking about?' she asked, barely taking breaths. 'How can he have my results? John can't have my results.'

'Well he does. But why? What's he got to do with you? What's going to happen to you now?'

'Oh no! No, no, no,' Lily wailed, clutching her head as she strode to her sofa. She sat, perching on the end. 'So he knows I went off-radar. Oh…' she began to rock back and forth. 'This cannot be happening.' This was going to change *everything*. 'But how did John know? Why would he know Ian?'

'He has some deal going on with Val apparently and he asked her about you. But how does he even know you?'

'It's a long story.'

'Then tell me.'

Lily started rocking again.

'Please, Lily,' Nick beseeched, sitting down beside her. 'Why can't you talk to me? Just talk to me. Tell me what's going on here.'

She sighed deeply, knowing she now had little choice but to open up to him because if she refused to answer, it would cause irreparable damage to their relationship. As she was going to have to reveal a lot of this to Hilary too, maybe talking about it now, with someone she cared about, would make it easier to repeat to a stranger later.

'Let's just start with how you know him,' Nick prompted.

'Okay,' she said. 'I used to see him sometimes at Evergreen. Everyone knew his name and who he was, but I didn't have anything specific to do with him until I was sixteen.'

She began to tell her story and Nick listened, never interrupting. She kept it basic, not going into any real detail because that was too difficult for her, but she talked of the sexual abuse at the centre, carried out by so many men against so many women and children, not just her, and how she became a favourite of the director when she was far too young to be that kind of favourite. Eventually he got her pregnant and after that, she couldn't keep quiet anymore because she didn't want his child. She had an abortion but then wanted to have that legally annulled on the grounds of rape, so that her slate could be clean. But John sided with the director when he knew the truth – and Lily had heard him say he knew the truth – but he'd protected him anyway.

When she stopped talking they sat in silence. Nick stared ahead, trying to take it all in.

'Oh, Lily, I'm so sorry that happened to you.'

'Thank you but I don't want that. Please. I also don't

want to ever talk about it again, so don't ever ask. Okay?'

Nick looked into her eyes and she stared back, adamant. She'd become adept at blocking it all out and talking about it, really talking about it, would just take her back there. On top of that, she'd be taking Nick back there with her, and she never wanted him to have a single detail that would enable him to picture even the smallest moment of what happened to her, because she knew he'd treat her differently afterwards. She needed to protect him from feeling the need to protect her.

He slowly nodded and she hoped that was because he understood.

'But didn't you tell your lawyer what you'd heard? That John knew the arsehole was guilty?'

Lily's laugh was bitter. 'Oh yeah, I told her. So she went to see John, threatening all sorts if he didn't change his decision and the next thing we knew, my lawyer was arrested for jury tampering in another one of her trials. A witness swore blind she'd bribed him, when that wasn't true. She got disbarred and a prison term. John made sure to send her a letter of condolence.'

'Fuck!'

'Yeah I know. I was so angry it led to me being so bloody stupid, because when Mum and I left the centre not too long after that, we had to go and have the traditional farewell chat with the director, where you thank him for all the *wonderful* things they did for you. He was being such a smug bastard – even said he hoped I'd be back one day, so we could continue our "acquaintance", so I just snapped. I told him if I ever did come back, he certainly wouldn't be there, because I had stuff on him – and all his powerful friends – and I was going to take them all down. He laughed it off, but a few days later, I'd just moved into my digs at uni and RADAR did this raid on my room. Turned the place upside down, saying they'd had a tip-off I had illegal morning-after pills. They did the same to my mum's place, although this time they made it look like a robbery but they never took anything, so how could that have been a robbery? They were just looking for whatever I said I had. Then they did it again a few times over the next few years, until they eventually left me alone.'

Nick looked shocked. 'But did you have something? Do you still?'

'Oh yeah. I have stuff. Someone with the time to investigate could use what I give them and make a very solid case, so yeah. They should be worried.'

'Have you ever told anyone else about all this? Melanie maybe?'

Lily shook her head. 'I've never told anybody. But even if I'd wanted to tell Melanie, John made that impossible too.'

'Why?'

'Melanie was actually shagging him for over a year, can you believe?'

Lily's mind went back to the night she'd been invited for dinner at Melanie's house to meet the new man in her life – John – and she recounted everything to Nick.

Melanie had an L-shaped lounge and Lily came around the corner to greet some of the other guests milling there, when she saw him. They clashed eyes at exactly the same moment and both had frozen but John had rallied within seconds, smiling broadly as Melanie introduced her to him. He acted as though he'd never seen Lily before in his life. In front of the others, and of course Melanie, Lily had been too flustered to contradict him.

Over dinner he'd kept looking toward her, but never nervously. It was as though he was keeping her in check and she'd found it difficult to converse with anyone under that kind of scrutiny. So much so, that she'd been first to jump up from the table to begin clearing, as a way to escape. That hadn't worked because John had joined Lily in the kitchen, his hands laden with empty plates.

'If you think I won't tell her about you,' Lily had hissed as soon as he approached, 'then you're wrong.'

John had deposited his plates on the draining board before he'd turned to Lily. 'She's a wonderful woman whom I enjoy immensely, and whom I intend to get to know very well. And any opinions she forms of me, will be her own not anyone else's.'

Lily had laughed. 'I'm not in a centre now. You can't control me, my life or anything I might say.'

John had thought for a moment, nodding sagely. 'You're not still there, but what about that lovely friend of your mother's who came with you to the tribunal? Nice wholesome looking woman with the curly hair? It's amazing to think she has such a pretty daughter. She must be, what, around sixteen or seventeen now? Saw her the other day actually, at a national netball tournament at Evergreen. Now maybe some of the men have already noticed her, as she is really pretty but if not, then I'd be very tempted to point them in her direction.'

Nick stared at Lily in disbelief. 'He said that? He blackmailed you with that?'

Lily nodded. 'So of course, I never told Melanie.'

'Are they still there, your friends at the centre?'

'No. They left last month. I'd always intended to tell Melanie after they left, but she went and fell madly in love with John and I don't want to hurt her with all of this. John broke it off the other week but all the same, I still don't know if I should ever tell her.'

'So your results,' Nick said. 'D'you think John took them just to piss around with you or what? I mean if he knew you'd gone off-radar why didn't he just have you arrested?'

Because he needs me to lead him to the group, she wanted to say, but couldn't.

'When he's finished playing with me, he'll arrest me I suppose,' Lily replied, petrified at the very sudden realisation that could actually happen. Could she be on her way to jail?

Nick stood up and walked slowly to the other side of the room. 'What are we going to do? What about the baby?' Nick added. 'They can't separate you from the baby, I mean…although wait, if they do that, then the father – either Pete or me – will have to assume full responsibility for it until you get out of prison. That'll make *us* single parents.'

'Leave Pete out of it. He already said no, so even if this is his kid, my going to prison won't affect him.'

'Oh shit, I'm sorry,' Nick exhaled loudly. 'But… if I say yes it *will* affect me. I'll have to move into a centre with the kid. At least until you got out.'

Lily felt her heart constricting because yes, in that situation she wouldn't be the only one who was fucked. Although the number of men in centres was relatively low – around five percent compared to that of women, and they had far greater freedoms – Nick would still have to give up anything to do with climbing to work for the government. She knew that would kill him.

Lily began to think it would be better for Nick to refuse this child, the same way Pete had. But how could she even suggest that, when it would mean the baby ending up in an orphanage until she was free to care for it herself?

In that moment and with all the horrible scenarios before them, she thought it might be better to tell Nick there was a possible way out. Let him know about the group after all.

'But wait a minute here,' Nick suddenly said, 'John'll have to prove you went off-radar before he can arrest you, which is probably why he hasn't. Because how's he going to say he knew? He'll never be able to say that Ian told him. Apparently RADAR knows nothing about his little arrangement with his sister Val, so maybe you have some leverage over him too.'

Lily was more dubious, not wanting to clutch at straws and be disappointed. 'But I'm sure he'll find a way around that. He'll say the results were found as part of a raid on Val's warehouse or something. He'll find a way.'

'But there's been no raid, or whatever he comes up with. He'd have to get the whole of RADAR to lie for him because if they raid a warehouse or do anything at all, there'd be a paper trail, warrants and all sorts of stuff, not to mention all the contraband they supposedly found. D'you really think they'd fake all that for John? That'd be too dangerous.'

'He'll find a way, Nick. For as long as he's got my results, they're evidence. So he'll find a way.'

'Then we need to get those results away from him. If he hasn't got them, then he can't prove anything, can he?'

'But how do we get them?' she asked, exasperated.

'I don't know.'

Lily quietened for a moment. 'You know,' she began again softly, 'you still haven't told me what your decision would be, if the child is yours – we've got a bit distracted – so while all the shit is hitting the fan, you might as well lob a bit more my way, and tell me your answer.'

Nick eyed her carefully. 'You think I'm going to say no?'

Lily bit her bottom lip. 'Well, aren't you?'

His shoulders sagged. 'How can I, after everything you've just told me?'

'What?'

'Lily, come on. There's no way you're going back to the centre. I can't let you – or my kid – suffer all of that in the future. That's just not happening.'

She could hardly believe what she was hearing. 'What? So… Are you saying you'll sign a contract?'

'If it's mine, yes. But if it's Pete's we'll have to…'

Lily didn't let him finish his sentence because she sprang up and flew into his arms. 'Oh, Nick, thank you, thank you.'

Nick stumbled backwards at the force of her embrace and they both nearly toppled to the floor. Lily had no idea whether Nick would have agreed to this if she hadn't told him the truth about the centres, but she decided there was no point asking him. It didn't matter. All that mattered was that he said yes and all she could do now, was hope the baby *was* Nick's.

In order to find that out however, she had to get her results away from John and just as importantly, remove any evidence he could use, to accuse her of breaking the law.

28

Melanie looked comatose. She sat across from Lily, staring at the watercolour painting of a serene landscape on the wall opposite. Even though the light from the lampshades was casting a lovely warm glow around the lounge, the atmosphere was very far from lovely, or warm.

This was the first time Melanie and Nick had met, but he'd chosen to sit on the sofa beside her, as though for moral support. Often during Lily's speech, Melanie had turned to Nick to receive his confirmative little nods whilst he backed up everything Lily said.

Now Lily looked anxiously at Nick, wondering whether she'd done the right thing. She tried to placate herself with the knowledge that she wasn't responsible for John's actions, only for reporting them, but somehow that didn't really help. She hated hurting her friend but she hadn't seen any other option.

'I'm so sorry, Melanie,' Lily finally whispered and that seemed to bring Melanie out of her stupor.

'No. I should be the one who's sorry. I mean, if he really is what you say. But are you sure? Are you really sure John did all that?'

Lily nodded silently.

Melanie seemed unable, or unwilling, to take it in. 'But he's so caring. He was always such a gentleman, such a thoughtful man. He was so nice to me. I just don't understand.'

'I wouldn't lie to you, Melanie.'

Melanie looked pained and wrapped her arms around herself. 'No, I know you wouldn't, which is why this is so hard to take in. How could he have reached such a high position when he's so corrupt? How is that even possible? And why did I never see that part of him?'

'John is incredibly good at disguising what he doesn't want others to know.'

Melanie was still far too shocked. 'I loved him. I loved being with him. I thought he was… I thought…'

'I know,' Lily said, 'which is why this is so hard.'

Melanie gave her head a small shake and then focused on Lily. 'No. You were right to tell me. I'd prefer to know. I just need a minute to get over feeling like such a fool.' She paused for a moment. 'I'm also being so selfish. All those things that happened to you, Lily, I'm so sorry.'

Nick surprised Lily by stepping in. 'She doesn't want to talk about that, which is understandable. Okay? But the main reason she told you all this, is because we need to get into John's house, and wondered if he'd ever given you a key.'

'What?'

'Do you have a key for John's house? If he has the results there, maybe I can find them.'

'You want to break into John's house?' Melanie sounded alarmed.

'I want to open his front door, with a key. That's not breaking in as such, is it? Does he have an alarm? A pitbull? Anything I should know about?'

'No alarm. No dog. And yes, I have a key. It never occurred to me to return it. But you can't be serious about going there. What if you're seen?'

Nick and Lily were too busy looking at each other in relief at the knowledge Melanie had a key, to be concerned by her other issues.

'So will you give it to me?' Nick asked. 'Can you also tell me the layout of his house? I want to be in and out as quickly as I can.'

'No!' Melanie said, making Nick and Lily stop short. 'No, I won't give it to you.'

'But…' Nick started to argue and Melanie cut him off.

'Because I'll go. It'll be safer that way.'

'No,' Lily disagreed. 'This was our idea so let Nick go.'

'But it'll be easier for me to explain than Nick, if we get caught. So I will go. Tomorrow morning. He'll be at work. If John has your results at his house, they'll be in his office.'

'But are you sure you want to do this?' Lily questioned.

'If John really did all those things to you – even threatened you in my own house, then yes, I'll go,' Melanie said. 'I think it's the least I can do.'

The next morning Lily spent an hour nervously watching the doors at the other end of the fifty-metre-long office for Melanie's arrival. She was completely unable to focus on the newsletter she was supposed to be writing, until Melanie finally walked through those doors.

Lily watched with trepidation as Melanie placed her handbag on her desk – situated on the far side where most of the other department heads sat – and then walked briskly down the centre, chatting briefly to various colleagues as she went. She reached Lily's desk and smiled.

'Morning, Lily. I've just had that meeting with Johnson & Johnson and I've got the results we were waiting for so find us a meeting room in…' she looked at her small wrist watch, 'forty-five minutes. I'm headed upstairs until then. Okay?'

Lily's heart began to race. Melanie had the results. She could hardly believe it. She was off the hook with John and not only that, in forty-five minutes she'd know who the father was.

'Jackie was at the house,' Melanie reported, as soon as she closed the meeting room door.

Lily had been too uptight to sit at the table and had been standing staring out of the window, watching pigeons flying around the pedestrian precinct ten floors below. 'Oh, shit,' she gasped.

'She found me in John's office.'

'What did you say?'

'I took a cardigan with me. I pretended I'd left it there. I'd been in his office when I'd heard Jackie calling John's name and running down the stairs. I'd rung the bell before I'd even gone in, to see if anyone was home but she'd been in the shower and hadn't heard. When I was clattering around in the office, she must have heard me then. Anyway, it's a cashmere cardigan and I said I was loath to lose it and that I was still too hung up on John to see him personally to ask for it etcetera, etcetera.'

'Did she believe you?'

I think so. There's a coat rack just inside John's office door. I said I'd left it on there and that I knew the cleaner came on Thursday and I hoped she'd let me in but when she didn't answer, I remembered I had my key.'

'Does the cleaner come on Thursday?' Lily queried.

'Not anymore. She changed a couple of months ago but it was the first thing that sprang to mind and I'm sure John would believe that, because Jackie's bound to tell him. She demanded I leave my key with her and acted like she owned the place.'

'Well hopefully that'll be okay then.'

Melanie nodded. 'Scared the life out of me but yes, I think I should be okay.' She puffed out her cheeks. 'Anyway, I found the results – the envelope was open – and I just about had time to read them before Jackie came in, so at least that's something but I couldn't take them away, I'm afraid, or John would have known it was me who'd stolen them.'

Lily was crushed at that. But knowing the result was better than nothing. 'Don't worry. If you saw them, that's something at least. More than something.'

'Yes,' Melanie said. 'They were in his top drawer. I know where he keeps the drawer key. D'you want to sit?' Melanie asked, instantly pulling out a chair she clearly felt she needed.

Lily sat too. 'And?' Lily sounded breathless. 'Is Nick the father?'

Melanie slowly shook her head. 'No.'

As Lily had pinned everything on it being Nick's, a wave of disappointment engulfed her. 'So it's Pete's,' she mumbled.

Surprisingly, Melanie shook her head again. 'There was no match, Lily. It isn't Nick or Pete's.'

'How could there be no match?' Lily was astounded. 'There must be a mistake.'

'Is there no chance it could be anyone else?'

'No. No one.'

'What about that guy you mentioned, the one you got naked with? Eric, I think you said. Did you just get naked, or what?'

'Eric?' Lily shook her head, dumbfounded. 'No, it can't be him.' She thought of Saskia's party. Eric being there, smiling, saying hello. She hadn't seen him since school, where she'd been so attracted by his good looks and generally rebellious character that they'd had a thing for a short while. He'd smoked pot and she'd been okay with that. When she realised he was also into more heavy stuff like cocaine, she'd stopped seeing him. But at Saskia's party he'd told her he was done with all that. He was also even more handsome than she'd remembered him to be. So after they'd got talking and drinking, and drinking some more, they'd headed into Saskia's bedroom and had started to strip off and roll around on the bed. They'd been interrupted by a girl demanding the cocaine she'd paid Eric for an hour before and Lily realised he wasn't done with all that at all. He was now even selling the stuff. She'd grabbed her things and got out of there.

Lily was barely able to speak. 'I didn't think we'd even done it. We didn't go all the way, I know we didn't.' She looked beseechingly at Melanie.

'So…more than just getting naked, then,' she said.

Lily's hand rushed to her face. 'Oh, no. It was a big, big mistake. How can he be the father of my child? I mean, we were just rolling around… I don't remember. Oh, shit. What am I going to do?'

Melanie didn't answer. How could she? She just sat, looking at her with compassion and sympathy.

29

Lily went straight to her mum's after work, agonising en route over how much to tell her. She couldn't talk about the group, so everything around that would have to remain secret too, but was John taking her results a part of that? Had he really not arrested her for going off-radar because he needed her to find the group, or was it as Nick suggested – that he couldn't arrest her without disclosing his own association with the black market? Lily just didn't know, and until she did, she couldn't tell her mum anything about it. Besides, telling her about Eric would be hard enough. She decided to say that Ian had managed to get the results earlier than expected, and leave it at that.

'I can't believe it,' Ruby whispered on hearing the news. 'I just can't believe it.'

'I know,' Lily agreed. They were sitting in the cockpit, their world in turmoil while all around them swans glided peacefully and contentedly along the stillness of the river. 'For a tiny bit, I'd thought everything might just be okay. Nick was going to sign a contract. Said he'd work in a climbing gym if he had to. Anything to keep me and his child out of a centre. And then it all came crashing down and now I'm right back where I started.'

'Except you now know who the father is.'

Lily's eyes darted up. 'But what good is that? He's a druggie, Mum. How can I subject my child to that? He can't be the father. I can't let him be.'

Ruby frowned. 'Does that mean you're not even going to tell him?'

Lily sank her head into her hands. 'I don't know.'

'I understand you're worried, sweetheart, I'm worried too but, doesn't he have a right to know? Doesn't his child have a right to know who its father is?'

'But I'd be protecting his child. Against him. Against a life with him. Isn't that my duty also?'

'But maybe he'd be different with his child. More responsible.'

'And maybe he won't. Is that a risk you'd be willing to take?'

'But if he signs a contract it'll keep you out of a centre. D'you think your child's life with him will be worse than a life there?'

'I don't know,' Lily wailed. 'This is like trying to choose the lesser of two evils and I don't know which way to turn.'

'I hear what you say, but I think you have a duty to tell him. It wouldn't be fair on him and it definitely wouldn't be fair on your child. Would you forgive me, if I'd said you didn't have a father when all the time you did?'

'If you told me he wasn't a nice guy, I would.'

Ruby raised her eyebrows. 'We both know that's not true. You'd tell me you should have been given the opportunity to decide for yourself whether he was a nice guy, and that I had no right to do that for you. You'd tell me that I'd robbed you of knowing your father and I'd robbed him of watching you grow. You might very well be so upset with me that you'd never want to speak to me again. Is that a risk you'd be willing to take with your child?'

'To keep it safe,' Lily said, touching her tummy, 'maybe yes.'

'How safe will it be in a centre? There you know what's likely to happen. With Eric, you don't. He could change. Isn't that worth the gamble?'

Lily looked down, wringing her hands as though they were a wet cloth.

'He might not sign a contract with you anyway,' Ruby added. 'If all you had was a one night stand.'

'It wasn't even that,' Lily interrupted.

'Well, then, maybe he'll say no. But at least you can tell your child you tried. Which is much better than having to keep lying to it all the time. Lying is never the best option. It eats away at you.'

Oh, I know, Lily thought, you have no idea how well I know, and how much I wish I could tell you everything, because I need my mum. But I also need to protect my mum from knowing too much, just in case. I couldn't bear to have her arrested and questioned and face being locked away in another institution as an accomplice to my crimes. She's been through enough on my account; sacrificed enough for me, even though she has no idea I'd been hiding in that bathroom whilst she'd persuaded that creepy violin teacher to have sex with her instead of me. I'd let it happen because I was just a child and I was scared.

Well, I wasn't a child anymore.

30

John walked out of the barber shop that Friday evening feeling good. If he was going to be on television tomorrow for his speech at the demonstration, he wanted to look his best. The Home Secretary, with whom he'd just spent a rather unpleasant few days in London, had at least approved of his speech, even if he approved of little else. But other than placing Amy on the rack, or waterboarding her – neither of which John would have been particularly adverse to – he didn't see what else they could do.

But he didn't much care about the Home's Secretary's feelings right now anyway, not when he had the upper hand. He'd made the trip to London before he could be summoned there, turning a defensive position into an offensive one. He'd ensured to meet with the PM alone, and all had gone well. So much so that Douglas's subsequent whining and expressions of disappointment in John – uttered in the presence of the PM for ultimate effect – had just come across at petulant buck-passing.

And tomorrow, results would finally be forthcoming. Everything was in place to surveil the meeting between Lily and whomever turned up from the group, and after that, they'd have solid leads to follow.

It would have been easier if the demonstration wasn't happening on the same day of course, something the PM had also felt obliged to chastise Douglas for, but John had waded in with words of reassurance, feeling it best to throw Douglas a small bone. Whatever had been decided had been decided and they would work around it. All would be fine. Lily's meeting was at ten o'clock in the city centre. The march wasn't starting until eleven, from outside his office building, which was a mile away. By the time the throng arrived in the centre, Lily's meeting would be long over.

When his driver dropped him at his house that evening, he picked up his post and headed down the passageway into his kitchen. Units were dark grey and modern and marble worktops were sparse and uncluttered, mostly because he rarely ever cooked in this kitchen. But then, why do something you weren't good at?

He opened a bottle of claret and poured himself a glass. He rolled his head around slowly, hearing the small cracks that created in his neck. Then he strolled with his glass of wine and his unopened letters into his office. He dropped the letters onto the desktop and then opened the French doors behind him. They led into a garden enclosed by mature trees which created total seclusion within. He liked the longer summer evenings and would often sit here working, until the sun finally set.

It was a beautiful room, with walls of deep crimson interrupted by ornate cream shelving holding volumes of leather bound books. These gave the room a unique smell. He sat, noticing his answerphone was flashing. He pressed the button to listen to his messages. Some he fast forwarded. One was from Jackie asking him to call her. He raised his eyes skyward because he'd told her he wasn't available until next week, so what was she playing at? He fast forwarded the rest of her message too.

It was at least half an hour before he got up to retrieve his desk drawer key from the box on the bookshelf opposite. But when he opened his drawer, he stopped instantly. His petty cash box was on the left. Under that, he kept a leather journal and a few small booklets. On the right was a calculator and a hole punch. He liked things in their place and that's how he always left them. So why were the journal and booklets not directly under the petty cash tin? The petty cash tin was almost at an angle, half balanced on the books below.

He frowned, opening the tin. He had two thousand pounds in cash inside. He removed the wad of notes and counted, but there was nothing missing. He was grateful because he wouldn't want to suspect Jackie. She'd been left alone in his house the other morning, as he'd had to leave on the six o'clock train for London and hadn't wanted to wake her. Would she have gone snooping in his drawers?

He pursed his lips, mulling this over. Jackie didn't even know where the drawer key was. Or had she found it? Had she read the journal? At least there wasn't anything incriminating inside. He was never stupid enough to document anything that could ever be used against him.

He slowly placed the cash back inside the tin. He picked up the tin and saw Lily's DNA results envelope still sitting beneath it. His phone rang and he let it switch to answerphone, not in the mood to talk to anybody, but when he heard Jackie's voice, he snatched up the receiver, keen to know if she may have been the culprit.

'Ah, you're back,' she said. 'How was London?'

'Busy. And I'm still pretty busy but…'

'Yes I know you are and I wouldn't normally bother you unless it was important,' her tone was slightly terse, most likely in response to his. 'But I thought you should know that I found Melanie in your house on Thursday morning. She'd let herself in. *She had a key.*'

John sat back a little, slightly amused he'd been caught out, as he'd told Jackie he never gave his girlfriends a key. But he was also slightly bemused. Why would Melanie come to the house? 'I know she had a key. But what did she want?'

'Some turquoise cashmere cardigan she said she left there.'

'Oh. I don't remember seeing it anywhere.'

Jackie sighed dramatically. 'Is that really the point? Aren't you angry that she just let herself into your house?'

He suspected it was probably Jackie who was more angry about the key, because she was jealous Melanie had one and she didn't, but it was true, Melanie shouldn't have used hers without permission. It was unlike her.

'I'll call her and get to the bottom of this, and then I'll make sure to get my key back.'

'I already got it back. It's in your kitchen drawer.'

'Well, good. Thank you. And I'll see if I can find that cardigan, but in the meantime I wanted to ask you something.'

'Oh she found it, so don't bother looking. Apparently it was on the coat rack in your office.'

John inhaled. 'My office?'

He stared ahead at the coat rack. It was a Victorian wrought iron one that he'd bought in Covent Garden. He hung a jacket or two on there for when he needed a break from his desk and a bit of air in the garden. He looked at that coat rack every day. It was directly in his field of view.

Wouldn't he have noticed a turquoise cardigan?

'Yes,' Jackie continued. 'She said she rang the bell and maybe she did – I was in the shower but when I got out, I heard noises of someone milling about and I thought maybe you were back for some reason and I called out your name and ran down the stairs and found her coming out of your office.'

John had begun to feel a sense of foreboding the moment Jackie had said Melanie had been in his office. Because Melanie knew where his drawer key was. He'd always trusted her so implicitly he'd never waited for her to leave the room before he locked or unlocked the desk. 'Did you come in here?' John asked Jackie. 'After Melanie left? Did you come into my office?'

'I glanced inside to make sure she hadn't done anything in there and then I closed the door but no, I never went inside. What reason would I have to go inside?'

John didn't like where this was going. Melanie had come into his house without permission. She'd come into his office to find a cardigan he was pretty sure wasn't on the coat rack. She knew where his desk key was and the contents of the drawer had been disturbed, a drawer where he had been keeping her close friend's DNA results. Results he really didn't want her to know yet.

'None I suppose. Just wondered. Anyway, thanks for letting me know, Jacks,' he said, his breathing quickening. Would Melanie have really done that? The Melanie who would do anything for him? Would she betray him that way? 'I'll call you on Sunday, okay?'

'Okay.'

As soon as he finished his call with Jackie, he downed his glass of claret. Then he swivelled his chair around and calmly looked into the garden, before suddenly throwing the empty glass with such force that it hit the ornamental bird bath at least twenty metres away and smashed into a thousand pieces. He felt the urge to pick up something bigger to smash, and even looked around for something, but then he simmered down.

Feeling back in control he swivelled his chair around, reached for his phone and dialled a number.

'John Adam-Brown here,' he said. 'I want a fingerprint team over at my house right away. There's been a break-in. Cash is missing.'

If Melanie's fingerprints were on that tin, she was going to regret the fact she ever knew Lily Bryce-Davis.

31

Lily called both Pete and Nick to tell them they weren't fathers. Pete hadn't been able to disguise his relief, but afterwards he'd shown concern for her, especially when she told him the baby was Eric's. He hadn't known Eric all that well personally, but he'd certainly known him by reputation.

'Fuck sake, Lil. What were you doing back with that guy?'

'I wasn't back with him. It was just a stupid thing, that I didn't even realise had been a thing.'

'Want me to come over? I can cook you something to eat? We can talk?'

The last person she wanted near her right now was Pete, so she told him she'd be fine.

Nick's reaction had been harder to read. He'd shown no relief at all. He'd just remained silent on the end of the phone for a very long time and Lily had no idea what was going through his head. Eventually he'd just said, 'Then I can't help you. If this Eric guy refuses to sign a contract with you, then I can't help you. I wish I could, but I can't, and I'm so sorry.'

At first she hadn't really understood what he'd meant, until he'd spelt it out.

'I can't change my whole life to raise someone else's kid.

And it kills me to think what that's going to mean for you, but I just don't think I can do it, Lily.'

'Of course you can't. I wouldn't expect you to.'

'But what if you end up back at Evergreen?'

'I don't know, but in the meantime I might have finally found someone capable of dealing with John Adam-Brown.' She told him about Hilary. 'I've got a meeting with her on Monday. At first I thought I'd just sound her out, see if I can trust her, you know? But maybe I should just risk it and give her everything I have. See if that will persuade her to put pressure on John to leave me alone.'

'Yeah, maybe you should. I'd make copies though, just in case,' Nick said. 'Unless you already have some. Make sure she knows that as well, so if she wants to stab you in the back, she might think twice.'

'I've got copies,' Lily replied. 'So I'll definitely mention them.'

'Good. Let's just hope this demonstration tomorrow doesn't end her career then, because after that, she'll be no help to you at all.'

Lily wore white as she'd been told to; white jeans and a white tee shirt. As the weather was glorious, with clear skies and temperatures in the mid-twenties, she fitted the bill. She complimented her outfit with her blue baseball cap as instructed, and arrived in the main square half an hour before she was due.

It was bustling with people and activity. Police were everywhere, placing metal barriers along the roads and cordoning off a few of the side streets. There were signs for coach car parks directing all the demonstrators to the outskirts of the city. But that didn't mean there weren't others who'd arrived on foot, all men, wearing tee shirts with the slogan *Our right to choose.*

'Straight down the road, gents,' the police called out amicably. 'No loitering here. Straight down the road.'

The square, surrounded by all the usual shops – C&A, Etam, Next, Ravel, Blockbuster Video and Lily's favourite, Laura Ashley Homewares – was busy with shoppers, but also with people who seemed to just want to be there and be part of everything. It was a big day for Wycombe and the excitement was palpable. The square, usually always immaculate with pretty flowers in the hanging baskets on the lampposts and in the flowerbeds, seemed more impressive now. Even the stone tiles looked buffed to the point of shining like marble.

A van with a BBC logo drove past. Then another from Channel 4. As they seemed to be the only vehicles allowed on the road, everybody stopped to look. A ripple of excitement permeated through the crowd at the fact they were going to be on the news. Demonstrations were so rarely permitted. There were generally considered to be far better ways of campaigning for change than airing your dirty laundry in public, for the rest of the world to see and to mock.

Lily sat on a bench in the square watching a guy doing tricks on a skateboard and wondering how he even stayed on it. It was a nice distraction that alleviated some of her nerves, especially as she looked about her, wondering which of the men and women were police officers watching her. The carousel was in the centre of the square – her rendezvous point – and a beauty you didn't need to be a child to enjoy. It actually ran all night just for adults too. Lily had once shared a unicorn with Pete at Christmas, rolling up and down to the music, freezing their arses off and not caring one bit.

She suddenly felt a hard slap on her shoulder which made her turn with a start.

'I told you she wasn't dead,' Julie almost shouted, as she and the three other women with her, smiled broadly.

They were Lily's friends, a small group she hadn't seen for weeks because she'd been actively avoiding them. Being pregnant and not saying anything to your mates is a bit of a no-no, so she'd hoped to just not see them, thinking that might lessen their hurt when they finally found out. But she had to agree now, despite the terrible timing, it was good to have them in her midst.

'Where've you been?' Saskia asked, perching on the bench beside Lily. 'I called you and called you. Didn't you get my messages? We thought you'd want to come today. You'd want to be here.'

'Yeah,' Kirsty said before Lily could utter a word. 'This is history in the making. But where have you been? You been okay? We've been really worried. I came by the other night but you weren't there.'

'I'm fine, just been caught up with stuff, sorry.' She looked directly at Saskia now. 'I did get your message and I was going to ring you this weekend actually.'

'Well, you're here now,' Saskia said. 'But we haven't got much time. We've got to get to Sycamore Park in half an hour.' Then she grinned and whipped open her light cotton jacket to reveal her tee shirt beneath – the same tee shirt all the men heading for the demonstration were wearing. 'Fuck their right to choose. They've had a right to choose for far too long. What about our right to choose?'

Lily's mouth gaped open. 'You're going on the march?'

'Not their bloody march, no,' Kirsty answered, slightly hyper. 'We've got one of our own. That's why we were trying to get hold of you. Rumour has it Hilary Frank-Herbert organised this whole counter-revolution but that's all a bit hush-hush. And who cares? I just want to march.'

'So will you come?' Julie asked. 'We'll probably all get arrested but that's okay.'

Lily half laughed because she could see Julie didn't think that was okay at all. 'What are you doing? Have you all gone mad?'

'Honestly, now it's actually here, I'm shitting a brick,' Saskia said, 'but I'm not going home. This is important. This is a chance to say what we think and yeah, what about our right to choose? Huh? Why is it up to them whether we have our babies or not? It's our body. Our life. It should be our right to choose, not theirs.'

Julie was frantically looking around her. 'At least if we get arrested, they'll have to arrest thousands of women, so it won't feel so bad. Or maybe they won't bother. Do they have enough prison space for thousands of women all in one go?'

'We won't get arrested,' Kirsty placated. 'Although maybe they'll set the water jets on us, or tear gas or something. Would that be so bad?'

'With the BBC watching? They wouldn't do that. Are you kidding?' Saskia said.

'Maybe they'll do it *because* the BBC are watching,' Julie replied.

'So what? D'you want to back out?' Saskia asked.

'No.' Julie sounded adamant. 'I'm just allowed to be scared, that's all. But I'm not backing out. We've never had a chance to do this before and maybe we'll never have the chance again.'

Lily stood up and faced her friends, surprised at what she was hearing because normally when they talked about having kids, they all just towed the line; men made the final decision and if women didn't like that decision, they had two options – abortion or a centre. They never thought that was unfair. And although they knew living in a centre had its downsides, they'd accepted without question what they'd been told all their lives; it was better than raising a child all alone. So the fact they were now opening their eyes to other ways of thinking, amazed her.

'I think this is fab,' Lily exclaimed. 'But I don't understand how I didn't know any of this counter-revolution stuff was going on?'

'Sandra in my office told me,' Saskia said, getting up from the bench to stand beside Lily.

'And a bunch of girls in mine told me,' Julie said. 'We don't know a lot, just to be in the park at ten o'clock. What happens after that, who knows? So are you coming, or what?'

Lily looked at all their expectant faces. 'I wish I could. I really do. But I'm sorry I can't.'

'What?' they all wailed in unison.

Lily had to find a valid excuse. 'I know, I know, it's total crap but I have an emergency dentist appointment at ten. That's why I'm here. My filling fell out and I'm in bloody agony. They won't have another appointment for weeks. Maybe I can meet up with you later?' She raised her eyebrows and grinned. 'That's if you're not all in prison, of course?'

'Oh shut up,' Saskia remonstrated. 'We're not going to prison, and sure, let's head to Frankie's after, okay? Wait for us there.'

Frankie's was a wine bar they liked to frequent, mostly after work on a Friday.

'Okay,' Lily answered, awash with the energy coming from her friends. 'I really wish I could come though.' And she meant it.

As they left, Lily saw other groups of women heading in the same direction and she felt as though she was being buoyed up by some invisible force because women were actually getting behind this. She smiled because if this really was Hilary's doing, then she couldn't have asked for a better champion. With Hilary's support, how could she go wrong?

32

John was in his office going over his speech and keeping an eye on the crowds which had gathered in increasing numbers since eight o'clock this morning. The rectangular green in front of the social security building was packed with men. The crowd was orderly and well behaved, as one would expect. You never saw the kind of unruly mobs so often associated with demonstrations in other European cities. Not here, where even the smallest amount of vandalism carried a prison sentence because it went against the entire ethos of *Clean World, Clean Society.*

John couldn't hear what they were chanting from this high up, but they were animated, waving placards and holding banners.

He had a podium set up at the top of the stairs which led into his building, to ensure he would be visible even to those at the rear of the green, but as a television camera was trained on the podium, he'd be visible to the whole country as well.

He'd decided to dress casually, be one of the people, a man just like every man concerned about what Hilary's proposals would mean for them. He hadn't really had to dig too deep to find the right words to say, because he was genuinely concerned. He'd just imagined Jackie telling him she was pregnant – as she was far younger than any of his other girlfriends it had been realistic to imagine this happening with her – and he of course, feeling himself too old to be starting families again, saying no. But with these new ideas of Hilary's, Jackie wouldn't be at all perturbed. Why should she be, when the government would offer her not just financial support, but also the right to stay home and look after her own child in a nice little flat? All without having to give anything back. It was take, take, take and me, me, me and with that kind of incentive, there'd be no control.

Right now, Jackie could still have his child without his consent, but at least he, like all men who had to make that difficult decision, could rest easy in the knowledge their child would always be properly provided for. With the centres, children were protected and secure, and benefitted from as much male influence as possible. Half a million housemasters worked in centres; good, surrogate fathers offering care and essential support – or mostly good, but he wasn't going to let a few rotten apples cloud his viewpoint. With Hilary's plan, these children would lose that too. For John, like all men in this country, none of that made any sense.

His phone rang and he rushed to answer it, glancing at the carriage clock on his desk as he sat down. It was twenty to eleven and he'd been expecting Kofi's call.

'The meeting with Lily went ahead,' Kofi said by way of greeting. 'A man turned up who called himself Bob. He spoke with Lily for quite a while and we heard just about everything they said.'

John did a fist pump but ensured to keep his tone

officious rather than over excited. 'And? What have we learnt?'

'There's a compound alright and it is in Scotland. They have a wealthy benefactor who allows them to live on their land. No name was mentioned but we know the general whereabouts of the land as he talked of a couple of lochs nearby, Loch Hope and Loch Naver. Shouldn't be hard to investigate that area. He said they homeschool the kids and that they have a teacher who used to work in a high school in Inverness until last year. We can start to investigate that, but also there is a doctor who lives with them, a paediatric specialist who worked in Glasgow's Royal Hospital for Children. He's been with them a few years, so another good lead to start checking.'

'Good. Can we get a helicopter up there?' John asked. 'Fly over the area? A compound would surely be visible from the air.'

'We'll have to pass this over to the Highland Police as it's their turf but my superintendent's on the phone right now.'

'And where is this Bob character as we speak?'

'Eating cake in Betty's Cafe,' Kofi replied. 'We have him under surveillance so we'll tail him when he leaves. See where he goes. Maybe pick up a car registration if he's using a vehicle. I'll keep you posted on his whereabouts. In the meantime, we have a lot to work with. But there'll also be another meeting on Wednesday. Lily is around nine weeks pregnant and they'll need to know for sure if she wants to go by the time she's eleven weeks, so someone will meet her Wednesday to answer any more of her questions and then see if they're going to get the ball rolling to get her out of here.'

'Where are they meeting?'

'Sycamore Park at six o'clock. One thing that's also interesting though,' Kofi added, 'is that Lily said the PU are aware she's pregnant. She told Bob she'd need to be extra careful about leaving, in case she's being watched. But how did she know we knew?'

'I have no idea,' John lied, sounding surprised. 'But let's just focus on following up those leads and this Bob person, not to mention getting that damned chopper in the air.'

John put the phone down, hugely satisfied before he headed over towards the row of windows in his office. From this vantage point he could see all the roads heading towards the green and the numbers of people snaking their way along them. A few police cars were on one of the streets, seemingly trying to divert a large group of people away from the green. He thought they'd cordoned off that road and frowned as the group spilled around the police and then began to run towards the main body of demonstrators. It was then that John noticed they were women. Another police car drew up, but more women were streaming in, from the road opposite this time, and the police car did nothing but park in the middle of the road and wait there as the group moved around it, heading towards the social services building.

John wondered why they were coming from the opposite direction. If they were here to join the demonstration against Hilary, they shouldn't be coming in from the other side. When a group reached the edge of the green, a bunch of men reacted to shouts from the women and John realised then, that the women were not actually here to join the demonstration but rather to harass those taking part.

He noticed with concern that a BBC van was rushing to the scene and he just had to hope they'd contain this nonsense quickly. The last thing they needed was to look disorganised.

In the meantime he had to make his way downstairs, where his team awaited him. He felt a flutter of nerves and realised, as he picked up his speech from the desk, that his hand was unsteady. He took several deep breaths. He'd been on TV debates before but public speaking was very different. He'd have to shout, become animated, maybe even wave his arms about which wasn't his style at all. People usually knew his feelings based on how little he said, or how quiet he remained.

When he held his hand up again and saw it was steady, he strode from his office.

John had stupidly tried to appeal for calm. He should have stayed inside the building, as some had suggested, but the PR Manager had spouted some bullshit about how he could turn things around and be the hero of the hour, and he'd trusted his judgement. Something he'd never do again.

Chaos had ensued in front of him. Thousands of people at odds with each other on opposite sides of the green and the police desperately trying to disperse the women and send them away. But as they'd never expected anything like this, the police were pitifully outnumbered. Where did these women come from? John had reached the podium and shouted to the crowd, his microphone carrying his voice far and wide. The TV cameras had zoomed in on his futile efforts, made worse by the fact that nobody had paid him any attention whatsoever and he came across as some bumbling idiot. He was eventually hauled back inside the building by security guards overreacting to a single woman running up the steps towards him, pulling her tee shirt taut to accentuate the slogan *Our right to choose*, which was emblazoned across it. What had they thought she was going to do to him? He'd looked ridiculous being hurried away from her under guard like some frightened child. The fact he'd pulled away from the security, almost starting a fight, had also been caught on camera, making the whole thing even more of a shambles.

This was unprecedented. Women had come from all over the country and yet no one seemed to know they'd even been on their way. It was as if they'd acted individually rather than collectively, so there'd been no way to know about it, or more importantly, to stop it.

The police had tried to cancel the march, but masses of people had surged onward and had headed into the city centre regardless. The one saving grace was that it hadn't turned violent. The women showed no interest in hitting the men and the men certainly had no intention of hitting the women, so the authorities just had to wait it out and let the marchers follow the route, until they'd reached Hilary's constitutional office.

She, having been forewarned, had ensured not to show her face outside but instead had given an interview inside, where she'd controlled the whole affair.

'I think this just goes to show how much we in the government have misjudged the mood of the women of our country,' she'd said, cleverly placing as much blame on herself, as on her party. 'And in the spirit of openness and honesty it's clearly time we became more open to listening to their feelings and honest enough to admit that this is not just a subject which concerns our men. I began this journey because I considered it to be in our country's economic interest, but quite clearly what we have been shown today, is that this goes way beyond economics and I am the first to admit I should have seen that before. We need to move forward in a way that benefits both our economy *and* the men and women of our country.'

'So are you saying you no longer believe in your privatisation bill?' the interviewer had asked. 'You don't want to close down the centres?'

'No. Completely the opposite, because the protests have raised very serious concerns. Our men are out there marching because they're afraid women will be encouraged to keep more babies or have more babies if the centres close. Which implies that everyone has come to view the centres as some kind of *deterrent.*' She frowned deeply. 'Since when were they ever supposed to be a deterrent?'

The interviewer hadn't known how to answer that and had gone on to dig an even deeper hole for himself by using expressions Hilary could easily counter.

'But you're just encouraging women to get pregnant,' he'd said.

'So, what? Centres discourage them?'

'You're making it too easy for women,' he'd said.

'As opposed to what? The centres making it too hard?'

'You're taking away a man's right to choose,' he'd said.

'How? When he'll have the same right to choose in the future, as he has now.'

'But when you make it so easy for women to…' he'd said.

'So they really need the deterrent of a centre then, in your opinion?' she'd answered.

He'd been a young reporter out of his depth, only meant to be getting comments from demonstrators as they walked by. When he'd heard of the pandemonium in the city, he'd knocked on Hilary's door to ask for her comment, never expecting her to invite him and his cameraman inside for a full interview. Or for the fact the BBC were so keen to hear what she had to say, that they aired it live.

John had been sick to his stomach when he saw how the events of the morning had unfolded on the midday news, and not just because he'd come out of it badly. It was also because of how Hilary had shone such a distorted and inaccurate light on the centres and their value to society. Because it wasn't the centres that were the issue here. This was about who had the final say on whether a woman kept an unwanted pregnancy. This was about women wanting that control over men, and nothing more. Hilary had just twisted everything around and disguised it as something else. All too eloquently it seems, based on the number of concerned phone calls he'd received from centre directors all over the south east.

When the phone began to ring again, setting John's teeth on edge, he decided he needed to get out of his office to let off some steam. And he knew exactly where to go, to do that.

33

Standing at the back of the briefing room, Kofi watched the superintendent, Paul, tearing a strip off the group of people before him. In his rage, his usual ruddy complexion was verging on purple. Perhaps he wasn't always as friendly with his team as Kofi had imagined him to be.

DI Gary Reece-Myers had been designated as spokesman and he stood resolutely in front of the small group of plain clothed officers. He was quite a short man but right now, as he was standing so straight, he looked about ten inches taller.

'*You lost him*,' Paul shouted again. 'You had one task. Don't-lose-him. How hard was that?'

'With all due respect, guv, we did our best but there were just too many people. Bob was wearing a red baseball cap and a black shirt. He was easy to spot and we tailed him down Lionel Avenue where he waited for the demonstrators to file past. He was behind the barriers that cordoned off the marchers from the public. But then there was a fracas and one of the barriers toppled and people began to walk through. Bob got caught up in the fray but we had our eye on the cap until suddenly, it was gone. He must have removed it. And there was no black shirt. We think he probably had a white tee shirt underneath and took off the shirt to blend in with the crowd. We found some joker with the cap a little while later; a young guy saying he picked it up off the ground. This guy, Bob, wasn't taking any chances. He used the demonstration as his escape route.'

Paul glared at them. 'The next thing you'll say is that he had someone purposefully knocking over the barrier for him as well.'

'Well, they could have, guv. Why not?'

'Because that sounds too much like he knew he was being watched, when he would have had no idea.'

'Or he's just very careful. Maybe that's why they've been able to get away with what they've been doing for so long. Faced with what we were faced with, it was impossible not to lose him. But at least there's another meeting on Wednesday and this time we'll be more prepared for the fact they behave this way. They also won't have thousands of people to hide behind.' He paused. 'At least we've got another shot.'

Kofi was far from pleased with what had happened either but then he had voiced his concerns to John about the date and location of the meeting, knowing it was going to cause issues, so he couldn't be too surprised when issues were caused.

He swiftly left the briefing room but then slowed his gait because the phone in his office was looming ever closer and he was going to have to report their failure to John. After the fiasco of John's supposed speech, and the mayhem of the demonstration in general, Kofi doubted John would be in the mood for any more bad news today.

As Kofi headed towards the staircase leading up to his office on the third floor, he was surprised to see Melanie Hayes-Horner being led out of an interview room. He was even more startled to see she was in handcuffs.

34

Melanie had been weeding her front flowerbed, her small cassette player balanced on the garden wall as she listened to the music. Seeing the police car pull up beside her picket fence and watching two officers get out to ask her if she was Melanie Hayes-Horner, had come as a shock. What had come as an even greater shock was when they'd told her she was under arrest for theft and they needed her to go with them to the police station for questioning.

'Theft?' she'd asked incredulously. 'What am I supposed to have stolen?'

'Two thousand pounds from John Adam-Brown.' They then proceeded to read her her rights.

'But this is ridiculous, I didn't do anything,' she protested.

'Then you'll have a chance to tell us all about that at the station.'

They'd told her she had a right to a lawyer but she didn't have a lawyer. In fact she didn't know anyone who did, and wondered if that was just something that happened on television. 'I'm calling my lawyer!'

She'd decided to call one of the lawyers who worked on contracts for Mace-Meredith and she'd taken care of sending a criminal lawyer to the station to represent Melanie. He'd arrived within half an hour, during which time Melanie had been left in a small interview room with no windows and what she assumed to be a two-way mirror along one wall. The air was stuffy and she felt sweaty and dishevelled. They hadn't even allowed her to change out of her gardening clothes, or to do anything other than grab her handbag and lock her front door. As she waited, she slowly picked the garden soil from beneath her fingernails.

Her lawyer, looking every inch the part of someone smart and successful in his grey pin-stripe suit and Rolex watch, introduced himself as Mr Basset-Carr. They were allowed ten minutes to talk. She never got to know his first name, even though once the police had returned to the room he acted as though he knew *her* intimately, declaring what his client would be prepared to do and not to do, or to say and not to say. He spoke with such an air of authority that it gave Melanie complete confidence to trust he would get her out of whatever this nightmare was.

Two police officers questioned her, although the lead was taken by the woman, a tiny lady with a high nasal twang which made her sound as though she was suffering from a cold.

'You entered John Adam-Brown's house unlawfully,' she stated.

'I do believe she had a key,' her lawyer interjected. 'Given wilfully by John Adam-Brown to my client for the very purpose of her being able to enter his home at will.'

The female officer smiled tritely. 'That was when they were in a relationship together, and that is no longer the case.'

'Excuse me but where and when was that stipulated?' her lawyer queried. 'Surely if John Adam-Brown had reservations about my client using her key, he would have made that clear by taking it from her. As he didn't, I think we can agree that leaves things somewhat ambiguous.'

Melanie wasn't sure if the officer agreed with that or was simply planning to come back to it later, but she'd moved on to the theft itself, something Melanie had been eager to hear about in order to finally understand what she was supposed to have done.

'You were discovered in John Adam-Brown's study by a witness who has testified to that fact. Jackie Maxwell-Jones.'

'Yes, I was there,' Melanie agreed.

'Why were you there?'

'As I explained to your witness, I was collecting a cardigan I'd left at John's house several weeks before. I'd hoped the cleaner would let me in but it appears she's changed her work day, and as I was already there and didn't want to have a wasted journey, I used my key to enter the house to collect my cardigan.'

'And that's all you did? Collect the cardigan?'

'Yes. That's all I did.'

'Where was the cardigan?'

'On the rack behind the door of the study.'

The woman officer took her time leafing through papers in front of her. 'Then how do you explain the fact your fingerprints were on John Adam-Brown's desk drawer in that study and on his petty cash tin inside that drawer? A petty cash tin that is suddenly missing two thousand pounds?'

Melanie was stumped. Before she could answer, her lawyer interceded.

'As I haven't had much time to converse with my client over this, may we please have a ten minute recess in order to do that?'

The police, looking infinitely more smug at this point, agreed and left the room.

Mr Bassett-Carr pulled his chair so close to Melanie she could smell the scent of his aftershave. 'I think we need a bit more disclosure than you've given me. Did you touch that tin?'

Melanie, not realising the full extent of the evidence they'd had against her, had been a little economical with the truth to this man, but now she knew she had to divulge the real reason she'd gone to John's that day.

'But I can hardly confess that to the police, can I?' she said at the end. 'Not without officially informing them that my friend went off-radar to get DNA results. If John intends doing anything to Lily, then that's up to John, but I'm certainly not going to drop her in it. Trouble is, John knows that I'd have no other excuse for being in that drawer. He's backed me into a corner.'

'Hmm,' the lawyer thought for a moment. 'He hasn't backed you into anything. Not yet. So you never opened the tin? Just moved it aside?'

'Of course I never opened it. I definitely didn't take any money, either. John is just punishing me for looking at those results.'

When the two officers returned, Melanie's lawyer was ready to answer to the fingerprints. 'As you quite rightly pointed out earlier,' he commenced, 'my client was in a relationship with John Adam-Brown until very recently, during which she spent time in his house. In all rooms of his house. I'm sure you will find her fingerprints on multiple surfaces, in multiple locations.'

'Maybe so, but how do you explain her prints on a petty

cash tin from which two thousand pounds is suddenly missing?'

The lawyer allowed Melanie to explain. 'The last time I spent an evening there, we ordered a Chinese takeaway.' They had. 'As John was busy on the phone when it arrived, he asked me to grab some cash from his tin in order to pay for it.' He hadn't. Melanie had actually paid. 'And that's how my prints must be on the tin. As to the missing two thousand pounds, I have no idea about that because I didn't take it.'

'You shared this takeaway when, exactly?' the officer queried.

'Five weeks ago.'

She looked bemused. 'So you're saying those prints are five weeks old?'

Her lawyer stepped in. 'I think it's up to you to *prove* how old those prints are,' something which he knew, at that point in time, was not an easy thing to do. 'And until you do, my client will say nothing more.

35

At least there was no carphone in John's BMW, unlike in the limo where there were actually two. There was also no driver. This little trip was private – and very personal.

He took a left towards an industrial estate and kept his eyes peeled. Valerie had a place around here, he was sure. She tended to move around regularly for security but he knew this area was her latest port of call. He drove slowly, passing numerous plumbing businesses, building suppliers and MOT garages. Most of the cars parked around here were small transit vans so when he saw an expensive dark blue sedan, he pulled in behind it. Further down the road he noticed a tall man in a leather jacket, smoking a cigarette outside a car spare parts warehouse. The man was watching the street and clocked John's car immediately. As he seemed to be paying him far too much interest, John knew he'd found Valerie.

He climbed out of his car and headed to the squat, white warehouse with a red and black sign which read *Ace Auto Components*. Ignoring the man in the leather jacket, John strode towards the main door, but just as his hand reached the handle, the man stopped him.

'Can I help you, mate?' he asked, standing right behind

John.

John looked him in the eye. 'I need a spare part.'

'Well, we're closed right now, sorry. Why don't you try *Budget* down the road?'

'Or why don't I just come back later?' John queried. 'When you're open?'

The man in the leather jacket forced a smile. 'Just try *Budget.*'

John sighed. 'And you just tell Val that John's here to see her and open the bloody door before someone spots us.' He looked above his head to the CCTV camera and raised his eyebrows. 'Can she see me on that?'

'Val? I don't know who…'

'Cut the bullshit and let me in. Otherwise you'll have RADAR swarming all over the place in less than ten minutes. Which would you prefer?'

Before the leather jacket man could respond, the door opened and Ian stood there, looking flustered.

'What's going on?' he asked, but John literally pushed past him and strode inside. He looked about the dimly-lit warehouse containing rickety racks with slightly meagre car parts – a few exhausts, some boxes of spark plugs and other engine paraphernalia – until he found what he sought. A door leading to another part of the building. He marched that way with Ian trotting behind him.

'We weren't expecting a visit,' Ian said.

John ignored him. He reached the door and waited before it. Ian shuffled from foot to foot.

'Is there something I can do for you? Something you need?' Ian stammered.

'Yes. I need you to open the door and let me speak to your sister. So be a good boy, will you?' John motioned to the door.

When Ian took too long, John spoke again. 'I don't have all day.'

Ian exhaled loudly and finally opened the door.

John entered another area of the warehouse and this time the shelves were clean and sturdy and stacked full of white boxes. Valerie had been in an office at the rear and was hurrying towards them, her stiletto heels loud on the hard, grey concrete of the floor. A few of her minions, also in leather jackets, followed swiftly behind her.

'John,' she said upon reaching him. As they always met on neutral territory or communicated by phone, Valerie was upset at his appearance. 'You don't come to my place of work and I don't come to yours,' she reprimanded. 'It's not good for business.'

'Yes well, I had a small emergency,' John said, casting a leisurely glance around the racks of merchandise. Literally hundreds of medium sized white boxes, inside of which were probably thousands of morning-after pills, pregnancy tests and DNA tests.

'What kind of emergency?' Valerie urged.

'Wow, you keep a lot of stock in one place, don't you?'

'What kind of emergency, John?' Valerie reiterated.

'Don't you ever worry,' John asked calmly 'that you might have a fire or something? I mean, it's not like you'd be too quick to call the fire brigade or anything, would you? So you'd have to just let all this go up in smoke.'

Valerie narrowed her eyes and cocked her head, clearly trying to ascertain whether he was threatening her. 'Well maybe that's why we have an excellent sprinkler system. Just a whiff of smoke and it'll rain like the tropics in here. So what do you want?'

John continued to regard the stock. 'I shouldn't think you have insurance either.'

'Something is clearly pissing you off, John, so why don't you just spit it out.'

'Lily Bryce-Davis,' John replied slowly, before turning to glare at Ian who was still hovering nearby. 'You told her, didn't you?'

Ian looked as though he was about to wet himself. His mouth opened and closed like a ventriloquist's dummy.

'What do you mean?' Valerie interjected. 'What are you talking about?'

John glared at Ian.

'I didn't tell her,' Ian eventually answered. 'I didn't.'

'Then how did she know? The only people who knew I had her results were you and me. I believe I distinctly told you to keep it that way. So how do you explain the fact she knew, because I didn't tell her?'

Valerie glared at Ian. 'Did you tell her?'

Ian shook his head. 'No. I didn't tell her.'

'Then who did?' John asked, still keeping his voice calm and steady.

Ian didn't reply.

'Ian?' Valerie prompted. 'What the fuck's going on?'

'I told DC,' he answered with reluctance. 'He must have told her. But he promised he wouldn't.'

'DC?' Valerie asked.

Ian nodded.

'Why did you tell DC?' she asked.

'Excuse me for interrupting this little conversation but, who is DC?'

Valerie looked at John. 'Nick Duncan-Cooper. An old acquaintance. But what he's got to do with this, I don't know.'

'He's one of Lily's boyfriends so he wanted the DNA results. I told him they'd been confiscated. But that's all.'

'Confiscated by me?' John pressed.

'Well yeah, by the PU, and you. But I didn't see what difference that was going to make. He could hardly complain, could he? Or Lily really. What can she do about this? Nothing. So I don't see what the big deal is.'

'The big deal is, I told you not to do something and you did it anyway. The big deal is, I know I can't trust you anymore, and if I can't trust you, this little arrangement we have, has to come to an end.' He looked at Valerie. 'From now on, you're on your own.'

He turned swiftly and started to walk away, but then stopped. 'I really do hope you're right about those sprinkler systems. This would be such a lot of stock to lose in a fire.'

He made it to the door before Valerie called out to him. 'Wait a minute.' She walked hastily towards him. 'Maybe we can salvage this.'

John grimaced. 'Other than you drowning your brother, I very much doubt it.'

'I don't know what's going on between you and this Lily woman, but would it interest you to know that I have stuff on her boyfriend? On DC?'

John frowned. 'Did he work for you?'

Valerie gave him a look. 'Even if he did, I couldn't turn him in for that. But maybe I have something else. Something that could put him away for several years.'

John thrust his hands into his pockets and swayed back on his heels. 'It would have to be good,' he said.

'It is. I can even tell you where to get the proof.'

John nodded, just once. 'Then I'm listening.'

36

Considering he hadn't yet rung John with an update on Bob, Kofi wasn't particularly surprised by his appearance at the station. With Melanie also in custody and due for another round of questioning, it was clear John would want first-hand accounts on both situations. Kofi also assumed John's mood would be black, so he was somewhat thrown when John strode into his office rather upbeat. He was even more thrown by the fact his first words had been, 'We can get Lily's boyfriend. He's been a naughty boy.'

Perplexed, Kofi regarded John as he sat down opposite his desk.

'He helped to falsify blood and urine results for pregnant women requesting travel permits – women he then took to Switzerland for abortions.'

Kofi sat forward, resting on his elbows. 'I see. Naughty indeed.' Then he frowned. 'But this helps us to do what? Exactly?'

'Well, put him away, of course.'

Kofi nodded slowly, wondering if there was something he was missing that he ought not to be. 'Well, yes, but I meant in relation to Lily. And the group. Where are you going with this in relation to that?'

John looked momentarily taken aback, but only momentarily. 'Well, if Nick's the father of her child and he's going to go to prison, that'll push Lily to make that final decision to leave, won't it?'

'Are we trying to push her to leave?'

'If that helps us to find what we're looking for, then I was under the impression we'd push her to do anything.'

Kofi wasn't sure he agreed with that. 'Well, hopefully we'll find the group before she has time to decide anything. We've got agreement from the Scottish Highland Force that they'll do a recce of the area where the compound is located. The chopper is down for maintenance for the next day or so unfortunately, but they've assured me they'll be operational on Tuesday morning. And we've got the names of all paediatricians who left Glasgow Hospital within the last two years. There are just four. Two have other positions in hospitals in London, which we've verified, so we're down to two. One is apparently with Médecins Sans Frontières in Angola, so we're trying to trace him and the other is supposedly sailing round the world. If we find the one in Angola, we'll have to assume our guy is the sailor, as he's made it difficult to contact him or trace him. But obviously we'll complete all other investigations first, before we decide. We've also made good headway with the teachers who left schools in Inverness in the last year. We have a full list and have started making calls to them all.' Kofi looked at his watch. 'Not bad in four hours.'

'Good. Very good. What's happening with Bob?'

Kofi hoped all the positive news he'd imparted would be enough to offset the negative. 'We lost Bob in the crowd, I'm afraid. It was impossible to tail him with that many people around. But, we do have the next meeting on

Wednesday so maybe Bob will resurface. Or someone else, but whoever meets Lily will be much easier to follow next time. The good thing is, we picked up their entire conversation and it's given us plenty to work with.'

John didn't respond. Instead he just stared down at the fountain pen on Kofi's desk until the silence became too uncomfortable.

'So this boyfriend of Lily's,' Kofi finally prompted. 'D'you want to fill me in?'

John roused himself a little. 'He's a mountain guide who works for Global Expeditions. All their prospective female travellers take their samples to Buckinghamshire Labs for testing and apparently, Nick became cosy with a guy there. Between them, they fabricated results so that a couple of girls could get travel visas. And as I said, they joined his hiking group but when they got to Switzerland, they didn't do any hiking. They went to a clinic instead.' John reached into his breast pocket and withdrew a small folded piece of paper. 'These are all the names you'll need, so let's get this ball rolling, shall we?'

Ten minutes later, Kofi was walking with John down the stairs towards Interview Room 2 where Melanie was being interrogated again. They quietly entered the small ante-room, where two officers were monitoring and recording the interview which was visible through the two-way mirror. It was hot in here and one of the officers had a few beads of sweat on his upper lip. Having both Kofi and John joining him, probably added a few more.

Melanie looked tired but other than that, seemed to be holding up okay. She took a sip of water and answered the question she'd just been asked.

'I don't know where the money is, because I didn't take it.'

The female police officer opposite Melanie responded to that. 'We have a warrant to search your house, but you can save us rifling through all your private things by just telling us where it is or, if it's already been spent. We know it wasn't deposited in your bank account, so where is it?'

Melanie sighed. 'You can rifle through anything of mine you like and you won't find any money, because I didn't take it. And if you've looked in my bank account you will see I have no reason to take it. I have enough money of my own. I went to John's house to collect my cardigan and that is the *only* thing I took from there.'

Kofi eyed John carefully, watching the clenching of his jaw as he listened to Melanie's protests of innocence.

'D'you really think she took it?' Kofi asked him quietly, knowing how much John had always seemed to value Melanie. He'd always spoken so highly of her.

'Yes, I do.'

'But why would she do that?' Kofi responded.

'You tell me. You're the police officer here.'

Kofi frowned. 'It couldn't have been someone else? The cleaner for example?'

John shook his head. 'No. She's on holiday. Hasn't been in for a few weeks. So it had to be Melanie.' With that, John swept from the room.

Kofi followed but only to watch him continue the walk to the atrium and the doors leading to the street outside. Then Kofi headed back up to his office, where he made himself a coffee and sat quietly drinking it. John's behaviour was becoming irrational. Melanie would never steal from him, so why accuse her? As for Lily's boyfriend? Kofi was beginning to wonder whether their aims and intentions were the same here.

He picked up the phone and appraised Paul of the situation at Buckinghamshire Labs, leaving him to organise that investigation. But as soon as he finished, he called DI Gary Reece-Myers and DS Graham Walker-White into his office.

As RADAR was a smaller section of the main police force, this allowed Kofi the opportunity to become more involved with investigations and with the officers conducting those investigations, so he knew both men relatively well. Gary was impulsive and hot-headed whereas Graham was considered and calm, so the two of them together was a good combination.

'I need two officers to conduct an important inquiry but it's something that must remain strictly private.'

Their worried expressions at being unexpectedly summoned to Kofi's office, began to soften.

'Don't involve the superintendent or anyone else on the team,' Kofi continued. 'This is between us, and us alone.'

'Yes sir,' both Gary and Graham answered in unison.

'I want to know what the connection is between Lily Bryce-Davis and John Adam-Brown. Check her centre records. Her family. Her friends. Look into anything or anyone that might link the two of them and report back to me. And only me. But be careful. If anyone asks why you're doing it,' Kofi hesitated. He was always so by-the-book. 'Then lie.'

Neither officer flinched. 'Yes, sir.'

They began to walk out when Kofi had an afterthought. 'Oh, and one more thing. Find out who cleans John Adam-

Brown's house. I want to know if she is, or recently has been, on holiday.'

37

Lily had spent the afternoon with her friends, eager to hear their tales of the demonstration and to catch up with them generally, although she hadn't been able to tell them she was pregnant. Too much was going on and it simply didn't feel like the right time.

When Lily arrived back home and was parking her car down the road from her house, she noticed a small black hatchback tuck itself in at the end of the row and she wished she could storm up to them and tell them she knew they were following her, so they should just bugger off. She'd had enough. She wanted more than anything for all of this to be over. She just wished she knew what would happen to her when it was.

She wasn't inside her house for more than an hour when Nick called, and the sound of agitation in a voice usually more calm, alerted her instantly to the fact something was wrong.

'I've gone away for a few days,' he said. 'Staying with mates until things die down.'

'Things? Things with us? With me and John?'

'Not you, no,' he paused. 'Valerie's boys paid me a visit and beat the crap out of me. After John paid *them* a visit. He knows, Lily. He knows you've seen the results.'

Lily was too shocked to say anything at first.

'Somehow he must know that Melanie saw them,' Nick continued, 'so you're going to have to warn her.'

'But how did he know? And you, I mean, are you okay? What d'you mean they beat the crap out of you? Are you badly hurt?'

'Maybe a cracked rib, black eye, split lip, nothing that won't heal so it'll be okay, don't worry.'

But she did worry. 'What? Oh no.'

'I wasn't supposed to tell you that John had your results. How Ian expected I wouldn't, is plain stupid, but Val thought I needed teaching a lesson for betraying them.'

'Nick, I'm so sorry.'

'Ian came with them, hiding out in the corridor.'

'What a bastard.'

'Yes and no. He was the one who told me that John went to see Val, making loads of threats because he was so pissed off, so Val had no option but to sweeten him up. So she gave him me. But at least Ian gave me the chance to get out of there before the cops showed up.'

Lily was horrified. 'So did Val tell John you'd collected DNA results for her?'

'No,' Nick sighed. 'She told him that years back, I helped a couple of mates get to Switzerland for abortions. Through Global. Ian knew, because I used him to get the official vials for their fake blood and urine samples.'

'You *what*?' Lily was stunned.

'Yeah, and then a friend of mine at the lab, Brian, didn't compare the swabs he took from the girls against their samples. He just declared them fit to travel.'

Lily didn't know what to say, not because she was

disappointed in Nick or upset he'd broken the law, but more because, had she known about this before, he could maybe have helped her get to Switzerland for an abortion too. But now, with all eyes watching her, that would be impossible. If only she'd talked to Nick about all this before.

'And they've arrested Brian. Got to him before I could warn him,' Nick added.

Lily's heart skipped a beat. 'What are you going to do?'

'I'm going to stay here and hope that Brian's smart. Unless he confesses, they won't be able to prove anything because the only way they can, is by retesting the samples in storage against a current one from both of the girls. That can't happen because Becky moved to the States three years ago, and poor Claire, well, she died. Car crash. Drunk driver. So neither woman is available for testing again. Neither of them is here. Brian knows that.'

'So if Brian doesn't talk, they'll have nothing except Val's word.'

'Which they can't use,' Nick added. 'I just have to hope Brian realises they can't get him, or me, without the girls and that he just has to keep denying everything until they'll have to let him go. And if they do, I'll come back, because if they can't get him, then they can't get me either.'

'But what if he does talk?'

'Then I'm fucked, I suppose. But I don't want to think about that now. They can only hold him for twenty-four hours before they have to charge him so I've got until tomorrow before I'll have to start thinking about it. Anyway, call Melanie. Let her know what's happening and I'll keep you posted, alright?'

'Okay then. I'm just so sorry, Nick.'

'Why? You weren't the one who helped those girls. I was.'

'Yeah but none of this would have come out if it wasn't for me and my bloody results. This is all my fault.'

'It's okay,' he placated. 'Just call Melanie.'

Lily put the phone down and instantly made the call to Melanie but it went to answerphone. She left a message asking Melanie to call urgently. She considered going round there, but as it was Saturday evening, she thought she might be out somewhere.

When Melanie hadn't called by midnight, Lily grabbed her jacket and car keys and headed over to her house. Perhaps she'd come home and not checked her messages and Lily really didn't want to wait any longer to alert her of the situation.

The country roads were quiet, in fact she didn't pass a single other vehicle. She pulled up outside Melanie's house, watching a wild rabbit dart out of the beam on her headlights and scarper into the vegetation opposite. She got out of her car, waiting as the police who were following her, and who'd had nowhere to stop on this small country lane without being seen, continued on past.

There were no lights on at Melanie's but in the moonlight, Lily could see Melanie's red car in the driveway. So she must be home. Lily quickly opened the gate and headed down the path, almost tripping over a wheelbarrow full of weeds and some garden tools. Lily frowned because that was odd. Melanie would never leave her stuff out like this. She was way too fastidious.

When she received no answer from her first ring of the bell, she tried again, her own alarm bell quite loud now, in her head. When there was no reply she started to bang on the door, becoming genuinely worried that maybe Melanie was inside hurt, or something.

'Oy!' A voice and sudden loud barking from a dog on the road, made Lily turn around. 'What are you doing here so late? Why're you making all that noise?' The dog continued barking. 'Quiet, Spike. What d'you want here?'

Lily made her way back along the path towards the man on the street, but stopped when the dog began to bare his teeth and growl ferociously. 'I'm sorry if I made a noise. I'm not trying to break in or anything. I'm looking for my friend, who lives here, Melanie, and she's not answering the door. But her car's here and I'm just a bit concerned.'

'She's not home,' the man said. 'Quiet, Spike,' he reprimanded the dog once more, who finally shut up. 'I'm her neighbour. Live in the next house down. Saw her being taken off in a police car this morning. Don't know what she's done because she hasn't come back.'

The police? Lily didn't know how to respond to that. She simply nodded dumbly and thanked the neighbour, who continued on his way. He needed to drag the dog with him – a dog who seemed far more interested in making a lunge for Lily, than going for his pee.

This had to be John's doing. This was because Melanie had gone to his house. She wished she knew what was going on and hoped Melanie was going to be alright.

Everything that was happening to Nick and to Melanie was because of her and she felt the weight of that guilt acutely as she trudged back to her car and drove slowly back home.

38

It was Karen's birthday, and John had made the effort to show his face at her party for a few hours, despite not being in the mood. The fact Karen had been in his life for longer than any other woman was perhaps a good enough reason to be there, but there'd also been another. She made him laugh quite simply, always had, and he desperately needed to laugh right now.

He left the party just after eight, having had more whisky than he ought to in view of the fact he had a phone call with the PM scheduled at nine – although maybe that was why he'd drunk the whisky.

On his arrival at home, he instantly rang Kofi for an update. Regardless of the late hour, he just expected Kofi to still be at HQ, and he was. 'So where are we? Did you charge Melanie?'

'We didn't, no. We had to release her. Lack of evidence.'

John felt like screaming but breathed in deeply instead. 'She illegally entered my home. Her fingerprints were on the tin. Money is missing. What more evidence do you need?'

'What we have wouldn't hold up in court. There's no motive. No sign of the money and no proof the fingerprints weren't already there before the money was taken. We only have your word for that.'

'And my word isn't good enough?'

'Not in a court of law, no.'

John got up and headed for his drinks cabinet. One more wouldn't hurt. In fact one more was necessary. 'What about Nick Duncan-Cooper? Do you at least have something positive on that front? Did you find him and that guy from Buckinghamshire Labs? And the girls?'

'We got Brian, but Nick was nowhere to be found.'

John's patience was ready to snap. 'Not even with Lily?'

'No. He hasn't seen her for a couple of days,' Kofi answered.

'Well, no matter, what happened with the rest of them?'

Kofi cleared his throat. 'Unfortunately, we didn't get any result from Brian and we've had to release him too, for now.'

'What do you mean, you didn't get a result? I gave you the names of the women. I gave you everything you needed so why aren't you doing something with it? It's not rocket science, Kofi.'

'The two women can't be tested again. One's dead, and one's in the US.'

'What?' John shook his head before opening his whisky bottle and beginning to pour. 'Then get this Brian guy to confess.'

'We couldn't break him, even though we threw everything at him.'

'Like what exactly?' John asked, sounding condescending. 'Did you threaten his job, or to ruin his reputation, or to *fuck with his whole life?* That kind of everything?'

'We put him under as much pressure as the law would allow. Then we had no choice but to release him. In the meantime, if you were to also reveal who gave you the information in the first place, we could question them, as they're clearly a witness.'

John was silent.

'Well, in that case,' Kofi continued, 'all we can do is bring in Nick when he resurfaces. But without any evidence, I doubt we'll be any more successful than we were with his friend. So if you want better odds, give us the name of your source.'

Dissatisfied with Kofi's tone, John just put down the phone.

It was a shame he couldn't do the same with the Prime Minister later, who seemed to conveniently forget that he'd actually chastised the Home Secretary for choosing the same day for a demonstration as a high profile surveillance operation. Instead he blasted John for the ineptness of the officers, *all* the officers, even those who weren't in the RADAR division. All the events of yesterday had been John's fault. How had this debacle of the demonstration even been allowed to happen? How had Hilary been allowed to come out of it more popular than she was before, rather than less? She was every-fucking-where now. Breakfast news, afternoon news, evening news, and on every channel, so he couldn't even drop her from the cabinet without creating even more of a spotlight on her and this whole infernal mess. John needed to sort her out, sort this out, because she was *his* friend – oh yes, he'd heard the rumours of how close they were. And more importantly, she was also *his* Member of Parliament. John pointing out that he wasn't personally responsible for that didn't exactly go down as well as his previous whisky had done. It raised the PM's level of rancour, as he switched to annihilating Kofi and the lack of current success with the Amy case. As that *was* John's ultimate responsibility, he had no clever retort to offer for that one.

The next morning, Kofi stood before the incident boards which now contained large printouts of aerial footage of the remote area in the north of Scotland between Loch Naver and Loch Hope. The fact there was very little around there ought to have made it easier to find the compound, but instead it made it more difficult. With so few roads, the helicopter was essential and they didn't have access to that for another day or so. A unit had already travelled the roads in the area by car and reported that they'd found very little of consequence.

The team were in touch with the Land Registry trying to find out who owned each square acre in those seven hundred square miles, which may have sounded daunting but they hoped, due to the remoteness and lack of urbanisation, wouldn't be.

'They can't be too far from a road though,' Kofi mumbled, tapping the map. 'They'd need access to supplies. They can't be too far off the beaten track.'

'Maybe they have off-road vehicles,' Paul Ashby-Jones surmised.

'Maybe, but I still feel they'd need to be close to a road. They have children there.'

The door opened and the two officers who'd been on stake-out watching Lily, entered to file their report before heading home. They'd been on duty since two in the morning. DC Wendy Baker-Jones was one of those officers and, on seeing Kofi and Paul, walked over to them.

'Anything of interest?' Kofi asked, not expecting her to

say yes. So far, other than her visit to Hilary, the surveillance on Lily hadn't turned up much out of the ordinary. The girl just went to work, visited her mother or spent time with one of her boyfriends. The only contact she had with the group was the one time with Bob, and if she was planning to run away, she hadn't begun to make any preparations for that, as far as they could ascertain. She received no mail that aroused any kind of suspicion – they checked all mail for that street at the sorting office each morning – and she had no visitors from anyone they weren't already aware of. They hadn't tapped her phone so had no idea what was happening there, but then that kind of warrant was only ever granted for possible terrorists or suspected spies or corporate espionage.

'Possibly, yes,' Wendy replied, surprising Kofi instantly. 'We saw Hilary Frank-Herbert entering the Mace-Meredith building at nine o'clock, so of course we went inside to find out why.'

'And what did you find?'

'I didn't want to raise suspicion so I pretended I was Hilary's assistant. Rushed in not long after her, saying I'd just parked the car and acting pissed off – sorry, sir, *annoyed* that Hilary had gone ahead without even bothering to wait for me or tell me where we were supposed to be going. The woman on reception told me she had a meeting with Melanie Hayes-Horner and she told me where.'

Kofi cocked his head. 'But Mace-Meredith has a contract for government marketing. I've met Melanie once or twice and she told me that. So Hilary being there would not be anything unusual.'

'Maybe on any other day. But Melanie isn't at work today. Lily drove herself this morning, when Melanie normally takes her. So I went up to the tenth floor and there's this long corridor of meeting rooms, most of which were being used but all of which have these big glass fronted windows. You can see whoever's inside. Their meeting room had the blinds closed and when I tried to open the door, it was locked. When I left the building I rang to speak to Melanie, and someone in her department told me she wasn't in today. So I asked to speak to Lily. One of her team said she wasn't at her desk, and there was a bit of a con flab in the background concerning if anyone might know where Lily was, but nobody did. Now, it might be a coincidence but we thought it was worth mentioning.'

Kofi looked across at Paul. 'I'll reach out to the CEO there. He's an acquaintance. I'll see if there's a current campaign with Hilary in the works and we'll take it from there. But good work. Well done.'

'Thank you, sir.'

Kofi hastened to his office to make the call. The CEO, Patrick Mace-Meredith happened to be between meetings, so had five minutes to answer Kofi's questions, and the result was that no, as far as Patrick was aware, there were no current campaigns underway for the government, or for Hilary's department of Housing and Communities. And he was very happy there weren't, as he was none too pleased with her right now, what with all this ridiculous nonsense she was creating about closing the centres.

Kofi thanked him and hung up, wondering what other reason Hilary would possibly have to visit Mace-Meredith, especially today, when she was probably inundated with the fallout from the weekend. More importantly, why would any meeting she may have set up with Melanie not have been cancelled, if Melanie wasn't there?

Had she met with Lily instead? If so, why? What was

going on there?

As he was still thinking this over, he responded to a sharp rap on his door and DS Graham Walker-White entered.

'Morning, sir,' he said, nodding his head. 'I've just come off the phone from the cleaning agency who provides the cleaner for John Adam-Brown. They confirmed she's been working her normal shifts for the last three months. Isn't on holiday and hasn't been on holiday.'

'I see. Thank you, Graham.'

Why would John lie about that? To the police? To him? Why was he so intent on implicating Melanie that he'd perjure himself? Kofi waited until Graham had left before he called John, interested to hear his reaction to the news of Lily and Hilary.

'We think there's a good chance Hilary met with Lily this morning at Mace-Meredith,' Kofi said. 'And it wasn't business related. So, what do you think she's talking to Hilary about?'

'Whatever bullshit she thinks Hilary will want to hear, most likely,' John replied. 'Lily was a rule breaker, Kofi, always pushing the boundaries and of course she faced the consequences of that, which she found harsh. She blamed the system rather than blaming herself. She holds a grudge, so it's not all that surprising she'd be in Hilary's camp right now. And of course all of Lily's supposed hardships are just what Hilary wants to hear, so she's no doubt lapping it all up.'

'But is there anything there to worry about?' Kofi pressed.

'What we've got to be worrying about, is the fact that Hilary is peddling dreams of centre closures to a woman who is nearly ten weeks pregnant, with no contract. What we've got to be worrying about, Kofi, is the fact Hilary might just make Lily believe her future could still be rosy, which will then diminish any need she may have, for running away. Which, I'm sure you will agree, will leave us all in deep shit. So the two of them together, are not a good combination.'

Kofi didn't push John further and hung up the phone. All the same, he wasn't buying it. Would someone as important as Hilary really give her valuable time to someone as unimportant as Lily, just so she could hear a lot of silly tittle-tattle? Surely there had to be more to it than that? John must know more than he was saying. But why was he hiding that fact?

39

Paperwork was strewn across the large, meeting room desk where Hilary sat opposite Lily. The light in the room was subdued, due to the blinds being closed, and the coffee they'd commenced the meeting with was still sitting untouched in its Mace-Meredith china mugs.

Lily had spoken solidly for nearly an hour, starting tentatively at first but then finding her stride. She hadn't realised how much the years of having to keep all of this hidden had affected her because the more she explained, the more she wanted to explain. Needed to explain. It was as though she had a desperate desire to purge herself and had no choice therefore, but to let absolutely everything out. This time there was no holding back, as there had been with Nick. She'd thought it would be harder telling a stranger but it was infinitely easier.

Hilary had barely even reacted – a true politician – but now that Lily had finally finished, she slowly shook her head in utter bewilderment. 'I'd heard the odd rumour,' she whispered, 'but hadn't ever believed them, because this doesn't happen. Not here. Not in England.'

'But it does,' Lily said. 'From my reckoning, around twenty percent of housemasters are either paedophiles or rapists, which is bad enough, but even worse is the fact that the remaining eighty percent just look the other way. All except for him,' she pointed at a photo of a man named Stephen. Sweet, kind, lovely, Stephen. 'He's the one I told you about who tried to help, tried to do something to stop it but they threatened him and then fired him. Have no idea where he is now, but if you find him, and tell him you'll protect him, maybe he'll talk to you.' Lily leant forward onto her elbows. 'People are really scared, because whenever anybody does stand up against them, they're on their own, and they don't get anywhere, except into trouble. But if you can coordinate an effort to let everyone know it's bigger than just one case at a time, that it's about *everyone*, then maybe they'll find the courage to speak out.'

Hilary was still too astonished to respond.

'Be prepared though,' Lily continued, 'as they very likely will be reluctant at first because we hardly even talked about it amongst ourselves.'

'What?' That seemed to surprise Hilary greatly. 'But you were all in it together. Surely you sought solace from each other?'

'It wasn't like that. It was a weird situation because at first you're too ashamed to talk, because you think it's only happening to you and your mum, and then when you realise it's not, that it's open season on everyone, you just want to make sure it's not going to be you. And you'll do anything to stop it being you. Your friends betray you and you betray them, so of course you don't talk about it together. You can't. You live under this cloud of deception and mistrust, while pretending everything's perfectly normal.'

'But that's awful.'

'I know, but it took me a long time – until I started

spending more time with friends from outside the centre, to realise how warped everything was there. That's when I started to get really angry – although I think I was always angry, I just didn't realise why. That's when I just wanted it all to stop. I wanted everything to change, but I didn't know how to make it change. So I started gathering all of this together because that was my only way of doing something. Of not feeling so helpless.'

Lily fingered the corner of a notebook.

'I logged everything I thought might be important,' she continued. 'Names, dates, things I heard, things I knew. I kept diaries, cut out newspaper clippings, everything. It's all here. On that list there,' she jabbed at a piece of paper, 'are the names of every girl from Evergreen who accused a housemaster of inappropriate sexual conduct between 1979 and 1984, and got their case to a tribunal. There are only seven names. So imagine how many *didn't* get to a tribunal, and then imagine how many didn't even get *reported*.' Lily jabbed the list again. 'And out of this list – my name is one of them – how many cases got to a criminal court, d'you think?'

Lily looked at Hilary who simply shook her head.

'None. Zero. You'll find that John Adam-Brown was the adjudicator in every case. Check the names of the housemasters who'd been accused and you'll see that, except for the director, all of those housemasters were transferred from Evergreen to other centres afterwards. But if they were innocent, why transfer them? It's also interesting to cross reference some of these men's names against complaints in other regions. I don't have access to anywhere near what I'm sure you could find, but I know at least two have been accused again. They were then just transferred, again, which proves it's going on everywhere, not just at Evergreen.'

Hilary brushed her hair from her forehead. 'You think this is nationwide?'

'Well all the tribunals from every region are on record,' Lily answered, 'so investigate how many cases are ever successful and, if common names of accusers keep appearing, ask the likes of John Adam-Brown why they haven't taken that more seriously? Why are they just brushing it under the carpet?'

Hilary reached across and picked up a photo, half hidden by a sheaf of paper. It showed a teenage girl up against a wall, being kissed by a man in his fifties. Hilary stared at it with distinct sadness.

'That's Chloe Goodwin-Parks. She was fourteen at the time.' Lily rifled through a small pile of notebooks and opened the cover of one of them. She'd pasted photographs on several pages. 'There are a few more I managed to get when I was lucky, but I had to be careful not to be seen and obviously the men were normally more discreet, so I couldn't get a lot. But I've put the names of the girls and of the housemasters so you can follow up on any of that, if you decide to.'

Hilary slowly picked up the notepad and leafed through it. 'You're saying that John knew about all of this?' Hilary asked, barely able to get the words out. 'And he covered it all up?'

'Yes. Just like every other head of social services in the country knows. It's still happening. Every day. To thousands of women and children. And no one is doing anything about it.'

'This is unbelievable,' Hilary mumbled. 'I'm at a loss for words, and that never normally happens.' She tried to smile but it looked more like a grimace.

Lily tried to smile also.

'But why didn't I know?' Hilary asked, still so stunned. 'Why didn't anyone know? How has it been kept so quiet for all of this time?'

'You said yourself you'd heard rumours but had never believed them. Maybe that's why. Nobody on the outside wants to believe them. And on the inside, it's so ingrained in the culture that it's just accepted – *that's how it is, that's how it's always been and that's how it always will be* – and you just do whatever you can to survive it. But these people here,' Lily jabbed the notes, 'they made ripples. They tried. They all failed, and trust me afterwards your life is even worse because you tried, but hopefully that's made them more, rather than less determined. So if you can get them to trust you, then they'll talk to you. If you really want to shut down the centres, this will definitely help you to do it.'

'We'll need to act quickly,' Hilary uttered, almost to herself. 'Attack on multiple fronts and at the same time. Give no one the opportunity to try and squash this before we can even begin.'

Lily felt herself holding her breath. 'So…are you saying you'll do something?' she asked, not sure yet whether to become excited.

'Yes, of course I will,' Hilary spluttered. 'This cannot be allowed to continue.'

Lily's shoulders sank with relief. 'Then there's something else you need to know. About me.' Lily paused. 'I'm pregnant and I don't have a contract. In around two weeks I'm going to have to disclose that, and to book my place back at Evergreen.'

Hilary froze mid-movement, before she sighed. 'Then I'll

ensure nobody ever knows you're my source, and I will do my very best to protect you, when you're back there. To protect everyone, but you especially.'

'I'd be very grateful for that. But you have to know something else as well. I went off-radar, broke the law. Hopefully after everything I've just told you, you might understand why, but I think it's important you know.'

This news was clearly unsettling for Hilary. 'That's not ideal, but I suppose unless you're identified as my source, or that anybody even finds out about what you did, it shouldn't really matter.'

'Unfortunately someone did find out. John. He knows.'

Hilary closed her eyes despairingly.

'But d'you know how he knows?' Lily asked. 'Because he's in league with the bloody black market.'

That made Hilary's eyes instantly pop open.

'He took my results from them.' Lily went on to explain everything that had happened with Ian and Nick and Melanie, ending with the reason Melanie wasn't at work today. She was too exhausted after her weekend of interrogation. 'She was released without charge but this just proves that John will stop at nothing when you piss him off. And I don't have the power to stop him.' Lily took a breath. 'But you do.'

Hilary looked like she didn't know how much more of this she could take. 'John is working with the black market?'

'Yes, and if the big boss there, Valerie, ever finds out that I told you, I dread to think what will happen to either me or Nick, so this never came from me.'

Hilary fell back in her chair, grabbing her head in her hands and staring up at the ceiling. 'I'm going to need more staff. I don't have enough people to deal with this.' Then she swiftly sat forward, rubbing her mouth as she thought things through, seemingly forgetting that Lily was even there. 'I've got to cancel London. Get Kim into the office. And Ivan.' She began to collect the papers from the desk before suddenly acknowledging Lily once more. 'I can keep these, yes?'

Lily nodded, slightly breathless. 'I have copies,' she said, although from Hilary's reaction to all of this, she really did doubt she intended to take everything in order to destroy the evidence.

'I know John is afraid of what you might say to me. He tried to warn me off, which was when I knew I had to have this meeting with you. So I'm going to give you my personal phone number. You call me if anything happens that you think I should know about. Alright? Anything at all.'

Lily nodded, feeling instantly more confident.

'Hopefully John will be too busy trying to protect his own interests in the near future, to go after yours.'

'Thank you. You don't know how much this means to me.' She motioned to the papers and booklets, now in a neat pile in front of Hilary. 'To all of us.'

Hilary looked her in the eye. 'Then I won't let you down.'

Lily hoped not. She slowly sat back in her chair, feeling a weird sense of both anticipation and complete exhaustion – almost like a relay runner who'd just passed on the baton and was grateful her part was over, but scared shitless her team could still lose her the race.

40

Lily found her post in the tray on her desk the next morning, the same as it was every morning, but this time there was a letter addressed to her colleague who had left. She surreptitiously slipped that one into her handbag, finding some time to read it in private in the ladies toilet later on.

As expected, it was from the group and the letter explained some of what her life would be. She'd be given a new identity, a new National Insurance number, a new birth certificate and a new passport. She'd also be given a father for her child – fictitious of course – but he'd be a soldier, stationed abroad and not home very often. Lily thought that was quite clever, as military personnel were the only ones not tied to the law of having their children with them every other week. She could also say she'd lived abroad with him, which would explain the lack of tax or medical information on file for her.

Regarding her living arrangements, initially, and until her child was born, she would live in a "commune" and this *was* in Scotland, only the letter didn't say exactly where. It was also true that they had a wealthy benefactor, which enabled them to care for expectant mothers with private medical services until after the baby's birth. Then Lily could leave the commune and that was when her new identity would begin.

She'd have a choice of various cities in which to live – although no specific cities were listed – but these cities were chosen because their benefactor was the CEO of a large corporation with offices in these cities. It would be this company she would work for. There were a multitude of professions within the company, so she could decide which area best suited her qualifications. Unfortunately they didn't tell her which type of corporation, so she had no inkling if she'd be working in something like corporate finance or whether it would be more like plumbing.

The most important information in her opinion, was whether she could ever see loved ones she'd left behind. The letter said they dealt with each case separately and it was based on numerous criteria but one thing was universal; for the first few years at least, all contact was strictly prohibited – it had to be, and there was no way around that.

In terms of when she would need to leave her current life, the normal situation was before disclosure at twelve weeks of pregnancy, because once you were in the system, you lost the freedom of your disappearance not being noticed, and it was better to have a good head start without RADAR being directly on your tail. In relation to Lily herself, her departure very much depended on what happened with Amy and how long they would continue to need her in that regard. But Lily was instructed to be ready to leave at a day's notice between now and then. This gave her a jolt.

She sat quietly for a while, digesting everything before heading back to her desk. As it was relatively quiet in the office today and she wasn't particularly snowed under, she instantly began to compose her reply.

Why did she have to work for this corporation only?

Shouldn't her fake identity allow her to work, and to live for that matter, anywhere she wanted to? Was this because she was expected to pay them back in some way? And on that subject, would she be beholden? If so, how?

She didn't actually say that the life they were offering could appear, if you were very cynical, to be almost as controlling as the life she was running away from, and it was making her wonder whether she might just be jumping from the frying pan right into the fire.

At lunch time on Wednesday, Lily had her meeting with the group. It was in the park just a few blocks from her office. There were several parks in the city but this one catered more for pre-school children, as it had a large playground in the centre, complete with all the usual swings and slides, sandpits and mini trampolines. A tall fence surrounded the playground to ensure the toddlers within couldn't wander off, and this gave a lot of the nannies – recognisable in their green and cream uniforms – the freedom to take their eyes off their charges occasionally, to chat amongst themselves.

Lily sat on the bench opposite the playground, where she'd been told to wait for her contact, and she watched the toddlers running about. She could still hardly believe she'd have one of her own before long and that in a few years she, or her own child's nanny, would be coming to places like this on a regular basis. Children had never been on her agenda, and she knew she needed to start getting her head around the fact that one was soon going to be.

She still hadn't told Eric about the baby but knew her mum was probably right and that she should. Lying to her child about that wasn't something she'd be proud of.

Although if she did run away, wouldn't she have to lie just as much? She'd thought about this a lot since reading the group's letter. A small child wouldn't understand how to keep the secret of a fake father, so she'd have to make him real somehow, and then finally confess he was nothing but a figment.

Neither option seemed good to her.

There was a concrete pathway in front of her bench, wide enough for park vehicles, and a small truck was currently near a dustbin on her right. A middle-aged man in a blue jumpsuit was emptying the contents of the bin into the back of the truck. Another man in a similar jumpsuit was sweeping away leaves on the opposite side of the pathway. To her left sat a woman on the grass, reading a book. Lily's eyes veered further down the pathway where it began to turn off to the right, and there, on a bench, sat another man reading the paper. At least one of those people, if not all, were police. She would have no doubt either, that if she looked underneath her bench, she'd find a recording device attached to the planks.

It was twelve thirty, the time she was meant to meet her contact, but so far nobody was coming along the path. She suddenly saw a cyclist and sat up a little straighter, but the man on the bike paid her no attention and cycled past.

When twelve thirty became twelve forty, she cast a glance all around. Clouds were closing in and she wished she'd brought her jacket, uselessly left hanging on the back of her chair in the office. She folded her arms around her to warm up a bit and, as she hunched forward she noticed that the man with the bins was still faffing around there. He must be a policeman, because how long did it take to empty a bin?

A schoolboy of around thirteen or fourteen, rucksack on

his back, hands deep in his grey flannel trousers, appeared on the path. Lily ignored him as she scoured the path behind him so she didn't really notice him paying her some attention until he was almost upon her.

'Are you Lily?' he asked, on reaching her.

'Yes,' Lily answered cautiously, after which the boy removed a hand from his pocket and with it a white envelope.

'Then this is for you,' he half grunted, thrusting it into her hand before he strolled away.

Lily looked at the envelope and then towards the back of the boy. From the corner of her eye she saw the woman on the grass getting up and walking briskly after him, whilst another woman rushed from inside the playground and headed after the boy too.

Lily slowly opened the letter. It was handwritten in small neat print and contained a list of instructions from the group about what she needed to prepare before she left, what she would be able to bring and not bring, and a proposed date for her departure. She had to make her final decision about whether she intended to leave by next week, when they would meet, back here, at the same time. In the meantime, and this instruction was in upper case and followed by several exclamation marks, she was told not to keep the letter, for security, but rather to throw it away instantly.

Lily re-read the letter, knowing everything inside it was total rubbish and imagining what this turn of events must be doing to the police around her. They wouldn't have anticipated her contact not appearing in person. They couldn't sweep in and take the letter from her either, to see what was written in it, without blowing their cover.

Lily had to admit the group had been clever.

Of course, at the same time she understood that if they needed the police to keep thinking they were getting somewhere, then they'd definitely need access to this letter, so was that why she was given the clear instruction to instantly throw it away? In order that the police could retrieve it? Lily had to assume so.

She slowly stood up and casually looked around. The man sweeping the leaves had been watching her and instantly cast his eyes down. She pretended she hadn't noticed and slowly meandered along the path in his direction. She avoided the bin near the other man with the parked truck, and continued instead towards the main gates of the park. Just outside the gates was another bin, and Lily quickly ripped the letter about five times, and then dropped the numerous small square pieces into it. She half smiled at the image of the police painstakingly piecing it back together, before she skipped across the road and headed back to her office.

41

'I don't know who she was,' the schoolboy repeated, his freckled face red and flustered. 'She just asked if I wanted to make five quid. All I had to do was give this letter to some woman. She was going to be by the swings. I had to ask her if her name was Lily. I didn't know I was doing anything wrong.'

Graham Walker-White had conducted thousands of interviews in this room but very few with the chief constable watching in the ante-room. He wasn't the kind of man to necessarily be perturbed by that though. He'd do as well as he could, regardless. If that wasn't good enough, well, so be it.

He leant back in his chair, eyeing both the kid's father and mother who were sitting on either side of the boy. They had the same blue eyes as their son, filled with as much trepidation. 'I suppose you have to think yourself lucky there wasn't anything sinister in that envelope, or you'd be in a lot more trouble.'

The young kid frowned, clearly not understanding what could possibly be in an envelope other than a letter.

'If I ask an artist in here to try and draw her, could you describe the woman who gave you the letter?' Graham queried.

'Yeah,' the schoolboy shuffled forward a little, sensing he might be able to help himself here. 'I think so.'

'Can you tell me what she looked like?'

The boy narrowed his eyes, staring to one side, thinking hard. 'Well, she had round sunglasses on and a blue baseball cap. No, black, or maybe blue. She was normal size, not fat, and erm…'

Graham knew this was all useless but he forced a smile anyway. 'Good. That's great. When she talked to you, did she have any kind of accent at all maybe? Or did she sound just like you and me?'

The boy suddenly beamed and became very proud of himself. 'Yeah. Yeah she did. She was Scottish.'

Graham wished that could have come as just a little bit more of a surprise.

Paul had given Kofi an update on events so far. The letter had been pieced together, enlarged and photographed, and a copy was pinned to the incident board – the original had been sent for fingerprint testing. Despite that small success the team were still subdued. They'd been watching the park, and the perimeter of the park, not the roads a block away. They hadn't expected the contact to hand some kid a letter. Regarding everything else, the investigation was getting nowhere. The helicopter search had found nothing despite countless sweeps of the area. The list of teachers who'd left schools in Inverness had all been accounted for, as had the doctors from the Glasgow Children's Hospital. The conviction that their guy must be the sailor, was not quite so strong anymore due to the conversations some Scottish officers had undertaken with members of the guy's friends and family, all of whom received regular updates and photographs of the progress of his trip. They were still awaiting confirmation of his entry to his recent port of call in Cape Town, but once they had that, they could definitely strike him off the suspect list. Everyone was working round the clock but so far, other than a date for Lily's departure of the fifth of July, which was less than three weeks from now, and the prospect of another meeting in the park, they had nothing of substance.

'The wealthy landowner,' Kofi had asked. 'Where are we on that?'

'Not very far. The majority of it is state owned, according to the Land Registry, but they're still combing through their files to see what they can find.'

'Right.'

'I'm also sending Gary to go and visit Amy again. She must be getting really desperate to see her son so let's just hope that this time, she'll tell us something.'

42

'You need an appointment I'm afraid and John Adam-Brown is very busy today,' Laura told Isabel Dove-Mason, who was standing in front of her desk looking very much like she wasn't going to take no for an answer.

'It's alright, Laura,' John called from the corridor, where he had been making his way back to his office after a meeting. He didn't know how Isabel had managed to get up to his floor unchallenged, but the last thing he needed was any kind of public scene. 'I can spare five minutes.' He arrived at Laura's desk. 'Nice to see you again, Ms Dove-Mason. Would you please come into my office?'

As soon as John closed his door, Isabel began talking.

'You promised you'd keep me informed but I've heard nothing,' she complained. 'I need to know what's happening.'

John strode across his office to his desk, motioning to the chair opposite. 'Would you like to sit down?'

'No, thank you I'll stand,' Isabel replied, slightly haughty. 'You promised you'd release Amy if I helped you but you've done nothing. She's still in there, so when are you going to let her go?'

John slowly made his way around his desk and took a

seat. He motioned calmly towards the chair opposite again and raised his eyebrows. Isabel finally decided to sit down – probably before she fell down. She looked as weak as a newborn foal.

'We'll let Amy go when we find the people we're looking for,' John replied.

Isabel fiercely shook her head. 'But that wasn't the deal. You just said I needed to put Lily in touch with the people who helped Amy and I did that. Weeks ago. So why haven't you done something in return?'

John maintained his calm demeanour. 'Because as I said, that hasn't led us anywhere yet.'

'But that isn't my fault,' Isabel's voice rose in exasperation. 'Or Amy's. I did what you asked of me and I can't do anymore.'

John sighed softly. 'Then maybe you're no good to me.'

Isabel looked shocked. 'What d'you mean?'

John leant forward and stared her directly in the eye. 'I need a name, Isabel. Something concrete. These people are too cautious. They cover their tracks. You have to get me more. I need a name.'

'A name?' Isabel couldn't hide her annoyance. 'And then what? Another name? A place? Another place? When will it end? This could go on forever and it wasn't what we agreed. You gave me your word and you've broken it.'

John half shrugged.

'Then why should I even bother if I obviously can't trust you?'

'I know one thing for sure. If you don't do anything more, Amy *definitely* stays where she is, so that's your choice, Isabel.'

She seemed to be finding it hard to catch her breath so

she took a moment, looking down at her knees while she sorted herself out. When she felt able, she slowly looked up and her glare was really quite frightening.

'I think she's going to stay there no matter what I tell you. So maybe I should just tell her friends that you're onto them and they'll drop Lily like a hot potato. Where will that leave your precious investigation then, Mr Adam-Brown?'

John was unable to disguise his surprise. 'Are you threatening me, Isabel?'

She pulled her cardigan closer around her. 'Maybe I am,' she replied. 'Because you're just going to keep moving the goalposts, I know you are, so what else am I supposed to do?'

'What you should do is be very careful. You're emotional and not thinking straight. Maybe you should take some time to…'

'But that's just it, I don't have time. You promised me my daughter and my grandson would be free before I died and I believed you. I lied to my daughter for you. I betrayed her, for you. Yet you've done nothing in return. So if you don't honour your promise, you'll give me no option but to tell Amy the truth.'

John had to admire her guts but that wasn't enough to make him feel bad for what he was about to do. He reached for his phone. 'Get Craig in here. Now.'

Isabel gave John a quizzical look but he said nothing, waiting until his office door flew open and a large security guard strode inside.

'Is there a problem here?' Craig asked.

'Yes, I'm afraid there is. This woman has just attempted to blackmail me.'

Isabel gasped, her mouth opening wide.

'Which is very stupid of her,' John continued. 'One, because nobody should ever think they can blackmail me and two, because it's a criminal offence to blackmail *anybody*. So take her to RADAR headquarters and I'll inform the chief constable that you're on your way. I'll follow shortly to make a statement.'

Isabel looked like she was about to faint. 'You can't...' she protested feebly.

'Oh, but I can. And I am. Take her out of here, Craig.'

Craig, looking somewhat uncomfortable at manhandling an extremely frail woman, didn't know how to carry out that order. After inching Isabel's way a few times, he simply asked if she'd mind leaving her seat and going with him.

Isabel slowly stood, staring incredulously at John.

'Get her out of here,' John repeated.

Craig took hold of Isabel's elbow and led her from the room. She went like a compliant child, although all the while shaking her head in disbelief, as John casually picked up a document and flipped through it, nonchalant.

As soon as Craig had closed the door, John flung down the document and groaned out loud because this was the last thing he expected, or wanted, but honestly the woman had given him no choice. What else could he possibly have done?

The atmosphere in Kofi's office was fraught because this time, John had gone too far, and this time, Kofi told him so. Which didn't go down well. 'I can't hold her here, and you know that,' Kofi said. 'She's too ill to be locked up in a cell and she needs her medication.'

'Then send someone to get it. But she has to stay.'

'But on what charge?' Kofi demanded. 'That she tried to

blackmail you?'

'Well, she did.'

'Only after you didn't release her daughter. Something you knew you could never deliver.'

'It got the job done, Kofi, so I'm really not interested in your chastisements. Any more than I want to hear your concerns about keeping her here. If we let Isabel go, she'll tell Amy and there'll be nothing we can do to stop her.'

Both men were still standing in the middle of Kofi's office from where they'd begun this rather heated discussion, but now Kofi moved to sit behind his desk.

'If this case hadn't dragged on so long,' John said in an accusatory tone, 'this would have all been over by now, and Isabel could have aired her anger at my lies to her heart's content. Because *she* wouldn't matter. But as we're no closer to finding this damned group than we were at the beginning, she does matter, and if we let her go this whole investigation will be over. It will all have been for nothing. Now I am not going to be the one to take the flack for that, Kofi. This will fall on you. I wouldn't even be surprised if I was instructed to let you go.'

When cornered, John was always dangerous but Kofi didn't appreciate these kinds of threats. In fact, he had a very sudden desire to get up and punch the man in the face – which would at least be a more acceptable reason for letting him go. But instead, he kept his cool.

'If I have to bring charges against Isabel, all that we've done will be made public anyway,' Kofi argued 'And that will be the end of this investigation also, so what do you suggest I do?'

'Find the group. Until then, Isabel stays. Put her somewhere quiet and out of the way and find something else to charge her with if you must, but we have to ensure she cannot go near her daughter.'

Although Kofi didn't like any of this and hated having to comply, he couldn't see an alternative. He wished Isabel had never gone to see John; that she'd just sat quietly at home without making these kinds of waves but now that she had, he could either ride them, or crash into the surf. 'We interviewed Amy again yesterday but she still wouldn't budge, so perhaps knowing her mother is incarcerated will loosen her tongue,' he said, trying to find something good which could come from this. 'I'll get someone sent over there again now and hopefully Isabel can be back home in a couple of hours, with no real harm done.'

'Now that's what I want to hear. In the meantime keep Isabel as comfortable as possible. Have you interviewed Nick Duncan-Cooper yet?'

Kofi shook his head. 'He's still on the missing list. But we'll bring him in as soon as he resurfaces.'

Kofi was woken from a deep slumber by the ringing of his phone. He considered ignoring it, because he desperately needed some rest. Luckily it didn't disturb anyone lying next to him, or rather, unluckily. It had been a long time since he'd had regular women in his life but as he gave so much to his job, there was usually little of him left to share. He struggled up onto his elbow and grappled for the phone on his bedside table.

After croaking his hello, he heard the frantic voice of the duty officer on the line.

'It's Isabel Dove-Mason, sir,' he said. 'She's dead.'

'What?' Kofi barely managed to whisper.

'I've been checking on her every hour as you instructed, making sure she had everything she needed but she didn't seem able to sleep so I made her a hot drink. When I went in to collect the mug, she hadn't touched it. She was just curled up on her bed facing the wall and I thought she'd finally dropped off, until I realised her eyes were wide open. I checked for a pulse but there wasn't one. She's dead, sir.'

Kofi tried to think fast but in his befuddled, half asleep state, he wasn't able to. 'Does anyone else know?' he asked the officer.

'Well, no, sir. You told me to be the only one to deal with her.'

'Good, then let's keep it that way, for now.'

'But what do I do, sir? We've never had a death in custody before and I don't know the drill. What do you want me to do?'

'Nothing yet,' Kofi said, swinging his long, muscular legs out of bed. 'I'm on my way. In the meantime, keep her light off and her cell locked. Say nothing. I'll be there in less than an hour.'

He needed a shower to get himself going and once he was more refreshed, he rang John. As this was his doing, he thought it only fair to allow him to share in it.

'She can't be dead,' John said, his own voice level and clear, despite being awakened himself. 'Not in our custody. That won't look good.'

'Well, of course it won't,' Kofi replied, 'but I can't bring her back to life. If she's dead, she's dead.'

John was silent for a moment. 'How many people know?'

'Just the duty officer.'

'Then maybe we can deal with this. You can't change the fact she's dead but you can change where she died. Get her back home, quickly and quietly. Put her in her bed and leave her there. Fabricate the logs to show you released her during the evening and no one will be any the wiser.'

'I can't do that,' Kofi said, shocked.

'Then fine. Call the doctor, have her declared dead in your custody and deal with the crap that's going to come raining down on your head at the fact you incarcerated a terminally ill woman.'

Kofi felt the rage surging. 'You know that wasn't my idea.'

'You chose to do it and you are the chief constable so the buck stops with you. If you even dare to bring me into this, I'll deny it and you'll be on your own. So fix this. And do it fast, because the day shift will be starting in a few hours.'

Kofi threw down the receiver, furious with John, furious with his limited options and furious with this whole sorry situation.

43

John was at his desk bright and early, despite being awake since Kofi's call. But sleep had been impossible, at least until he knew what Kofi had decided to do. John couldn't be sure Kofi would prioritise saving his own arse, which would put John in a tricky spot. So he was relieved to receive another call at five thirty, telling him they'd moved Isabel to her home.

While Isabel had been in custody, her surveillance team had stood down, so Kofi and the duty officer had no trouble sneaking Isabel's body, wrapped in a blanket, through her own back door unseen. Kofi had then placed her in her pyjamas and left her on her bed. The duty officer had been sworn to secrecy and Kofi assured John that would be enough. But John did hate loose ends. This would need dealing with, but doing anything now would alert Kofi, and the man was already about to snap. The duty officer could wait a little while.

John had worn a new suit he'd picked up in London the previous week. He'd set up an interview with *The Times* this morning, to finally begin to put right some of the damage Hilary had caused. It helped that he already knew the journalist and had been interviewed by him several times before. He didn't ever give him an easy ride but John was okay with that. He had confidence in his arguments and his convictions.

The journalist had arrived early and was waiting for him in an office down the corridor. John was just putting the lid on his fountain pen and closing up his file in readiness to join him there when Laura buzzed through to tell him he had a phone call from Evergreen.

'Then they'll have to call me back. You know I have an interview in literally one minute.'

'Yes I do, but it's the Centre Director, Richard Roberts-Roland and he says it's an emergency and that he needs to speak to you right now. That it can't wait.'

John was instantly alert because Richard wasn't usually melodramatic. 'Fine. Put him through then.'

'What is it?' John asked.

'There are a couple of government guys here,' Richard said, keeping his voice down, 'with a bunch of warrants to look through all our files. They're setting up shop as we speak in my side office. So what's going on, John? Why didn't you tell me we were expecting visitors?'

John was shocked. 'Because I didn't know. Are they from the CFO?' He had numerous friends in the Corruption and Fraud Office who normally kept him informed of anything that might be heading his way, which always gave him time to deal with it.

'No. They say they're working under the authorisation of Hilary. Can she do that?'

John exhaled deeply. 'She's Minister for Housing and Communities so yes, I suppose she can. Did they say what they're looking for?'

'Apparently they want to see everything.'

'Then let them see everything. You don't have anything on file that would be incriminating anyway.'

'No we don't and that's the problem, because they have specific names, John, of everyone who's gone through a tribunal and everyone who's made a serious internal complaint. They want those files first and they're going to figure out they're lacking in a lot of detail. But worse, they also want files on all the housemasters we shipped off. They've got their names too.'

John remained silent because that was unfortunate, although not necessarily fatal.

'How did they get the names, John?' Richard asked. 'How did they know anything about this? We've been so careful.'

'Lily Bryce-Davis,' John said with disdain, having put two and two together the moment Richard had told him Hilary was behind this task force. 'She and Hilary have met a few times, and I think this is the outcome.'

'Fucking bitch,' Richard spat.

John was sure Richard was referring to Lily, but he was happy to pin the same expletive on Hilary. 'I'll speak to Hilary. But in the meantime…'

'Yeah I know, play nice. I'll do what I can to stall them, but we really need to get them out of here.'

'Leave it with me.'

John didn't have more than ten seconds to mull any of this over before the phone rang again and Laura informed him that the directors of Cloverleaf Family Centre in Guildford and Goldcrest Family Centre in Lewisham were both on the line waiting to talk to him. He took both calls, not surprised to hear they too had members of a task force with warrants to examine their files. With his anger mounting, John told them the same thing he'd told Richard.

Then he sat looking at the phone, wondering how many more centres had been visited. When he didn't receive another call from Laura, he headed out of his office and into hers.

'Anyone else?' he queried.

Laura shook her head. 'No one else has called for you in the last ten minutes, no.'

'Good. But there's a bit of a situation going on and I have to deal with it, so cancel all meetings for today.'

'No problem. D'you want me to ask the journalist to re-schedule?'

But John shook his head at that. As he hadn't been able to give his speech at the demonstration, all the questions Hilary raised needed answering. It was also important to show the PM he was taking some action against her. He didn't even want to think what he'd say when he found out about this task force, but that was a problem for another day. He had enough on his plate right now. Things were getting out of control and it was taking all his reserves to contain them. 'No. I need to do this interview but I'll be back in an hour.'

44

Being a Friday, John knew Hilary would be in her office in Wycombe, so as soon as his interview with the journalist was concluded, he called his driver. He was out of the building and in the back of the car within two minutes.

'Do you have an appointment?' her receptionist asked sweetly, as soon as he swept into Hilary's offices.

'I don't need an appointment. Just tell Hilary I'm here.'

The receptionist left her large glass desk and headed around the corner and out of sight. No more than a minute later she reappeared with Hilary striding briskly behind her, in a pair of killer heels. He might have given her some credit for the speed she could walk in those, if it wasn't for the fact she had the audacity to be smiling at him.

'John, I had a feeling you might show your face today, so please,' she motioned with her hand back the way she came, 'do come in.'

He gave her a curt nod and set off down the corridor. Hilary took her time sauntering after him and he was already settled on one of her sofas by the time she strolled in.

She sat opposite and casually crossed her legs, making her tailored trouser rise to expose her bare ankle. Then she simply raised her eyebrows and waited.

'If you had an issue with the running of the centres, why didn't you just come to me?' he asked. 'Discussed it with me?'

'Maybe because you might be part of the issue,' she replied.

'Me?' He looked baffled.

She nodded. 'Maybe. But as I'm all for "innocent until proven guilty", I'm not going to point any fingers at this particular juncture.'

He narrowed his eyes. 'Just what do you suspect me to be guilty of?'

Hilary took a deep breath. 'It's been alleged that you've been covering up sexual abuse in the family centres; that it's actually a nationwide problem that's been covered up for years.'

John laughed out loud, acting like this was the most ridiculous thing he'd ever heard. He puffed out his cheeks. 'Then you're giving me more credit than I deserve. Nationwide huh?' he added. 'Wow, I've been busy.'

'Don't flatter yourself too much, I'm not giving you all the credit.'

'Now you're hurting my feelings.'

'Joking aside,' she said seriously, 'allegations have been made and they need investigating. If there's nothing there, you have nothing to worry about, do you?'

'Of course, joking aside,' he was instantly serious now too, 'because this is very far from a joke. Just as this is very far from what I'd call an investigation. It's more like a witch hunt. We have channels for this kind of thing; an entire department in the CFO whose sole purpose in life is to root out corruption and wrongdoing and yet you've decided to sidestep all of them and call in your own hit squad as though you don't trust the very people there to protect us.'

'You have friends in the CFO,' Hilary countered.

'Who you think I would try to manipulate?' he asked, astounded. 'Or worse still, who could even *be* manipulated. What kind of democracy do you think we're living in here?'

'I'm beginning to wonder that myself because this has really shaken me to the core, John, I won't deny it. So yes, I thought in view of all the revelations, it was prudent to use an independent body.'

'I'm sure the revelations you're so concerned about came from just *one* source. One very dubious, bitter and deluded source who I warned you to stay away from.'

'Lily? No. You're wrong. There are plenty more disgruntled people from centres than her.'

'I know you met with Lily at Mace-Meredith under the guise of meeting Melanie, so don't continue with this ridiculous charade. All of this came from her. You can't deny it.'

Hilary stared at him, reluctant to speak. 'Well,' she finally said, 'if it did, I can easily see why you didn't want me talking to her. But as I said, it didn't. I have other sources.'

He didn't believe her. 'You have no idea who you're dealing with in Lily Bryce-Davis. She has a vendetta against me, and against Richard and everyone who ever worked, or set foot in Evergreen Family Centre. She's cunning and sly and will do anything to get what she wants, even seducing Richard when she was only sixteen years old. I mean, you've seen her, she's beautiful, and beguiling and intelligent and Richard really fell for her, but all she ever wanted was to take advantage of him being director. Until she got pregnant. She'd promised she'd started birth control when she hadn't and of course Richard didn't want her to have the child because it would come to light that he was the father. So she agreed to an abortion – but only on the condition that Richard allowed her special dispensation to leave the centre early. That's when Richard came to me, to ask for that dispensation. But of course I got the whole sorry tale out of him and in a moment of weakness I promised to take care of it. But you should have seen him. He'd been completely besotted with the girl and was distraught at having to lose his child. So after her abortion, when I stepped in and refused to allow her to leave early, she was so angry she accused Richard of rape. Luckily I was heading the tribunals at the time, and knowing all I knew, was able to have the case thrown out. She's had it in for us ever since.'

Hilary cocked her head sideways. 'That's your version. I'd prefer to remain neutral until I've heard hers.'

'Are you saying you'd trust her word over mine?'

Hilary simply shrugged.

'Okay,' he didn't like the way this was going. 'Then has she told you that she's pregnant again?'

Hilary just smiled, giving nothing away.

'And has she told you that she's currently in the throes of running away with that illegal group we've been hearing so much about lately? That she's had numerous clandestine meetings with them and they've even set a date for her departure? Fifth of July.'

Hilary didn't have a smile for that!

'Ah,' John sat back, knowing the tide had now turned. 'So she hasn't been totally honest with you then? Still trust her now?'

'How do you know all of this, actually?'

'I told you we had her under surveillance. We found out what she was involved in and we've been monitoring every move she makes so that she can lead us to the people organising this. Kofi can confirm it. So can the Prime Minister actually, if you'd prefer to ask him. I warned you this was high profile and that she would not be good for you, so if you're forging ahead with this task force on her say-so, then you really ought to be more aware of the kind of person giving you your information.'

Hilary pursed her lips. 'Well, as I said, I don't need Lily for any information. I have other names. Lots of other names of people who were abused. This isn't just about her.'

John sat forward 'Look, I don't deny that sometimes, relationships start in centres. Housemasters become involved with someone they've grown to care deeply about. It's not right and it's not ideal, but at the same time it's also only human. There's a blurring of the lines, when the loving father figure slips more into just loving. And ninety-nine-point-nine percent of the time, it's consensual. The girl grows up, she starts to see the men close to her in a different light, they spend inordinate amounts of time together in a secluded environment… things happen.'

'And you just condone these "things"?'

John gently shook his head because even privately, he didn't condone it, despite the fact he covered it up. When the younger kids were involved, it made him sick to his stomach actually, but he had to look out for the greater good. And the centres *were* good.

'Of course we don't,' he answered. 'If a director, or any member of staff for that matter, gets wind of a relationship, it's dealt with. Right away. It's stopped instantly and the usual policy is to separate the couple, demote the housemaster and relocate him.'

'You don't report him to the law? Have him punished?'

'How can we punish the men without also punishing the girls? D'you really want us to start locking up teenagers?'

'But how can you allow grown men to have sex with young girls in their charge, and not do more about it?'

'You talk as though it's commonplace, when it's not. Of course it's not. But as I say, on the rare occasions when it does happen, we try to deal with it humanely, and with a sense of understanding. Life in a centre isn't the same as life outside and you need to understand that, in the same way that we do. Sometimes allowances have to be made.'

'You didn't demote Richard, though,' she accused.

'No, as I said, a moment of weakness. Mostly because he's an excellent director who's never put a foot wrong before, or since, that whole unfortunate event.'

Hilary eyed him shrewdly. 'Tell me, just what does happen when these relationships aren't consensual? What do you do then?'

'What do you think we do?' John looked shocked. 'Call in RADAR of course. And they deal with it, in the same way they deal with any other charge of indecent assault in this country.'

'How many cases of indecent assault are brought to RADAR from the centres?'

'Well, I don't know. I wouldn't know. That's between each family centre and each RADAR headquarters in this country to answer, not me.'

'How about just in your region then?'

'Come on, Hilary. I know you think I've got my finger on every pulse but even I can't know what's happening with every single person in every single centre. I do know that directors follow protocol, and that's all I need to know.'

'Alright,' Hilary mused. 'I'm sure I can get those numbers

myself anyway.'

'If that'll make you happy, Hilary, go ahead. But we still need to deal with the business of Lily. It goes without saying I hope, that you won't tell her she's under surveillance. You can't warn her off. The PM's angry enough with you already.'

'As I've said, I haven't spoken to Lily so that won't be a problem.'

John wished she'd stop lying. 'I just want to protect my investigation, my centres, and even to a degree, you. Not that you deserve it.' He gave her a stern glare. 'You're committing political suicide, you must know that. I mean even if there's a tiny grain of truth in this – which I'm sure there isn't – nobody in the government is going to thank you for bringing it to light, because it'll cause chaos. It goes against everything we believe in, as a nation, as a country, and protecting that central ethos of openness is paramount to ensuring stability. So d'you think anyone is going to allow you to start messing with that?'

'But you can't have stability based on lies, and if there have been lies, then they need to be exposed, no matter what.'

John was almost looking at her with sympathy. 'Just how far d'you think you're going to get? I mean, fine, if you feel you have to look into it, do it quietly and through the proper channels, and if changes need to be made, we'll make them. But in the meantime call off your wolfhounds and get them out of the centres before anyone has a chance to realise why they're there. You still have a chance to save yourself, because I don't believe the PM is aware of this yet.'

'I'm not afraid of the PM.'

'Then you should be. He's looking for any excuse to get rid of you and you're offering him one up on a silver salver.'

John shook his head. 'Continue to protect Lily if you must, but ask yourself, Hilary whether you're prepared to risk your whole career, not to mention possibly causing a civil uprising, based on the evidence of one woman who's probably going to jail – and that's only if she doesn't succeed in disappearing altogether – which will mean you'll either have a witness who's a criminal, or no witness at all.'

She laughed in exasperation. 'I'm *not* protecting Lily – although if I do decide to withdraw my team now and go via the CFO, you're going to think it's because of what you've just told me about her, so I can't win, can I?'

'Just withdraw your team. And if you do go through the CFO you'll have my blessing and my full cooperation. Because we're on the same side here, Hilary and I don't know why you allowed someone to ever persuade you to forget that.'

45

Being unable to concentrate on anything today, Kofi spent most of the time in his office. All he could think about was Isabel's tiny body lying dead on her bed, in the pyjamas he'd gently placed her in. The idea of her not being discovered soon would haunt him forever, so all he could hope was that a nurse or a friend would try to visit, and find her there.

Despite moving her back home, he was sure that RADAR would still be accused of aiding her demise due to the stress of being arrested, and he had started to devise their strategy on dealing with that. He found himself wishing they could just cover up the fact she'd been taken into custody at all – making him worry what kind of person he was turning into – but too many people knew she'd been brought in, including Amy. Gary Reece-Myers had tried again to get Amy to talk, but although the daughter had been distraught about her mum in a cell, she still hadn't said anything.

What did this group have on her? He still didn't know if her silence was loyalty, or fear, and until they could get to the people involved, he'd never know.

A knock on his door made him scowl, because he really didn't want to be interrupted but when he saw it was Graham Walker-White, and when Graham said, 'Can I have a word, sir, a quiet word?' he knew this was about John. So Kofi dropped the scowl and quickly asked him in.

'What we know so far,' Graham said after a slight preamble, 'is that Lily got pregnant when she was sixteen by the Director of Evergreen.'

'What?' Kofi was shocked. He knew Richard and considered him intelligent, charismatic and rather good company. Had he really had a relationship with Lily?

'Yeah, well, she had an abortion and then wanted the abortion annulled because she said she'd been raped.'

Kofi frowned.

'John Adam-Brown was head of the tribunal panel for the PU at the time and he threw out Lily's accusation.'

'On what grounds?'

'Insufficient evidence. That seems to be the first link between them. What was interesting to us was why the director wasn't fired. Rape or no rape, what he did was wrong, so we paid his lawyer a visit. The guy was happy to answer questions about the accusation itself, but got a bit cagey when we pushed him regarding the ethics of it. Instead he seemed to want to shift the focus, and the blame, on Lily and said that even her lawyer was crooked, because she got disbarred within weeks of the tribunal.'

'I see.'

Graham went on to explain how they then had a chat with the crooked lawyer, a woman named Jenny Mullen-Cragg, learning she'd spent time in prison for bribing a member of a jury, which she categorically denied. 'She said John Adam-Brown framed her. As you can imagine, that got our attention.'

Kofi nodded slowly.

'We tracked down the jury member who accused her.

Went to his house about an hour ago. He was having lunch with a woman and as soon as we mentioned what we were there to talk about, this woman had a bit of a panic attack and the guy had to tell her to calm down and leave the room. We thought that was odd, but he just said she wasn't well. But the woman didn't seem ill, sir, and when we left the house she was standing in the kitchen looking really scared. So although he confirmed that the lawyer *had* tried to bribe him, we think there's something more going on, and we think this woman might tell us what, if we bring her in.'

'Then bring her in,' Kofi agreed. 'Put her in Interview 6. And I want to talk to her myself.'

Interview Room 6 was rarely used, as it was in the old part of the station which had not been modernised and, as such, there was no surveillance apparatus attached to it. The room was also on the fourth floor and a bit of a trek to reach, so most of the time it sat empty.

But it wasn't empty now. Kofi sat opposite Mary Smith-Murray while Graham stood against the wall, his large arms folded across his chest. Their presence filled her with as much fear as Kofi had hoped, as she had trouble even being able to look one of them in the eye.

She was a large lady with a pale complexion and a faint smell of stale cigarettes about her. The buttons on her shirt strained against her bosom making it gape a little, something Mary seemed self-conscious about as her hand constantly reached for the shirt to pull it closed.

It had been a while since Kofi had conducted an interview but it was surprising how quickly it all came back to him. 'Tell me about the lawyer who bribed your boyfriend,

Barry,' Kofi said. 'What was her name?'

'I don't really remember. I don't know much about it, to be honest. I wasn't seeing Barry all that much back then.'

'But he must have talked to you about it, surely? Being bribed by a lawyer when you're doing jury duty is a pretty big thing, no? As is reporting them and then testifying in their trial.'

'I'm not saying he didn't talk about it a bit, but I just don't remember her name.'

'When he did talk about it, what did he tell you?' Kofi asked.

'Just what you already know really, nothing much else.'

'What is it that we already know?'

'Well, that she offered him money if he brought in an innocent verdict.'

Kofi narrowed his eyes. 'Where were the two of them when she made him this offer?'

'On the street near the court, I think, but I don't know where exactly. I'm sure you can find all this out from the court transcript, so I don't know why you're asking me.'

'Did you go to the court with him when he testified?'

'No. And he never told me what he said there so I don't…'

Kofi jumped on that straight away. 'But surely what he said there, should be exactly the same as what he said anywhere else; what he said to you?'

Mary hesitated, a flush of colour springing into her cheeks. 'Well, yeah, of course.'

'So why are you implying you don't know the details, "because you weren't in court"?'

Mary took a small sip of water from the plastic cup in front of her. 'That's not what I said.'

'Yes it was, I'm afraid. That's exactly what you said. I can play the tape back for you if you like.'

She shook her head. 'Well, that's not what I meant. I just meant we didn't talk much about it, that's all, so I don't know all the tiny details.'

Kofi sat back a little surprised. 'I think a tiny detail would be more along the lines of what colour outfit the lawyer had been wearing or how many clouds there were in the sky that day, not where the actual crime took place. I'd say that was a rather large detail.'

'Well, I don't remember. It was...' she counted in her head, 'ten years ago. Can you remember everything from ten years ago?'

Kofi regarded her carefully. She was clearly lying. 'I hear you're sick,' he said, changing the subject.

Mary frowned. 'No, I'm not. Who told you I was sick?'

'Barry. Your boyfriend. Earlier today. When you had a rather adverse reaction at the mention of the trial. So why would he explain that reaction as you being sick?'

'I'm sure he didn't mean I was sick as in sick-sick, just probably a bit...'

'What, shocked? Surprised, concerned? A bit freaked out? That kind of sick?'

'I don't know. Yeah. Maybe.'

'But why would you be freaked out about an event you know so little about, and from something that happened ten years ago that you say you don't even remember?'

More hesitation. 'Well, it's always a bit scary when police come to your house asking you questions.'

'But this wasn't your house, it was Barry's, and the questions weren't aimed at you but at him, so what would you have to be scared about?'

She shrugged. 'I don't know.'

'That he's been found out? Is that what you're scared of?'

'No,' Mary said defensively.

And then Kofi knew beyond a doubt there was something untoward here, and he had a good idea what that might be. 'No? By saying no, you're implying he wasn't afraid he'd been found out. So what is it that Barry's hiding, Mary?'

'He isn't hiding anything.'

'Then why didn't you just say that? Instead you said you weren't scared he'd been found out.'

'I didn't say that.'

'I think you did, Mary.'

Mary opened her mouth desperately trying to think about what she did and didn't say, but she looked terribly confused. Kofi took a chance.

'Look, we know he lied, Mary, so that's not really why you're here. No, what we're really interested in is the name of the person who *paid* Barry to lie. Now you tell us that, and we might even go easy on Barry, and knowing you're actually helping him will probably make you feel so much better about all this, wouldn't it?'

Mary began to bite her thumb nail, her eyes flitting from Kofi to the table and back to Kofi as she tried to decide what to do. 'Can I smoke?' she asked, reaching into her jacket pocket to pull out a pack of JPS and a cheap plastic lighter.

Kofi nodded and hunched forward, closer to her, as she lit up and inhaled deeply.

'Don't you want to help Barry?' he pressed.

Mary took another deep drag, and the smoke made Kofi want to back away but he remained right in front of her, his gaze never faltering. 'Or maybe you don't know the name? Maybe Barry didn't either. Did he even give his name?'

Mary slowly shook her head in small uneven jerks.

'I see. He never gave a name. That's okay. How did they meet?'

'The guy just turned up at his house one night, and asked if Barry wanted to make ten grand.'

'Ten grand.'

She nodded. 'Barry's not a bad bloke. He was just behind on his mortgage and…'

Kofi managed a sympathetic look. 'How did this man pay him?'

'Cash. After he'd testified against the lawyer, the man delivered the cash and Barry never saw him again.'

Graham moved suddenly behind him to collect an ashtray from the shelving rack. Then he sat beside Kofi.

'Did Barry tell you anything about him?' Kofi continued. 'Or did you ever see him?'

'Not me no, but Barry said he seemed rich. Wore a black suit, like a businessman and drove a big black car. He thought he was from Norway or Sweden or somewhere because he had a funny accent, although I think he only thought that because he said the guy had blue eyes and really blond hair. Now honestly that's all I know and I'm sorry if it's not enough.' She took a drag of her cigarette whilst Kofi glanced knowingly at Graham.

'Thank you, Mary,' he said. 'I'll have an officer drive you back home. Tell Barry not to go anywhere, or this will just be worse for him.'

Kofi and Graham clashed eyes again, because both men knew someone with a big black car, blue eyes, blond hair and an accent – which was actually German but that hardly mattered – and the reason why they knew him was because he was John Adam-Brown's driver.

46

Kofi had been surprised by the invitation, but had been too intrigued to decline. He left the station around six and drove painstakingly through the rush hour towards the apartment building where Hilary lived. One of the most stylish and architecturally interesting buildings in the city, it was always a treat to enter the foyer, with its arched doorways and intricate wood carving that gave it a distinctly Moorish quality.

He undid his stiff collar in the lift. Hilary had said this was personal rather than business but with everything going on in her life right now, he'd suspected there might be more to it than that, and knew he'd feel safer with the uniform.

She opened her front door in bare feet, but also still dressed from her day in the office – grey trousers and a white silk blouse which was coming loose from her waistband on one side. She kissed him on the cheek and he could smell her customary L'Air du Temp perfume. At least there was something about her that was unchanged.

'Still drinking scotch?' she queried, as she padded across the living room which, unlike the general building, was modern, bright, and very feminine.

Kofi gently placed his hat on the white console table

adorned with a vase of white tulips. 'Yes, please.'

'And make yourself comfortable.'

Kofi obliged her, sitting in an armchair. She had the sliding door open to her balcony and although she was on the seventh floor, he could still hear the popping of a scooter engine, the horn of an impatient commuter and the general low roar of the car engines in the streets below. He could never live in town.

She handed him his whisky and sat opposite, curling her feet beneath her. She delicately sipped a whisky of her own. 'Did John inform you we talked earlier?' she asked him, tilting her head slightly.

'No, but I can imagine exactly what was said. Just what's going on with you?' he instantly asked. 'This bill? Wanting to close the centres? You've never said a word against them in the entire time I've known you and now you're riling everyone up with ideas of how awful they are. I don't get it.'

Hilary's smile was slightly tight. 'We didn't talk about the bill, and that's not what I want to talk about now, so how about we leave that conversation for a little while? I want to ask you about the centres themselves. More specifically, about RADAR's involvement in any reports of misconduct from them.'

'Misconduct?'

'Yes. Or rather, sexual assaults. I'm interested in how many cases of sexual assault are investigated by your division in the course of say… a year?'

'From people who live in centres, you mean?' He had to think. He frowned, wondering where she was going with this. 'I'm not sure exactly, probably around five or so. Why?'

'They're assaults from inside the centres?'

'Goodness no. That's from residents of the centres who

report attacks from outside, either in their workplace or on the street, and such.'

'So, how many from inside the centres themselves?'

Kofi might have been more defensive if he hadn't just discovered Lily had accused the director of Evergreen of rape, but as it was, he just remained cautious. 'Not many,' he said slowly. 'Why do you ask?'

Hilary instantly shuffled forwards. 'Doesn't that seem odd? Compared statistically with other assaults in general?'

Kofi regarded his whisky, tipping the glass a little this way and that. 'Not really. Don't forget any man who works in a centre is vetted and has to undergo a police check, for the specific purpose of ensuring he's safe to do the job.'

'Then have you kept an eye on the number of tribunals which take place between centre residents and centre staff, where accusations of that nature are made?'

'Well, no, because they'd be internal investigations conducted between centres and their governing body at the PU. That's not my jurisdiction. We would only be called in if a case needs to be sent to a public prosecutor.'

'And how often are you called in?'

'As I said, not very often.'

'So what would you say, if I told you that on average, from the three centres under your remit, around six to eight cases of suspected rape or sexual assault – often amongst children under the age of sixteen – make it as far as a tribunal *every year*?'

He pursed his lips. 'I would say I'm very surprised.'

'But out of those, none are ever put forward for prosecution.'

'Are you sure there's that many?' Kofi questioned, unease creeping into his belly.

'Check the records at the County Clerk Office. They're there in black and white. But just by the law of averages, wouldn't you expect at least one case to actually stick?'

'Yes I would. Of course. So are you saying they're not receiving a fair trial? That somehow the perpetrators are being protected?'

Hilary regarded him carefully. 'Apparently, yes.'

Kofi was astounded. Did this go beyond just the director at Evergreen? 'But how can that be?'

'I've been told this cover-up goes deeper and farther than I could have possibly imagined so have you never heard anything about all this? Ever?'

As he felt it was too soon to mention what he'd just discovered about John and Lily's case, he dodged answering her. 'So is this what you talked about with John?'

'He was head of the tribunals for numerous years so yes, I was interested in getting his take on it.'

'Which was?'

'He doesn't think there's an issue. He thinks my source who alerted me to all of this, is the issue.'

'Well with all due respect, I don't think that's his place to decide,' Kofi replied, his anger mounting. John was causing that reaction in him more and more these days. 'He knows your source?'

'Yes, although I denied it because I promised I'd protect her. You know her too by the way, which is why I'm surprised he hasn't said anything to you yet.'

Kofi exhaled loudly. 'It's Lily, isn't it? She's who you've been talking to.'

'Yes and I hate to disclose that but I don't think I have a choice. John warned me off her. He told me all about your case with her; about what she's involved in.'

'He did?'

'You look surprised.'

'Only because I can't think of any reason why he'd do that.'

'He called her a criminal, who'd be bad for my reputation. Wants me to think twice about trusting her. Would you agree?'

'You say she's actually given you information on sexual abuse cover-ups in the centres?'

'Yes, and right now I need to know what you think of Lily? I know she's planning a getaway with the illegal group. At first I was angry she didn't tell me because if I lose my main source right now and she runs off, I'll be in a bit of a bind. But then, having thought about it, if everything she says she's been through is true, maybe I'd do anything to avoid a centre too.'

Kofi took a sip of his drink. 'What do you know about what she's been through?'

Hilary told him about Richard and the rapes. 'But John paints a very different picture of the whole affair, depicting Lily as some evil temptress who then turned on Richard. So is John right?'

'I think,' Kofi answered carefully, 'Lily was telling the truth about Richard. Some information came to light just today that points to possible blackmail, possible intimidation – maybe both – in connection with her case.'

Hilary sighed in utter relief. 'Then that means I *can* trust what she says then. I've been in such turmoil all afternoon. Have you talked to Richard at all?'

'That will alert John – you know how close he and John are – so no, not yet.'

'So you also suspect that John's involved?'

Until they'd concluded an investigation, Kofi wasn't prepared to say what he suspected, even though everything was pointing that way. 'I don't know anything for sure. As I said, it has only just come to light. What I will say is that I have some concerns.'

'This is all crazy. It's like the world's suddenly gone mad. We know John's ambitious and ruthless at times and not someone you want to be on the wrong side of, but honestly I never would have suspected him of such behaviour.'

'I never said that, Hilary. I merely said I had some concerns.'

'Over possible blackmail and intimidation, yes, I heard you. But if I'm going to put my faith in Lily's information, that means I'm going to war with John.' She pulled a face. 'That means I'm going to war with everyone actually, because no one will want any of this to come out, and if that happens, you're going to have to pick a side. So whose will it be?'

'Whichever one is on the right side of the law, but are you sure you want this war?'

'If you knew everything I knew, and had seen everything I'd seen, I'm sure you'd feel exactly the same way.'

'Then show me.'

'Maybe I will, but not tonight. I've put out a lot of feelers, and when I start to find proof, we can go larger on this but for now, I can't involve the police. Of course if your "concerns" about John become more than that, it would be wise for us to join forces, don't you think?'

'Perhaps it would. Let's see what we both come up with then, and ensure to keep in touch.'

47

Lily had driven past Eric's small block of flats several times in the last few days. He lived in what was commonly known as a child-free quarter – areas that contained studio apartments much too small to comply with the square footage required to raise a child. As rent was cheap, they were mostly occupied by people straight out of school or university and were usually lively and vibrant places. Today, unlike before, Lily stopped and parked her car.

Nothing about this seemed right to her as she continued to grapple with her conscience, but she'd decided to tell Eric he was going to have a child and see what happened. All the same, she was reluctant to get out of the car, so she sat for a while, worrying about Nick instead.

He'd returned the day before and had come to see Lily on his way back to his flat. His face looked awful; a mass of yellow and olive-coloured bruising all around his left eye and cheek, along with a partially healed cut in his lip that made it difficult to kiss him without causing him pain. She was appalled at what Valerie's men had done to him but Nick assured her this was way better than it had been.

They'd discussed this trip to Eric, and Nick had understood her dilemma but hadn't wanted to offer any opinion as to whether she should tell him or not. He thought that ought to come from Lily entirely. When he'd left later that evening, Lily had warned him that the police would very likely arrest him within hours, and he should be prepared.

'Oh I think I'll be okay for a few days,' he'd replied. 'It's not as though they're watching my home or anything.'

No, Lily wanted to say, *but they're watching mine*. She had no doubt that at this very moment in time he was at RADAR headquarters, where he'd probably been all night.

She slowly opened her door and dragged herself from the car. Her back was sweaty and the thin cotton of her summer dress was sticking to her. As it was hot today and the sun was beating down, numerous people were lazing out on the communal grass in front of the flats. She walked along the stone path which ran between the grass areas, scouring around her to see if Eric might be somewhere outside, but she couldn't see him.

Saskia had given Lily his address, somewhat surprised at Lily's request for it, as she knew what had happened between them at her party, but Lily managed to evade answering why she wanted to see him.

She took the lift to the third floor, found the flat and knocked. She knocked too softly, perhaps subconsciously-on-purpose, in the hope he wouldn't answer and she could just say he wasn't home and at least she'd tried. But it seemed he had good hearing, as he opened the door.

He looked stunned to see her, even stepping back a fraction. Dressed in a pair of jeans and a figure hugging white tee shirt, he looked good, but Lily didn't want to focus on that.

'We need to talk,' was how she greeted him.

He half smiled. 'Is this to say sorry for running out on me

at the party?'

'Are you having a laugh?'

He gave her a look which showed he thought she was over-reacting.

'D'you think I could come in, or would you prefer we talk out here?' she asked.

He motioned for her to enter.

She glanced around the flat and raised her eyebrows. 'I see the drug trade is paying you well.' The flat was small but furnished with expensive-looking leather sofas and the largest television she'd ever seen.

'If that's your way of saying I have a nice flat, thanks. But I do actually work, you know. D'you want to sit?'

She walked towards a sofa and perched on the end. 'I doubt a kitchen-fitter earns enough to buy that thing.' She pointed at the television.

Eric didn't comment. He also remained standing, folding his arms in a way where his hands rested flat in his armpits and made his biceps seem enormous.

'You might want to sit too,' she suggested.

'No, I'm good. So what's going on?'

'I'm pregnant.'

Eric looked deadpan. 'Oh.' He shrugged. 'Okay.'

She frowned up at him. 'Is that it?'

'Erm, congratulations? I dunno, what d'you want me to say?'

'Obviously I need to explain this a bit more fully. I'm pregnant with your child.'

Then she received a reaction. 'Woah! No way. Not true. Can't be.'

Lily knew she was being way too blunt and insensitive here, but she didn't care. Again, maybe subconsciously she was trying to piss him off, so that he could tell her where to go, but she wasn't sure. 'I tested the other guys I'm seeing and it's not them, so it has to be you. We can do a proper DNA test to confirm, but it has to be you.'

'Too fucking right we'll do a proper DNA test, because it isn't me. I've had a vasectomy so it really can't be me. Your tests must be wrong.'

That information hit Lily like a bullet and she could feel all the blood draining from her face as she sat there, staring at him in astonishment. 'That can't be right,' she stammered. 'I had the tests done.'

'Then you better do them again because it's not me. I mean, you can take my DNA but it won't be me. I'm firing blanks here. Or at least I hope I am.' He suddenly frowned. 'Vasectomies can't reverse themselves can they?'

Lily very much doubted it. This must be a mistake then. The lab Ian sent the samples to must have made a mistake – and should she really be that surprised? Who knew the kind of people who would happily take illegal business from the UK, or the quality of the staff they would employ or the equipment they would use? It was highly likely this was a mistake.

'No.' Lily answered, her thoughts all in disarray. 'I don't think they can reverse.'

'I'll give you my DNA if you want though, just to be sure.'

'Yeah okay, that'll be good. But alright then,' she gulped, 'I'll do the other tests again.'

She left Eric's flat in a total daze. She was relieved it wasn't Eric's and felt hopeful again that it could be Nick's, but if it was, that came with all the same issues and concerns over what John might do to her, or to him. The frustration that so much of their fates rested in John's hands tipped Lily over the edge. She stopped at the nearest pub, which was nestled on the banks of the river, ordered a large glass of dry white wine, apologised to her baby, and drank it.

The police had questioned Nick over the same allegations Brian had faced and Nick held firm, acting as though he had no idea what they were talking about. They'd kept at it for six hours, by which time it was two in the morning and he was exhausted. But not tired enough to worry he'd slip up. They put him in a cell and let him sleep until seven, after which he'd been expecting another bout. Only, they'd let him go. All he could do was hope the ordeal was over and he'd been keen to meet up with Lily to celebrate.

She hoped that telling him about the DNA wouldn't burst his bubble of elation.

'So it could still be mine?' he asked, and she nodded slowly as he slipped onto a dining chair. 'We could still sign a contract?'

She sat opposite, watching him. 'If you're still okay with that. Maybe after you thought it wasn't yours, you might have been relieved. And now you've changed your mind?'

'No. I stand by what I said, so let's go and do the tests right now,' he said. 'No point waiting, or hiding from the PU anymore, is there? Besides, the quicker it's done, the quicker we can sort out what to do next. You're running out of time. So let's just go to a clinic and let them take the samples.'

Lily nodded. 'I suppose you're right.'

'Okay then.'

'Thank you, Nick.'

'For what?'

'For not having a heart attack, I suppose. For staying so rational and not having a go at me for putting you through more of this crap. Or for not telling me how stupid I was to have ever used the likes of Ian in the first place.'

He ran his finger across her knuckles. 'You know, if you'd just told me you were pregnant at the beginning, I could have helped you, if you'd not wanted to keep the baby, that is. You know I could have. John would have known nothing, and none of this shit would have ever happened.'

'Yeah, I know,' Lily replied, 'and it's not as though I haven't beaten myself up about that more times than I can tell you.' Which she had. She should never have tried to deal with all of this on her own. She knew now that had been a mistake.

'Well okay then, if you've already done it then I won't, but I suppose what I'm really trying to say here is that you've got to start trusting people, you know? Trusting me.'

She squeezed his hand. 'I do. I promise, I do.'

He looked at her in the way he sometimes did that overwhelmed her and made her feel shy and out of her depth, so she changed the mood instantly.

'Shit. I'm going to have to phone Pete and break the bad news. This is going to absolutely kill him.'

48

A friend found Isabel's body on Sunday afternoon, after she'd arrived to do her usual turn with the duster and the vacuum to help out. Amy had been informed as soon as the body had reached the mortuary and been placed in cold storage. The coroner had told her that the time of death appeared to be some time on Friday evening, maybe early Saturday and it had taken Amy all of half an hour before she'd made her call to RADAR headquarters. She was ready to talk. But she'd only do so to Kofi Emen-Jones and John Adam-Brown. The meeting was set at the prison the following morning.

John and Kofi arrived in their respective cars. John was in his limo. Kofi paid a little more attention to his driver, Klaus, wondering just what other extracurricular tasks John requested of the man, and also how to deal with whatever they might be involved in together. How do you tell your boss you've just opened an investigation into events connected to him?

The open-air car park was outside the prison walls and surrounded by tall trees swaying in the gusty wind which chilled the morning. 'I'm assuming this is about the mother's death,' Kofi said, as he and John started down the flagstone path towards the large main gates.

'Well, let's hope it's made her realise life is too short, and she wants to talk and get out of here.'

'Let's hope so. An update on Lily by the way. She went to a DNA clinic, so her pregnancy is now officially registered. I thought you said she'd gone off-radar for all that.'

'She had.' John frowned.

'Maybe there was a problem. Those people are hardly reliable.'

'Maybe so.'

The prison warden, hastily slipping on his cap at the sight of the chief constable in full uniform, bounded from the gatehouse. He welcomed them with such an abundance of energy that Kofi wondered how he'd managed to obtain the large belly hanging over his trouser belt.

Once they were through the gate and inside the low, grey building, there was just the clanging sound of heavy metal doors opening and closing and locks turning until they arrived at a large visiting room. It held numerous pale-blue tables and chairs, all bolted to the concrete floor. The barred windows were high on the walls, meaning nobody inside was tall enough to have a view of the beautifully manicured gardens beyond. Instead there were large canvas paintings of primary coloured shapes dotted all over the walls, which seemed like an odd substitute.

They had the room to themselves, but neither man sat down as they waited for Amy to be brought in. She arrived in the customary prison blue jeans and white shirt and the warden left her to make her own way to the table nearest John and Kofi. She sat down, plunging her hands between her knees and waiting until John and Kofi sat down opposite. Kofi thought she'd lost a lot of weight since their first interview, less than a month ago – had it really only been a month? And with a leaner face, she looked older than her thirty years. She had a cold sore too, on her bottom lip, probably due to the stress and pain of her mum's passing.

'Condolences on the death of your mother, first of all,' John proffered with a sympathetic smile.

But that made Amy scowl. 'Condolences?' she queried. 'You, of all people, have the nerve to offer me condolences?'

'This must be a difficult time.' John somehow managed to maintain his smile.

Amy sat more upright, moving her hands to the table. 'D'you think I'm stupid?'

Ah. Kofi knew now that they were here to be criticised.

'You had her arrested.' Amy glared at John, her voice rising in volume with each individual word. Then she transferred her anger toward Kofi. 'And you locked her up. How could you do that to someone so ill?'

Kofi lowered his eyes, but only to Amy's chin. He didn't want to appear too contrite, although he certainly felt it.

'Your mum wasn't exactly blameless in all of this, you know,' John interceded in his usual smooth fashion. 'She came to my office and threatened me with all sorts of ridiculous things if I didn't give the authorisation for you to see your son.'

Of course John would have a ready lie to hand, in order to cover up what had really transpired, because Amy knew nothing of the deal they'd struck with Isabel, or the real reason she'd threatened John.

'You killed her. You do know that,' Amy accused, her eyes as hard as granite. 'We didn't have a lot of time left but you took whatever we did have away from me. And you also gave her hope. But you took that away from her too. You're both nothing but lying pieces of shit.'

Kofi inhaled deeply, not liking where this seemed to be going. What did she mean by giving her mother hope? He didn't look across at John, whom he suspected was having similar thoughts.

'You think you're so high and mighty, don't you?' Amy said. 'With all your power and your position and your important friends. You think you can do anything you want and get away with it because you think you're so clever. You think you control everything and everyone, but let me tell you something you don't know. You're not clever at all. You're the most stupid idiots on the planet, who we've had running around chasing your arses all this time. And I wanted to see your faces when I told you that I knew everything.' She accentuated the word everything. Reacting to their expressions, she hammered the nail in deeper. 'D'you really think my mum would have ever betrayed me? This whole thing has been a set-up, right from the start. Everything you think you know about my friends is wrong – all lies to send you running off like headless chickens, wasting your time. So just who was controlling who here, huh? You tell me that.'

Kofi was stunned. He darted a look John's way but John hadn't reacted. Instead John slowly tilted his head and asked, very quietly, if Lily knew.

'Of course she knew,' Amy laughed mockingly. 'She played you. Everybody played you and you were too dumb to even suspect.'

Kofi felt as though he wanted the ground to open up and swallow him whole. He wanted to disappear somewhere nobody could find him, somewhere he wouldn't have to think about any of this, or worse still, accept any of this. All that time and effort by so many people had been for nothing and he was going to have to be the one to explain it to them.

'And yeah,' she added, not flinching from John's continued stare. 'I know I've ruined any chances of getting out of here any time soon, but there never was any chance of that anyway, was there? You just lied.'

John slowly cleared his throat. 'Well, it appears we don't have a monopoly on that, do we? And when we do find these friends of yours – and we will – they're going to wish they'd never done any of this because believe me, we do have powerful friends and those friends have been fully invested in this investigation, and I don't know what they're going to do when they discover they've been deceived. And as for you...'

'... Here come the threats. Well, let me threaten you with something first. If I get any more time inside than the maximum five years, or if I don't get regular visits with my son, I'll tell the whole world how you, top officials in our trusted police force and social services department, tried to con a dying woman into lying for you, and that you did so by promising her things you had no intentions of ever giving. I don't think that's going to look very good on your CV is it, Chief Constable? Any more than everyone being made aware of how easy it was to dupe you all. So I suggest you play fair with me and then I'll play fair with you.' She paused after this little tirade, before continuing. 'But please, tell me your threats now.'

John eyed her as though she was nothing less than scum, before he inched slowly forward. 'Prisons are dangerous places. I'd grow eyes in the back of my head, if I were you.'

'I think this meeting is over,' Kofi immediately interjected, unable to believe that John had not only just threatened her, but he'd done so with no regard to the fact he was sitting right next to him, and he was the bloody chief constable. Did John consider him so inconsequential?

Kofi rose, looking down at John who was still staring at Amy. 'John,' Kofi called with as much authority as he could muster. 'We're leaving.'

Not appreciating being ordered about, John took his time before getting to his feet. Once they were out of the prison building, he strode ahead, clearly incensed about all of this. Kofi caught him up when they reached his car. Things needed to be said and if John thought he was too pathetic to say them, he was wrong.

'I understand this is a shock; a huge disappointment, but you can't threaten people in that manner,' Kofi said. 'What's got into you?'

John slowly turned. 'How dare you talk to me in that tone? I am your superior and I expect you to treat me as such.'

'That doesn't make you above the law,' he replied. 'You just sat there in front of that woman and implied you'd organise a hit on her.'

John blinked a few times. 'Well you bundled up her mother's body and sneaked it into her house to save your job and your reputation, so don't lecture me on the law, Chief Constable.'

Kofi stood back, wanting to retaliate with the fact John had told him to do that, but in this situation it would appear petulant. He had no choice but to remain silent.

'Now if all those meetings with Lily were bullshit,' John continued, 'have there been others that weren't? You need to find out. It's time to get her home phone records. And search everywhere; her house, her office, her mother's place, her boyfriends'. Search for anything that can link her to this fucking group. And change her surveillance team, as the current ones have obviously been sleeping on the job. Also, from now on, they'll report directly to me.'

49

Evergreen Family Centre was situated in the suburbs near the woods to the west of the city. A large housing estate had been built around twenty years ago opposite the centre grounds, which had necessitated a corner shop and a doctor's surgery, but otherwise there was little here. John and his driver, Klaus pulled into the staff parking lot. It was crammed with vehicles, but finding a place wasn't a problem as John had a space reserved for him. Leaving Klaus in the car, he headed towards the building.

The sound of a ride-on lawn mower made him glance over the hedge. The field beside the car park, which was for the sole use of the children in the centre, was the size of five football pitches, but the grass was as green and lush and well-kept as a small, prized, country garden. From the outside at least, Evergreen lived up to his name.

He headed towards the staff entrance, the door of which was surrounded by ivy which spread up the entire side of the old facade. This was necessary to help disguise the ugliness and austerity of what had once been an enormous dark-coloured brick mill.

As there was no lift he used the narrow staircase, taking two at a time up to the third floor. No matter what they tried to do here, this staircase always smelt of mould that had probably infiltrated the brickwork a hundred years before and stubbornly refused to leave.

Pushing through the glass door, John entered a large area, divided into sections by screens which had seen better days. The noise of soft chatter mingled with the typewriters and printers and photocopiers, as office staff carried out their duties. Around one hundred worked up here, dealing with admissions, room allocations, housemaster schedules, the nursery school for the under-fives, the canteen and the laundry. On the floor below were the staff who organised all the outside employment for the women – and handful of men – who resided here, matching their skills with the best kind of job that was available. They also dealt with school placements for all children over five.

The first floor was accounting, and John rarely had cause to visit anyone there.

'Mr Adam-Brown,' Tracey called out, jumping from her desk outside the director's office. He had a proper office, separated from the throng by solid bricks and mortar. 'We weren't expecting you today.'

Tracey was young, dark-haired, slim and pretty, which was everything John knew Richard liked in his women. 'Is he in?' he asked. When she nodded, he walked straight inside.

Richard and John went way back, meeting at university. Being a very handsome guy, Richard had always attracted the girls but as he'd matured, his taste in the younger woman hadn't. He always said he drew the line at anyone under eighteen – except for Lily who'd been sixteen but she'd been special – and John, although never understanding his particular penchant, was never concerned about it. If it was legal, it was fine with him.

Looking up from a ledger on his desk, Richard smiled. 'John,' he said, rising to his feet.

John walked across an expanse of wasted space to Richard's desk by the window. Other than the desk and his worn, leather chair, Richard just had a spare chair, a row of bookcases and some mahogany framed portraits on the wall opposite, all of previous Evergreen directors doing their best to look puffed up and important.

'They left on Friday afternoon and said they had what they needed, so whatever you did, worked,' Richard said, clearly referring to Hilary's task force. 'So if you're here for them…'

'No, I'm not. Sit down Richard. We've got to talk.'

Richard, still handsome despite the crow's feet and glasses, inadvertently pushed up those glasses and sat. 'What's this about?'

'The fact that those interfering morons had to come here in the first place.' John dragged the spare chair closer to Richard's desk and sat also.

'I know,' Richard said. 'Believe me, I know and I'm doing the very best that I can.'

'I can appreciate that,' John acquiesced, 'and I know things have improved a lot this year but…'

'They *have* improved. I'm thinking maybe we've wheedled out the main culprits and moving forward we can… '

'But we've got to do better than "maybe".'

'Yes I know that too. I even hired a part-time bloody psychiatrist in the hope that would encourage anyone with an itch, to speak to her about it.'

John hadn't heard of that before. 'What? When?'

'A few months back. Sadly, the only ones using her seem to be female secretaries so it's been a waste of time' He raised a rueful eyebrow. 'It will be easier to just go with castration.'

John half smiled. 'I'd vote for that.'

'Seriously though, we've implemented every rule and check there is, but if someone really wants to do something, then he's going to find a way. So unless I can read someone's mind or pitch a tent in the fucking guy's pants, I don't know how I'm expected to stop him.'

'Then we're just going to have to rethink the CCTV. That's all there is to it.'

'We can't do that,' Richard replied, frustrated.

This had been mooted for some years now, but the residents had been up in arms about the fact it went against their human rights. Although it had only been suggested for the corridors and public rooms, nobody had liked the idea of being spied on all the time. Quite clearly that meant more to them than the thought it might offer more protection.

'We can, if we do it without their knowledge,' John said. 'Without anyone's knowledge. That way, they can't complain. But we've got to try and get a better handle on this, because I'm tired of dealing with the fall-out. Especially now, with Hilary poking her nose in.'

Richard picked up his pen and tapped it quietly on the page of his ledger. 'Okay, I'll look into it, but I'll need more budget. And a team to monitor what's going on. And an office off-site, because they can't possibly be located here, if it's got to be secret.'

'There is no more budget. You'll have to make cuts and find the money that way.'

'I can't make any more cuts.'

'Richard, you'll find a way. You always do. I might be able to find you an office in my building, but I can't promise. But get this up and running. Fast.'

There was a deep sigh from Richard. 'Fine. But you're busting my balls here.'

'Talking about your balls, we also need to discuss Lily.'

Richard rolled his eyes but said nothing.

'We're going to have to sort her out before this gets out of control,' John continued.

'Well, yeah, no kidding. But what can we do?'

'It's time to persuade her that this whole venture was a very big mistake.' John paused. 'Her mother, Ruby, remember her?' Richard nodded. 'She still works at the same school she was placed in when she first came here. Wycombe High. So how easy would it be for you to get her fired? Although maybe not just fired, but fired over something that will mean she'll never work in another school again?'

Richard sucked air through his teeth. 'I'll have to think about it but I'm sure I can come up with something.'

'Good. Also, Lily's pregnant again – with no contract – so she might very well be back under your roof again soon anyway.'

That news brought a surprised, yet delighted smile to Richard's face. 'Well that'll help tame her, because once she's through these gates and she has a small, vulnerable baby, it won't take much to get her back in line.'

'But there's still several months before you'll be welcoming the girl back here, so in the meantime, let's send a message by dealing with the mother.'

'I'll get on it.'

50

'There's a Fedex here for one of our ex-employees and I believe you're handling her post. Sarah Farrell-Brown?'

'Oh yes,' Lily said into her phone. 'I'll come right down and get it.'

A Fedex. She doubted the group would send a Fedex, so had to conclude this really was just something for Sarah. Lily glanced at the large, modern wall clock and decided that four o'clock was a good time to stop in the cafeteria on the way back to pick up a chocolate muffin. She was ravenous these days.

Winking at Melanie as she strode past her desk, she continued to the double doors and out into the main corridor. Her pencil skirt had ridden up a little and she slid her hands down her thighs to readjust it, but a few steps later, it rose up again. As she waited for the lift she pondered whether her pregnancy was making her put on weight. Well, it was either that, or the muffins.

She entered the lift with its walls of mirrors and, as she was all alone in there, stood sideways to examine her belly in her tight skirt and yes, there was a small difference. She ran her hand over her tummy and began to smile. 'Hello, little one,' she whispered to the reflection of her belly. 'I'm your mummy.'

That made her think of its possible daddy, and how badly Pete had taken the news of the DNA. He hadn't taken the news that she'd gone off-radar any better either, not understanding why she'd gone down that road in the first place. Their phone call had been quite fraught, but by the time he'd arrived at the clinic later – maybe because Nick was there, and Nick seemed so rational – Pete was a lot more reasonable. One by one they'd gone into the small cubicle with the nurse in her pale blue top, navy trousers and sensible shoes, and had their samples taken. Lily had been assured of the results on Wednesday and as they'd walked out of the clinic, Pete had pulled Lily back a little.

'Nothing I said before about this has changed, I'm afraid,' he reiterated and she'd just nodded.

The lift opened and Lily headed for the main reception desk in the foyer. Three receptionists were busy answering calls but as soon as one put the phone down, Lily approached, explained what she was doing there and collected the Fedex.

The lift wasn't empty on her return but she ignored the two men chatting beside her – one of whom had a rather pungent aftershave – as she opened the package. Peering inside she saw just one sheet of paper which she noticed, as she drew it out, had no company logo on it. She instantly recognised the typewriter print and promptly folded the paper a little to shield what was written from view. This *was* from the group. What was so urgent that they sent a Fedex?

As the men were too intent on their conversation to be looking at Lily, she slowly flipped the page up again and read the words.

Isabel pushed John for Amy's release and he had her arrested.

Tragically she died the next day. Amy decided to tell John Adam-Brown and the Chief Constable that they've been played, so any chance of her early release is now gone. There's no point in going ahead with your meeting on Wednesday, so don't go to the park.

As it's too dangerous for us to try and get near you, and if you still want our help, we won't abandon you. Leave Wycombe as soon as you can. Make contact with us when you're in your new lodgings and once we've assured you're not being watched, we'll be in touch.

If you decide to remain where you are, then this will be our last communication and as such, we want to thank you for your help with Amy and wish you the best of luck in your future.

Lily slid the letter back into the folder and leant against the mirrored wall behind her. Isabel was dead, Amy would be left in prison and as for her, she'd have to face John's anger.

But Isabel was dead. She closed her eyes. Poor, poor Isabel.

The lift stopped on her floor and she rushed out, stalling a little in the corridor as she tried to figure out what to do. At least the group was still prepared to help her. She had that to cling on to.

She composed herself and headed for the double doors to her office. Pushing through them, she instantly saw the personal secretary of the CEO, Ms Harris-Steele (or tungsten steel as she was more commonly known), standing beside Lily's desk. With her were the two men Lily recognised from the swimming pool that day. Her heart sank as she realised the police had come to her place of work, and it looked like they were searching through her things.

So it was beginning already.

In a split second, as Lily passed Melanie's desk, she slid the Fedex onto it and motioned quickly for Melanie to take it. As most of her colleagues were glued to what was happening at her desk, she was confident nobody saw her do that and she continued on her way. When one of the policemen spotted her, he stopped leafing through her diary and motioned, with his forefinger, for her to approach.

'Lily Bryce-Davis, I'm Detective Inspector Gary Reece-Myers from RADAR Division and we have a warrant to search your papers, both here and at your home. Please sit over there,' he nodded towards an empty desk nearby, 'until we've concluded our business. We'll then take you home.'

Lily looked around and saw everyone was staring at her, although most seemed concerned and curious rather than anything else. She wanted to tell them they needn't be concerned because the police wouldn't find anything. She wasn't stupid and had burnt everything she'd ever received, including Isabel's original note.

That didn't mean this wasn't very humiliating, and that the further fifteen minutes she sat there, whilst every single file was pulled from her cabinet and strewn onto her desk, weren't horrendous.

Once they'd made a huge mess, the two officers conversed quietly together before deciding it was time to leave. DI Reece-Myers called her over with his finger again. She hadn't liked it the first time as it was demeaning and unnecessary, so she just raised her eyebrows at him, not moving until he finally shouted, 'Grab your stuff, we're done here.'

They were almost at the double doors, metres away from Melanie's desk, when the post guy entered. He had an official title but to everyone he was always just the post guy. He glanced at Lily and his face coloured, as it always did. He'd had a crush on her since the first day he'd started working here after Christmas and was teased about it by some people, whom Lily wished knew better, because it made the poor guy blush even more.

He clearly had something to say but seemed reluctant to say it until prompted. 'I forgot to mention earlier that Lily's been receiving post for Sarah, a woman who left. I've just received a logging sheet that there was a Fedex for Sarah literally half an hour ago and Lily picked it up.' He looked at Lily, 'I'm sorry but they'll find everything in the logs anyway.'

Lily didn't know how she managed to keep so perfectly still.

'Where's the Fedex?' DI Reece-Myers asked.

Lily stared ahead and said nothing.

'What did you do with the Fedex?' he demanded.

Again Lily said nothing. There were numerous floors between here and the foyer and she could have put it anywhere and they'd never find it unless they pulled the whole building apart. She dared not even glance towards Melanie.

'Never mind, Lily,' he said, smiling smugly. 'That Fedex came from someone, and we can trace that, so maybe they've finally slipped up.'

Upstairs, in the office of Patrick Mace-Meredith, Kofi stood waiting, with a cup of tea in his hand. As he was already acquainted with the man, he'd decided to handle this personally. Make it seem very important. He'd painted a serious picture of certain wrongdoings that Lily was suspected of, but had apologised for the fact he was unable to divulge very much detail at this stage. After showing him the warrant, permission had been given for his officers to search Lily's desk.

'Here are the phone records for her direct line, sir,' another secretary said after entering the office.

Kofi turned from the window, which he would have expected to be on the top floor but was actually on the first. Someone had told him once that Mace-Meredith was scared of heights and that he got claustrophobic in lifts. He was also short and balding and spoke with a slight lisp but clearly none of that had held him back from becoming a multi-millionaire.

Kofi took the list and scoured the numbers, although it would take time to identify them all.

'I'm not sure I'm happy with all of this, Kofi,' Patrick stated. He was seated at his white desk, which sat before his black walls and light-ash wood bookshelves. Some expensive interior designer had probably convinced him that it was stylish but Kofi preferred a more traditional look. 'I appreciate you can't tell me everything, but I need to know if this might start to look bad for us here? I mean, should I suspend this woman, or something?'

Still feeling somewhat raw over the humiliation of Lily's deception, and knowing there was little he could do to punish her without this whole thing being made public, he thought perhaps a little suspension time would work very nicely. 'That might be wise, Patrick. Until this is all cleared up anyway.'

'Fine. Because I don't want any scandal.'

'I understand completely.' Kofi took a small sip of his tea.

51

Lily's suspension came as a shock, despite the news being delivered by a friend. As Melanie was her boss, it was up to her to do the dirty work, and she arrived at Lily's whilst she was trying to put her house back together after the policemen had ransacked it.

After delivering the news, Melanie picked her way across the living room, stooping down here and there to collect things from the floor, only, as she didn't know where to put them, she just placed everything on the dining table. 'So are you going to tell me what's been going on?'

'What did you do with the Fedex?' Lily asked.

'Locked it in a filing cabinet in Archives. Just in case. And I didn't read it but I think I deserve to know what's in it.'

Lily sighed. 'I suppose none of it's secret anymore anyway so, sure, come and sit – if you can find a clear spot – I swear these guys made far more mess than they needed to. Bastards.' She moved aside the piles of books scattered over her sofa. 'And thank you for the Fedex. When I tell you everything, you'll know what that was all about, so come,' she patted the cleared area on the sofa, 'although I know there's going to be stuff you're not going to want to hear.'

'Uh oh,' Melanie muttered, sitting down. 'More stuff

about John?'

'Yeah,' Lily said, sitting down beside her, 'he features quite strongly.'

It took about ten minutes for Lily to explain how she'd first approached Isabel and of everything that had happened since, including involving Hilary to try and bring John down. She ended with what had been written in the Fedex and how devastated she was at the knowledge that Isabel was dead. 'Also, I've got to decide as soon as I get my DNA results on Wednesday, whether I stay here or whether I leave, and I won't deny it, Melanie, I'm scared.'

'I can't believe this,' Melanie managed to mutter, but just barely. 'You've been going through all of this and you said nothing?'

'I was sworn to secrecy to protect Amy, to protect this whole thing. I haven't even told my mum, or Nick. So don't feel bad I didn't tell you.'

'It's not that I feel bad. Don't be silly, I'm just amazed how you've managed to hold everything together without falling apart, that's all.'

Lily exhaled loudly. 'Yeah well, it's all fallen apart now, hasn't it? On top of that, my career has also just gone down the toilet, because I don't think they'll ever have me back and that's not going to look good on my reference, is it?'

Melanie patted Lily's knee. 'You'd have had to leave Mace-Meredith soon anyway,' she replied, ever practical. 'Whether you run away or move back into a centre, the outcome will be the same. It just came earlier than you expected.'

'Not if this baby's Nick's, though,' she said positively. 'If it's Nick's there'll be no centre. There might be prison,' she half laughed, 'but there'll be no centre.'

'Could they really send you to prison?'

'I don't know. But if they're going to arrest me, let's hope they don't decide to do it until after Wednesday, but in the meantime, I'll have to start to plan my escape.'

'That's not going to be easy. I'm sure they'll still be watching you.'

'I *know* they'll still be watching me. And I know they'll be a lot more careful doing it than they were before, because this time, they know I'll be looking out for them.'

Melanie nodded before resting back on the sofa and staring up at the beamed ceiling of the cottage. 'So you might actually be gone in a few days?'

Lily nodded. 'I know. As I said, I'm scared. I don't know what's going to happen.'

But suddenly Melanie leant forward again. 'Do you know enough about these people though, to run off with them? You're normally so much more wary than this, so are you sure you're not acting crazy because you feel so desperate – and I'm not just saying that because I don't want you to go.'

'I have worried about that too, but considering the lengths they were prepared to go to, to help Amy – considering the lengths they seem to go through, to help so many other women – can they really be all that bad?'

'But how do you know they're helping them? The press said that, because that's what they assume, but how do you know?'

'What?' Lily shuddered slightly. 'Next you'll say they're going to sell me into the white slave trade.'

'Well, you never know,' Melanie pressed, 'and that's the problem here, nobody knows. Until it might be too late.'

Lily grabbed her bottom lip in her teeth for a moment. 'Nobody but Amy. She knows.'

'But d'you think she'd talk to you?'

'Dunno, she hasn't talked to the police, but maybe it'd be different with me.'

'You've got to wonder about that too, about why she hasn't talked to the police.'

'I always assumed she was looking out for her friends but maybe not. Oh shit, Melanie. I'm even more scared now. I'm really going to have to try and talk to Amy before I go, aren't I? It's the only way to be sure.'

'Except you could put her in danger, if these people *are* bad people. I mean if they discover you talked to her, she could be in real trouble. So could you. And I'm sure they'd find out because you can't just sneak in there for a quick chat without getting some sort of authorisation first. I don't even think you can phone, unless you have the right to.'

Lily groaned out loud. 'Then what am I going to do?'

'Get your results. Then take things from there.' She looked around her. 'Deal with one thing at a time, the first being all of this mess.'

The next day, just after lunch, Lily received a call from her mum.

'What's going on? I just called you at work but you weren't there. Is the baby alright?' Ruby asked with concern.

Lily felt bad because she hadn't yet told her mum about being suspended. She'd been too scared to, as it would mean telling her the reason why. 'The baby's fine. I just needed some time, that's all.'

'I understand. Probably best.'

She had of course told her mum all about Eric and having to get the new DNA, so she clearly assumed Lily was trying to deal with that. 'I was going to come over to yours after you'd finished at school today,' Lily added. 'Will you be free?'

'Oh I'm free,' her mum said sarcastically. 'I'm very free. Come over now. I'm home. I've been suspended.'

With a storm howling and rain pelting the portholes of the houseboat, Lily and her mum huddled in the dining nook, nursing hot cups of coffee. At this time of day, Ruby ought to have been taking fourth year maths, only she'd been sent home in disgrace.

The boat was rocking slightly with each new gust of wind but the vessel was sturdy enough not to cause too much discomfort.

'I keep thinking this has to be my fault, that I've done something I didn't intend,' Ruby said.

'This isn't to do with you, Mum,' Lily placated. 'You've done nothing wrong.'

Ruby was still too busy reeling from the accusations laid against her to be so easily appeased. 'I know sometimes I touch his arm or playfully give him a fist pump but it's never been inappropriate. I've been giving him extra lessons for over a year and he's never acted as though he was uncomfortable. Everything's always been fine.'

'You said this boy lives at Evergreen.'

'Yes, that's one of the reasons I sort of took him under my wing.'

'Then we know who's made him say this about you then, so stop thinking you're at fault. You're not to blame. If anyone needs to take the blame for this, then it's me. And I'm so sorry that any of this has affected you, because if I'd had the faintest idea they'd come after you, I would never have got involved.'

'Involved in what?' Ruby asked, her body stiffening. 'What are you talking about?'

'I didn't listen to your advice not to try and find that group, and John found out about it.' Lily told her mum the whole story too now, just as she had Melanie and the more she spoke, the more she could see the horror on her mother's face. 'I wanted to tell you so many times and it wasn't that I didn't trust you not to tell someone, but because I was trying to protect you from knowing too much. I didn't want to get you into trouble.'

'Well that really did the trick, didn't it?'

'I'm so sorry. You know I wouldn't want this.'

'Yes. Yes. Of course I do,' Ruby said, reaching for her coffee mug. She took a few small sips and gently placed it back on the table, saying nothing.

Lily watched her anxiously. 'Are you really mad at me?'

Ruby slowly shook her head. 'No.'

'The police weren't meant to find out we were messing with them.'

'Yes, I understand that. My concern now is the fact you might be leaving. And it could be as soon as this week.'

'Well, that's another reason I didn't say anything, because I knew you wouldn't be happy being left behind.'

Ruby instantly gave her a look. 'Well, you're not leaving me behind. I've said that before. If you go then I'm going with you. Especially now, because I can't enter a courtroom and have everyone listening to a fourteen-year-old boy telling the world I molested him. Even if by some miracle I'm found not guilty, nobody will forget what I was accused of. That stuff sticks. So I need to get away too and if they'll give you a new identity, then they can give me one, just the same.'

'Oh, Mum. You want to become a fugitive?'

'I'm prepared to consider it – if you are.'

'But I don't know if they'll even allow me to bring you.'

'Why not? Why would they want to separate us? You're the only close family I've got and vice versa. They wouldn't be that heartless, would they? I mean it's not like we're bringing half a dozen great aunts and second cousins. It's just me. Besides, you'll need me to help with the baby. Surely they'll understand that?'

Lily had been given the impression that it would, and could, only be her and she'd thought she understood why, but her mum was right. Why couldn't you bring someone with you? Just one person? Why isolate you from everyone who cares about you?

Unless that was the whole point.

Ever since Melanie had raised her concerns, Lily had been really worried, and she knew her sense of unease wouldn't go away until she'd spoken to Amy. But she still had no idea how she could ever achieve that quietly, unless she was someone like a lawyer, which she wasn't.

'Alright then, pack some stuff,' Lily said. 'Not too much but be ready, just in case. In the meantime I'll see if Hilary can help stop all this with you and get the charges dropped. I'll also talk to Nick. Then, after I get the DNA results, we'll see where we all stand. But be ready in the meantime.'

'Just promise me you won't go without me. If you go, I go.'

'I promise. But let's see what happens with everything else first.'

52

Nick was very hurt to discover how much Lily had kept from him, and it took her a while to talk him round. 'From now on, I will tell you everything,' she assured. 'Because I need you, Nick. I can't do this on my own anymore. I need your help. Your advice. Your support. I need *you*. And I'm not ready to lose you if that DNA result goes against us tomorrow.'

'I'm not ready to lose you either,' he confessed. 'Although maybe that would be better all round.'

'Don't say that,' she pleaded.

They were sitting in Nick's flat, on the only piece of furniture he had in the small lounge a brown suede sofa. He wasn't big on material possessions which was why they rarely spent time together here.

'I hate lies, Lily. All you seem to have done is lie.'

'I know but I thought I was doing it for good reasons. I certainly couldn't tell you about Amy because I'd promised them I wouldn't. Would you rather I'd just broken my word?'

At that, Nick slowly shook his head. 'No. Suppose not.'

Lily reached over and cupped his cheek. 'You mean so much to me, Nick. You have to know I'm not lying about that at least. So please forgive me. Please?'

Nick took her hand from his cheek and slipped his fingers through hers. 'Okay.' Then he leered at her. 'But just know I want to stay angry with you, I really do.'

She managed a smile. 'Understood.'

'Just no more lies, alright?'

'Never.'

'No matter what?'

'No matter what. I promise.' She leant in and kissed him. Thankfully, he kissed her back.

'So, what's your plan then?' he asked. 'If the baby's Pete's you'll try to get away, and then contact this group?'

'I think so, maybe.' Then she sighed. 'Honestly, I'm still so unsure about them so I really don't have a clue what the plan is.'

'If it's mine? Will you stay? Even if they might arrest you?'

'I don't know that either,' Lily wailed. 'What do you think I should do?'

He began to mull this over, but Lily spoke before he could. 'You know, maybe we ought to just slip away for a while together anyway, no matter what the DNA result is. Just until I know if Hilary can do something to get John off my back. It'd be so nice to be somewhere I'm not being watched, or where I'm not under the constant threat of having someone knocking on my door to arrest me. Be good for us to have some time together, and it'll also give me more time to think. Some more time to decide what's best. Although I'll need to take my mum. Get her away from John too. So what do you think? Is that completely crazy?'

Nick shrugged. 'No. Not really. Actually, why not? I'm signed off for two weeks with these ribs anyway, so we could have that time at least. But do you have any idea where you want to go?'

'None whatsoever.'

'Or any ideas at all, on how you'll get away without them knowing?'

'No, but we could start to plan it now. I mean, my immediate thoughts would be to avoid train stations and main roads, borrow someone else's car maybe, and stick to the country lanes. Pay for everything in cash and I don't know… just stay off the beaten track.'

Nick eyed her sideways. 'How far off the beaten track?'

Lily slowly started to smile. 'You see, I knew you'd come in handy.'

Exhausted after all the late night planning, Nick and Lily went together to the clinic the following morning. They headed for the main reception kiosk and Lily felt Nick grabbing hold of her hand and she squeezed his. Her heart was in her mouth and she imagined his was too.

Two nurses were sitting at the reception. 'May I help you?' one of them asked sweetly.

'Yes, please. I'm Lily Bryce-Davis and I've come for my DNA results.'

The nurse rose and went to the cabinet against the wall behind her, upon which were long, rectangular, plastic containers. She began to flick through the alphabetised sections until she found Lily's small folder. She looked at it and glanced Lily's way, before returning to her seat.

'I'm afraid these results have been confiscated.' She pulled a yellow Post-it note from the folder and handed that to Lily. 'You'll need to ring that number to discuss what you have to do now.'

'Confiscated?' Lily couldn't believe this. 'What do you mean, confiscated?'

The nurse sat a little further upright, as though preparing for a difficult encounter. 'The PU has the authority to confiscate results, so please call that number to discuss what you have to do now.'

'So the PU have them?'

'Yes. So please just ring…'

'But they can't do this,' Lily said, her fury rising as she stared at Nick and then back to the nurse. 'They can't just take my results.'

'I'm sorry but there's nothing further I can do. Please just ring…'

'…that number, yes,' Lily hissed. 'I get it. But you can't do this. This is bullshit.'

The nurse calmly folded her hands together and said nothing, making Lily thankful there was a pane of glass separating them, because she was so mad she might have made a lunge for her.

'Can I at least use your phone then?' Lily asked.

'I'm afraid not, but there is a public phone just around the corner.'

John Adam-Brown acted as though he was gracious enough to fit Lily into his very busy schedule that day and had invited her to come straight over to his office. Nick agreed to wait on the large green outside the social services building whilst Lily went inside. She was still too annoyed to be scared, but once she was alone in John's office and seated opposite him, she felt some nerves trickling in.

'I suppose it's time we faced each other, after everything

that's been going on,' John said.

'Why did you take my results? What legal right do you have to do that?'

'If I suspect there's been some sort of foul play involved, I can do anything I want.'

'What foul play could possibly be involved in trying to get some DNA results?'

'Oh, I'm sure I could think of something.' He smiled. 'But the fact remains, I have them. And you need them. So what are you prepared to do, to get them? By my reckoning you must be around ten weeks pregnant now.' He whistled. 'Which is cutting it fine if you want to get a contract in time. And don't think you can do another DNA test, because I've flagged your name at every clinic in our region and I'll just continue to confiscate them. How's your mum, by the way? Terrible business about her being accused of sexual misconduct. I would never have thought it of her, but you just never know, do you?'

'You didn't need to bring her into all this. She's done nothing.'

'Except bring you into the world, sadly.'

'You can't punish her for that.'

'I can help her,' he emphasised the word "can". 'And I can also call a halt to persuading Nick's friend, Brian to revise his statement and tell the truth about those samples. There's a guy of mine clambering to go and threaten him with all sorts of calamities if he doesn't confess. And of course, I can also give you your results back.'

'In exchange for what?' Lily asked, hating him more than ever.

'Well, as that's quite a few things I'd be doing for you, I need a couple of things in return. One, I want all and any information you have on the group and two, I want you to tell Hilary you were wrong about everything you said to her, and you won't stand by it if she chooses to use it. I then want you to make sure that anyone you may have persuaded to talk to Hilary, also changes their mind about doing so.'

'I didn't tell Hilary anything, so what makes you think I did?'

'Don't take me for a fool, Lily.'

She continued to look innocent, all the while wondering if Hilary had betrayed her, because how did John know? 'Anything *I* know about the group, *you* know about the group. You were there, recording everything, remember?'

'What you showed us was a ruse. Whoever they really are, is what I want to know.'

'What if I don't know that? What if my only involvement with them was to help Amy and I know nothing more than you do?'

'I'd say you were lying. Are you aware, by the way, that you can face six months in jail for wasting police time? Not to mention your extra little offences of using the black market.'

Lily swallowed hard, trying to remain cool. 'If you mention anything to do with the black market, I'll mention your cosy relationship with Valerie.'

John smiled. 'No one would believe you. It's just your word against mine.'

Lily smiled too. 'And you should know me better than that. You don't know what more I might have.' She was bluffing, but thought she carried that off quite convincingly because John stopped smiling.

He lay both hands flat on the table. 'Let me repeat my offer, Lily. You do what I asked of you, and your mum gets her job back, Brian and Nick won't even have to know how close they came to their lives being completely screwed, we can overlook the whole black market experience and you can get your results back. Unfortunately it will be up to RADAR whether they press charges against you for wasting their time, but maybe, if you help us to get the group, they'll decide to drop those also.'

Lily looked down at her lap. She could stop the investigation into corruption in the centres, or she could stop the continued corruption of this despicable man in front of her.

'Oh, and one other thing,' John added. 'The paperwork is being completed as we speak, but as we deem you a flight risk, you will be forbidden from venturing more than fifteen miles from your front door.'

Lily's heart sank. That was going to mess up all their plans. 'What? But my mum lives further away than that.'

'Then she'll have to come to you. Or, if you do everything I ask, all of this will go away.'

Lily couldn't give him an answer just like that. Her gut instinct was to tell him to get knotted but she didn't want to be too rash. 'I need a day or so to decide,' she said. 'Can we call a truce until then?'

John frowned. 'I wouldn't have thought there was anything to think about, but okay. I'll give you one day. Except that fifteen mile limit will start from right now, and we'll be watching you, so don't even think about trying to run off.'

She sneered at him. 'For as long as you have my results, I'd say that guarantees I'm going nowhere, even if I wanted to.' Then she stood. 'What did you threaten that poor boy with, from Evergreen, if he didn't do what you asked?'

John just blinked, slowly.

'He's only a child. How do you even manage to look at yourself in the mirror anymore?' She stared down at him, disgusted. 'Your daughter must be really proud of you.'

Lily hadn't expected to add that about his daughter, but from the slight change in his expression, she was glad she did. She'd hit a nerve. Well, as he was threatening her loved ones, maybe she could threaten his. She smiled. 'She's at Cambridge, isn't she? Think I read that somewhere once. Anyway, till tomorrow then.'

'You so much as look in my daughter's direction and all deals are off. Do I make myself clear?'

'Oh, don't worry,' she replied, having instantly decided she shouldn't be doing this. 'Going anywhere near her would just mean I've sunk to your level. And I would never hurt anyone you loved in order to get to you. Because I'm better than that. Way, way better than that.'

53

'I just had a meeting with John and he knew everything about our talk the other day, when you promised he'd never know. So what's going on? I don't understand,' Lily said, when she finally managed to get hold of Hilary at her London office.

'I certainly didn't tell him. But he knew I was at Mace-Meredith, and then I sent people into some centres to start investigating, so he put two and two together. Although I continued to deny it.'

'You sent people?' Lily sounded surprised and a little elated – not to mention relieved Hilary hadn't gone behind her back. 'That's great.'

'It's a start. So what exactly did John say to you?'

'Well,' Lily became sarcastic, 'after he confiscated my DNA results – again – then threatened to have my boyfriend imprisoned and got my mum suspended from her school on a trumped up charge of molestation, he wanted to discuss with me how he'd stop all that if I did some things for him.'

Hilary baulked. 'Are you serious?'

'Very. And what he wants me to do is tell you that everything I said to you was a lie. If I don't, he'll destroy my life and the life of everyone I care about.'

'Oh my word.'

'Although there have also been other things going on that have pissed him off. I couldn't tell you about them before, for numerous reasons, but I can now.' Lily told Hilary all about the investigation into the group.

'John told me about that, actually,' Hilary confessed, to Lily's surprise. 'But he didn't say they were using you. He put a very different slant on it. Spooked me a bit. Still does. I wasn't sure what to think. So tell me, honestly, are you still in touch with these people? Are you really planning to run away?'

'With all this shit hitting the fan, I don't know if they'll ever get in touch again,' Lily lied, wishing she didn't have to. 'But I don't want to run away. I want to stay here and raise my baby with the father of my child, that's all. But John seems intent on refusing to allow me to do that, and I don't know what to do for the best. I mean, if I did ask you to stop this investigation, would you even do it?'

'How could I, if it's true? I have to expose this.'

'Then unless you can protect me from him, and protect all those I care about from him, he'll make my life unbearable. So what can I do? Can you help me?'

'I can certainly try. Give me the name of that boy who accused your mum. If we can crack him, I'll have some leverage to get John to drop the charge, and at least that way, your mum will be off the hook.'

'Oh, thank you.' That made Lily feel a hundred times lighter.

'But as I don't know what John's intentions are in relation to you personally, anything I can do will have to be reactive, rather than proactive, and that's not ideal.'

'Then I might have a plan. What if I *do* disappear?' she

asked, taking a huge gamble by even mentioning that to Hilary. 'What if I make it look like I did run off with the group? If I'm gone, John can't do anything to me then, can he? And I can wait it out somewhere while you do whatever you can, to nab the bastard and tell me it's safe to come back.'

Hilary exhaled loudly. 'That's a big step. But it's an option, I suppose. Although how will you disappear? That's not an easy thing to do.'

'Funnily enough, that's not my biggest problem. I've been slapped with a court order now and can't go beyond fifteen miles of my house.'

Hilary groaned.

Lily managed a small laugh. 'Hmm, for some strange reason, John thinks I'm a flight risk.'

'This gets worse and worse. Was it issued by RADAR?'

Lily grabbed the document which had been delivered by hand, less than half an hour ago. She examined it more closely. 'Yes.'

'Right. But if I get Kofi to rescind that, and then you run away, he'll be suspicious. So I think you'll just have to break the law – I can't believe I'm hearing myself say that – and then I'll have to try and get you off that charge later. But I can't guarantee anything, so if you do this, you'll have to accept the risk.'

'I don't think I have a choice. Not unless you can arrest John right now.'

'No I can't. But I will do my best to try and look out for you.'

'That's something anyway. So, thanks.'

'In the spirit of that, register at a centre before you disappear anywhere. At least that won't be another thing they can try and charge you with. You can cancel your place there at a later date if you can show sufficient cause why you couldn't get your contract done in time. I'll certainly support your case in that. That should also take some of the pressure off you too, because it won't be so imperative to get those results by your twelfth week. John can keep them as long as he likes.'

'That's true, but I need to know who the father of my child is. I'm stuck in limbo here and it's driving me round the bend.'

'I understand that, but as I can't get your results from John, you'll have to wait a little longer.'

'I hate that man,' Lily muttered. 'Why did any of this have to happen to me? It's not fair.'

'I agree. So I'll do all I can. If you go, you must keep in touch with me though. Regularly. Okay?'

'Okay I will. Just get the bastard, sooner rather than later. Please.'

'I intend to. You take care of yourself, and be very, very careful.'

'I think that goes for you too.'

54

Ruby was to pack for a small holiday, withdrawing just a few hundred from her bank account. She was to mention to friends and neighbours that she was going to spend time with a friend, and would they please water her plants and keep an eye on her postbox in case it got overloaded with junk mail. That evening, she was to use the cover of darkness to head to Philip's boat, where she would spend the night before he would cast off the next morning early, to head a few hours along the Thames to Boulters Lock near Maidenhead. There, she would leave Philip and make her way to the rendezvous point with Nick and Lily.

Philip hadn't had to be asked twice and didn't even want to know what it was all about.

'I told you he'd be happy to help,' Lily had said.

'Only because he knows he'll have me on his boat all night long,' Ruby had replied.

Lily had to make it appear she was going forever – which could end up being the case so she had to clear her wardrobes and cupboards and all her personal bits and pieces. The main issue was, with the plan she and Nick had worked out, she needed to pack light and couldn't possibly take the two large suitcases and four boxes she'd filled. She also couldn't be seen lugging them from her house either. So she asked Melanie to come over on her way back from work to discuss taking them away.

'Once I leave tomorrow they'll be following me, I hope, and not watching the house,' Lily said, once she'd explained everything to Melanie, 'so that should enable you to come by and pick up the stuff on your way to work. If you get here a little later than usual, all the neighbours will be out, so no one should see you.'

'No problem. I'll sort it out, don't worry. Here's the cash you asked for,' Melanie said, removing a neat envelope from her handbag.

'I *will* get this back to you,' Lily said, accepting it gratefully. 'I just can't withdraw too much without causing suspicion, or I'd have used my own money.'

'I already told you, it's not a problem.'

Nick had left Lily in order to go and organise his own packing, so the two women were currently alone in Lily's cottage. 'The rent's just been paid so they can't throw my furniture out for another month, but hopefully my mum will be back by then and she can sort that out.'

'Hopefully you'll be back by then.'

'Yeah, hopefully, but I really have no idea.'

'So you'll contact this group once you have somewhere they can reach you? Is that still your intention?'

'Yes, but that doesn't necessarily mean I'll go with them. I need to see what Hilary can do before I make that final decision. And there's Amy. I was wondering whether your friend, that lawyer could maybe find a way to visit her and ask her just one question – can Lily trust these people? A simple yes or no is all Amy needs to say.'

Melanie gave that some thought. 'I don't know if she

could visit without being listed as someone on the legal team but I'll talk to her. I'll also ask my lawyer.' She raised her eyebrows. 'I have my own lawyer now, you know, but I've been thinking about another possibility, where maybe *I* could get to Amy.'

'You? How?'

'It's her mother's funeral on Monday at Wycombe crematorium – there was a small story about Isabel dying in the paper and they said when the service was being held. Now surely they'll let Amy attend, and hopefully they'll let people offer her their condolences and maybe I could get near her for thirty seconds, because that's all we'll need. What do you think?'

'Yeah, that'd be great. Oh, Melanie, you're being such an amazing help here. I don't know what I'd do without you. But please be careful of John. If he comes after you again, I'll hate myself.'

'I'll be careful, so stop worrying about me and start worrying about yourself.'

'Okay, okay.' She looked around the home she'd lived in for eighteen months now, where she'd been happy and when life had been far less complicated. 'I can't actually believe I'm going.'

'Me neither. But please come back. I'm not saying goodbye to you unless I can imagine that you *are* coming back.'

'But the only way for that to happen is to destroy the man you love.'

Melanie shook her head at that. 'He's not the man I love. The man I love wouldn't be involved in any of this. The man I love doesn't even exist.'

Lily gave her a sympathetic smile. 'Oh, Melanie, I'm so

sorry.'

Melanie waved her hand, as though swatting Lily's concerns away 'I'm just saying not to bother about all that. My broken heart is the last thing we need to be thinking about. I just wish you didn't have to do this, that's all.'

Lily sighed. 'You and me both. But at least I'll have Mum and Nick for a while, so it shouldn't be too bad.'

Melanie nodded, then just sat there, seemingly reluctant to bring this conversation to an end. 'So, this is it,' she finally said. 'I can't believe I might never see you again.'

'I know,' Lily whispered.

'I might never see your little baby.' On saying that, Melanie began to choke a little.

'Oh no, if you start then I'm going to start,' Lily said. 'So let's stop this before it gets all silly.'

'Agreed,' Melanie got herself back under control. 'But I am really going to miss you.'

'I'm going to miss you too.'

'And If this group does turn out to be bad, you find a way to reach out to me, okay?'

Lily nodded. 'Okay. I will.'

'Right. Well…I suppose I'll head off then.'

Lily nodded. 'Yeah.'

They sat for a bit before both suddenly stood simultaneously.

Melanie quickly grabbed Lily into a firm embrace. 'Just be careful,' she whispered into her ear, still holding on fast. Then she promptly let Lily go, made for the door and walked out without a backward glance.

A tear trickled down Lily's cheek as she walked over and closed the door. She remained there until she heard Melanie's car engine starting up. She continued waiting, resting her forehead against the wooden frame, until she could no longer hear the sound of Melanie's car driving away.

Hazy sunshine shone upon the row of pretty pink lupins Lily had planted in her small patch of front garden – back when she'd thought she'd be here for the summer to enjoy them. Not being naturally green-fingered, Lily occasionally made an effort and was normally surprised whenever something actually grew.

She closed her front door, throwing the small rucksack over just one shoulder to disguise the fact it was quite heavy, and strolled to her car. She was dressed for walking – jeans, tee shirt, shirt over the top, jumper tied around her waist and a pair of sturdy walking boots that she'd only worn twice in two whole years.

She drove towards the city, managing to avoid getting stuck in the morning rush hour because she was veering around the outskirts, heading for Evergreen. It was twelve miles from her house, so no problems.

Just being on the street outside Evergreen made her skin crawl and that horrible feeling increased, when she was inside. Thankfully, she only saw the main admissions clerk, and no one else, and her registration process was done within half an hour.

Then she drove towards West Wycombe, a picturesque hamlet with a church and old family mausoleum on the hill behind it. Forever checking her rear-view mirror, she took the road up to the church car park. There were only around five other cars parked there as it was still relatively early and it was a weekday. Often on weekends this was packed.

Lily grabbed her rucksack and got out of her car. She acted as though she was unaware anyone was watching her and began to stroll towards the church. Made from what appeared to be brick and flint, and surrounded by gravestones so old they'd half sunk into the ground, the church sat right on top of the hill. There were views of the valley on one side and on the other was a small forest that led down to the village itself.

She took her time trying to read the names on the gravestones, some of which had completely worn away over time. Then she slowly walked out of the churchyard towards the hexagonal-shaped mausoleum and peered through the iron gates to the moss-ridden urns dotted in alcoves in the stone walls. After a while, she plopped onto the grassy slope in front of the mausoleum, admiring the magnificent view towards the city and the skyscrapers twinkling in the rays of the sun.

Looking around her, she saw a tall man in a white shirt observing her. She ignored him and took a magazine from her rucksack which she began to read. When she glanced his way again, he'd been joined by another man in a dark-coloured shirt. The two men chatted together as the one in white perched on a large rock and lit a cigarette.

She finally gave up on her magazine and lay back on the grass, her head resting on her rucksack whilst she enjoyed the sunshine, the small breeze and the cloudless sky. Then she got up and sauntered back towards the church, literally walking past the two men on the path. When she neared the church, she headed around to the other side, towards the mass of trees. When she eyed the well-trodden path leading downwards, towards the village, she suddenly skirted into the wood and quickly began to run.

Lily sped down the hill, slipping a little on the dry earth. Turning around swiftly at one point, she saw a flash of white shirt some way behind her. They were coming.

Her pulse was racing faster than her legs and she was petrified she'd slip over or fall and she couldn't lose her advantage or none of this would work. Thankfully, she kept upright until she hit the tarmac of the pavement in the village – where Nick was parked in a car he'd borrowed from a friend.

On seeing her, he instantly started the engine and was almost driving away before she'd thrown herself onto the front seat beside him. Panting hard, she turned to look behind her and was relieved to find that they were almost at the end of the village by the time the two men emerged from the woods. From that distance they wouldn't be able to identify the driver or read the number plate. There was also no way the men could follow. Their car was up the hill in the church car park and by the time they got back there and headed after them, Nick and Lily would be miles away.

55

When John had heard the news from Richard that Lily had registered at Evergreen, he'd begun to feel a sense of satisfaction. It was looking like she'd finally seen sense and he anticipated that when she arrived at his office later, she was going to tell him that for the sake of those she cared about, she'd decided to be a good girl. He'd had a spring in his step on the way to his mid-morning staff meeting and had even overlooked the ineptness of one member's financial report, when he'd have normally tossed it aside and suggested the man stop wasting his time. When he'd returned to his office just before lunch to find DS William Stone-Bates waiting outside, he began to wonder whether his relief had been premature. William was supposed to be tailing Lily, not sitting around here.

William instantly stood, his long skinny legs seeming out of proportion with the rest of his body. 'She's gone, sir.'

John shook his head slightly. 'I thought I told you I'd never want to hear those words.'

'But we did manage to get a glimpse of the registration of the car she went off in, and it's being run as we speak. We've also notified traffic, so as soon as they're spotted, we can head after her.'

'My office,' John motioned, moving towards his door.

Once inside, John made William tell him the whole story. 'And you're sure she's gone?'

'We thought it prudent to act fast rather than wait for a warrant so we went into her house, and all her personal effects were gone. Everything. Kitchen cupboards were also empty as were the ones in the bathroom, and all the appliances were switched off.'

'I see. And you didn't see the driver?'

'No. We checked out her boyfriend Pete – he's at work – and we also went to her other boyfriend's flat – Nick. He was out but we got the caretaker to let us into his flat and his stuff is all still there. According to the same caretaker, Nick's car is in the car park too, so it doesn't look like either of the guys have gone with her.'

John took several deep breaths. That cunning little cow. Well, if she thought she could get the better of him, she thought wrong. He'd given her a choice and she'd made her decision, so whatever happened now was on her head, not his. He quickly rose from his chair.

'Let's go and see her mother.' He wanted to handle Ruby personally. 'I hear she's recently unemployed, so I'm sure she'll be home.'

Finding out from a neighbour on the towpath beside Ruby's houseboat that Ruby had gone away, wasn't how John had wanted this to go. Being attacked by a couple of angry swans didn't help either. One of them pecked his leg and he was sure it broke the skin.

William peered through the portholes. 'Doesn't look empty, sir, but d'you want me to kick the door in?'

John glanced down the towpath, keeping one wary eye on the swans they'd managed to chase back into the water and the other on the woman they'd spoken to. She seemed to be keeping just as much of a wary eye on them. 'No. Get a warrant. Then come back later. When you do, speak to every boat owner here. Find out if Ruby really has gone on a visit and if she has, find out where, and bring her back.'

Kofi had been asked to Hilary's office in Wycombe as a matter of urgency and as Hilary was normally in London on every day except Friday, he knew this must be important.

'Regarding John,' Hilary said, once the greetings were over, 'Some things have happened and I need your help. So I think I'm ready to share. You might want to unbutton that jacket as you could be here for quite some time.'

Striding along the corridor, Kofi squinted at the bright light coming through the windows all along the one side. As soon as he turned into the large ante-room outside John's office, his assistant Laura, sprung from her seat.

'We weren't expecting you, Chief Constable,' she said, albeit with a smile. 'Mr Adam-Brown is with someone right now.'

Kofi stood before her desk and placed his hands behind his back. 'Then tell him this is urgent and it can't wait.'

It gave Kofi a small sense of one-upmanship to see John apologising to the man he was showing out. 'Reschedule this meeting please, Laura, for tomorrow if possible.' Then he turned and headed back into his office. Leaving his door open was the only 'Hello Kofi, do come in,' that Kofi received. Clearly John was still pissed at him, but Kofi no longer cared. After everything Hilary had just confided in him about this man, if a lynch-mob came charging down the corridor for him, he'd politely stand out of their way.

Kofi quietly closed the door after entering. John was already back behind his desk.

'I hope the urgency is because you've found Lily. Better still, that you've also found someone from the group she was running to, otherwise I really can't see what you're doing here.'

Kofi removed his hat and placed it under his arm. He sat without waiting to be asked. 'I'm here because I thought you'd want to know that some serious allegations have been made against you, one being that you intend to forcibly coerce Brian, from Buckinghamshire Labs, to turn against Nick Duncan-Cooper by any means possible, and the other, that you orchestrated a plot against Lily's mother in order to have her fired from her job at the school.'

John interlaced his fingers. 'And I'm sure these allegations came from Lily – before she defied a court order and then ran off. I'd definitely trust anything she had to say, wouldn't you?'

'All the same.'

'Well, it's nonsense. Have I even mentioned Brian's name to you again, or asked you to go anywhere near him? No.' He answered his own question. 'So that's completely absurd.'

Kofi smiled inwardly, because there was no way now, that John could do that.

'As for the mother,' John continued, 'whatever plot you're talking about, is just more Lily bullshit.'

'Unfortunately it isn't. We have a full confession from the fourteen-year-old boy, Liam Boyes-Allen, who says he was blackmailed by Richard to make false accusations to get Ruby fired.'

John hardly blinked. 'I've never even heard of Liam Boyes-Allen and if, as you just said, *Richard* blackmailed the boy, much as I'm very surprised and therefore more than a little sceptical, what does that have to do with me?'

'So you weren't involved? It's all down to Richard?'

John shrugged. 'I was not involved. As for Richard, I can't tell you something that I don't know. What I do know is that Richard and I did talk about Lily and how much trouble she was causing, and I very likely said something along the lines of, "it has to stop". But that does not in any way mean I sanctioned any kind of blackmail or deception. Or that Richard would ever do such a thing. I mean, can you even trust this kid? Seems like he's playing games to me.'

Kofi took a deep breath. 'In any other circumstances I might agree, but these allegations were actually brought to me by Hilary – who obviously got them from Lily – but she's taking them very seriously because there's more, John, a lot more. About cover-ups of sexual abuse at Evergreen. As this boy was threatened with having a particular housemaster pay him a visit – one who's been suspected before of sexual misconduct – I'm starting to think there might be something to it.'

'Hilary told you this?'

'Yes, as I believe she did you, the other day. Apparently you didn't think there was anything to worry about, but now, after this, I think it has to be taken more seriously. Hilary has also just located several old housemasters from Evergreen who were transferred after allegations of sexual abuse were made against them, and they're being interrogated as we speak. So if it does transpire that Richard is covering for them, what do you want me to do?'

John sat quietly, staring at Kofi who hoped that inside he

was squirming. So far, Kofi had shown no indication that he knew John was very likely aware of all of this, and was intrigued to see if he'd protect Richard, or protect himself by throwing Richard under the bus.

'I know it's shocking,' Kofi broke the silence, 'but no matter what, I am going to have to question Richard over the Liam incident at least. The charge has been made and I must follow procedure.'

'I understand,' John nodded sagely. 'But think about this. Do we really want this kind of scandal? If, and I mean if, Richard has been mis-managing things at Evergreen, maybe it'd be better to offer him early retirement and send him on his way. Hilary wants nothing more than a story like this to be true and she'll put a spin on it that will have us all reeling.' John shook his head in despair. 'I'm not normally a bad judge of character and I've always stood by Richard, so this is difficult for me to believe or accept, but if evidence is found by Hilary of misconduct at Evergreen, well then of course, Richard must pay the price for that. But does it have to be made public? Both you and I will come under scrutiny. You're RADAR. Sexual misconduct is your job, and as I'm your superior, it may even begin to look like we knew about this. Or at least that we *should* have known, but either way, we'll be finished.'

Kofi gave this some thought, finding it interesting how John had so quickly reverted to 'we'. 'But if Hilary wants to make a splash, I can't stop her.'

'No, but the Prime Minister can. Let me deal with the bigger picture and you deal with the Liam paperwork. In the meantime, I'll also talk to Richard. If he did say anything to that boy, then I'll have him take a leave of absence until we can see exactly what's been going on there.'

'Alright,' Kofi agreed, knowing full well that Richard was currently sitting in Interview Room 3 at RADAR headquarters awaiting interrogation from Kofi, because there was no way John was going to speak to Richard before he did. 'And we got a hit on the car Lily drove away in. The owner is a climber who works at Global with Nick. He's away in the Alps right now so either Nick borrowed it and he's with Lily, or he loaned it to her and we can question him about that when we find him. In the meantime, if that car goes on any motorway or major roadway, we'll know.'

After everything he now knew, he was starting to wish that Lily was smart enough to avoid all motorways and major roadways for some foreseeable time, because the idea of arresting her was beginning to feel somewhat bitter/sweet.

56

'It appears he's unwilling to support you in this,' Kofi explained to Richard at the beginning of their interrogation. 'John has made it abundantly clear that he had nothing whatsoever to do with blackmailing Liam and it was all down to you.'

'Not surprising he didn't accept any responsibility, as Liam wasn't blackmailed, by John or by anyone else, including me,' Richard reiterated, sitting back casually, one leg crossed over the other. Despite his three-piece suit and the fact it was very warm in the room, Richard displayed an air of complete coolness.

Kofi nodded slowly. 'I want you to be aware that I'm not recording this conversation and the CCTV camera on the wall up there is currently turned off. Anything we say in this room will remain between us.'

'I wouldn't care if the whole police station was listening because my response wouldn't change. Liam's just a troublemaker.'

'Like Lily was a troublemaker?'

Richard cast his eyes downward for a second. 'Yes,' he said, looking up again.

'Then why did you take such a shine to her, in that case?

It's a matter of public record that you even got her pregnant – although admittedly you do have to look quite hard to find that particular record. One of my officers spent at least an hour at the County Clerk's Office looking for it. It seemed it had been mis-filed.'

Richard frowned. 'So, what? Are you blaming me for the filing system at the County Clerk's Office now?'

Kofi seemed lost in his own thoughts for a second or two. 'Actually, in view of more recent information, I think it would be interesting to send the poor officer back there to find all the other records for tribunals relating to Evergreen. See if they've been mis-filed also.' Kofi mulled a moment more. 'I think I'll send him over there right now, so would you bear with me a moment, Richard? I'll be right back.' Kofi pushed his chair back with a loud scraping sound and swiftly left the room. This was both a ruse to rattle Richard but he was also genuinely interested to find out if all these records were purposely hard to find.

After he'd dispatched the officer, Kofi was back in the room and Richard didn't seem quite as cool as he'd been before. 'Anyway, we digressed,' Kofi said, 'I believe we were about to discuss your sexual interests in Lily. According to her, that all started when she was just fourteen years old.'

'That's a lie. But I fail to see what relevance any of that may have on the Liam situation, which is why I was asked here, I believe.'

'I suppose the relevance could be to see if there may be some established pattern of sexual abuse at Evergreen, enough so that Liam would consider a threat of that nature very likely to occur at any rate. Apparently the housemaster he was threatened with has been suspected of molesting a young boy before. Or maybe your own report on that has also been mis-filed?'

Richard took a deep breath but Kofi couldn't quite discern what the expression was on his face. It wasn't anger exactly and it wasn't fear. It was almost like frustration.

'Then of course there's Martin Riley-West – he's being interrogated right now – but I'm sure you remember him? The one you transferred up to Manchester after he was accused of rape, who has since been transferred again apparently, after another accusation, to Norwich? Then there's Kevin Bailey-Ash, and Alan Smith-Abbott, you're aware of the history of those two, I'm sure. And pretty soon we'll know the history too, the full history, and when we do, it's going to look very much like there is indeed an established pattern of behaviour at Evergreen, and it starts at the very top. With you.'

Richard shook his head slowly, but didn't say anything.

'Do you know what John said, when I informed him of all the allegations? He said if there had been inappropriate behaviour at Evergreen, then you'd be held responsible.' Kofi gave that a moment to sink into Richard's brain. 'In the meantime, he intends for you to take an immediate leave of absence while this is investigated, after which he'll probably put you out to permanent pasture. He wants to avoid a scandal, that's clear, and hopes if you slip quietly into oblivion he'll achieve that. But honestly, I'm not sure how well even John could try to prevent a public scandal if Hilary gets the evidence that you covered up sexual abuse – and maybe even took part in it yourself. You'll be branded not just a paedophile, but an enabler of other paedophiles and John could never stand by you then.'

Kofi was doing his utmost not to say anything which implied he knew John was involved in all this, because if this interview didn't go as he hoped, and Richard remained loyal to John, he'd tell John everything.

'I do believe I came here voluntarily,' Richard said, 'and I think I've heard enough of this nonsense and our time is up.'

'Just one more thing on the subject of Lily that's also recently come to light. She told Hilary she overheard a conversation between you and John after her tribunal, where John said something along the lines that it would be the last time he protected you.'

'That's old news and it was rubbish.'

'Then you know her lawyer, Ms Mullen-Cragg, threatened to expose that conversation before she was suddenly disbarred and sent to jail for jury-tampering in another trial.'

'Of course I knew, which just proves surely, that she didn't care what she had to do, or say, to win a case?'

'Well, yes, and normally I'd worry about her credibility too, except for the fact that the jury member has just confessed that he was actually paid to lie about her. There was no tampering, and not so much as a single word ever passed between him and the lawyer, ever.'

This news gave Richard quite a shock.

'So obviously,' Kofi continued, 'that begs the question of who would want to wrongly accuse the lawyer in that way? Who had the most to gain from having her discredited at that particular time? I think the finger is really starting to point at you, I'm afraid.'

Richard instantly sat upright. 'That is not true. I had nothing to do with that.'

He'd just incriminated himself. Kofi loved moments like these. 'You clearly knew it happened, though.'

Richard opened his mouth but then closed it again.

'But if it wasn't you, then who did it?' Kofi raised his

eyebrows, silently pleading for Richard to just say John's name. 'What d'you think John will do when he hears about that? On top of everything else, I don't think he'd even spit on you if you were on fire. So it's not looking good for you, is it?'

Richard ran his tongue across his bottom lip. 'As I said, I didn't have anything to do with the lawyer.'

'But who else could have been compromised by that conversation? Besides John? Surely you're not implying…' Kofi frowned deeply. 'But surely you're not saying…' he started to look shocked. 'Are you saying John was responsible?'

'It doesn't matter what I'm saying. This will fall on me regardless.'

'So it was John.'

Richard slowly sighed. 'You are so naive. And so blinkered.'

'Clearly, as I have no idea why you'd say that.'

'You don't understand that preserving the image and the security and the reputation of a system that forms the very bedrock of our welfare state must come before *everything* else. To expose any of this will just create mass panic and chaos and unrest, so we do our very best to try and contain it, to limit the damage and deal with it as best we can. Quietly.' Richard looked across at Kofi and shook his head. 'By starting all this, you have no idea what you've done.'

But Kofi just shook his head sadly back. 'No, Richard, you have no idea what *you've* done.'

57

Keeping to the small roads, Lily and Nick picked up Ruby just before midday. Then they headed west. Lily had numerous road maps on her knees, trying to ensure that every turn Nick made wouldn't lead them to a main road. At times Ruby took over, and Lily dozed as they headed through the countryside of the Chiltern Hills, the stone villages of the Cotswolds and the lush Wye Valley, crossing the border into Wales at around five in the afternoon. From there they headed to the large market town of Abergavenny, nestled between the high mound of Blorenge to the south and the even higher Sugar Loaf mountain to the north. Nick drove to the outskirts of the town, found a quiet back street and parked the car. They were on foot from now on.

From the boot Nick unloaded three rucksacks, complete with bedrolls and sleeping bags and Ruby and Lily took several minutes transferring their personal belongings from their own bags into the larger rucksacks. That was until Nick noticed and intervened.

'No, give me your stuff,' he said to Lily. 'I can get it in my rucksack.'

But Lily frowned. 'Nick, you're carrying about a hundred pounds already, don't be stupid.'

He scoffed. 'It's not a hundred pounds, but you can't carry all this, it's too heavy.'

'Of course I can, I'm not completely pathetic you know.'

'No,' he said with exaggerated patience, 'but you are pregnant. So I don't think you should carry such a heavy load.'

That had caught Lily off guard, but she was hardly even showing yet, so surely it would be okay? 'Well, African women slave in the fields all day until two minutes before they give birth, so if they can do that, I'm sure I can carry a rucksack. And besides, you have broken ribs. I've seen you flinching, so don't say they don't hurt.'

Nick looked at Ruby. 'Does she get her stubborn streak from you?'

Ruby said 'No,' at exactly the same time that Lily said 'Yes', leaving Nick to shake his head and just take half of Lily's stuff, despite her continually arguing with him.

'I'd like to try and hike three hours before we stop for the night, can you manage that?' he asked both women, who nodded in reply. Then he quickly nipped back inside the car and withdrew a roll of toilet paper. 'Nearly forgot.' He added it to his pack as Lily tried not to picture them digging their own latrines. Nick carefully put his pack on his back – ensuring not to flinch – before helping both women with theirs.

This was their third night and Lily lay in Nick's arms looking up at the array of incredible stars above their heads. She remembered a conversation they'd once had, where he'd told her how much he'd like to show her the stars in this way – the two of them together in the middle of nowhere – but he probably never envisaged it would be under these circumstances.

'What time is Isabel's funeral tomorrow?' Nick asked, keeping his voice low so that he didn't disturb Ruby, who'd gone into her small tent about half an hour before. Nick and Ruby were still getting to know one another but each had told Lily how much they liked the other.

'Eleven. So if we reach that village we're heading for in time for lunch…'

'Llanfrynach,' Nick said.

'Yeah, then I can get to a phone and talk to Melanie. We just have to hope she gets a chance to speak to Amy.'

'And that Amy's prepared to speak to her.'

Lily mumbled her agreement and closed her eyes. She was exhausted and almost falling asleep but unfortunately, whenever she did sleep, she never stayed asleep for very long because she wasn't used to the thin bedroll on the ground and found it too uncomfortable. She'd tried padding it with items of her clothing, but that hadn't done much to help. Wild camping in the Brecon Beacon mountains wasn't strictly legal, but as long as you couldn't be seen from anyone's home – which suited them – and you didn't light any fires – which wasn't quite as good considering the night could get cold, even in June – it was tolerated. But as their tent was tiny, she at least had Nick to lie beside for warmth.

They tended to keep moving during the day, walking for three hours at a time, and then resting for an hour or so before starting again. They'd make their small camp at around eight o'clock. Sometimes they followed the more popular pathways frequented by other walkers, but sometimes Nick led them off the main tracks, where they saw no one at all except for the soaring red kites in the blue skies above their heads. Thankfully up until now, it had remained blue because rain would have made it a miserable experience.

The area was stunningly beautiful and the mountains were more undulating slopes of green, with a few small craggy rocks, than steep granite drops. This made them much easier to traverse. Shady forested areas interspersed the mountains, and rivers and brooks meant they had a source of drinking water and somewhere to wash – although the water was toe-curlingly cold.

Not wanting to hold everyone up or to be outdone by her own mother, who was handling all the trails like a nimble mountain goat, Lily didn't confess how hard it was for her. Ruby was keeping everyone cheerful, enjoying the time they were spending together and acting as though they were on a lovely holiday, and although Lily wanted desperately to make the most of what could be their last few weeks together for a very long time, she was just too tired. Perhaps all the stress of the last six weeks was finally catching up with her and it certainly didn't help that she wasn't sleeping.

She'd sent a letter to the group on their second day, telling them she was off-grid and so wouldn't be able to receive a letter back from them. Instead she proposed they actually meet in person, suggesting a small, remote village called Talybont-On-Usk. She'd asked if they could rendezvous at a pub there the following Thursday. She just had to hope the group would risk it, and come.

58

The crematorium was on the outskirts of Wycombe, up a long winding driveway shaded by ash trees standing in a perfect line. Melanie followed another car up toward the square building that had a long wall of windows on one side. There was a wooden sign with flowing calligraphy indicating the way to the car park, and Melanie was surprised by the number of cars there. She assumed they were all mourners here for Isabel until she saw another group trickling out of the building and realised that another service was just concluding.

Melanie made her way to the main doors, where a tall man with an impressive moustache was standing sentry. In his black tie and tails, it was obvious he worked there.

'I'm here for the service for Isabel Dove-Mason at eleven o'clock,' Melanie said.

'You may wait inside the foyer.' The man opened the door for her to enter.

Several people, mostly women in their fifties and sixties, were waiting together, all chatting sombrely. Melanie scoured the large foyer. All she had to go by was the photo from the newspaper of what Amy looked like, but could see no sign of her. She began to wonder if she'd come at all. She strolled over towards the nearest group, which opened their little circle and greeted her with the usual small talk on what a sad day it was, and to ask how well they'd all known Isabel. Melanie confessed she was there for a friend, and hadn't known Isabel very well.

The main doors opened and a couple of men in dark suits entered. Some people headed towards them and gave hugs and Melanie was instantly told by the elderly lady beside her, that it was Amy's father and her half-brother.

As various other mourners arrived, the elderly lady gave a brief history of each until, when it was only one minute to eleven, a female uniformed police officer entered, followed closely by Amy and another female officer. Melanie sighed in relief.

Amy had been permitted to dress for the occasion it seemed, as she wore a pretty black print dress and some high heels. Everyone stopped talking and turned to her and Amy faltered, not knowing what she was permitted to do now, but after the first police officer whispered something to her, Amy made her way towards the mourners. This was Melanie's chance to get to her, only, too many others were converging, making it impossible. And then, from a set of double doors behind them, the pall bearers entered, balancing Isabel's coffin on their shoulders. Silence ensued as the coffin was carried through for the service and Melanie knew she'd lost her opportunity at that time.

Amy sat at the front with her father and half-brother, all of whom cried during most of the service and Melanie wished she didn't have to intrude on their grief for her own agenda.

When they were filing out, Amy went first and the police officers, who'd been sitting at the back, rose as though waiting to escort her from the building. Melanie panicked that she may lose any opportunity after that, so she hastily darted from her pew just as Amy was walking past her. Probably bad etiquette but what else could she do? Amy, who didn't recognise her, frowned slightly, putting her tissue up to her nose, which was dripping.

'Lily's on the run and couldn't be here,' Melanie said quietly, 'but she wanted to be. Sends her deepest condolences.'

Amy cast an immediate glance towards the police officers, as she slowly continued to walk towards them with Melanie now right beside her. She quickly turned to Melanie and said, 'Tell her I'm sorry it all came to this, and tell her thank you for trying to help me.'

'This group, I just need one word from you so I can reassure her. Can they be trusted? Yes or no?'

By now they were almost at the police officers and Amy appeared as though she wouldn't answer. But then she stopped and looked Melanie right in the eye. 'Yes. Absolutely, yes.'

59

'Well, just how bad is this abuse issue now?' the Prime Minister asked, sipping his scotch in the exclusive private club in Mayfair. It was just after seven o'clock and the leather armchairs and sofas were full of businessmen and politicians. They were supposedly enjoying a drink at the end of a busy day but in reality were still continuing their meetings, albeit in a more informal – and rather sumptuous – environment.

'No worse than it's always been,' John replied, before taking a puff of his cigar. The two of them were seated in the corner of the panelled room, in the large armchairs reserved solely for Julian Barron-Barnes, the current Prime Minister. He was a short man and very thin, so the armchairs dwarfed him, making him seem insignificant. All the same, nobody dared approach this corner unless called, so the drink and cigar waiters had to keep a beady eye on Julian's summoning finger.

'I don't think that's quite the answer I can give at Prime Minister's Questions.'

John smiled. 'Then make sure no one asks the question.'

Despite the seriousness of the whole situation, John was pleased it had forced him and the PM back onto the same side, because they both knew they had to fight Hilary together.

Julian chuckled. 'But seriously, how bad could this look for us, if it does get out?'

'Bad. And as you say, we can't fall back on the excuse that we inherited the problem. That's not going to placate those who'll think we should have exposed it, rather than continuing to hide it.'

'Indeed. So maybe I should just say I didn't know about the problem, and make a stand against it now,' Julian said, swirling his whisky.

John cleared his throat. 'Well, if you do that, you'll be sailing myself and hundreds of others down the river.' He paused for a second. 'I'm sure very few of us will go quietly.'

Julian raised his eyebrows. 'Simmer down, John. I'm teasing. But that just leaves two options. We have to either admit our mistakes, make serious changes at the centres and hope the British public can forgive us, or we silence Hilary and everyone she's involved in this, which I think is now quite a few people.'

John nodded. 'I wish we could admit our mistakes, but that is going to open an unprecedented can of worms which will damage the reputation of our country for decades to come. So I don't think we have any other choice than to silence Hilary.'

Julian took a large gulp of whisky, pulling a slight face as he swallowed. 'Do we have anything on Hilary?'

'No,' John replied, 'she's as clean as a whistle. I already explored that.'

'Of course you did. I wish I could drown her in the river but it looks like I'll have to throw her a bone instead.'

'It would have to be a very big bone.'

Julian pursed his thin lips. 'It would indeed. Another

drink?' His finger went up. 'My mouth's suddenly as dry as an overcooked turkey.'

'We've found the car,' Kofi informed John over the phone the next morning. 'In Wales. Abergavenny of all places. Its alarm kept going off and one of the residents complained. The police checked it out and discovered it's our car. Another resident said he saw some people with rucksacks near the car several days ago, but he's very vague. He just glanced through his bedroom window and didn't think much of it. But if that's the case, I have a strong suspicion Lily's with Nick. Which will mean they've probably headed towards the Beacons as that's a good place to get lost in when you don't want to be found. And Nick's the perfect person to ensure they do that.'

'But what does that mean?' John asked. 'Is Nick leading her to the group somewhere out there, or what?'

'Maybe. If he's found out he's not the father of the child or something – or he doesn't want to be, but I just don't know.'

'Well *I* know,' John interjected. 'I have her results and he's not the father. The other boyfriend is, Pete. But neither of them know that so what are they doing there?'

Kofi paused. 'As I said, I don't know.'

John had thought Kofi might have asked why he had the results, but he clearly didn't want to go there. 'Then get a team together. Alert all the local clinics, in case they attempt another DNA test. Get a helicopter in the air and boots on the ground. Stop in every pub, every campsite, see if they've been spotted by anyone. But if you do find them, don't move in. Let's see what they do and where they go. Maybe she can still lead us to Amy's people and this won't end up being such a dog's fucking dinner after all.'

Kofi met with Hilary at her apartment, hence away from prying eyes. They sat out on the balcony as the day was pleasant enough, although large white clouds blocked out the sun at various intervals. Hilary poured strong coffee from a cafetiere and Kofi added two sugars. Luckily his sweet tooth hadn't begun to affect the size of his belly as yet, but he knew those days were probably numbered.

'So where is Richard now?' Hilary asked, pulling up her chair to the glass-topped table, upon which were reams of papers.

'In a safe house. Best to keep him away from John, and away from doing any kind of a runner.'

'Will he testify against John, though?'

'If we offer him full immunity, he says he will. But he also wants to be allowed to move abroad, where he can't be recognised, and he wants financial compensation.'

Hilary took a small sip of coffee. 'Doesn't want much then. And John doesn't know you have him?'

'No.'

'Good.'

'I think we've also solved the issues with Nick's friend Brian, and Liam's withdrawn the charges against Ruby, so she's in the clear. She's headed off to see some friends somewhere unfortunately, so we haven't been able to let her know that yet.'

'Excellent, Kofi. I'm sure they'll all be really relieved. On our side, we've got two confessions and lots of details. Both guys have been transferred from centres more than once.

Both cocky bastards thinking they're untouchable. We also found Stephen – that's the one who tried to help a lot of the girls at Evergreen and ended up getting fired.'

Kofi opened his eyes wide. 'Ah yes. What did he say? Will he talk?'

'If others do, then he will. Safety in numbers he says, but I don't want to start questioning any of the victims yet, otherwise this is all going to become more public.'

Kofi took a sip of his coffee and both of them waited, no doubt wondering who was going to be the first to address the elephant in the room. He decided it would be him. 'When did you last hear from Lily?'

'Not since she told me about John's blackmail attempt.'

'Are you aware she's disappeared?'

Hilary sat back and crossed her legs. 'I was aware she was considering it, yes, but I have no idea where she may be. I don't blame her though, after everything, do you?'

Kofi really didn't know how to answer that. It was like two sides of his brain were at war with each other. 'She's defied a court order,' the law-abiding side answered. That side also wasn't prepared to confess to Hilary they'd found Lily's getaway car and teams were already there, about to begin their search. Hilary might find a way to warn her.

'Yes, I suppose she did,' Hilary conceded. 'But again, can you blame her? With John attacking her from all angles, I'm not surprised she needed to escape from all that. Can't you have a heart here? Understand there were extremely extenuating circumstances?'

The other side of Kofi's brain, the one grappling with all of this, thought he might possibly be able to do something on that charge. Possibly. 'Well, that could only happen after we get John out of the picture of course. I could try to do something, but I can't promise.'

'Thank you, Kofi.'

Law-abiding side kicked in once more. 'But don't forget there will still be other charges she'll have to face. She led us a merry dance for a month. D'you know how much that little scam of hers cost the taxpayer?'

Hilary stared at him pointedly. 'You were playing with her in the same way she was playing with you, so don't give me that. She just bettered you, that's all. Look, I understand you're pissed off with her but somewhere along the line, you're going to have to get over that. We wouldn't be sitting here right now, with all of this,' she motioned to the papers, 'if it wasn't for her. She's your ally not your foe.'

'With the way she's damaging my reputation and that of my entire team, she's not feeling too much like an ally right now. Then there's also the question of the group. Am I supposed to have a heart where they're concerned too? To just forget everything they've done because they have a good reason? A thief who steals to feed his starving family has a good reason, but that doesn't make him above the law.'

Hilary nodded. 'I suppose I've always seen things in black and white before too, until I've ended up being a part of all this. Now things are decidedly grey concerning Lily. This is a sticky one. One I think we will need to discuss again, just not now.' She looked at her watch. 'I'm going to have to head off soon, I'm afraid. The PM's been speaking to John and as a result, I've been ordered to Number 10. I'd say it's time to fill him in on the whole truth of all of this, not all the blarney John's probably been feeding him.'

Kofi wasn't sure he was ready for that yet. 'D'you think now's the right time? Don't we need more evidence before this goes to the PM?'

'No choice in the matter. But you shouldn't worry.' Hilary smiled. 'I need to keep you in your job where you're more useful, rather than getting you fired, so I'll be very economical with the truth regarding our association.'

He was grateful for that because there was still too much to do on this. After all the years of working closely with John, taking his instructions from John, sometimes socialising with John and often even respecting John, finding out the truth about him had hit hard. So, nailing him was something he wanted to see through now, right to the bitter end.

60

After twenty-four hours, with three teams knocking on pub doors throughout the Brecon Beacons, one of them got lucky. The landlady recognised the photo of Nick. 'Who wouldn't remember that guy?' she'd said with a smile, before adding, 'Hope he didn't do anything too bad.'

Not really sure why, Kofi had decided to take the two-hour drive to Llanfrynach. He knew Paul could handle the liaison between their men and the Welsh force, but something made him feel the need to be there.

Situated in the valley beside the river, the picturesque village held around fifty houses, a few small shops and the pub. Kofi found the police teams set up in the village church. The wooden pews had been pushed back to allow an open space in front of the nave for the officers to congregate. Everyone was out of uniform and most were clad in walking trousers and boots. Large maps had been placed on boards against the ancient stone walls and currently one of the officers was on a satellite phone conversing with the pilot of the helicopter. With the number of people dotted around the mountain range, it would be impossible to spot Nick and Lily from the air but they were trying to identify anyone who was keeping away from the main tracks. Sections which had already been searched were marked off on the maps, but they had to be sparing with the flyovers because otherwise it could alert suspicion, and they didn't want Nick and Lily to know they were there.

Kofi spoke to Paul, who updated him on where they currently stood.

'As the weather is good, there are quite a few walkers, so we've been able to head out and ask if any of them have seen Lily and Nick. We took the main trail from the pub where Nick was spotted yesterday, but so far no joy. We're moving area now to another trail. One of the officers here has a quad bike, so he's been covering much more ground.'

'So only Nick went into the pub?'

'Yes. He bought six takeaway sandwiches and several large bottles of water.'

'Six?'

'Maybe enough for a few days, so they may not surface again until tomorrow, but we've left cards and numbers in just about every pub and cafe, so if one of them does reappear, someone should hopefully call us.'

'Excuse me, sir,' a young Welsh officer interrupted, in a deep voice that didn't quite match his slightly feminine features. 'We've just had a chat with some holiday makers camping on the grounds of Pentwyn Farm. They were walking along the Nant yesterday and met some people who were having a wash in the river. They talked for a bit, so they knew they were definitely English and one of the women looked very much like Lily.'

'*One* of the women?' Kofi queried.

'That's the only strange thing, sir, apparently there were two women and one bloke. One of the women was older.'

'You know we still haven't found any trace of the

mother,' Paul said. 'None of her neighbours saw her leaving her boat, her car was still there and none of the local taxi companies picked her up. They have CCTV at the train station and we didn't pick her up on that either. She just seemed to vanish. D'you think she could be with them?'

'Maybe.' Kofi looked across at the officer who was still on the satellite phone with the helicopter. 'Inform them that we might be on the look-out for three people, rather than just two. Best to keep an open mind.' Then he cast his attention back to the young officer before him. 'When were these three spotted, exactly?'

'Around six yesterday evening.'

'Well, take a team down there and focus on that area, and let's get the helicopter over that way as well.'

Kofi headed for a table where a hot water urn and jars of coffee were located. He grabbed a spoon, which had already been used before, and wiped it on a napkin. Graham Walker-White appeared beside him.

'News on that Fedex, by the way. The sender didn't have an account. It was shipped from a Fedex office in Norwich, and it was a walk-in. They paid by cash. They have CCTV in the office and the sender was someone we already know – Bob.'

'Dammit,' Kofi muttered under his breath. Although he honestly hadn't thought they'd be stupid enough to leave a trail. 'I don't suppose they've ever seen Bob before.'

'No, sir, not that they can recall.'

Another dead end then. But maybe they didn't need that lead anymore anyway.

61

They took more time than usual to pack away the camp, as they were less than three miles from Talybont and didn't need to be there before midday. They had their tents lying in the sun, trying to dry the condensation on them from the night before, and Lily watched a small row of white birds with duck-like beaks flying overhead. Nick told her they were no doubt heading for the reservoir nearby.

Ruby was quiet, which was unlike how she'd normally been on this trip, and Lily suspected it was because she knew a decision could be made today which might separate mother and daughter for several years. The positive news she'd received about the group when she'd phoned Melanie, had meant that leaving could definitely be on the cards now, and much as Lily had been relieved to hear that, she didn't want to go.

She didn't want to stop being Lily Bryce-Davis and have to become someone else. There was so much she'd miss about her life, and that was before she'd even begun contemplating how things would be without Melanie or her mum and of course, without Nick. Just one smile from him would fill her with positive energy when she thought her tank had run dry. She loved being in his vicinity, breathing the same air, waking up with him in the morning and going to sleep with him at night. When they walked, they talked – about everything and nothing, it didn't matter. And whenever he touched her, even if it was just a pat on her shoulder, she felt a little fire erupt in her belly.

How could she possibly leave him?

But she wasn't leaving yet. Someone from the group might not even show up today but if they did, she still had questions, and one of those was whether they'd help her get another DNA test, because she couldn't leave until she knew the results of that. She and Nick had talked this over and had decided that if the child was Nick's, she'd stay, and they'd place their faith in Hilary being able to get all charges against Lily dropped. If that failed and she was prosecuted, then Lily would serve whatever time they gave her in jail and Nick would take care of their baby. With luck, she could even be out of prison before the baby came.

A helicopter flew overhead and Lily looked up, shielding her eyes from the morning sun. They'd camped higher up the hill to avoid the boggy ground in the valley. Behind them was a dense copse of trees and in front of them, in the distance, she could see the rooftops of the village they were heading for. The helicopter wasn't a Search & Rescue. They were normally much larger. This one was small and black, probably someone's pleasure craft and she imagined how amazing the views would be from up there and how lucky those people were, to be in a position to afford travelling that way. She glared at her rucksack – which had now become her greatest enemy – with more hatred than usual, rubbing the small of her back which had been aching for days. But in truth, everything ached.

Nick strolled over and took her in his arms. Between the

foot rubs he gave her every evening, the massages, carrying more of her stuff every day and even donating his own bedroll to make hers thicker, he'd been amazing.

'We can have a nice pub lunch in a bit,' he said reassuringly. They'd chosen the garden of The Star Inn, beside the canal and old stone arched bridge as their rendezvous point, so lunch there afterwards made sense.

'Can't wait,' Lily said. 'I'm starving.'

Nick patted her tummy and grinned. 'You two are always starving.'

'We're growing girls,' Lily laughed, doing her best to push her belly out as far as she could to make herself appear more pregnant.

'That's not a girl. That's a boy.'

'Maybe, cos it eats like a horse.'

Nick narrowed his eyes. 'Nah, I don't think it's a horse. Definitely either a boy or a girl.'

Lily playfully kicked out at him as he walked away to roll up their tent.

She spent an hour talking to her mum, mostly of nonsense and memories long forgotten. It had been light and funny until Ruby suddenly switched gear.

'If they insist you go without me,' she said, 'then you must go. The most important thing is you, and my grandchild, and I know one day, we'll see each other again. Just try to send me some photos in the meantime. I need to see you safe, Lily. I want to see you happy.'

She shook her head. 'But how can I be happy without you?'

Unable to look at her now, Ruby brushed some grass from the sleeping bag she was sitting upon. 'Oh you'll probably be glad I'm not there to give you all that unwanted motherly advice on child-rearing. Your nana wanted me to give you a dummy – and dip it in whisky to help with your teething. We fought for weeks about it. She also kept putting you on your tummy to sleep. I'd go in and turn you over and then she'd go in and turn you back and eventually you'd wake up and wail the house down.'

Lily tried to smile when really she just felt like crying. 'We're all definitely stubborn then.'

'Yes we are, so be prepared for the new one. It won't be any different.'

Approaching midday, they began their walk to the village. A couple of hikers appeared from the direction they were headed, small specks at first, but as they drew nearer it was clear they were campers too. Both carried rucksacks and bedrolls and seemed to be chatting animatedly amongst themselves so that at first, they didn't notice Lily, Nick and Ruby. When they did, they waved politely. Most walkers greeted each other, and Lily waved back. She could just about make out their features now and saw they were young men in their twenties. One of them smiled and she smiled too. They continued on their way and Lily didn't see anyone else until they reached the outskirts of the village. But even there, it was relatively quiet.

They ambled in single file along the road towards the pub near the canal. There was only pavement on one side, as on the other, the front doors of the houses opened right onto the street. Some were cottages in attractive sand-coloured stone and others had painted brickwork of white or cream. Lily was pleased to see a telephone box and decided she'd ring Hilary straight after the meeting. It had been a week since she'd been away so hopefully there's been some progress made in that time.

The Star Inn had a sizable back garden, filled with black-painted benches and tables. Lily made for the table near the rear garden wall, from which they had a perfect view of the nearby canal bridge just across from it. They dropped their rucksacks with relieved groans and Nick went into the pub to buy them a cold drink. All the while, Lily and Ruby scoured the faces of the people already in the pub garden. Families, couples, small groups of friends. Not one person so much as looked their way.

Lily had worn her hair in plaits, something she'd said she'd do in her letter. She'd also said she'd wear a yellow tee shirt and that she'd be accompanied by a young man and an older woman, so she shouldn't be too hard to find.

Nick returned with their drinks and Lily slurped her Coke greedily, quenching her thirst before grabbing an ice cube from the glass and rubbing it across the nape of her neck. When nobody came after half an hour, they decided to order lunch and despite feeling anxious and nervous, Lily managed to make a good inroad into her enormous plate of fish and chips. Yet still nobody came.

'They're not going to show,' she said desperately. 'How else can I talk to them if they aren't going to show?'

'Give it some more time. They probably need to make sure we're not being followed or anything,' Nick reassured.

'How can anyone be following us when we've been out in the middle of nowhere for a week?' Lily asked, incredulous. 'That was the whole point of meeting here like this.'

'I know,' Nick replied. 'Just give it a bit more time, that's all.'

As though on cue, a man suddenly sauntered over to them. He was early forties and wearing jeans, a tee shirt, a baseball cap and a pair of sunglasses. Without waiting to be asked, he slid onto the bench beside Ruby.

'Contact has been made,' Gary said from a walkie-talkie to Kofi, who was waiting in a room on the first floor of the pub. He edged toward the window and carefully peered out.

Once the helicopter had spotted three people near Talybont earlier, they'd moved all the teams to that area. The two young men who had passed Lily, Nick and Ruby on the outskirts of the village, had been policemen. They'd been quick to notify everyone that they were indeed the three they were looking for, and after that, there'd been a scramble to get to that location. Kofi had been there in time to watch Lily, Nick and Ruby heading into the pub. He had then slipped in after them.

As this was the first time – that they knew of anyway – all three had gone somewhere public, Kofi suspected something might be afoot and so officers were staked out all over the place. Gary and Graham had taken up position in the woods on the opposite bank of the canal, a few others were lingering further down the towpath and several had ordered lunch and were sitting in the pub garden.

Now they waited intently, all officers who were eating and drinking laying down their glasses and knives and forks, with Gary and Graham training their binoculars on Lily and the man who had joined her.

Two more officers entered the front of the pub. They hung around near the opened front door waiting to take chase, should anyone try to run out that way.

It looked like they had all angles covered and just had to wait for the signal to move.

But suddenly, and without warning, the man darted from

Lily's table and jumped the garden wall in one swift motion, landing on the towpath beside the canal.

'He's on the run,' Gary shouted, as Kofi watched everyone beginning to move. But the man must have been very fast and incredibly fit because moments later he heard Gary shouting, 'He's jumped a fence and is heading through a garden. Cut him off on the street.'

Kofi ran down the stairs of the pub, fighting his way past a group of curious people who'd made their way to the back door to see what was going on. There was shouting from the garden, as surprised people darted out of the way of the officers who'd instantly made a run for Lily, Nick and Ruby. One of the tables had been upended and plates of food and glasses of drink had fallen to the ground. A small child was wailing, hiding its head in its mother's skirts.

Kofi stared over towards Lily's table to find Nick on the ground, being restrained by an officer who had his knee on his back. Beside him, Lily was also on the ground, pleading for the officer holding her down to get off her. Ruby was still just sitting, a hand covering her mouth in total shock, at their table.

Gary and Graham were nowhere to be seen, so Kofi assumed they'd taken off after the man. He forced his way through the throng and into the garden.

'Get off her,' he screamed over to the officer still holding Lily down. He began to run towards them. 'There's no need for that. Get her up.'

The large male officer got up, pulling Lily from the ground as Kofi arrived. Just behind him, they were pulling Nick upright as well. He was grabbing onto his ribcage, barely able to breathe.

'Lily Bryce-Davis,' the officer began, 'you are under

arrest.'

Lily, panting hard from her take-down, looked shocked but the officer continued to read her her rights, until her expression turned into something more like a grimace. Then suddenly she clutched her stomach. He'd just reached, 'Anything you do say may be given in evidence,' but that turned into, 'Are you alright?' as Lily groaned out loud and started to slip to the ground.

'She's pregnant, you bastards,' Nick screeched, yanking with all his might against the police officer trying to put him in handcuffs. 'Leave her alone. Lily. Lily.'

Lily had now hit the floor, curling into a foetal position as Ruby finally moved, making a dash for her daughter. She fell to her knees beside Lily at the same moment Kofi did, and both watched in horror as Lily began to writhe in agony on the grass.

62

Lily sat in her hospital bed, a barrage of pillows behind her. Being a prisoner afforded some privileges, like a private room, so at least she could cry without being observed, and she'd cried, and cried, and cried.

She'd lost her baby in the middle of the night, her white, starched sheets turning crimson and slippery with her blood and she'd lain there for two hours, not wanting the nurses to come and strip the bed and treat it like just another set of linen that needed to be washed. Because this was her baby. This was her child. And she wanted to stay with it for as long as she could.

The doctor had left ten minutes before, telling her she needed to rest and remain on an IV drip for a day or so, but otherwise she seemed okay. He notified her that she was being transferred to a hospital in Wycombe and an ambulance would be taking her before lunch. She had no idea what had happened to Nick and her mum or the man from the group but she couldn't focus on that anyway, not when every ounce of her being was consumed with the grief of losing this child she'd fought so hard to try and keep safe.

But had doing that brought about the cause of its death?

All the stresses she'd been through, all the worry and the

angst and the double-crossing and the lies. Had they all taken their toll? On top of that, had she then pushed herself too hard on the hikes when she should have heeded Nick's advice? Had she been too proud when she ought to have been more protective?

She'd tried to be angry, to blame the burly policeman who'd manhandled her so roughly and she'd tried to blame John, and Ian and Kofi and the group and everyone who had a hand in this tragic outcome, but she simply didn't have the strength. All she could handle right now, was the sorrow, a sorrow she had no idea could be this deep, or could drag her down so strongly.

Finding out that Hilary had been removed from cabinet, came via the national news that Lily was watching from her new hospital room the next day. She'd been attempting to eat the gloopy rice and bland chicken casserole on the tray before her, but wasn't doing a particularly good job and as such, it wasn't hard for her to drop her fork and pick up the remote to turn up the television.

Lily's heart literally sank as she realised Hilary had lost her position, and that the Prime Minister himself had chosen to appear in the television studio to answer questions relating to that.

'Hilary Frank-Herbert has done a wonderful job as Minister for Housing and Communities in very many ways, but it hasn't escaped the public's notice that her agenda recently has been at odds with ours, and we need a cabinet that's united on all fronts. I felt it best therefore to offer her position to the minister from Birmingham. Hilary will, of course, continue to be a valued member of parliament and will continue to represent her constituents in Wycombe Vale.'

'So what will happen to her proposed privatisation bill?' the newsreader asked.

'The British people need to have a say in that, I feel. We were not elected to run this country based on that manifesto and it's therefore unfair to even consider implementing such sweeping changes without first informing the public and giving them a right to decide. In view of that, should Hilary continue down her current path, I doubt it would garner the support it needs for a second reading.' He raised a hand. 'That said, all of us in government have paid attention to the feelings which have been stirred up amongst our population, and as a result, we are prepared to consider re-evaluating the centres as a whole, should we win the general election next year.'

'Are you saying that you might actually close them down after all, then?'

'I'm saying that time needs to be spent on re-evaluating how the system works and seeing if we can find a viable alternative, before anything else.'

'And you would place that on your manifesto for a future term?' the newsreader pressed.

The Prime Minister half nodded. 'I think we could consider going further than that by asking the British people directly, via a referendum, what they'd like to see happen. I think with changes of this magnitude, it's only right. So should we be re-elected, I would propose that every man and every woman could have their opinion heard. Now surely that's a better way to go about it?'

63

Two piles of files sat on Hilary's breakfast bar in front of them, alongside empty coffee cups and an untouched plate of biscuits – it appeared that Hilary, much like Kofi, couldn't eat when under stress.

'He didn't think I'd have copies at home when he confiscated everything,' Hilary said at the end of her report on what had happened between her and the Prime Minister.

She'd told Kofi how her meeting at Number 10 had not gone well. The PM hadn't been interested in the truth, or in having it exposed. All he'd wanted was to silence her. So she'd been given a choice. She could continue along her current path, where the PM would ensure that any investigation she attempted was shut down and where every single MP would be whipped into line not to support her bill, or, he'd consider giving the country a referendum to choose whether to keep the centres or not. At first she'd been surprised, until she'd really thought about it.

'When would you do that? This year, next?' she'd asked.

'Come on, Hilary, I can't offer that during my current term. It'd have to be during the next term – if we win the general election.'

Hilary had to give him credit for being so shrewd. 'Right,

and that way you ensure every man and every woman votes for you, so that they can all have a say in this.'

'Exactly.'

'I suppose the fact that the current male population outnumbers the female one by around ten percent, means you're gambling that they'll vote to keep the centres.'

'If that's the will of the majority, who am I to disagree? Although it could go the other way and that's a gamble I'm willing to take. But in exchange, you need to back-off, pull the plug on all these enquiries and keep your head down on the back benches. Who knows, if the public do vote for closure, you'll be a hero after all, and that can happen without a huge scandal which will have irreparable implications on how the people see their government. Surely we can both agree we don't want that. But I do promise, should the centres stay open, we'll do more to stop the unfortunate incidents which have sometimes occurred there.'

Unfortunate incidents? From that language alone, Hilary wondered how seriously the Prime Minister was actually taking this. But he had her in a corner and there was little else she could do. 'If I agree, I'd need assurances that nothing will happen to Lily Bryce-Davis, or her family.'

The Prime Minister had laughed. 'I don't think you're in a position to ask for anything at all, Hilary. Lily broke the law.'

'Yes, and a policeman's conduct brought about the loss of her baby. If I could get her to agree not to sue us for that, maybe we could offer her a deal in return.'

'We don't do things like that, Hilary.'

'Are you really going to quote *Openness and Honesty* to me right now? After everything I've learnt?'

He'd looked disdainfully away and sighed. 'Well, she could sue, if she liked, but she'd lose. Hiking with a heavy load? A hundred doctors would affirm that could have caused her miscarriage. Besides, she wasn't even twelve weeks pregnant yet. These things are common before then and really, she's caused far too much trouble for us to simply let her walk away.'

'But she lost a child. Isn't that punishment enough?'

The PM had decided not to respond.

Hilary tendered her resignation from the cabinet, came home and instantly called Kofi to arrange this meeting.

Kofi slid his own pile of files towards Hilary. 'And these are all copies of the investigation reports concerning John, and Richard, of course.'

Kofi had just about managed to get these copied before John had turned up at his office this morning, a smug look plastered all over his face. Learning that Hilary was being made to step down had meant Kofi had to allow Richard to leave the safe house. Kofi had no doubt he'd go directly to John to tell him everything and as such, Kofi had been expecting this visit, and had been prepared.

'Another failure trying to locate the group, Kofi. Another waste of time and valuable resources, all for nothing,' John had said. 'How could you let one man escape, when you had twenty with which to catch him?'

'I suppose because two thirds of those twenty were too busy apprehending our other suspects, whom we did locate and arrest, and who are currently in custody.'

John ignored that. Instead he shook his head woefully. 'I'm afraid you've let me down too many times now, Kofi.' He paused, still shaking his head and Kofi wished he'd dispense with the drama and get on with it. 'You've lost my trust. As such, I feel I have no option other than to relieve you of your position.'

Kofi nodded. 'Maybe this is for the best. Trust works both ways, John and I know I've *definitely* lost mine in you.'

John gave him an oily smile. 'That resignation is effective immediately. So, chop chop.'

Kofi had risen slowly from the desk he'd sat behind for eight years, pulled his jacket from the back of his chair and reached down for his briefcase, laden with files. As he'd walked past John he'd purposefully stopped and turned. Kofi was a good six inches taller and far stronger. He'd taken a step closer to John and it had given him immense satisfaction to see John's eyes widen a little in alarm. He'd slowly smiled, before he'd stepped back and headed out the door. Then he hailed a cab and drove straight to Hilary's.

Hilary piled Kofi's files on top of hers. 'D'you know what's going to happen to Lily by the way? Did John mention any of that or was he too busy enjoying the thrill of firing you?'

'No, he was too busy lapping that up but you can guarantee he'll make the new chief charge her with everything he can.'

'Hasn't she been through enough in her life?'

Kofi could still hear the terrible sound of her agony as she writhed on the floor when she was losing her baby. As he was also no longer a policeman now, perhaps things didn't always have to be so black and white. Perhaps there was room for a little grey. 'Yes, I think she has.'

'I'm so worried about her. I promised to protect her,' Hilary said, 'but I did a terrible job of that, didn't I?'

'You're acting like this is over when it's not. I'm not going to let John get away with trying to destroy me, or her. This is just the beginning, so instead, let's focus on the day you can make it up to her.'

Hilary gave him a tired smile. 'You're right, it's far from over.' She eyed the files. 'And we've one heck of a lot to do.'

SIX MONTH LATER

Enjoying the last few minutes of time out from their cells, Lily was thrashing Amy at backgammon – again. They'd become good friends in the months since she'd been here. In fact Lily wasn't sure how she'd have coped as well as she had, without her. That didn't mean she would ever let her win a game though.

Despite their closeness, Amy still hadn't disclosed anything to Lily about the group who had helped her. 'They became like family to me,' she explained. 'They took so many risks to help me and they're still helping people like me, so I'd be a really shit person not to protect them.'

Lily knew all the feelings surrounding that and understood completely. At least Amy had been reunited with her son recently, who was now brought for weekly visits and the change in her as a result, had been extraordinary.

'Bryce-Davis,' a prison warden called from the rear of the rec room. 'Visitor. Your lawyer's here.'

Lily eyed Amy curiously as she rose from the table.

As she reached the prison warden she frowned. 'Why's my lawyer here? I wasn't expecting a visit.'

'I don't have a crystal ball in my pocket right now, so it might be better for you to just go and find out.' She glared at Lily. 'Get moving.'

Lily rolled her eyes. The wardens here treated them well, on the whole. Very few inmates caused problems, so life tended to trundle peacefully along in its repetitive mundanity. After a hasty trial, Lily had been given six months for wasting police time and a further three months for breaking her court order. So far, she'd served three of those months. It seemed like three hundred.

Nick had been prosecuted for helping her, but had fared a lot better by being handed one hundred and fifty hours of community service, rather than a prison term. John and his new chief constable had also tried everything to get both Nick and Brian to confess to the sample switches at the lab, but neither of them had. As a consequence, they'd both lost their jobs. Nick wasn't all that upset. He was now working freelance. Things were slow but his client base was growing and he was confident that in time, he'd be better off than he was before. He also had a new girlfriend, Eve, but he visited Lily all the time, and neither of them could wait to be back in each other's arms again.

Melanie visited too, always with a bag of whatever goodies the wardens allowed her to come in with. Most were edible and devoured before visiting time was over. She also brought books, and although Lily had never been a big reader, she found she was becoming one now.

As it wasn't the normal weekly visiting hour, the large visiting room was empty except for two people, one being her lawyer, Dawn Harris-Booker – a wily old thing who ought to have retired a decade ago – and the other being Hilary. When the door banged shut and they were alone, Lily headed swiftly towards them, reacting to the smile on Hilary's face by smiling back. When they reached each other, Hilary raised her arms as though to give Lily a hug but then she pulled back awkwardly, not sure if it was appropriate. They ended up grabbing hands and holding on fast.

'You look well,' Hilary said, sounding surprised.

'Yeah well, they've relieved me from rock breaking duties this week, so all's good,' Lily joked. 'What are you doing here?' She nodded to Dawn. 'Hi. What's going on?'

But Dawn looked toward Hilary. 'You tell her.'

Hilary beamed. 'You're getting out. Tomorrow. Your sentence has been reduced to time served. You're getting out, Lily.'

'What?' That sounded too good to believe, so she didn't believe it. 'No.' She shook her head.

'Yes. It's all happening, Lily,' Hilary said, sliding onto a seat. Lily sat down too as her legs suddenly felt like they'd give way beneath her. '*The Sunday Times* is publishing the story tomorrow. Everything we've discovered about the centres and all the proof we need, is in there. The Prime Minister's giving a statement in response to it at eleven in the morning and the rumours are, he's going to resign. Can you believe that?'

Lily stared dumbly. This was too much to take in all at once.

'The Home Secretary is frantic to save face,' Hilary continued. 'He hasn't been given a copy of the article yet but he knows what's in it and is hoping to limit the damage by ensuring they let you out. The Home Office is preparing your release paperwork as we speak. So I called your mum, and she'll be here tomorrow to pick you up. You should have heard her when she found out. She was so excited, Lily, so happy and thrilled for you. As am I. As we all are. You should never have been in here in the first place.'

Lily could feel it beginning to sink in. Her mum had been

told. They'd even organised the details of her coming to pick her up. That must mean she was really getting out of here. This was actually happening.

She started to smile, picturing her mum dancing around in her joy at the news. She'd been so depressed about all of this and Lily had worried about her, more than she had for herself, until Philip had assured her he'd look out for her while she was inside. Lily wasn't completely sure yet, but she suspected they'd become more than friends, which pleased her a great deal.

'What about John?' Lily suddenly asked. 'Has he been given a copy of the article?'

'Oh yes, and they've even printed his response,' Hilary answered. 'And Richard's.'

Lily edged forwards. 'What did they say?'

'What all conceited, arrogant bastards would say. That they did nothing wrong.' Hilary shook her head in despair. 'They have no idea what's coming their way. You've got to feel sorry for them really.'

Lily shook her head definitively. 'No. No, you don't.'

John had insisted Alex come home for the weekend. He wanted her with him when the newspaper landed on the doorstep on Sunday because he needed to discuss it all with her beforehand. But she'd arrived with a few friends who'd only left last night and so he hadn't had the time yet. He had little doubt though, that she'd understand everything, once he'd had a chance to properly explain it. She'd see things his way, as she always did. He also wanted her close, to protect her against the press, which would no doubt seek her out and harass her on the streets – something she didn't deserve and hadn't asked for.

He opened the front door once he heard the paperboy ringing the bell. As usual the lad had left the pile of papers on the mat and was already cycling back down his long drive towards the gates. This time he was cycling faster, to aid his escape from the people in the white television van sitting just outside and several photographers who were now snapping off pictures of John at his opened door. Not wanting to appear intimidated by them all, John forced a polite smile and a nod, before going back inside.

Alex was sleeping late and he didn't wake her. He left the papers on the console table in the hall and took a coffee into the lounge, where he turned on the television. Julian was going to resign. He'd told John last night. His intention was to stoically take responsibility for the decades and decades of mistakes made by numerous governments before his, not to mention the thousands of staff involved, in the hope that the country could turn the page, and then do all that was necessary, to begin to heal. He hoped he'd be regarded with respect for his actions and possibly even better than that.

Initially, John had wondered whether Julian would pass the buck and begin firing people – including him – but he must have realised how futile that would be. John had warned that none of them would go quietly and besides, once you started that process, just where would you stop?

He drank his coffee and watched the reporters giving their views and opinions on what was in the article in *The Sunday Times* and musing whether the PM ought to resign over it. John's name was mentioned over and over and he found all of their sanctimony very tedious. Lily was a prime topic of conversation also, and it stuck in his craw that they were calling her "an exceptional woman". Hilary was being praised as though she were a new saint and even Kofi was being applauded, for the tireless undercover work he'd undertaken with the team of investigative journalists over the last six months, to bring all of this to light. He ought to be reinstated, as the country needed men like him, they said, which almost made John choke on his coffee. Not on my watch, he thought. If that's how they viewed a disloyal, back-stabbing, son-of-a-snitch, then the country was in a worse state than he could have ever imagined.

Hearing a noise behind him, John turned to see Alex in the doorway. Still in her striped pyjamas, she was clutching the newspaper in her hand and looking completely aghast. He'd thought he'd hear her coming down and that he could waylay her, and talk to her, before she read the article but now it was too late. He rushed to his feet and headed towards her. 'It's not as bad as it seems. This was why I asked you to come home. I knew this might upset you and I wanted to be able to talk about it together. I wanted to be able to explain.'

'Did you know?' Alex whispered. 'Is that true? Did you *really* know all of this was going on?'

'It's not as simple as that. There are a lot more factors…'

'Just answer the question, please. Did you know?'

John sighed. 'Yes, but…'

Alex dropped the newspaper on the floor at his feet, turned and ran back up the stairs.

'Alex,' John called after her. Nothing mattered more to him than her happiness and it always wounded him whenever he did or said anything that caused her pain. 'There's no need for all this. Come and talk to me.'

She slammed her bedroom door, in the way she used to when she was small. He'd chastised her so strongly that she stopped doing it, so it wasn't lost on him that this was a definite act of defiance. He decided he'd let her simmer down and then he'd take her up a coffee. He slowly reached down and picked up the paper.

The photo of him and Richard, together at a function last summer, drew his eye. John had to admit that, of all the items in the piece, the knowledge that Richard had been having sex with lots of other girls and not just Lily, had shocked him the most. He really hadn't seen that one coming. The stupid arse had even tried to defend himself against being called a paedophile – appalled at being placed in the same category as the other men because it wasn't like that with him, he said. The girls had come onto him, not the other way around and he'd never mistreated any of them. Their relationships were just that, relationships, and he'd always treated them with affection and kindness.

John had already decided that he could use the whole Richard thing to his advantage because it was so much easier to heap discredit upon someone already discredited. All John had to really admit to, was being a bad judge of character.

As for the sexual abuse at the centres, he didn't see that would be an issue either. He'd followed, or better still, been *forced* to follow, the government's policy, so how could he be held personally responsible? He'd done what his Prime Minister had instructed him to do. Every social services head and centre director had done the same so how could any of them be held accountable when they were simply doing their jobs?

He just needed Alex to understand that.

He gave her another fifteen minutes, keeping half an eye on the PM, who was now at the podium outside Number 10, giving his speech like the true martyr he hoped to become.

John was about to go up and knock on Alex's door, when he heard her coming out of her room and he heaved a sigh of relief. Alex didn't come into the lounge though. Instead he saw her walking past the opened door with her rucksack packed and on her back. John bounded up. She couldn't leave. Not like this.

'Alex, darling, where are you going?'

'Anywhere but here,' was her terse retort.

'Don't be silly. Come and sit down. Let's talk. You need to let me explain.'

Alex was shoving on one of her trainers. 'How can you possibly think you'd have anything to say that would interest me? Women were being raped. Children were being raped. And you just covered it all up. No amount of "talking" can ever explain how sick that is? How sick *you* are.'

'Watch yourself, young lady. Don't talk to me like that. I'm still your father.'

Alex shoved on her second trainer, grabbed her keys from the console table and looked her father in the eye. 'That's incredibly unfortunate.'

Completely stunned, John watched as his daughter headed for the front door. Her words had hit him like a fist in his diaphragm, and he felt winded. 'Alex, stop. Don't go out there. There's press and photographers.'

She ignored him and didn't even look back. He rushed, desperate now, towards the door and as he reached it, he saw why Alex hadn't quite closed it. Two police officers were coming up the path. He assumed they might be here because of the ruckus being caused by the gaggle of press on the street and didn't focus on them at first. All he could see, or think about, was his daughter.

'John Adam-Brown?'

John half glanced at the officer, then did a double-take. He knew these guys. They were RADAR officers. Then he stared after Alex who was now on the street, calmly picking her way through the barrage of press.

'What?' John said, looking at DI Gary Reece-Myers. 'What do you want?'

'May we come in, please?'

John stared over their shoulders at Alex again, whilst he reluctantly ushered them inside. Distracted, he walked into his lounge with the two officers following him. He'd drive to Cambridge later. Alex was sure to go back there. Then he could sort all of this out. 'Is this about that lot outside?' he muttered, darting a rapid glance toward the police officers as he tried to re-focus.

Surely she hadn't meant what she said.

He felt a sudden need to sit down.

Gary placed his hands behind his back. 'John Adam-Brown, I am arresting you for the bribery of Barry Owen-Riley and the subsequent unlawful imprisonment of Jenny Mullen-Cragg.'

'What?' John half laughed, reaching to steady himself on the back of an armchair.

'You do not have to say anything,' Gary continued. 'But it may harm your defence if you do not mention when questioned something you later rely on in court. Anything you do say, may be given in evidence.' Gary leered at him. 'And that's just for starters.'

Then they all stood in silence, with nothing but the sound of the Prime Minister on the television, finishing his speech. 'Whatever we did, whatever our predecessors did, was done with the best of intentions. But sometimes sacrifices have to be made, in order to preserve the greater good.'

ACKNOWLEDGEMENTS

My first mention must go to Philippe, my lovely fella, who spent hours sitting at the kitchen table with me, drinking wine and being my sounding board. He has been involved from start to finish whilst I was writing this book and I am incredibly grateful to him for that.

My son, Ned, needs a special mention too, for suggesting the idea of writing about a world without monogamy in the first place. I'm not quite sure the story I came up with was what he'd envisaged, but I thank him all the same for planting the seed in my head. I thank him also for his invaluable support – not to mention a few really good ideas.

My eldest son, Dan, has been a marvel at helping me join the world of social media, something I'd actively avoided and about which I was – and probably still am – particularly green. It required patience, not to mention innumerable eye rolls and heavy sighs on his part, but we got there in the end.

To my beta readers, who suffered much earlier, rougher drafts, I thank you also: Rhona Cammell, Karen Carter, Jenny Carter, Scarf Wilson and Sarah Dove. Extra special thanks go to Dave Sivers for not only reading it more than once but for also offering me so much advice on the whole process of getting a book published.

I must also mention my cover designer Jessica Bell, who did a sterling job and who was so easy to work with.

My one sadness it knowing my Uncle Bill isn't still aound. For years we had a little joke on seeing each other. 'You published a book yet?' was what he'd always say. Well, yes I finally did.

I must offer my largest thanks to anyone who bought this novel. A writer writes in order to be read, so I sincerely hope you enjoyed it.

Printed in Great Britain
by Amazon

57151467R00209